3D 显示技术与器件

王琼华　编著

科学出版社
北　京

内 容 简 介

本书全面系统地介绍了3D显示技术与器件。书中简要介绍了人眼立体视觉原理、2D显示技术与器件及3D动画技术；重点阐述了助视3D显示、光栅3D显示、集成成像3D显示、体3D显示和全息3D显示等各种3D显示器和系统的结构、原理和相关技术。针对助视/光栅3D显示，又详细介绍了基于立体拍摄和2D转3D技术获取视差图像的方法、多视点视频压缩与编码技术及立体观看视疲劳的产生原因和改善方法。最后列举了3D显示的应用实例。

本书可作为从事信息显示、广播电视、电影娱乐、广告传媒及虚拟现实等领域研究和技术开发的研究机构和企事业单位的科研和设计人员的参考书，也可作为相关专业本科生、研究生的学习用书，或高校教师的教学和科研参考书。

图书在版编目(CIP)数据

3D显示技术与器件/王琼华编著. —北京：科学出版社，2011.4
ISB 978-7-03-030666-1

Ⅰ.①3… Ⅱ.①王… Ⅲ.①三坐标显示器-研究 Ⅳ.①TN873

中国版本图书馆CIP数据核字(2011)第052461号

责任编辑：孙 芳 / 责任校对：李 影
责任印制：赵 博 / 封面设计：鑫联必升

科学出版社 出版
北京东黄城根北街16号
邮政编码：100717
http://www.sciencep.com
固安县铭成印刷有限公司印刷
科学出版社发行 各地新华书店经销
*
2011年4月第 一 版 开本：720×1000 1/16
2025年1月第八次印刷 印张：18 3/4
字数：358 000
定价：88.00元
(如有印装质量问题，我社负责调换)

序

客观真实世界是立体(3D)的,而显示媒体长期以来都是平面(2D)的,无论从美学的角度或是追求实用的目的,都是希望能如实地反映出真实的世界,为此,艺术家、科学家们都做了不懈的努力。

对3D显示技术的研究经过几起几落之后,3D显示技术现已成为当今一个非常引人注目的科技前沿领域。早期,3D电影问世曾使人耳目一新,沉寂了相当一段时间后,3D浪潮再度升起。2008年,日本有线BS 11频道开始播映3D节目;2009年12月,耗资5亿美元的3D电影巨作《阿凡达》同时以多种版本,特别是IMAX在全球进行公映,到处是一票难求,盈利达数十亿美元;2010年初的美国CES展会上,众多国际一线电视厂商纷纷推出3D电视新品;2010年4月,天空传媒开办3D电视频道;2010年6月,ESPN开设新的3D体育频道并将在一年内进行85项赛事的3D转播等。因此,2010年被称为"3D新纪元"。随后,3D电影、3D电视、3D游戏、3D动漫和3D广告等也随之如火如荼地兴起。3D不仅与我们的文娱生活密切相关,而且在科技、建筑、模拟训练,甚至军事战略中都具有重大意义,还将带来巨大的商业利益。因此,世界上的发达国家,如美国、韩国、日本、德国、英国、奥地利、荷兰等都纷纷斥巨资大力加强3D显示技术的研究,并竞相将3D显示技术列入国家发展计划。我国也不例外,对3D显示技术的研究也给予了高度重视,多所大学、科研院所及众多公司也早已涉入3D显示的技术研究和器件开发,并取得了可喜的成绩。因为几乎在相差不多的时间起步并加以重视,目前正处在群雄逐鹿的关键点上,所以,尚未出现绝对领先的单位和厂家。我国在总体上虽尚有差距,但在个别领域还是具有可圈可点的成绩,如果我们能及时集中财力、物力,并注重这方面人才的培养,是可以在未来的3D竞争中在国际舞台上占有一席之地,正如我国在移动通信的3G及4G领域中占有显著地位一样。

地处西南的四川大学是全国较早重视3D方面研究的院校之一,还专门成立了信息显示研究所,并已有出色的研究成果。《3D显示技术与器件》一书作者王琼华教授是留美博士后,15年来一直从事信息显示的科研和教学工作,并在3D显示领域深入开展了理论研究、器件研制和系统开发,取得了同行认可的佳绩。她长年潜心于3D显示的科研和教学第一线,深感在国内尚缺少能对3D显示技术与器件进行全面专业介绍的中文书籍,因此,萌发出要写这样一本书的念头。由于她对该领域有着深刻的见解和丰富的实践经验,因此,书中的叙述都比较客观、准确、深入浅出。本书不仅对从事3D显示技术的专业人员具有重要的参考意义,同时也为热爱3D显示的广大读者提供了既全面又实用的启蒙好书。

我期望该书既弥补我国这方面的欠缺，也对我国3D显示技术与器件的发展起到积极的推动作用。

南开大学信息技术科学学院教授、中国电子学会会士

丁守谦

2011年2月25日于天津

前言

人类生活在一个3D立体世界里，但目前通常的显示器却只能实现2D显示。为了能更真实地还原所见世界，3D显示已成为显示领域的新发展趋势。2009年12月，美国立体电影《阿凡达》的放映掀起了3D显示的热潮，它让观众感受到3D的惊人魅力。相信在不久的将来，3D显示产品将走进千家万户，成为我们生活中的一部分。可以说，3D显示这项激动人心的技术具有划时代的意义，它在军事和国民经济发展中有着重要的战略意义和巨大的经济前景，故有人称它为“21世纪最伟大的革命之一”。

虽然有关3D显示的研究可追溯到19世纪30年代，但由于科学技术水平的限制，20世纪末3D显示才成为世界各国的研究热点。经过近十几年的发展，3D显示技术可谓日新月异。然而，目前介绍3D显示技术与器件的图书却很少，有关的中文书籍更是屈指可数。本书正是基于此而编写的，书中既介绍了3D显示的基本常识，又涵盖了国内外现有研究理论和技术创新，其中不少就是作者本人带领的团队近年来承担“863”专题项目、国家自然科学基金项目、教育部新世纪优秀人才项目及四川省、广东省和成都市科技项目等取得的部分研究成果，可使读者对3D显示获得由浅入深直至前沿的认识。

本书在介绍2D显示技术、3D动画显示技术及人眼立体视觉原理的基础上，以3D显示技术与器件为主体内容，着重阐述了助视3D显示、光栅3D显示、集成成像3D显示、体3D显示和全息3D显示的实现原理和性能改善方法，力求尽量反映最新科研成果。考虑到助视3D显示和光栅3D显示都具有低成本、易于实现和性能良好等优点，同时，它们的技术较为成熟并已有产品得到使用，书中特别详细介绍了相关的基于立体拍摄和2D转3D技术获取视差图像的方法、多视点视频压缩与编码技术，以及立体观看视疲劳的产生原因和改善方法。当然，3D显示实现方法远不止这些，随着人们对3D显示的认识和研究的不断加深，越来越多的3D显示方式将会产生。

作者带领的团队的部分师生参与了书稿的编写工作：王爱红参与了第1、2、6、8、15章，周凤和刘力为参与了第3章，赵悟翔、李磊和王芳宁参与了第4、7章，梁栋、祁林、宋呈群和吴迪参与了第5章，史国凯、罗江勇参与了第9章，彭华荣和谷俊参与了第10章，李小方和朱海东参与了第11章，邓欢、王芳宁和龚欣鑫参与了第12章，钟全民和罗成高参与了第13章，刘军、徐小清和崔建朋参与了第14章。

在本书编写过程中，四川大学的李大海教授、电子科技大学的杨刚副教授、西南交通大学的彭强教授、北京科技大学的伍春洪副教授及中国图像图形学学会立体图像技术专业委员会的李昌教授和刘鉴君教授等专家提出了许多宝贵意见，在此谨向他们表示衷心的感谢。

由于作者水平有限，加上时间仓促，书中难免存在不妥之处，殷切期望广大读者批评指正。

作　者

2011年1月18日

目录

第1章 绪 论

作为信息链(获取、处理、存储、传输、显示)中重要的一环,显示是当今发展的重要信息技术之一。"更真实地还原所见世界"一直是人们追求的目标,这一目标也一直促进着显示技术的发展。自20世纪以来,随着显示技术的革新,从小尺寸到大尺寸、从黑白到彩色、从阴极射线管(cathode ray tube,CRT)到平板显示(flat panel display,FPD)、从模拟到数字、从标清到高清,一代又一代的显示技术使得人们的视觉体验逐渐变得更真实。然而,人们依然没有停止寻找更真实视觉体验的步伐,3D显示(three-dimensional display,三维显示)替代2D显示(two-dimensional display,二维显示)或两者并存将成为未来的发展趋势。

1.1 3D显示的概念与分类

3D显示与立体显示没有严格的区别,本书将它们视为等同的概念。若3D显示与2D显示相对应,那么,立体显示就与平面显示相对应。本书主要采用2D显示和3D显示这两个术语。

3D显示是指采用光学等多种技术手段来模拟实现人眼的立体视觉特性,将空间物体以3D信息再现出来,呈现出具有纵深感的立体图像的一种显示方式。3D显示器/电视机是指能够显示具有完整深度信息的立体图像的显示器/电视机。由于显示器和电视机都是信息显示的终端设备,它们的显示原理与技术相似,故本书将主要提及显示器。

3D显示器的实际显示效果一般无法在平面纸张上给出,在图1.1中给出了两种3D显示器及其显示效果示意图。其中,图1.1(a)所示为光栅3D显示器,图中"飞艇"在3D显示时凸出显示屏外,而"陀螺"则凹进显示屏内;图1.1(b)所示为体3D显示器,图中立体图像显示在真实的球形立体空间范围内,观看者在该球体四周都可观看到立体显示效果。相比于2D显示,3D显示提供给观看者更加强有力的沉浸感和震撼力。随着3D显示的技术发展和产品商业化,人类的视觉体验将再次革新,真实世界和虚拟世界的逼真再现即将变为现实。

人们之所以能够轻易地判断出物体在空间中的位置及不同物体间的相对位置,是因为人眼具有立体视觉,这将在第2章中详细叙述。简言之,人们用以感知空间的主要生理机能有焦点调节、两眼集合、双目视差及单眼移动视差等。其中,双目视差担负着立体空间知觉的核心任务。焦点调节是为了把所注视的物体清晰

(a) 光栅3D显示器　　(b) 体3D显示器

图1.1　两种3D显示器及其显示效果示意图

地成像到视网膜上的眼球动作；两眼集合是当人在注视某个物体时左右眼视线往注视点上交汇而产生的眼球动作；双目视差是指由于人的左右眼从不同角度观看物体，从而成像于左右眼视网膜上的图像略有差异；单眼移动视差是指当观看者或被观看物体发生移动时人眼将看到物体的不同侧面。3D显示就是以人眼的立体视觉特性为基础的。

随着人们对3D显示认识的不断加深，已提出各种技术实现了多种3D显示方式。目前，主流的3D显示主要有眼镜3D显示、头盔3D显示、光栅3D显示、集成成像3D显示、体3D显示、全息3D显示等。可采用不同的分类标准将这些3D显示进行分类，使其系统化和规范化。通常而言，分类方法主要有两种：第一种根据观看者在观看立体图像时是否需要佩戴眼镜等助视设备将3D显示分为助视3D显示和裸视3D显示两大类，如图1.2所示；第二种根据是否存在显示机理和人眼视觉生理之间的矛盾将3D显示分为助视/光栅3D显示和真3D(true 3D)显示两大类，如图1.3所示。

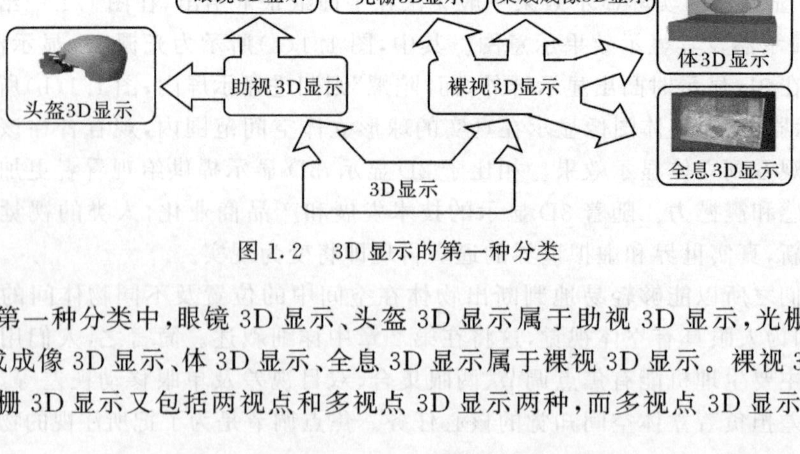

图1.2　3D显示的第一种分类

在第一种分类中，眼镜3D显示、头盔3D显示属于助视3D显示，光栅3D显示、集成成像3D显示、体3D显示、全息3D显示属于裸视3D显示。裸视3D显示中的光栅3D显示又包括两视点和多视点3D显示两种，而多视点3D显示又称为自由立体显示。

- 3D 显示
  - 助视/光栅 3D 显示
    - 助视 3D 显示
      - 分色 3D 显示
      - 偏振光 3D 显示
      - 快门 3D 显示
      - 头盔 3D 显示
    - 光栅 3D 显示
      - 狭缝光栅 3D 显示
      - 柱透镜光栅 3D 显示
  - 真 3D 显示
    - 集成成像 3D 显示
    - 体 3D 显示
    - 全息 3D 显示

图 1.3 3D 显示的第二种分类

在第二种分类中，真 3D 显示是通过各种手段在空间里直接显示出物体图像或使物体在一定空间范围内成再现像，它不存在显示机理和人眼视觉生理之间的矛盾，没有立体观看视疲劳。真 3D 显示目前主要包括集成成像 3D 显示、体 3D 显示和全息 3D 显示等裸视 3D 显示。助视/光栅 3D 显示主要是基于双目视差原理，让观看者双眼分别观看到不同的视差图像，即左眼看左视差图像，右眼看右视差图像，然后经观看者的大脑融合，从而使观看者感知到立体图像，它存在显示机理和人眼视觉生理之间的矛盾，有立体观看视疲劳。助视/光栅 3D 显示目前主要包括助视 3D 显示和光栅 3D 显示。其中，根据分色眼镜、偏振光眼镜、快门眼镜和头盔等分光元件的不同，助视 3D 显示分为分色 3D 显示、偏振光 3D 显示、快门 3D 显示和头盔 3D 显示等；而光栅 3D 显示根据所采用的光栅的不同可分为狭缝光栅 3D 显示和柱透镜光栅 3D 显示。

上述各种 3D 显示的技术与器件将在本书后续章节陆续进行详细介绍。

1.2 3D 显示的发展历程

早在 1833 年，立体画就已经诞生了。当时，英国人 Wheatstone 利用双目视差法在两张手绘的草图上创造出世界上第一组视差图像对，此外，他也是第一个利用双目视差原理制作出立体镜的人。1838 年，Wheatstone 向英国皇家科学院提交了一篇名为 On some remarkable and hitherto unobserved phenomena of binocular vision 的科学论文，第一次提出了 3D 显示技术，文中提出的体视观片器标志着 3D 显示技术正式开始发展。随后，Brewster 和 Horus 分别对这种体视观片器做了改进，改进后的立体镜可以使观看者观看到具有立体感的图片。1854 年，一个默默无闻、没受过多少教育的商人 Swan 在伦敦成立了第一个立体镜公司，在之后的 4 年内，他卖出了超过 100 万个立体镜及各式各样的立体图片，从而瞬间成为颇有财富并极有声望的人，这是第一次立体产品的大量商品化。1861年，美国人Scovill设计出第一台双镜头立体相机。1891年，Anderton提出可利用光的偏振特性制作3D投影机。照相术的发明又使得立体相片在19世纪晚期大受欢迎。

进入20世纪，3D显示技术快速发展。1903年，美国人Ives提出了一种双镜立体成像技术，又称之为视差立体照相，由狭缝光栅和特制的图像组合构成。1908年，法国科学家Lippmann提出了基于微透镜阵列的集成照相术，即集成成像技术。1911年，莫斯科国立大学的Sokolov教授用针孔阵列板代替微透镜阵列板实现了集成成像，而微透镜阵列板进行集成照相术的实验直到1948年才由苏联的Ivanov和Akimakina共同完成，但集成照相术随之因为技术和制造的难度而停滞不前。1939年，第一家大型立体电影院在纽约举行的世界博览会内建立，当时播放的是黑白影片，且观看者需要佩戴偏振光眼镜。20世纪50年代，基于红青互补色的分色3D显示技术被提出并运用到电影上，红青眼镜立体电影风行一时。此时，彩色电视技术也已经发展到实用阶段，于是，出现了互补色立体分像电视技术，但由于彩色信息损失大及电视机本身的“串色”现象而限制了该技术的发展。

1948年，匈牙利物理学家Gabor提出了全息术并发表了相关论文。全息术吸引了一些研究人员的注意，但并没有被广泛重视，直至1960年激光的发明为全息术提供了相干光源，全息术随之迅速发展，同时在全息显示领域也得到应用。全息显示以波面形式再现空间物体，给人眼提供了各种立体视觉深度暗示，是公认的最理想的3D显示。然而，由于现有显示设备的分辨率还远远满足不了需求，并且图像信息量也很庞大，因而在技术上还有待突破。

20世纪30年代初，科学家们考虑将集成照相术中的微透镜阵列简化成柱透镜光栅，提出了柱透镜光栅3D显示技术。在这之后，美国、法国、日本等国家的厂商纷纷开始研制柱透镜光栅，柱透镜光栅3D画迅速发展。20世纪70～80年代，随着液晶光开关的发明，基于液晶光开关的快门3D电视机和投影机在日本研制成功。20世纪90年代，随着FPD技术，特别是液晶显示(liquid crystal display，LCD)技术的发展，基于狭缝光栅和柱透镜光栅的3D显示技术取得很大突破。1996年，在*Science*上发表的题为A three-color，solid-state，three-dimensional display的文章，介绍了基于上转换荧光材料和激光扫描的体3D显示。

进入21世纪，3D显示技术成为非常引人注目的前沿科技，其中，裸视3D显示更是成为研究的重点。采用光栅3D显示可以做出小到手机屏、大到上百英寸[①]大屏幕的立体效果良好的3D显示器，此外，结合2D/3D兼容、头部跟踪、互动等

① 1in(英寸)＝2.54cm。

技术可实现立体效果佳且能够友好交互的3D显示系统。在体3D显示方面已研制出9000万体素的3D显示系统,可以从任何角度(水平360°,垂直270°)观看,完全达到虚拟实境的效果。在全息3D显示方面,也已开发出利用全息技术再现影像的立体影像显示器,目前又研究出一种可擦写光致折变聚合物全息3D材料,有望实现全息3D视频显示。

总之,170多年来,3D显示技术一直受到不同时代人的青睐,在不停地发展和成长着;在这期间,也出现了众多出色的研究团体,他们研制出了各种性能良好的3D显示器,但迄今为止,这些产品还远未达到人们的要求,实现人类再现真实世界的梦想仍需我们不断努力。

1.3 3D显示的应用与意义

人类生活的这个世界,大至星系,小至微观粒子本身,都是3D立体的。然而,目前大多数显示设备只能实现2D显示,人们只能通过平时生活中所累积的经验及平面图像中的阴影等信息去判断显示平面上物体间的前后位置关系。在信息化、数字化的时代,随着社会的发展,普通2D显示在某些方面已经不能满足人类的需求,3D显示已经成为世界各国大力发展的新型显示。

最近几年,3D显示异常火爆,并已经开始进入老百姓的生活。2009年12月,由Cameron执导、耗资5亿美元的电影巨作《阿凡达》掀起了全球3D热潮。随着3D电视(3DTV)的火爆升温,3D电视台、3D电视节目、3D电视网络也随之如火如荼地发展。2008年,日本有线BS11频道开始播送3D节目。2010年4月,天空传媒开办3D电视频道。2010年6月,ESPN开设新的3D体育频道。2010年6月,南非世界杯成为史上首次进行3D转播的世界杯比赛。种种迹象表明,3D显示是未来的发展趋势,是显示领域的又一个里程碑!

3D显示在国民经济发展中具有重要的意义和可观的商业前景。当今全球的显示市场达到数百亿美元,具有3D显示功能的显示器价格大大高于相应规格的2D显示器,如果3D显示逐步取代2D显示,全球将增加数百亿美元的显示市场。3D显示技术应用前景广阔,可以用在广告、游戏、电视、医疗、科技、教育、制造、建筑和军事等诸多领域。下面分别从影视娱乐、广告传媒、医疗卫生、虚拟现实(virtual reality)和军事国防这5个领域简要介绍3D显示的应用与意义。

1. 影视娱乐

《闪电狗》、《阿凡达》及《诸神之战》等3D电影的放映,使观看者体验到2D显示无法比拟的视觉冲击力。事实证明,3D影片有着良好的票房,而且避免了传统影片的盗版问题，相信在不久的将来必将受到电影从业人员的青睐。3D电视被认为是下一代更自然、更真实的家庭娱乐发展方向，不久的将来，观看者坐在家里就可以看到栩栩如生的电视节目，尽情享受视觉冲击。3D游戏也是3D显示的重要应用领域，现在的众多游戏产品都是基于3D动画技术，若能将游戏和3D显示技术相结合，将使游戏玩家感觉置身于游戏场景中，充分体会游戏带来的紧张刺激。

2. 广告传媒

3D显示在广告传媒领域应用广泛。3D显示在地铁、机场、商场等公共场所已经开始作为新型信息载体使用。3D数字标牌等广告更易让观看者驻足欣赏，从而留下更深刻的印象，强化广告投放效果，创造更多广告价值，为厂商和广告商们带来经济利润。在媒体宣传方面，3D显示以其独特效果与创新手段，达到了普通宣传手段所不能达到的效果。

3. 医疗卫生

不管是直接显示测试和诊疗实况，还是远程诊断，3D显示都可以提供比2D显示更多、更准确的视觉信息。在外科手术中，为了正确地把握病灶的形状和纵深信息，需要将内窥镜检测到的信息准确地显示出来，3D显示技术的应用可以轻松地将内窥镜检测到的信息显示在3D显示器上，为医生的准确判断带来很大帮助。随着各级医疗机构HIS和PACS的兴建，网络医疗正逐渐成为今后医学发展的一个必然趋势。网络医疗的基础核心之一就是可视化的医学模型和图像，它直接影响医生对远端病情的诊断。应用3D显示技术可以将远方的场景图像传输到医院，医生从3D显示器上所显示的信息更清晰地了解病情，并及时有效地进行诊断和治疗，从而为病人争取宝贵时间。不仅如此，3D显示在MRI和CAT成像、手术模拟和培训等方面都有重要的应用。

4. 虚拟现实

虚拟现实是人们通过计算机对复杂数据进行可视化、操作及实时交互的环境。3D显示技术将物体的空间信息可视化，形成一个逼真的环境，使得观看者仿佛置身于所显示的物体空间中，产生很好的沉浸感。此外，利用各种带有力反馈的操纵杆、方向盘、数据手套等传感设备将使用者的意志输入计算机，经处理后对3D显示场景中的物体产生影响，从而实现人机交互。3D显示在虚拟现实领域应用非常广泛，如室内设计、城市规划等，设计人员可将规划设计方案以数字模型显示在3D显示器上，然后通过在3D场景中任意漫游，从而发现很多不易察觉的设计缺陷，减少由于事先规划不周全而造成的损失。

5. 军事国防

3D显示技术在军事国防方面的前景更是不容忽视。现代化的战争是立体的，战场信息瞬息万变，用3D显示技术做成的3D电子地图和电子沙盘可以让指战员非常方便地变换场景，随意对战场环境进行缩放、旋转和平移操作，可将战区场景随意拉远和拉近，这样，就有利于战区指战员洞悉整个战区环境，准确进行战况判断并及时指挥作战。据美国航空航天局的报告，3D显示器可以大大提高飞行员对本机与敌机空间位置的判断能力，使飞行员的应急反应速度提高近一倍。此外，3D显示还可用于军事训练，对士兵进行各种地形、地貌下的遭遇战训练，在节省培训费用的同时保证了培训人员的训练时间和效果。

总之，人类所生存的世界是一个3D世界，只有真实的3D再现才能给人们带来身临其境的感官刺激，满足人性化需求。如今，显示真实的3D世界不再是遥不可及的梦想，众多从事3D显示技术研究的科技人员和显示器制造商正在向着这一目标迈进。如果说黑白电视是第一代产品，彩色电视是第二代产品，3D电视就是第三代产品，其广泛的应用领域和经济效益必将推动越来越多的组织和个人投入到这项技术研究中来，为3D显示事业的发展作出贡献。

尽管3D显示技术应用发展迅猛，但现阶段3D显示难以走进家庭，其原因有多种，这里作一些简单分析。虽说目前影视业已推出一些3D影片，2D转3D技术也取得了很大的成果，使3D显示片源方面得到了一些改善，但3D内容的匮乏仍是制约3D显示在大众市场普及的重要因素。3D显示产品价格比较高昂也是造成其难以普及的重要原因，一台裸视3D显示器市场售价几万至十几万，这是普通消费者所不能承受的。目前的助视3D显示由于需要佩戴眼镜给观看者带来不便，而裸视3D显示技术还存在着画面不够清晰或亮度不够高等不足之处。此外，当观看者长时间观看助视/光栅3D显示后会产生立体观看疲劳等不良反应。各方面的不足在一定程度上限制了3D显示的应用，这就要求进一步提升3D显示器的性能，并在3D显示硬件、软件及性能等各方面建立统一标准，保证人体安全与健康。

虽然3D显示技术还存在着一些亟须解决的问题，但已经取得的成果足以使我们建立起从2D显示向3D显示跨越的信心。3D显示将成为显示领域的一个新里程碑，在不久的未来普及3D显示将不再是梦想而终将成为现实。

1.4　本书的主要内容

本书将全面系统地介绍各种3D显示技术与器件，共分为15章。

第1章简要介绍3D显示的概念与分类、3D显示的发展历程、3D显示的应用与意义及本书的主要内容。第2章详细介绍了人的立体视觉原理。我们知道,3D显示是在2D显示技术基础上发展起来的,因此,第3章介绍了目前主流的2D显示技术与器件。其实人们早在3D显示器出现之前就开始了对3D显示的追求,如本书第4章介绍的3D动画技术。

3D显示根据是否存在显示机理和人眼视觉生理之间的矛盾分为助视/光栅3D显示和真3D显示两大类。前者主要有助视3D显示和光栅3D显示,后者主要有集成成像3D显示、体3D显示和全息3D显示。

助视3D显示需要观看者借助3D眼镜、头盔等助视设备才能观看到立体效果,是目前发展最成熟的3D显示方式。本书第5章详细介绍了分色3D显示、偏振光3D显示、快门3D显示和头盔3D显示这4种助视3D显示方式,着重阐述它们的实现原理、相关技术及器件性能。

光栅3D显示通过在现有2D显示器上增加分光元件来实现3D显示,与现有的2D显示器达到了较好的兼容,具有低成本、实现简单及性能良好等优点。根据采用的光栅类型可分为狭缝光栅3D显示和柱透镜光栅3D显示。本书第6、7章介绍了光栅3D显示的实现原理、合成图像的生成方法、视区的形成及2D/3D兼容技术,此外,还将对立体显示性能的影响因素,如串扰、伪立体视区、3D分辨率等,进行理论分析,并提出改善方法。

本书针对助视/光栅3D显示,详细介绍了视差图像的获取方法、多视点视频的压缩与编码技术及立体观看视疲劳。

视差图像的获取是助视/光栅3D显示的前提。视差图像的获取途径主要有两种:一种是立体相机拍摄,一种是通过2D转3D技术。本书第8章介绍了立体相机的结构、立体拍摄物空间与立体显示像空间的关系、视差图像的校正方法等。第9章介绍了基于双目视差、运动视差及线性透视的深度图像提取方法、深度图像的后续处理及采用单幅视差图像和深度图像生成多幅视差图像的方法。

图像的压缩与编码有效地减小了传输占用的带宽和存储占有的空间。助视/光栅3D显示所用的多视点图像相比于普通2D显示,数据量以视点数成倍增加,因此,压缩和编码是必不可少的。本书第10章介绍了目前常用的多视点视频的压缩方法、编码方法及编码协议。

立体观看视疲劳的存在大大限制了助视/光栅3D显示的广泛应用。本书第11章从3D显示机理和人眼视觉生理之间的关系、3D显示器件性能、视差图像的选取、观看者本身及观看环境等方面分析立体观看视疲劳的产生原因,给出视疲劳的主观和客观评价方法,并提出视疲劳的初步改善方法。

集成成像3D显示相比于助视/光栅3D显示,具有无立体观看视疲劳等显著优点;相比于体3D显示和全息3D显示,具有相对较小的数据量,且无需相干光源等优点。本书第12章介绍了集成成像3D显示的显示模式及观看特性参数,并针对传统集成成像3D显示具有的深度反转、3D分辨率低、观看视角窄、图像深度小等缺点介绍相应的改善方法，还给出几种3D/2D可转换集成成像显示系统。

体3D显示可供观看者同时从3D显示器的四周裸眼观看到立体图像。本书第13章详细介绍了基于动态屏、基于上转换发光和基于层屏的三种主要的体3D显示技术与系统。

全息3D显示利用全息技术实现3D物体的波前信息记录，并再现出具有真实立体感觉的原始物像，它被认为是理想的3D显示方式，越来越受到人们的关注。本书第14章介绍了全息技术的记录和再现过程、光学全息技术原理及各种全息3D显示技术。

随着3D显示技术的逐步成熟，3D显示已广泛应用到各个领域。本书第15章简单介绍了几种3D显示的应用系统，主要包括立体监控、3D游戏、3D测量及立体鼠标。

本书介绍的几种3D显示技术与器件是目前3D显示研究领域中比较主流的技术与器件。此外，还有深度融合3D显示和空中3D成像等其他3D显示技术与器件。事实上，随着人们对3D显示的认识和研究不断加深，越来越多的3D显示技术和性能优良的3D显示器件将会产生。

总之，3D显示属于一个交叉性很强的技术方向，涉及光学、计算机图形学、电子学，甚至眼视科学和心理学等诸多学科，从最初的理论探讨、初步实验，到如今关键技术的突破及性能优良的器件和系统的研制，以及商业产品成熟的投入使用，3D显示已进入了空前的发展阶段。同时，我们也看到，3D显示还不完全成熟，还有很多未知的原理需要探讨，更高性能的器件和系统等待研制并产业化，这些需要科研工作者、企业、政府、消费者和热心的人们共同参与。相信在不久的将来，人类的3D显示梦想将真正实现，从而深入影响人们的生活。

参考文献

大越孝敬. 1982. 三维成像技术. 董太和译. 北京：机械工业出版社：1－322.

董磊，杨福桂，常宏，等. 2010. 立体显示技术的研究进展. 光学与光电技术，8(2)：88－92.

王爱红，王琼华. 2009. 光栅自由立体显示器概述. 现代显示，10：12－17.

王琼华，成建波，杨刚. 2004. 三维立体显示技术综述//中国平板显示学术会议，上海：215－217.

王琼华，王爱红. 2009. 三维立体显示综述. 计算机应用，30(3)：579－581.

Benzie P, Watson J, Surman P, et al. 2007. A survey of 3DTV displays techniques and technologies. IEEE Transactions on Circuits and Systems for Video Technology, 17(11)：1647－1658.

Boer C N, Verleur R, Heuvelman A, et al. 2010. Add value of an autostereoscopic multiview 3-D display for advertising in a public environment. Displays, 31(1)：1－8.

Caruso G, Re G M. 2010. Interactive augmented reality system for produce design review// Conference on Engineering Reality of Virtual Reality, San Jose.

Downing E, Hesselink L, Ralston J, et al. 1996. A three-color, solid-state, three-dimensional display. Science, 273(5279): 1185－1189.

Hsiao F J, Teng C J, Lin C W, et al. 2010. Dream home: A multi-view stereoscopic interior design system//Conference on Engineering Reality of Virtual Reality, San Jose.

Javidi B, Okano F. 2002. Three-Dimensional Television, Video and Display Technology. Berlin: Springer: 35－485.

Javidi B, Okano F, Son J Y. 2009. Three-Dimensional Imaging, Visualization, and Display. Berlin: Springer: 3－500.

Lohmann A W, Paris D P. 1967. Binary fraunhofer holograms generated by computer. Applied Optics, 6(10): 1739－1747.

May P. 2005. A survey of 3-D technologies. Information Display, 05(5): 28－33.

Refai H H. 2009. Static volumetric three-dimensional display. Journal of Display Technology, 5(10): 391－397.

Sexton I, Surman P. 1999. Stereoscopic and autostereoscopic display systems. IEEE Signal Processing Magazine, 16(3): 85－99.

Son J Y, Javidi B, Kwack K D. 2006. Methods for displaying three-dimensional images. Proceedings of the IEEE, 94(3): 502－523.

Wang A H, Wang Q H, Li D H, et al. 2008. Three dimensional display technology. 电子器件, 31(1): 299－301.

Woodshome A. 2009. 3-D displays. Information Display, 09(7): 8－12.

Zhang W, Wu J. 2008. Research on key technologies of free stereoscopic display under multi-views and multi-view video coding. IEEE Computer Science & Education: 735－738.

第2章 立体视觉原理

本章将在介绍人眼视觉功能的基础上，介绍双眼视觉及用于产生立体视觉的各种心理和生理深度暗示(depth cue)。目前，常用的2D显示缺乏物体深度信息，人们只能通过心理暗示来感知图像中物体间的位置关系，而且在某些特殊情况下，如错视觉存在时，人们并不能正确感知图像中物体的确切形状或位置。而3D显示可逼真自然地显示出空间场景，给观看者以惟妙惟肖的视觉体验，是一种真正可靠的显示方式。双目视差是立体视觉的主要来源，故本章最后将介绍基于双目视差的3D显示原理。

2.1 人眼视觉功能

人眼视觉的基本特征是感受外界的光刺激。与感受光刺激有关的视觉基本功能表现为：人眼能分辨出不同强弱的光刺激，分辨出空间中一定距离的两个光刺激，分辨出一定时间间隔的闪光刺激，分辨出不同波长的颜色光刺激；同时又通过眼球运动，使人眼主动对准和扫描刺激物，以形成清晰的视觉。这些基本功能使人们能够接受外界丰富的信息，并在此基础上形成更复杂的图形和空间知觉。

2D显示器上所给出的信息以明暗或色彩的形式分布于平面上，这些信息与人眼的亮度、对比度、空间分辨能力及色感等相关联，且2D显示器上的信息是随时间变化着的，所以又与视觉的时间特性及眼球运动规律相关。目前，3D显示器也开始逐渐发展起来，从而又涉及视觉系统的空间知觉。总之，无论是2D显示器还是3D显示器，其显示技术原理都与人眼的视觉功能息息相关。

2.1.1 亮度分辨能力

亮度分辨能力与人眼的视觉敏感度密切相关。人眼能接受可见光谱(380～780nm)范围的电磁辐射的刺激，但人眼对可见光谱内各波长刺激所需的光强度和引起的光效应并不一致，这种不一致性可以通过光谱敏感曲线来描述，如图2.1所示。人眼视觉细胞包括锥体细胞和杆体细胞两种。其中，锥体细胞主要集中在中央凹附近，主司明视觉(10lx以上)，将在中央凹测得的相对光谱敏感曲线称为明视敏感曲线，即$V(\lambda)$；杆体细胞主要分布在视网膜的外周部，主司暗视觉(0.01lx以下)，在杆体细胞最密集处及在暗视条件下测得的相对光谱敏感曲线称为暗视敏感曲线，即$V'(\lambda)$。$V(\lambda)$曲线是由国际照明委员会(CIE)根据闪变法和逐次比较法的实验结果确定的。设光的分光放射亮度为 $L_{e\lambda}$，最大视觉敏感值为 K_m(lm/W)，其具体取值为683lm/W，则人眼感知亮度 L 为

$$L = K_m \int_\lambda V(\lambda) L_{e\lambda} d\lambda \tag{2.1}$$

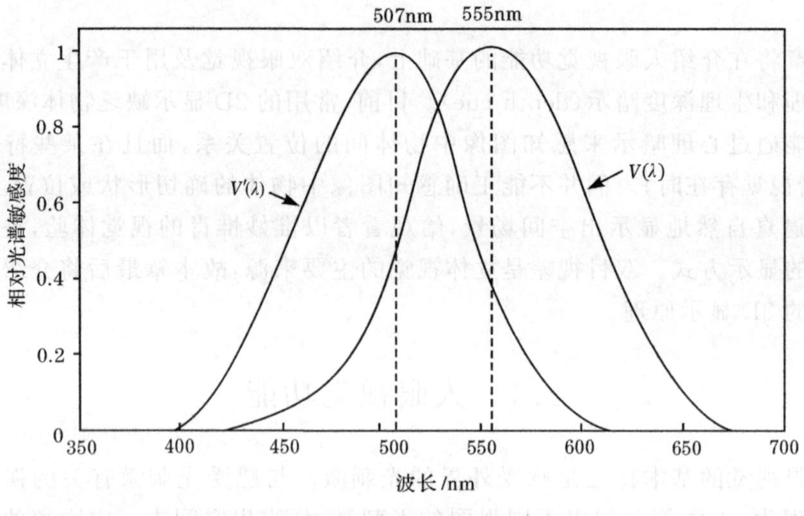

图 2.1　光谱敏感曲线

$V'(\lambda)$由CIE在1951年定义，与式(2.1)类似，如下：

$$L' = K'_m \int_\lambda V'(\lambda) L_{e\lambda} d\lambda \tag{2.2}$$

比较图2.1中的两条曲线，可以看到，锥体细胞和杆体细胞对光谱中不同波长的感受性不一样。明视感受性的最大值在555nm处，而暗视感受性的最大值则在507nm处，暗视觉比明视觉的峰值向光谱的短波端移动了48nm，这个现象称为Purkinje效应。至于亮度分辨能力，主要包括绝对阈和辨增阈两个方面。绝对阈是指完全暗适应的眼睛刚能察觉的亮度或所需要的光能量。辨增阈是指在一定的亮度背景下，眼睛刚能区别一定附加亮度的阈值，如在一均匀背景亮度 I 的中央附加一亮度 ΔI，刚能察觉中央和背景亮度差别或引起一定大小反应的 ΔI 即为辨增阈。辨增阈与背景亮度的比值是关于亮度的函数，称之为韦伯定理。在一定的亮度范围内，该比值近似不变，为常数值0.02，这称为韦伯比，即

$$\frac{\Delta I}{I} = 0.02 \tag{2.3}$$

此外，一个物体和它周围的亮度的交互作用将产生马赫带效应，这个效应说明视觉的明亮程度并不是亮度的单调函数。如图2.2所示，灰阶条带图像呈现的明亮视觉感觉沿着条带是不均匀的，在条带过渡部分具有负轮廓的边缘。

另外，人眼所关注的物体往往是在与其他背景物体的对比中被感觉到。如图

2.3 所示，把同样一个灰色的小正方形放在明暗各异的背景氛围中。假如对象的明亮性与背景无关的话，则所看见的小正方形的明亮度应当是相同的。而实际上，由明亮背景包围着的正方形看上去比昏暗背景包围的正方形显得暗一些，这种效应称为同时对比度效应。

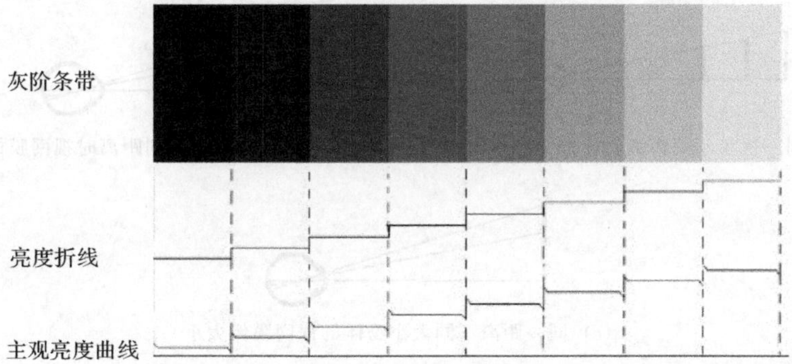

图 2.2　马赫带效应

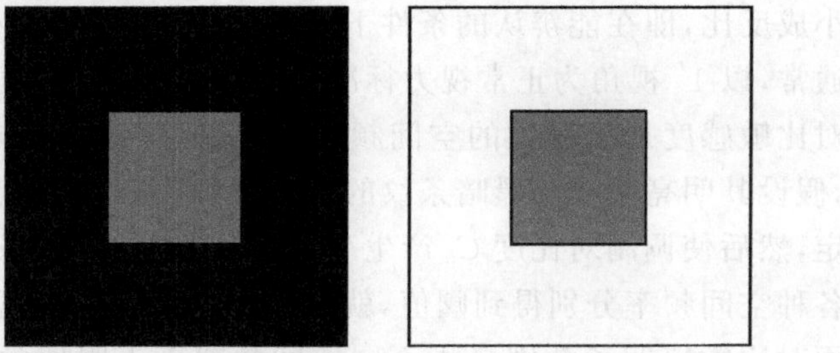

图 2.3　同时对比度效应

2.1.2　空间分辨能力

人眼的空间分辨能力是指区分一定空间距离的两个物体的能力。一般，采用视力和对比敏感度来定义空间分辨能力。

要弄清视力概念，首先需要理解视角概念。所谓视角，是指物体两端射向眼内的两条光线在结点处交叉所形成的夹角。要辨清物体的两端，其光线投射到视网膜上时，必须同时有两个视觉细胞受刺激，并在两个受到刺激的视觉细胞中间，至少有一个不受刺激的视觉细胞相隔开，能辨认两点间最小距离的视角为最小视角，与视觉细胞的直径 0.004mm 相一致，相当于 1′ 视角，如图 2.4 所示。视角的大小决定了视网膜上成像的大小，即不论物体大小或距离远近，只要视角相等，在视网膜的成像必然相等，如图 2.5(a)所示；同一大小物体，距离近时视角大，如图 2.5(b)所示；同一距离，物体大时视角也大，如图 2.5(c)所示。

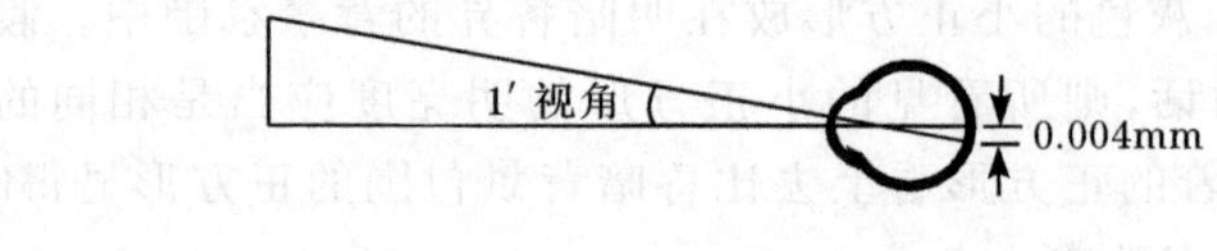

图 2.4　视角

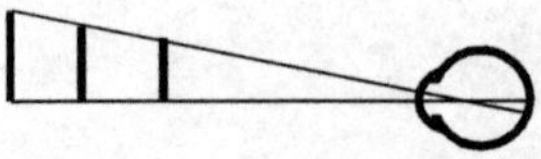

(a) 同一视角不同距离物体的网膜像大小

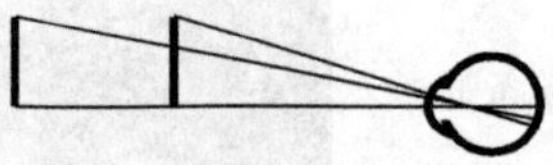

(b) 同一大小物体在不同距离时视网膜像大小

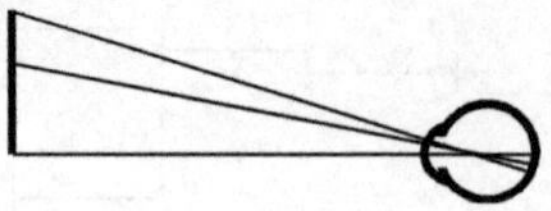

(c) 同一距离不同大小物体的视网膜像大小

图 2.5　视网膜像大小与物体大小、物体距离间的关系

人眼辨别物体形状的能力称为视力或视敏度。视力是以最小视角表示的，并与视角的大小成反比，即在能辨认的条件下，距离越远或物体越小，表示视力和敏锐度越高。通常，以 1′ 视角为正常视力标准。

人眼的对比敏感度是指视觉的空间频率响应特性。对于具有一空间频率的空间正弦波，假设其明亮条纹与黑暗条纹的亮度分别为 $L_{\max}$ 与 $L_{\min}$，条纹图的平均亮度保持一定，然后使调制对比度 C_m 产生变化，得到察觉不到条纹图形明暗变化的阈值。对各种空间频率分别得到阈值，就得到了视觉系统的阈值对比度的空间频率特性。而对比敏感度函数则是指不同空间频率下人眼感觉的阈值对比度的倒数。其中，调制对比度 C_m 的表达式为

$$C_m = \frac{L_{\max} - L_{\min}}{L_{\max} + L_{\min}} \tag{2.4}$$

2.1.3　时间分辨能力

2D 显示器中，一般都是在很短的时间内把一幅 2D 图像扫描并显示出来。虽然整幅图像并不是在同一时刻完全显示在显示器上，但我们仍然能看到稳定的图像，这是因为视觉对于光的刺激从感觉上会有一段滞留时间，在该段时间内，若有其他的光刺激到达视野内的其他区域，从感觉上会认为后到的光刺激与前面的光刺激是同时到达的。假如后到的光刺激与先到的光刺激到达视野的相同区域，则感觉的强度会被叠加。实践证明，当时间间隔为 20ms 左右时，两个光刺激将完全累加。随着时间间隔变大，光刺激累加效果减弱，当时间间隔达到 70ms 左右时，两个光刺激间没有影响，成为两个独立的光刺激。

此外,人眼对间断的光刺激的反应状况与刺激光的间歇频率有关。如果刺激周期性波动的频率较低,可以很容易地看出单次闪光。当间歇时间缩短,即时间频率增加,观看者对闪光的感觉便衔接起来,产生了闪烁效应。如果闪光频率再进一步增加,则闪烁效应消失,物理上闪烁的光就被看成是稳定的光了。物理上的闪光在主观上引起的感觉介于闪烁和稳定之间时的闪光频率称为临界闪烁光频率,或称临界融合频率。

2.1.4 颜色分辨能力

人的颜色视觉是外界物体的各种颜色对人眼视网膜视觉细胞的刺激与人的神经系统相互作用的结果。正常人眼的颜色视觉包括三个心理量:色调(hue)、亮度(intensity)和饱和度(saturation)。色调是指视觉系统对可见物体辐射或者发射的光波波长的感觉,可见光谱中的红、橙、黄、绿、青、蓝、紫就是色调;亮度是视觉系统对可见物体辐射或者发光多少的感知属性;饱和度是指颜色的纯度,当光谱色中掺入白色时饱和度将降低。色调、亮度和饱和度是三个分别独立的特性,但三者又是有相互关系的。图 2.6 所示为由色调、亮度和饱和度构造的一种颜色空间,称为 HIS 颜色空间。其中,色调用角度表示,通常红色为 0°,青色为 180°;亮度用垂直轴表示;饱和度在径向方向上用离开中心线的距离表示。

根据不同用途可采用不同的颜色空间来表示颜色,如上述的 HIS,此外,常用的颜色空间还有 RGB(红、绿、蓝)、CMYK(青、品红、黄、黑)、YCbCr(一个亮度信息,两个色差信息)等。自然界中人眼所能看到的任何色彩都可以由 R、G、B 三基色混合叠加而成,且目前通用的显示器都是以 RGB 颜色空间为模型的,如图 2.7 所示。

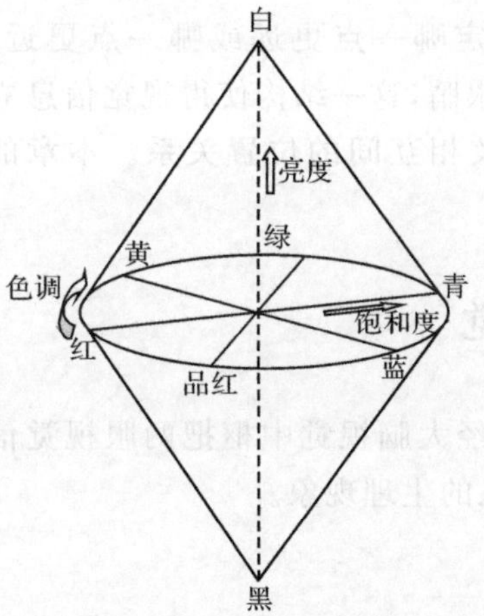

图 2.6　HIS 颜色空间

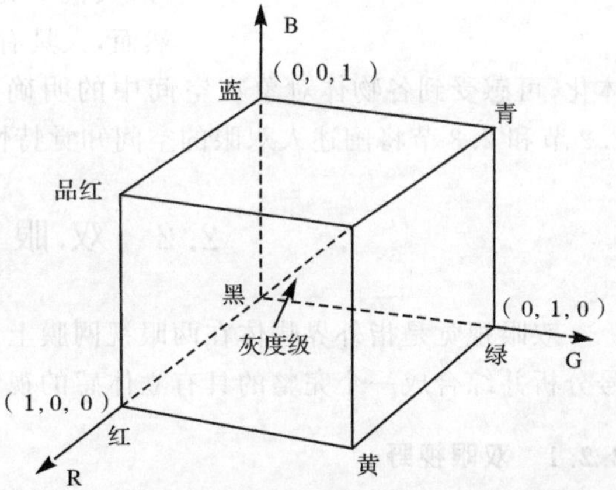

图 2.7　RGB 颜色空间

RGB颜色空间是一种加色法模式，通过R、G、B的辐射量，可描述出任一颜色。计算机定义颜色时，R、G、B三种成分的取值范围是0～255，0表示没有刺激量，255表示刺激量为最大值。R、G、B均为0时为黑色，R、G、B均为255时为白色。

2.1.5　眼球运动

在视觉过程中，眼球的运动起着重要作用，它既可以让保持静止或运动的外界物体的像经瞳孔落到黄斑中心，形成清晰像，又可以扩大视野的范围，并通过眼球运动来维持人体运动的正确姿势。

眼球运动的基本形式有三种：注视、跳动和追随运动。注视是使眼球中央凹对准物体的某一点。眼球的跳动是发生在眼睛搜索要观看的任何物体时，或当眼睛主动地把视线由一个目标转移到另一个目标时，或当转动眼球使落到边缘视野的刺激移到中央视觉时，眼球出现跳跃式的移动，而不是平稳的滑动。眼球的追随运动是较平稳的运动，在头部不动的情况下，为了保持眼球能经常注视在一个运动的目标上，眼球必须跟随这个运动目标，使这个运动目标像能投射到黄斑中央凹，从而获得清晰的目标像，这种追随运动也称为平稳视跟踪运动。

2.1.6　空间知觉

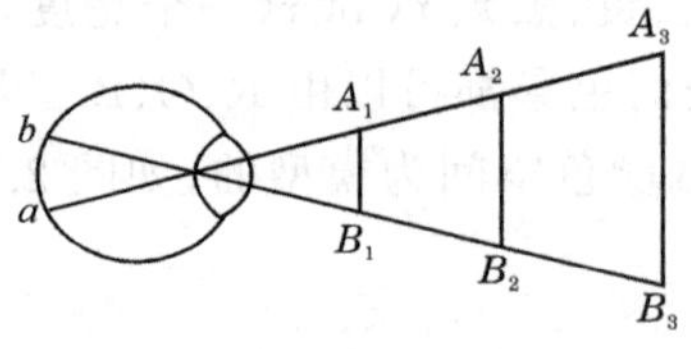

图2.8　单眼视觉模型

单只眼睛就能实现上述亮度分辨、空间分辨、时间分辨、颜色分辨及眼球运动功能。但是，单只眼睛是不能感知到空间知觉的。如图2.8所示，对于来自不同深度的物体(A_i，B_i)的光线，落在视网膜的相同区域(a，b)上，形成的视网膜像大小相等，人根本无法确定哪一点更远或哪一点更近。然而，人具有两只眼睛，这一结构使得视觉信息立体化，可感受到各物体对象在空间中的明确位置及相互间的位置关系。本章的2.2节和2.3节将阐述人双眼的空间知觉特性。

2.2　双眼视觉

双眼视觉是指外界物体在两眼视网膜上成像，经大脑视觉中枢把两眼视觉信号分析并综合成一个完整的具有立体感的视觉信息的生理现象。

2.2.1　双眼视野

眼球中的晶状体是一个成像透镜，外界的光线进入瞳孔后通过晶状体在视网膜上成像，视网膜相当于成像器件，它产生的生物电信号由视神经输送到大脑，完成图像的转换和认知。当人眼向前平直注视时所能看到的空间范围称为视野，视野也就是整个视网膜对外界的感光范围。3D 显示时，图像信息要在合理的视野范围内才能完成立体视觉。当双眼注视于一点，双眼所能看到的全部范围称为双眼视野。双眼视野区分成三个部分，中间部分为左右眼视野的重叠区，约为 120°，此区域因双眼视线均可到达，是两眼的共同视野，与立体空间辨认有密切的关系，有时也称为立体视野。立体视野外侧是月牙形的单眼视野。单眼视野约为 30°～40°，每侧只有一只眼睛的视线可以到达，不能形成立体视图对，因而不能产生立体视觉效果。

2.2.2　双眼视觉功能

双眼视觉在生理学上将其分为三个阶段，称为Ⅰ、Ⅱ、Ⅲ级双眼视觉功能，分别是同时视、融合功能及立体知觉。下面分别对它们予以介绍。

1. 同时视

同时视是指两眼黄斑中央凹和黄斑外对应的视网膜成分有共同的视觉方向，双眼具有同时注视并感知的能力。同时视是Ⅰ级，即最初级的双眼视功能。没有同时视就不可能有融合功能和立体知觉。

若采用同视机观看两幅图片，如图 2.9 所示，一幅图片显示车库，另一幅图片显示汽车。在人的左右眼对应的镜筒前分别放置车库图片和汽车图片，若观看者同时视功能正常，则推动镜筒能使汽车进入车库内，形成一个完整的汽车在车库里的感觉。相反，若观看者不具有正常的同时视功能，则无论怎么推动镜筒，都不能形成一个完整的汽车进入车库里的感觉。

2. 融合功能

融合功能是Ⅱ级双眼视功能，包括感觉性融合及运动性融合。

感觉性融合是在双眼具有正常同时视的基础上，通过大脑的分析处理，能将同时来自双眼视网膜对应点上有轻微差别的两个影像综合为一个完整物像的功能。用同视机检查，如图 2.10 所示，一只眼睛看到的茶杯无水蒸气却有碟子，而另一只眼看到的茶杯有水蒸气却无碟子，经过大脑的融合能合二为一，感知一个茶杯既有水蒸气又有碟子的完整画面。

运动性融合则是一种大脑枕叶的心理视觉反射，是指由于落在两眼视网膜非对应点分离物像的刺激，视中枢引起反射性眼球定位运动，将物像调整到两眼中央凹或对应点上的能力。

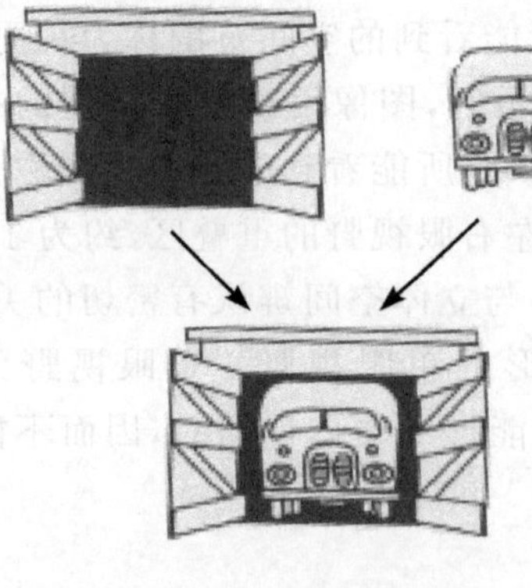

图 2.9　同时视示意图

图 2.10　融合功能示意图

3. 立体知觉

立体知觉是Ⅲ级双眼视觉功能，也称为立体视觉，是视觉器官对周围物体远近、宽窄、高低立体空间位置的分辨感知能力，是建立在双眼同时视和融合功能基础上的高级双眼视功能。产生立体视觉的因素很多，如众所周知的双目视差等，2.3节将做详细介绍。

2.3 深度暗示

立体视觉可使人们获得空间深度感和层次感，更好地认识这个世界。由2.2节内容可知，双眼视觉是产生空间知觉的生理基础。然而，人们通过对日常生活经验的长期积累，即使在观看一幅2D图像时也能判断出图像中物体的远近关系；此外，即使只睁开一只眼睛，人们也能很好地判断空间物体间的深度关系。这是因为除了双眼视觉外，还存在其他立体视觉信息。将用于获得纵深感而产生立体视觉的信息称为深度暗示，它包括生理暗示和心理暗示两个方面。

2.3.1 心理深度暗示

心理深度暗示(psychological depth cue)是人们通过在日常生活中长时间的经验积累获得的，主要包括以下几个方面。

1. 视网膜像的大小(retinal image size)

在日常经验中，我们对很多物体的实际尺寸已有一定程度的了解，再加上物体在视网膜上的成像与距离、几何尺寸等有着直接的关系，因此，在已经确知对象物体大小的场合中，当视网膜上物体的像较大时，可判断物体距离观看者比较近，反之,若视网膜上成的像比较小,则可判断物体距离观看者比较远。

2. 线性透视(linear perspective)

景物随着距离的增加而线性减小。例如,平行的道路越远处显得越窄,而道路两旁的路灯及房屋在越远处显得越小,这在绘画中被广泛地应用,如图 2.11 所示。

图 2.11　线性透视

3. 重叠(overlapping)

前面的物体会将后面的某些物体遮挡掉,这种遮挡与被遮挡的关系称为重叠效应。图 2.12(a)和图 2.12(b)中提供了重叠深度暗示,我们很容易就能判断出图 2.12(a)中 A 在前 B 在后,而图 2.12(b)中 B 在前 A 在后;然而,图 2.12(c)和图 2.12(d)中则没有重叠深度暗示,我们看不出 A 和 B 的前后位置关系。

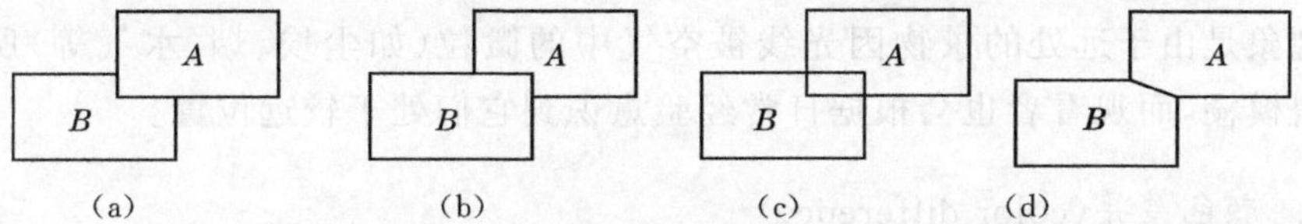

图 2.12　重叠

4. 结构梯度(texture gradient)

如图 2.13 所示,当注视砖墙或鹅卵石路面时,它们的均匀结构的梯度给人以深度暗示。

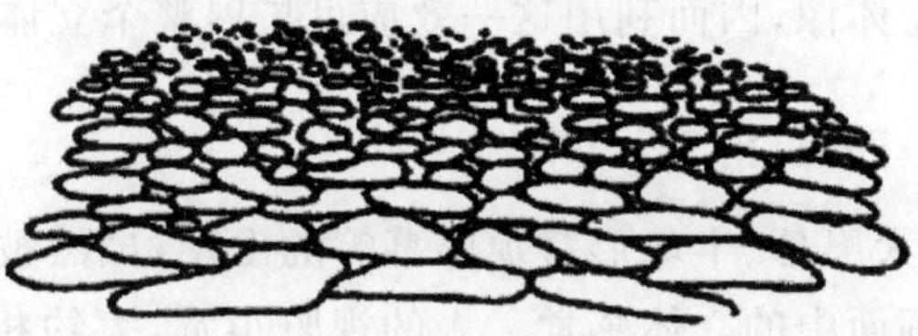

图 2.13　结构梯度

5. 阴影(shadow)

图 2.14 是两个方形的图案,其中,图 2.14(a)看起来是凸出平面的,而图 2.14(b)是凹进平面的。这是一种心理学上的错觉,主要根源在于光照对人的意识的影响。通常情况下,认为暗的部分是由于光线被遮挡,亮的部分是光线的直接照射,由此产生认知上的约定俗成,当看到类似图片时,也会在心理上产生空间层

次感。

(a) (b)

图 2.14 阴影

6. 大气透视(aerial perspective)

在同一幅图像上,若远处的群山或树木看起来有些模糊,就更增强了深度感,这种现象是由于远处的景物因光线被空气中的微粒(如尘埃、烟、水气等)所散射而显得模糊,而观看者也会根据日常经验意识到它们处于较远位置。

7. 颜色差异(color difference)

同一视标由于颜色的不同,有时看起来近,有时看起来远。若亮度相同,一般,长波长的颜色看起来近些,短波长看起来远些。

8. 诱导立体(induced stereovision)

具有双眼立体像的周围如存在有单眼所看到的图像部分,该部分将被诱导成具有很强立体感的立体像,因而利用这一效应可扩展整个立体像的范围。

9. 大屏幕显示(large screen display)

随着宽屏幕、超大屏幕、半球形穹顶屏幕等的出现,虽然被显示出的是 2D 像,但却使人有浸沉在画面中的立体感觉。人的视野很宽,大约相当于一个水平方向 220°、垂直方向 130°的椭圆形广角相机,但能够很自然地观看范围是水平方向小于 90°而垂直方向小于 70°。视野至少要在此范围之内加上其他一些能发挥单眼视觉立体感的因素会产生较强的立体感觉。

2.3.2 生理深度暗示

生理深度暗示(physiological depth cue)包括单眼立体视觉暗示和双眼立体视觉暗示,前者主要包括眼睛的焦点调节(accommodation)和单眼移动视差

(monocular motion parallax),后者主要包括两眼集合(convergence)和双目视差(binocular parallax)。

1. 焦点调节

在观看外界物体时,人眼通过睫状肌的收缩(张弛)来调节晶状体的厚度变厚(薄)从而减小(增大)焦距,进而使近(远)处的物体在视网膜上清晰成像。大脑的神经中枢通过睫状体的收缩-张弛信息,就可知道外界物体与观看者间的绝对距离。然而,许多实验证明,调节对立体知觉的有效作用区域只在 10m 之内,对于远处物体,调节作用便会消失。

2. 单眼移动视差

当观看者移动或活动头部时,视觉空间内物体间的相互位置关系也会随之按某种规则产生变化。如图 2.15 所示,当观看者在注视物体 A 的状态时,向箭头所示方向移动。此时,比物体 A 离观看者更靠近的某个物体 B 会沿着与观看者移动相反的方向运动。而另一方面,比物体 A 离观看者更远处的某个物体 C 则按与观看者移动相同的方向运动。

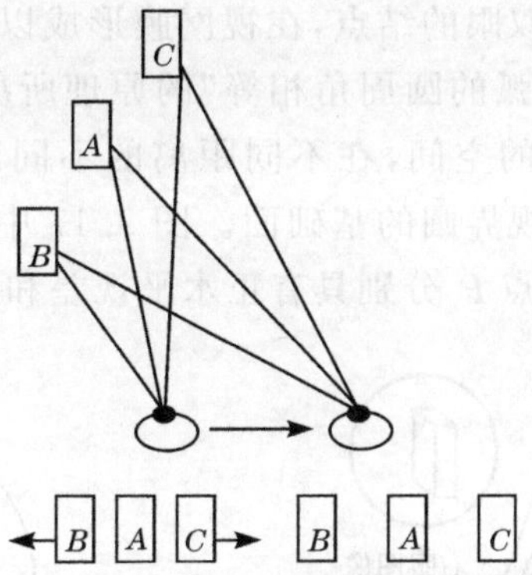

图 2.15　单眼移动视差

将这种伴随着观看者移动所产生的物体之间相互位置关系的变化称为单眼移动视差,借此可知观看者所见的物体之间的前后关系。

3. 两眼集合

两眼集合又称为辐辏。当用双眼观看对象物时,为了把注视点在双眼的中央凹处形成像,使双眼向内侧回转。当用双眼注视对象物时,两眼视线所形成的夹角称为集合角,此集合角与到对象物的距离成反比例,因此可以用于判断观看者到对象物的距离。但是,在对象物处于较近的情况下,集合角的变化量也比较大,而当对象物的距离比较远时，集合角的变化量也比较小，检测能力会明显降低。利用集合角可检测的距离信息大约在 20m 左右。

4. 双目视差

在观看一个空间物体时，两眼瞳孔之间相距大约为 65mm，所以，两眼是从不同角度看这个物体的，左眼看到物体左边部分多一些，而右眼看到右边部分多一些，在左眼和右眼视网膜上分别感受着不完全相同的刺激，形成眼视觉上的差异，即双目视差。双目视差是深度信息的客观物理现象，是产生立体知觉的重要生理基础。如图 2.16 所示，当把一本书放在眼睛正前方一定距离的地方，使书脊朝向人脸，这时左眼就能看到书的封底，而右眼能看到书的封面。当左右眼视网膜产生的影像同时传向视觉中枢时，人就能感到眼前的这本书有立体感。视网膜上水平方向的视觉差异称作水平视差(horizontal parallax)；视网膜上竖直方向的视觉差异称作垂直视差(vertical parallax)。

当两眼注视一个物体时，通过两眼结点及注视点所画的三角形的外接圆称为视界圆。如图 2.17 所示，所谓视界圆的概念，又可理解为相对于眼球后极视网膜弧面，在两眼球前方空间的一个空心球面，球面的中心是两眼黄斑的注视方向，球的弧面上每一个点都能经双眼的结点，在视网膜形成以黄斑中央凹为中心完全相对应的点，这是根据“对等弧的圆周角相等”的原理所决定的。对正视眼来讲，从双眼的集合近点至无限远的空间，在不同距离的不同注视点将有无数这样的弧面，越远越接近平面，称为视界圆的基础面。图 2.17 中，点 M 为注视点，那么，远于和近于注视点的点 Q 和点 P 分别具有正水平视差和负水平视差。

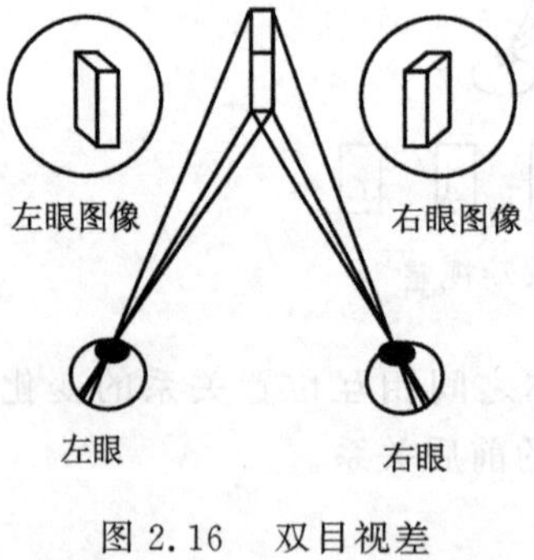

图 2.16 双目视差

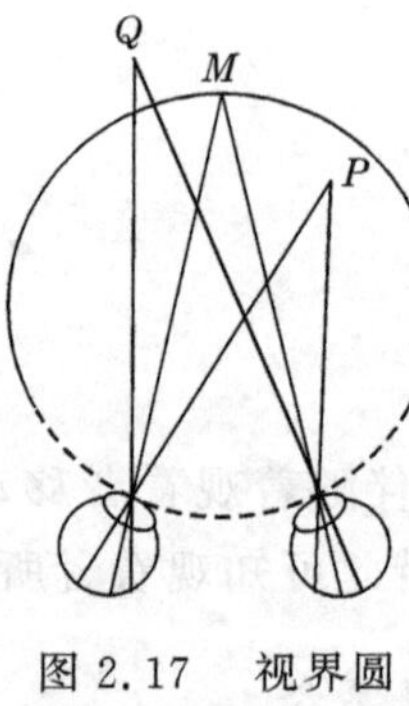

图 2.17 视界圆

既然在视界圆上任何一个物像的刺激都能使双眼视网膜产生对应点形成双眼单视，那么从理论上讲，所有离开视界圆的物体通过两眼结点，会由于一定的视角差异，刺激视网膜非对应点，投射向不同方向形成两个物像，产生复视。然而事实上，或近或远稍离开视界圆有限距离的物点，虽然不是落在双眼视网膜对应点上，仍可使人产生双眼单视，这是因为人类经过视觉实践的锻炼，原来的双眼视网膜对应点扩大成对应区，并把视界圆包括在内，这种扩大的双眼单视区由 Panum 于 1856 年所证实，故称为 Panum 对应感觉区。在此区域内，人们可保持双眼单视且立体感程度随着双目视差的增大而增大，但当双目视差超过 Panum 对应感觉区时，人们会产生明显复视现象，立体感消失。

2.4 错觉图像

对于一般的 2D 图像，根据上述某些生理及心理深度暗示，人们可确切地感知到图像中各物体的形状及空间位置。然而，人们在观看某些图像时，却不能正确构建出物体，或所构建的物体在 3D 空间不能存在，只是一种无实际意义的虚构体或变幻不定的幻觉体，这种图像就称为幻觉图像或错觉图像。错觉图像可以使人产生知觉，但无法复现空间模型，也无法绘制准确的体投影图。如图 2.18 所示，这是缺了一个角的方块，还是一个小方块放在大的方块里面呢？

图 2.18　错觉图像实例

图像错觉的种类很多，按照几何特点分类，可以分为长度错觉、大小错觉和方向错觉；按照测验成分受背景成分影响的方式分类，可以分为同化错觉和对比错觉。对错觉产生的原因，目前主要有以下几种观点：

(1) 眼动理论。该理论认为，错觉是由眼球沿直线运动造成的，而通常横向运动比纵向运动容易造成错觉，从而高估纵向长度。

(2) 感情移入说。Lipps 认为即使观看相当简单的图像，观看者也是带着情绪进行反应。

(3) 场的因素。根据格式塔理论，错觉只不过是整个场对于其中一部分发生作用的结果。

(4) 透视画法理论。线条图形容易暗示 3D 空间，从而造成错觉。

(5) 对比混合说。从某种意义上说，错觉的产生是由于不能很好地把图像中的测验成分从背景中分化出来。

(6) 错觉的层级理论。该理论认为错觉是视觉系统正常加工和处理外界图像信息的结果。

由此可见，错觉产生的原因是相当复杂的，包括生理和心理方面的因素。下面例举几种常见的几何图形的错觉：

(1) Ponzo 错觉图。在一条向远处延伸的路上放着两根长短相同的树干，但看起来却觉得上面的树干要比下面的树干长些，如图 2.19(a)所示。

（2）Muller-Lyer 错觉图。两条等长的线段，上边的线段两端的箭头是向外的，下边线段两端的箭头是向内的，看起来，上边的线段要短一些，如图 2.19(b)所示。

（3）Fraser 螺旋错觉图。一组同心圆放在花纹的背景上，由于倾斜线条与圆周相交，看起来就成了螺旋，如图 2.19(c)所示。

（4）Ehrenstein 错觉图。当直线之间彼此形成一定的角度，构成辐合线，让辐合线切割一个正方形，此时感到正方形不方了，如图 2.19(d)所示。

（5）Hering 错觉图。当辐合线经过两条上下等距离的直线，两条直线之间的距离中间部分比两端宽些，这两条直线也就变成弯曲的线了，如图 2.19(e)所示。

（6）Wundt 错觉图。另一种辐合线经过两条等距离的直线，两条直线之间的距离中间部分看起来比两端要窄些，从而显得这两条直线也弯曲了，如图 2.19(f)所示。

（7）Delbeeuf 错觉图。两个相等的圆形，一个包围着小环，另一个被大环包围，看起来前者小于后者，如图 2.19(g)所示。

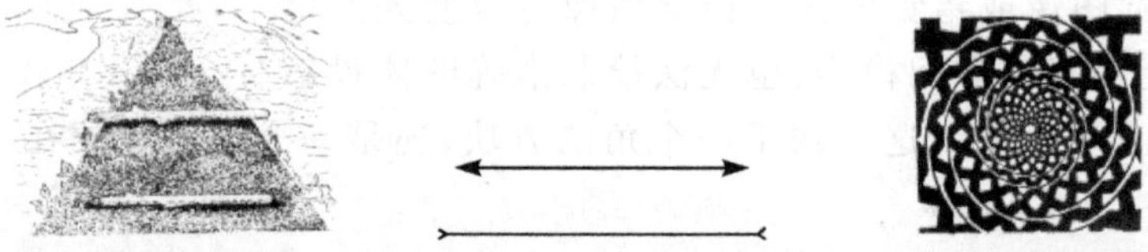

(a) Ponzo 错觉图　(b) Muller-Lyer 错觉图　(c) Fraser 螺旋错觉图

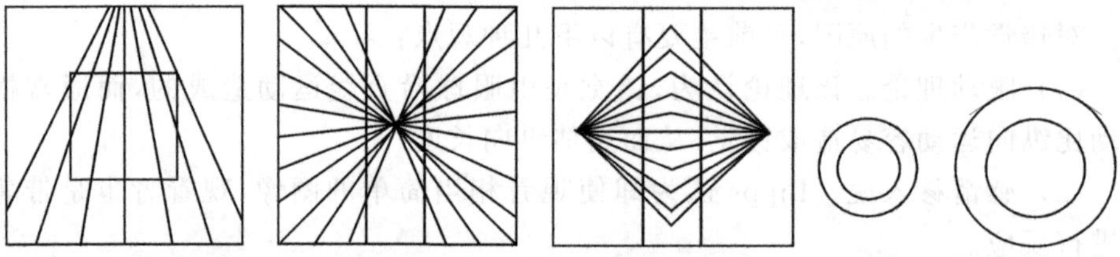

(d) Ehrenstein 错觉图　(e) Hering 错觉图　(f) Wundt 错觉图　(g) Delbeeuf 错觉图

图 2.19　常见的几种几何错觉图

除了这些简单的几何图形错觉外，在较为复杂的 2D 图像上，由于某些原因也会造成错觉图像，使得观看者无法辨别图像中物体的形状或相对空间位置。例如，图 2.20(a)中，柱子是圆形还是方形的？图 2.20(b)中，妇女是真实的还是拼图里的？

上述错觉图像的形成主要是因为采用 2D 图像表达立体空间时，画面间的深度信息无法直接客观地表现出来，从而容易引起视觉错误。由此可见，只有 3D 显示才能逼真自然地显示出空间场景，给观看者以惟妙惟肖的视觉体验。

(a) 错视图像实例 1

(b) 错视图像实例 2

图 2.20　错视图像

2.5　基于双目视差的 3D 显示原理

人们在观看自然物体时,既可以感知到物体的形状,同时也可以感知到物体远离自己的距离及物体间的相对位置关系。现有的显示器绝大部分只能显示 2D 图像,丢失了物体的深度信息,因此,能够显示完整的物体空间信息的 3D 显示器成为人们追求的目标。随着社会的发展和科技的进步,各种 3D 显示技术已渐渐发展起来。

如本书 1.1 节所述,3D 显示可分为助视/光栅 3D 显示和真 3D 显示两大类。其中,真 3D 显示是通过各种手段直接在空间里显示物体图像或使物体在一定空间范围内成再现像,这和观看自然界的物体类似,是基于多种深度暗示的结果。而助视/光栅 3D 显示主要基于双目视差深度暗示,其基本实现过程为:首先,模拟人眼观看空间场景,采用相机从两个位于同一水平线上的拍摄点拍摄同一景物,得到两幅具有视差信息的视差图像;其次,通过空分或时分等方法将两幅视差图像显示在 2D 显示屏上;最后,助视/光栅 3D 显示实现的关键是要采用相应技术手段使得观看者的左、右眼分别只能看到原先从左、右拍摄点拍摄得到的左、右视差图像。显然,观看助视/光栅 3D 显示的立体图像与观看自然界的物体存在很大差别。

左、右视差图像为人的双眼提供双目视差信息。空间场景中,同一物点在左、右视差图像中所成的像点称为同源像点(homologue points),而同源像点的位置差异定义为视差。同源像点在竖直方向的差异称为垂直视差,在水平方向的差异称为水平视差。水平视差是实现 3D 显示的主要因素,而垂直视差对于 3D 显示是不起作用的,且易引起观看者的视觉疲劳,因此应在视差图像中尽量避免出现垂直视差。在没有特殊说明的情况下,3D 显示中所讲到的视差通常指水平视差。

水平视差可分为零视差(zero parallax)、正视差(positive parallax)、负视差

(negative parallax)和发散视差(divergent parallax)。如图 2.21 所示,图中点 O_L 表示物点在左视差图像中所成像点位置,点 O_R 为同一物点在右视差图像中所成像点位置。当点 O_R 与点 O_L 重合时为零视差,3D 显示时,观看者将感知到该再现物点位于显示平面上;当点 O_R 位于点 O_L 右侧时为正视差,3D 显示时,观看者将感知到该再现物点位于显示平面后方;当点 O_R 位于点 O_L 左侧时为负视差,3D 显示时,观看者将感知到该再现物点位于显示平面前方。发散视差是指正视差值大于人眼瞳孔间距(interpupillary distance)的情况,若 3D 显示时视差图像中具有发散视差,那么,观看者在观看时两眼必须向外斜视,两个视网膜图像没有重叠部分,在现实中一般不会出现发散视差。

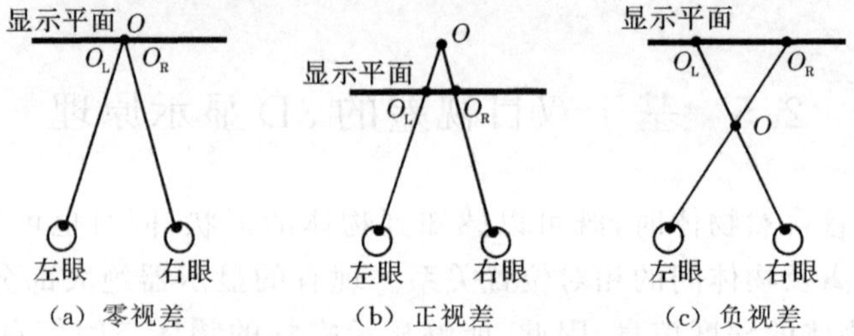

图 2.21 视差和立体感知原理

参考文献

大石严,畑田丰彦,田村彻. 2003. 显示技术基础. 白玉林,王毓仁译. 北京:科学出版社:79－122.

荆其诚. 1987. 人类的视觉. 北京:科学出版社:22－139.

李凤鸣. 2002. 眼科全书. 北京:人民卫生出版社:369－389.

梁发云. 2005. 彩色立体显示关键技术研究[博士学位论文]. 合肥:合肥工业大学:11－23.

瞿佳. 2004. 视光学理论和方法. 北京:人民卫生出版社:40－60.

孙桂毓. 1988. 实用眼屈光学. 济南:山东科学技术出版社:1－85.

汤顺青. 1990. 色度学. 北京:北京理工大学出版社:82－102.

王幼生,廖瑞端,刘泉,等. 2004. 现代眼视光学. 广州:广东科技出版社:180－229.

夏军,汤勇明,尹涵春. 2004. 基于人眼视觉系统的运动图像视觉感知模拟. 东南大学学报(自然科学版),34(1):15－18.

杨雄里. 1996. 视觉的神经机制. 上海:上海科学技术出版社:42－43.

郑竺英. 1998. 双眼立体视觉的信息加工. 北京:科学出版社:96－99.

Boydstun A S, Rogers J A, Tripp L M, et al. 2009. Stereoscopic depth perception survives significant interocular luminance differences. Journal of the Society for Information Display, 17(5): 467－471.

Brar R S, Surman P, Sexton I, et al. 2010. Muted: Multi-user 3-D display. Journal of the Society for Information Display, 18(9): 654－661.

Ding S Q, Chen J Y, Li J L. 2000. The discovery of induced stereovision and it's application// Proceedings of the Sixth Asian Symposium on Information Display & Exhibition, Xi'an: 87－90.

Nadler J W, Angelaki D E, DeAngelis G C. 2008. A neural representation of depth from motion parallax in macaque visual cortex. Nature, 452: 642－645.

Patterson R. 2009. Human factors of stereoscopic displays. SID 09 Digest: 805－807.

第3章　2D显示技术与器件概述

2D显示主要分为直视(direct-view)显示和投影(projection)显示两大类。直视显示包括CRT和FPD。FPD主要有LCD、PDP(plasma display panel,等离子显示)和OLED(organic light-emitting diode,有机电致发光显示)等。几乎所有的3D显示都是以2D显示为基础,因此,2D显示的快速发展为3D显示提供了良好的条件。本章主要介绍几种常用的2D显示技术与器件。

3.1　LCD技术与器件

目前,LCD在整个FPD中占据主导地位,其技术发展速度及市场占有量均遥遥领先。LCD在亮度、对比度、功耗、寿命、体积、重量和安全性等综合性能方面都优于CRT;LCD覆盖了从小尺寸(0.4英寸)到大尺寸(120英寸)显示的范围,比PDP的应用范围更广;LCD技术远比OLED成熟,其大规模工业化生产特性好。因此,LCD已成为最重要的2D显示。

3.1.1　LCD概述

液晶是由奥地利植物学家Reinitzer于1888年发现,由德国物理学家Leimann命名。液晶是介于固态和液态之间的一种特殊状态的物质,它是具有规则性分子排列的有机化合物。如果把它加热会呈透明液体状态,而把它冷却则呈结晶颗粒的混浊固体状态。从宏观上讲,液晶既具有液体的流动性,又表现出晶体因基本组成单元规律排布而具有的光学和物理各向异性。从微观上讲,液晶分子多为刚性棒状分子,在一定条件或一定温度范围内,液晶分子重心位置分布有规律性,液晶分子取向有序。

根据液晶相的不同,目前研究比较多的主要有4种液晶:向列相液晶(nematic liquid crystal)、近晶相液晶(smectic liquid crystal)、胆甾相液晶(cholesteric liquid crystal)及蓝相液晶(blue-phase liquid crystal)。下面分别对这4种液晶相作简单介绍。

图3.1(a)、(b)和(c)分别为向列相、近晶相和胆甾相液晶分子的排列示意图。向列相液晶的特点是分子取向长程有序,重心长程无序,彼此倾向于平行排列,是液晶家族中最重要的一员。液晶分子平行排列的从优方向称为指向矢,通常用单位矢量 $\hat{\boldsymbol{n}}$ 表示。近晶相液晶都具有层状结构,其液晶分子除了沿指向矢方向的取

向有序外，还具有沿某一方向的平移有序，从而形成层状结构，层厚与液晶分子长度的量级相当。胆甾相液晶的指向矢具有螺旋状结构，在垂直于螺旋轴的每一个平面内液晶分子有择优取向方向，沿着螺旋轴方向的相邻平面内，指向矢有相对转动，从而形成螺旋周期结构。

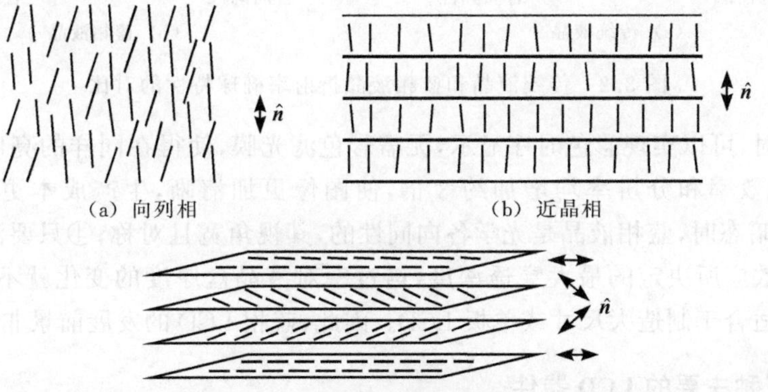

(a) 向列相　　(b) 近晶相

(c) 胆甾相

图 3.1　向列相、近晶相和胆甾相液晶分子的排列示意图

蓝相液晶能选择性地反射可见光，但不存在双折射现象，表现为光学各向同性，是不同于普通螺旋状液晶的一种热力学稳定相液晶。1956 年，Gray 首次在可见光区发现该物质呈蓝紫色，故将其命名为蓝相液晶，由于这种蓝相出现在胆甾相之后，又称其为胆甾蓝相。如今，蓝相液晶已经有了红、绿和蓝等多种色彩，但科学界仍然沿用蓝相液晶来命名这种特性的液晶。

根据 Meiboom 模型，蓝相液晶是由分布在立方晶格中的双扭曲柱体组成的，这些双扭曲柱体相互堆叠，在空间中形成因液晶分子排列不连续而产生的缺陷，这些缺陷组成稳定的三维晶格结构，呈现出有别于一般液晶的物理特性。通过将聚合单体混合物定位在缺陷中心，蓝相液晶的温度范围可以得到显著的扩展。在不加电压时，聚合物稳定蓝相液晶呈现出光学各向同性，而在加电压后，则变为各向异性，这种特性可用于产生双折射。虽然人们目前尚未完全理解这种电致双折射现象的微观原理，但从宏观角度看，可以将其视为各向同性材料加电压后极性分子重新定位所引起的克尔效应。传统液晶是光学各向异性-光学各向异性的变化，如图 3.2(a)所示；而蓝相液晶则是光学各向同性-光学各向异性的变化，如图 3.2(b)所示。图中，n_o 是寻常光在晶体中的折射率，n_e 为非寻常光在晶体中的折射率，E 为电场强度。

随着研究的深入，现在研究的蓝相液晶与向列相、近晶相和胆甾相液晶相比有诸多优点：①不需要任何取向层，这使得制造工艺大大简化，同时也降低了成本；②响应时间在亚毫秒级，有助于减少运动图像的模糊，更重要的是，在采用 RGB LED

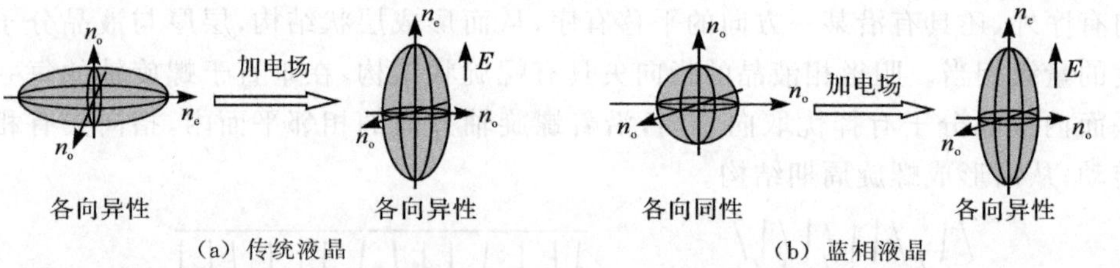

图 3.2 传统液晶和蓝相液晶折射率椭球特性的对比

作背光源时，可以实现彩色时序显示，无需彩色滤光膜，使得在同样的亮度下功耗更低，可使光效率和分辨率均增加约3倍，使图像更加清晰，生产成本更低；③蓝相LCD处于暗态时，蓝相液晶是光学各向同性的，其视角宽且对称；④只要液晶盒厚度超过克尔效应所决定的最大穿透深度，透过率对液晶盒厚度的变化就不敏感，这种特性尤其适合于制造大尺寸或单板LCD。因此，蓝相LCD的发展前景非常可观。

3.1.2 三种主要的LCD器件

LCD器件虽然种类繁多，但按其显示模式来分，主要有T-LCD(transmissive LCD，透射式LCD)、R-LCD(reflective LCD，反射式LCD)和TR-LCD(transflective LCD，透反式LCD)三种。

1. T-LCD和R-LCD

图3.3(a)和(b)分别为T-LCD和R-LCD的结构示意图。T-LCD具有高对比度、高亮度及良好的色饱和度等优点，主要应用于计算机显示器、高清晰度电视和电子相框等室内设备上；但背光源的功耗大，一般情况下约占整个T-LCD功耗的60%以上，并且在外界强光下图像模糊不清，这使得户外可读性较差。R-LCD具有功耗低、重量轻、小巧精致、在强光下可读性好等优点，主要应用于手机屏、个人数字助理、手表和全球定位导航设备等小尺寸户外设备上；但它存在对比度低、色饱和度差及暗环境下可读性差等缺点。

2. TR-LCD

TR-LCD是既可以工作于透射模式又可以工作于反射模式的一种LCD，如图3.4所示。其工作原理是：当环境光较暗时，打开背光源，工作于透射模式；当环境光较亮时，关闭背光源，工作于反射模式。这样，既节省了功耗，又可避免T-LCD在强光下图像不清晰的现象，保证了TR-LCD在任何环境光条件下的可读性。TR-LCD集中了T-LCD具有的高对比度、良好的色饱和度及R-LCD具有的低功耗等优点，可以在任何环境光条件下得到良好的视觉效果，可广泛应用于手机屏、条码扫描仪、便携式游戏机、全球定位系统导航设备、个人数字助理及电子书等众多移动显示领域。

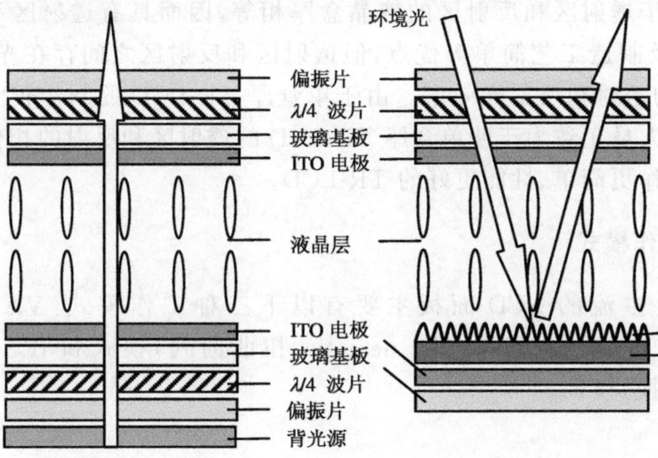

(a) T-LCD　　(b) R-LCD

图 3.3　T-LCD 和 R-LCD 的结构示意图

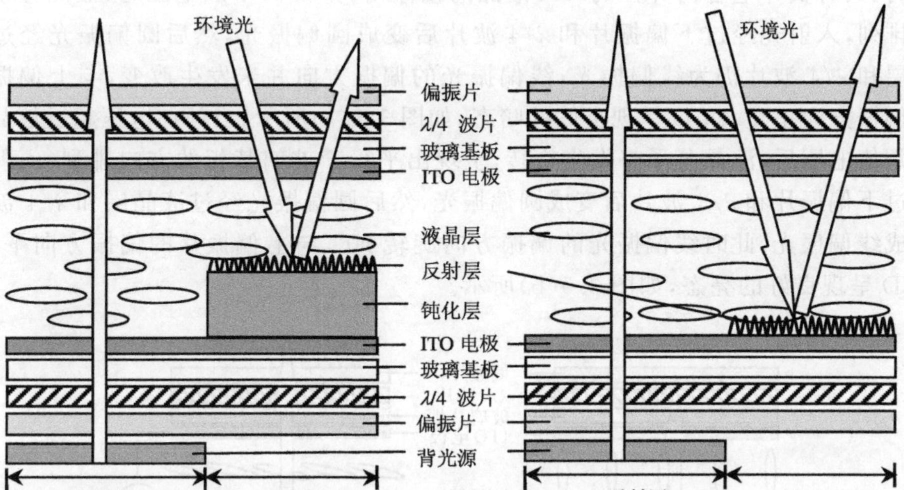

(a) 双盒厚　　(b) 单盒厚

图 3.4　TR-LCD 的结构示意图

目前，开发设计的 TR-LCD 按透射区与反射区的液晶盒厚是否相等可分为如图 3.4 所示的双盒厚和单盒厚 TR-LCD 两大类。双盒厚 TR-LCD 是指透射区和反射区的液晶盒厚不相等的 TR-LCD，一般透射区的液晶盒厚是反射区的 2 倍；而单盒厚 TR-LCD 是指透射区与反射区的液晶盒厚相等的 TR-LCD。

图 3.4(a)为双盒厚 TR-LCD，由于透射区的液晶盒厚为反射区的 2 倍，保证了透射区与反射区的光学相位延迟相等，达到光效率相等的效果，但透射区的响

应时间是反射区的 4 倍，且透射区和反射区交界处的对比度不高。图 3.4(b)为单盒厚 TR-LCD，由于透射区和反射区的液晶盒厚相等，因而具有透射区和反射区的响应时间相等及制造工艺简单等优点，但透射区和反射区之间存在光程差，难以同时获得很高的透射和反射光效率。由于单盒厚 TR-LCD 的制作较双盒厚简单，目前很多研究人员正致力于使单盒厚 TR-LCD 的透射区和反射的相位延迟尽量匹配，以获得制作更简单、性能更好的 TR-LCD。

3.1.3　LCD 的工作模式

目前，市场上主流的 LCD 面板主要有以下三种工作模式：VA（vertical alignment，垂直取向）模式、TN（twist nematic，扭曲向列）模式和 IPS（in-plane switching，共面转换）模式。

1. VA 模式

图 3.5 是 VA-LCD 的工作原理图。在图 3.5 中，上下偏振片的偏振方向是正交的，具有负介电各向异性的 VA 液晶的预倾角为 90°。不加电压时，液晶分子垂直排列，入射光经过下偏振片和 $\lambda/4$ 波片后变成圆偏振光，然后圆偏振光经过液晶层和 $\lambda/4$ 波片仍为线偏振光，线偏振光的偏振方向并未发生改变，与上偏振片的偏振方向正交，LCD 呈现良好的暗态，如图 3.5(a)所示；当外加电压超过液晶盒的阈值电压后，液晶分子将发生旋转，呈现出平行于玻璃基板的方向排列，入射光经过下偏振片和 $\lambda/4$ 波片后变成圆偏振光，然后圆偏振光经过液晶层和 $\lambda/4$ 波片变成线偏振光，此时线偏振光的偏振方向旋转 90°，与上偏振片的偏振方向平行，LCD 呈现良好的亮态，如图 3.5(b)所示。

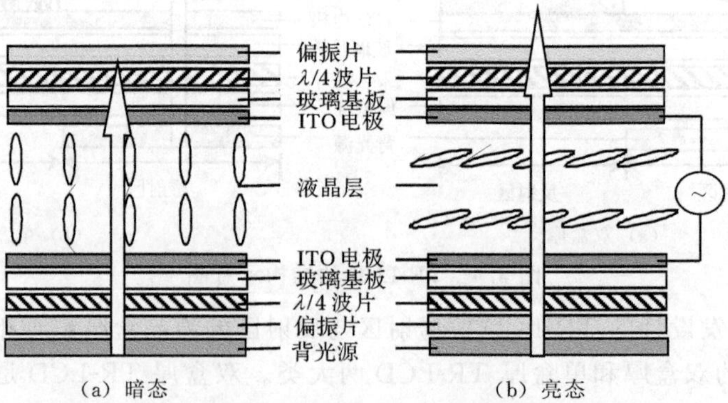

图 3.5　VA-LCD 工作原理图

由于 VA-LCD 可以提供大的观看视角，VA 模式成为现在高端液晶面板采用的重要液晶模式之一，也是目前主流的广视角技术之一。

2. TN模式

图3.6为TN-LCD工作原理示意图。TN液晶盒的基本结构是在带有ITO(氧化铟锡)电极的两片玻璃基板间填充具有正介电各向异性的向列相液晶材料，四周进行密封，形成一定厚度的扁平液晶盒。在玻璃基板的内表面涂有一层取向膜，并进行了取向处理，使其取向方向相互垂直，这样，填充的液晶分子在两片玻璃之间连续扭曲90°，形成TN排列的液晶盒。TN液晶盒被放置于上、下两块偏振方向互相垂直的偏振片间。如图3.6(a)所示，当没有施加电压的时候，液晶分子按初始状态排列，入射光线经上偏振片后进入液晶层，当达到下偏振片的时候，由于液晶的作用光线的偏振方向转过90°，恰好与下偏振片的偏振方向相同。这时，光线就可以顺利地通过偏振片，呈现出亮态。如图3.6(b)所示，在施加电压后，液晶分子的排列在电场的作用下重新定位，使得液晶分子的长轴沿电场方向排列，当光线通过时，不会改变光的偏振态，光线便不能通过下偏振片，呈现出暗态。

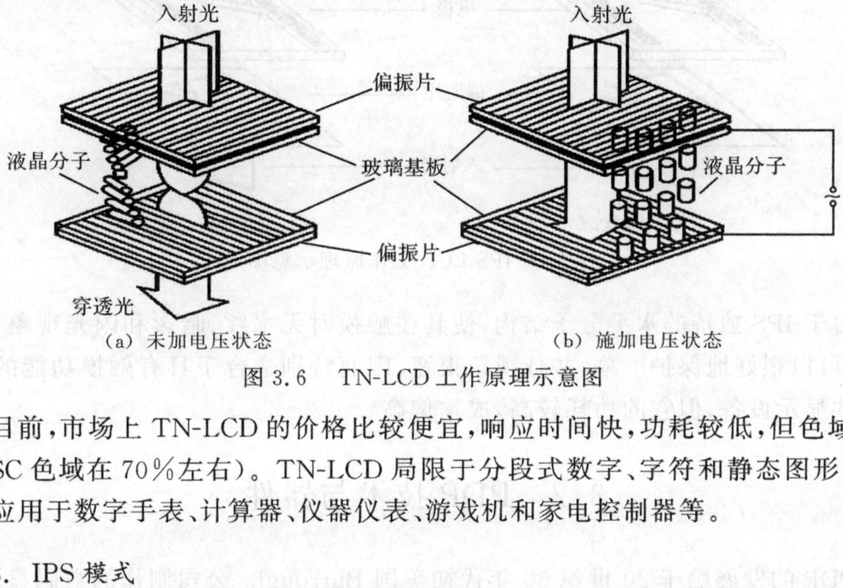

图3.6　TN-LCD工作原理示意图

目前，市场上TN-LCD的价格比较便宜，响应时间快，功耗较低，但色域偏低(NTSC色域在70%左右)。TN-LCD局限于分段式数字、字符和静态图形显示，主要应用于数字手表、计算器、仪器仪表、游戏机和家电控制器等。

3. IPS模式

IPS-LCD是目前一种主流的液晶面板类型，通过液晶分子平面切换的方式来改善视角。IPS-LCD是利用空间厚度、摩擦强度及有效利用横向驱动电场使液晶分子做最大角度的平面旋转来增加视角。IPS型液晶面板具有可视角度大(约178°)、颜色细腻等优点，看上去比较通透，且在制造上无需额外加补偿膜，对比度也很高。

IPS面板最大的特点就是它的两极都在同一个面上，如图3.7所示。IPS液晶盒的玻璃基板平行，上下两偏振片的偏振方向互相垂直。IPS液晶盒中的液晶分子长轴始终平行于两玻璃基板,可以有效控制光漏。当不施加电压时,液晶分子没有旋转,且两个取向层的取向方向相互平行,就会显示出比较好的暗态,如图 3.7(a)所示。当施加电压时,液晶分子成螺旋形,光线便可以通过,如图 3.7(b)所示。由此可见,IPS 面板是属于"常黑"型,即不通电状态下,面板呈暗态。与 TN-LCD 在施加和不施加电压时的显示效果正好是相反的,TN 面板属于"常白"型,在非通电状态,光线可以自由通过,呈亮态。当然,当上下两偏振片的偏振方向互相平行时,IPS-LCD 和 TN-LCD 将分别变为"常白"和"常黑"型。

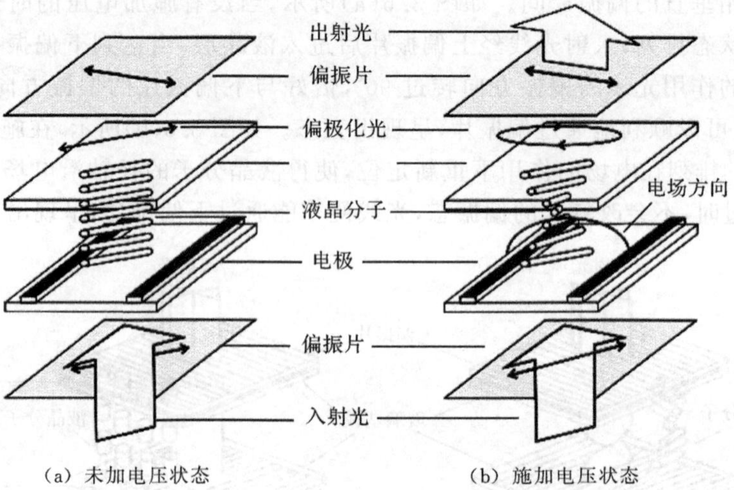

图 3.7　IPS-LCD 工作原理示意图

由于 IPS 独特的水平分子结构,使其在触摸时无水纹、暗影和闪光现象,非常稳定,可以很好地保护屏幕,并且视角很宽,因而特别适合于具有触摸功能的电视和公共显示设备,但它的功耗较高,成本偏高。

3.2　PDP 技术与器件

PDP 的发展始于 20 世纪 50 年代初美国 Burroughs 公司制作的数码显示管。PDP 是一种利用气体放电原理实现显示的器件,它采用了等离子管作为发光元件,其工作机理类似普通日光灯,大量的等离子管排列在一起就构成 PDP。目前,PDP 主要用于中大尺寸显示。

3.2.1　PDP 的结构与原理

PDP 的等离子管就是它的一个像素,每一个像素又由 RGB 三基色子像素构成。通常,子像素是独立的,由单个放电单元进行放电的通断控制。PDP 的工作原理是在等离子管电极间加上高压（100～200V），利用封装在两层玻璃基板之间等离子管中的惰性气体（Ne，He，Xe 等）放电所产生的紫外光来激励 RGB 三基色荧光粉发光，由每个等离子管像素的明暗和颜色变化组合，产生各种灰度和色彩的图像来实现显示功能。图 3.8 所示为放电型 PDP 的基本结构。在 PDP 的单元中，在上玻璃基板水平配置显示电极对，在下玻璃基板配置寻址电极，寻址电极与显示电极相互正交，各电极在基板的周围有引线引出，接到驱动电路。通过控制寻址电极与显示电极之间的通断来控制显示图像。

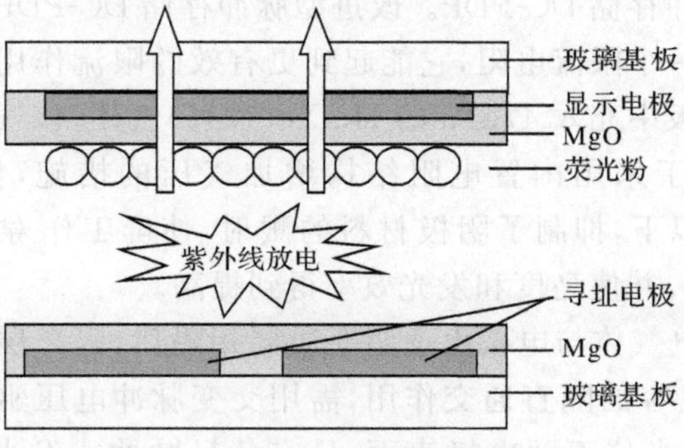

图 3.8　放电型 PDP 的基本结构

3.2.2　PDP 的种类

PDP 按限制电流的方式或其放电时所施加的电压形式可分为 DC（direct current，直流）型和 AC（alternating current，交流）型两种，AC-PDP 又分为对向放电型和表面放电型两种，它们的结构如图 3.9 所示。DC-PDP 结构复杂，使用寿命短，品质难以得到保障，而 AC-PDP 结构简单，使用寿命长，是目前商业化 PDP 产品的主流。

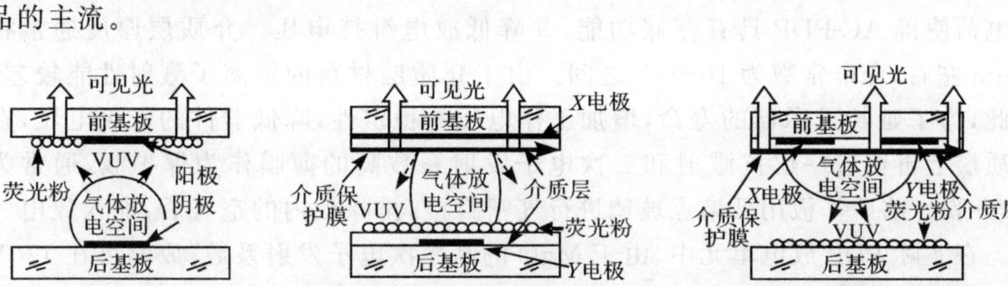

图 3.9　PDP 的几种结构

如图 3.9(a)所示，DC-PDP 的阴极和阳极直接暴露在气体放电空间，在工作时，放电气体与电极直接接触，电极外部串联电阻作限流之用，发光位于阴极表面，且为与电压波形一致的连续发光。DC-PDP 主要有以下三种：

(1) 自扫描 DC-PDP。自扫描 DC-PDP 的驱动电路成本较低,但显示板的结构过于复杂,所以,它的应用并不多见。

(2) 脉冲存储 DC-PDP。DC-PDP 电极上没有介质层,因此,不能利用壁电荷来获得存储特性,但采用脉冲存储的驱动波形就可使 DC-PDP 工作在存储方式。其工作原理是:在放电单元一次放电后的消电离期间,单元中的带电粒子和亚稳态粒子将随之减少,而当它们在放电空间存在时,如果给放电单元重新加电,由于这些粒子的引火作用,将使气体发生再次着火的电压大大降低。

(3) 改进型脉冲存储 DC-PDP。改进型脉冲存储 DC-PDP 的独特之处在于每个放电单元都设置一个限流电阻,它能起到更有效的限流作用,同时使放电稳定,而且在改进型显示板中充入 47kPa 的 He-Xe(10%)气体,该气压高于以前显示板中的充气压强。由于采用内置电阻结构增加气压的措施,使像素放电电流从 150μA 降至 50μA 以下,抑制了阴极材料的溅射,使屏工作寿命达到 3 万小时以上,同时降低了功耗,并使亮度和发光效率得到提高。

AC-PDP 的放电气体与电极由透明介质层相隔离,隔离层为串联电容作限流之用,放电因受该电容的隔直通交作用,需用交变脉冲电压驱动,因此,无固定的阴极和阳极之分,发光位于两电极表面,且交替呈脉冲式发光。AC-PDP 根据电极结构的不同,可分为对向放电型和表面放电型,分别如图 3.9(b)和图 3.9(c)所示。对向放电型 AC-PDP 的显示电极,即扫描电极(X 电极)和维持电极(Y 电极)分别制作在前后两基板上,而表面放电型 AC-PDP 的显示电极则成对地平行制作在前基板上,使放电在前基板表面进行。无论是哪种结构的 AC-PDP,在显示电极上均有一层透明介质层,该介质层把电极与放电等离子体隔开,起到保护电极的作用。一方面由于它可限制放电电流的无限增长,因此无需制作限流电阻,使得结构较 DC-PDP 简单;另一方面,放电时在该介质层表面有壁电荷积累,正是这些壁电荷使得 AC-PDP 具有存储功能,并降低放电维持电压。介质层厚度通常在 30μm 左右,介电常数为 10~15 之间。由于介质层材料的抗离子溅射性能较差,因此,为了延长显示器的寿命,增加工作电压的稳定性,降低器件的着火电压,在介质层上再覆盖一层抗溅射和二次电子发射系数高的薄膜作为保护膜,通常为 MgO 膜。前后基板用低熔点玻璃进行气密封接,排除板内的空气后,充入放电气体。在实际 PDP 放电单元中,由于 MgO 的高二次电子发射系数,放电可在 170V 左右维持。

对向放电型 AC-PDP 结构简单,可实现较高的分辨率,单元容抗小,功耗低,但在制作彩色 PDP 时,由于荧光粉处于放电区域,受到离子轰击严重,会造成荧光粉劣化,从而影响 PDP 的寿命。而表面放电型 AC-PDP 不仅结构简单,易于制作,放电效率较高,而且由于荧光粉处于放电区域外不易受到离子轰击,使得其寿命较长,是目前批量生产和研究开发的主流技术。

3.2.3　PDP 的特点

PDP 是一种主动发光的 FPD 器件，它的工作原理及结构方式决定了 PDP 有如下优点：

（1）与 CRT 相比，PDP 的体积更小、重量更轻，而且无 X 射线辐射和图像几何畸变，也不受磁场干扰。

由于 PDP 放电单元的空间间隙通常小于 200μm，所以，PDP 的自身厚度不到 1cm。目前，PDP 的尺寸主要集中在 40～70 英寸。由于 PDP 各个发光单元的结构完全相同，因此，不会出现像 CRT 常见的图像几何畸变的现象。

（2）与 LCD 相比，PDP 显示具有容量大、亮度高、视角宽、色彩还原性好、灰度丰富、对迅速变化的画面响应速度快等优点。

PDP 以气体放电为其基本物理过程，其“开”、“关”速度极快，在微秒量级，能够满足观众观看快速变化的画面质量的要求。PDP 的视角很宽，几乎覆盖整个视区，特别适合公共信息显示、壁挂式大屏幕电视和自动监视系统。PDP 由各个独立的荧光粉像素发光组合而成，因此，图像鲜艳、明亮、干净而清晰。

（3）由于 PDP 很容易与大规模集成电路联合“行动”、匹配“作战”，所以它可以轻装上阵。

（4）具有存储特性。AC-PDP 本身具有存储特性，而 DC-PDP 采用脉冲驱动方式也具有存储功能。

（5）固有数字化特性，图像清晰。由于采用数字技术驱动控制 PDP，提高了彩色图像的稳定性，满足数字化电视、高清晰度、多媒体终端的需要。

（6）应用的环境范围宽，寿命长。

PDP 的结构整体性好，抗震能力强，可在很宽的温度范围内及在有电磁干扰、冲击等恶劣环境下工作，所以在军事上有重要应用。由于 PDP 使用抗离子溅射的电极、介质保护膜材料和长寿命的荧光粉，使单色和彩色 PDP 的寿命分别可达 10 万小时和 3 万小时。

因此，PDP 主要应用在数字电视、高清晰度电视和多媒体显示上，特别适用于大屏幕显示。

由于 PDP 是由若干个密封的小气室组成的，每个小气室内充有惰性气体，经电离后发光，这种显示机理导致了三大缺点。

（1）功耗大。因为它的每个小气室都要发光，而且点火电压高达 160V。

（2）显示分辨率难以提高。因为 PDP 的每一个像素要由三个单元 RGB 组成，而每一个单元又是一个密封的小气室。例如，1280×768 分辨率的 PDP 含近百万个像素，由近三百万个单元，也就是三百万个密封的小气室组成，这就需要十分精密的工艺。

(3) 减小 PDP 的尺寸难。PDP 的一个像素就是一个小放电管,当相邻两个像素距离很小时,会出现误放电。将 RGB 子像素间的间距减小到 0.1mm 以下是很困难的,但增大像素面积则毫无困难,因此,PDP 很适合大屏幕,而不适合小屏幕显示。

由于 PDP 的工艺复杂,成本较高,使得 PDP 的价格居高不下,限制了它的市场竞争力。

3.3 OLED 技术与器件

OLED 是指在电场的驱动下,电子与空穴分别注入到有机发光材料并且在此复合而产生发光的显示。与传统的 2D 显示器件相比,OLED 具有超轻、超薄、高亮度、高效率、广视角、高清晰、耐低温、抗震性能好等一系列优点。因此,OLED 被业界誉为继 LCD 以后的重要 FPD。OLED 在 20 年时间内取得了长足的进步,各种高性能、长寿命的有机发光材料和器件不断问世。

3.3.1 OLED 的结构与原理

OLED 多采用夹层式三明治结构,即将有机层夹在两侧的电极之间。图 3.10 为几种 OLED 结构的示意图。

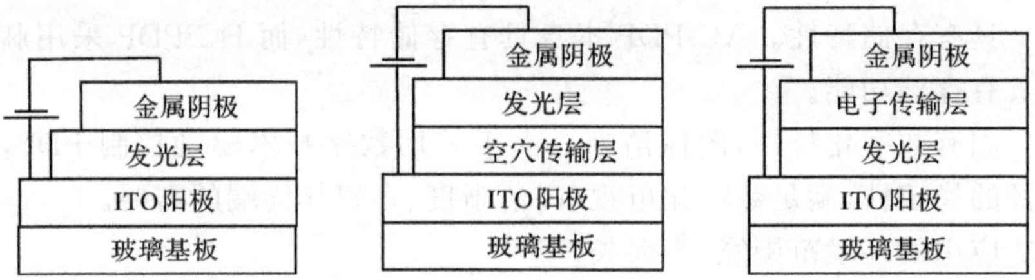

(a) 单层结构　(b) 一种双层结构　(c) 另一种双层结构

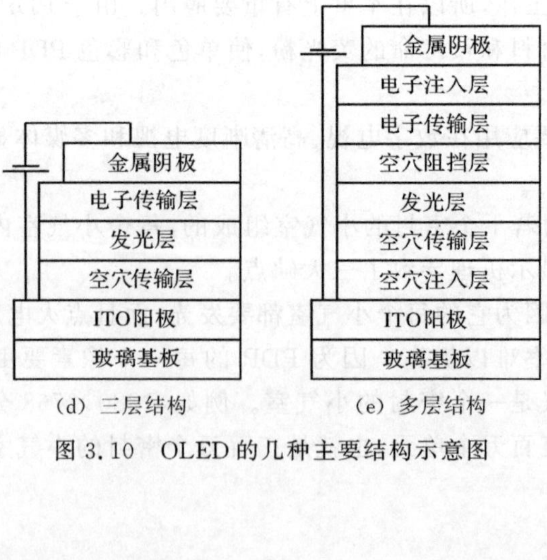

(d) 三层结构　(e) 多层结构

图 3.10 OLED 的几种主要结构示意图

最简单的器件是由上、下电极和发光层组成的单层结构器件，如图 3.10(a)所示。单层器件的发光层厚度通常在 100nm，虽然具有制备方法简单等优点，但却存在两个明显的缺点：一是复合发光区靠近金属电极，该处缺陷很多，非辐射复合几率大，导致器件效率降低；二是由于两种载流子注入不平衡，载流子的复合几率比较低，因而影响器件的发光效率。为了克服上述缺点，发展了双层、三层和多层结构。

双层结构有效解决了电子和空穴的复合区靠近电极和载流子注入速率平衡问题，提高了 OLED 器件的效率，使 OLED 的研究进入了一个新的阶段，这种结构如图 3.10(b)所示，它的主要特点是发光层材料具有电子传输性，需要加入空穴传输层去调节空穴和电子注入到发光层的速率，这层空穴传输材料还起着阻挡电子的作用，使注入的电子和空穴在发光层处发生复合。另一种发光层材料具有空穴传输性，需要加电子传输层，如图 3.10(c)所示。由空穴传输层、电子传输层和发光层组成的三层结构如图 3.10(d) 所示。这种器件结构的优点是使三层功能层各行其职，对于选择材料和优化器件结构性能十分方便，是目前有机发光器件中最常采用的器件结构。

为使器件的各项性能最优，充分发挥各个功能层的作用，有时采用多层结构，如图 3.10(e)所示。其中，电子注入层和空穴注入层的作用是更有效地从阴极和阳极分别注入电子和空穴；一般而言，空穴在有机层中的迁移率大于电子，为了限制电子和空穴的复合区域，可在电子传输层和发光层之间加一空穴阻挡层。另外，还有量子阱/超晶格结构也经常采用，使用该类结构的器件在设计时不受载流子传输层和发光材料能带匹配和厚度匹配等要求的限制，并且还可通过对载流子的限制和调配，提高器件的发光效率，改善器件发光效率随电压升高而变化的特性。以图 3.11 所示的 5 层结构的 OLED 为例，其工作流程一般分为 5 个步骤。①载流子注入。在直流低压高电场驱动下，空穴和电子分别从阳极和阴极注入到夹在两电极间的有机层中。②载流子传输。注入的空穴和电子分别由空穴传输层

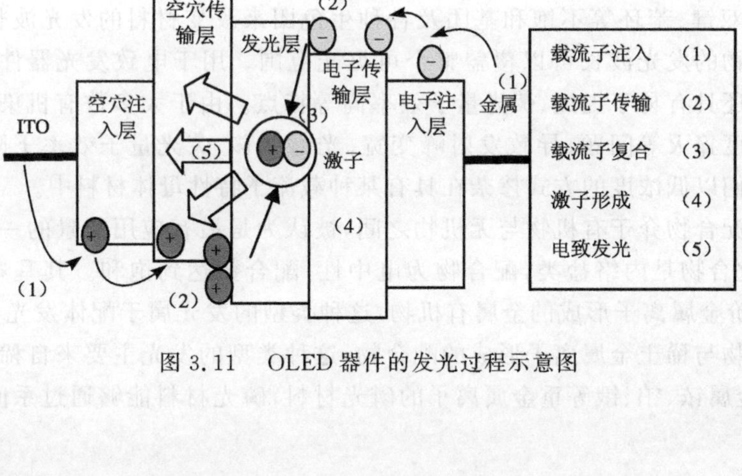

图 3.11　OLED 器件的发光过程示意图

和电子传输层迁移到发光层中。③载流子复合。空穴和电子在发光层中相遇,并产生激子。④激子形成。激子在电场作用下将能量传递给有机发光层,并激发有机发光材料分子的电子从基态跃迁到激发态。⑤电致发光。激发态能量通过跃迁,将能量以光子的形式释放出来,产生电致发光。

3.3.2 常见的OLED材料

高品质、性能优良的有机功能材料对于OLED的性能是至关重要的。根据用途不同,有机电致发光材料主要有载流子传输材料和发光材料两种。

1. 载流子传输材料

载流子传输材料根据传输电荷的性质可分为空穴传输材料和电子传输材料。载流子传输材料除了具有良好的成膜性和稳定性外,还必须具备以下条件:①高的玻璃化温度;②良好的载流子传输特性;③不与发光层形成激基复合物;④材料的离子化能和电子亲和能要与电极的功函数及发光层匹配,要有利于载流子从电极注入并阻挡另一种载流子从发光层流出。空穴传输材料均具有强的给电子特性,其主要是芳香胺类化合物,目前最常用的小分子空穴传输材料有TPD、α-NPD(NPB)、TDATA和m-MTDATA。电子传输材料在分子结构上表现为缺电子体系,即具有较高的电子附加能,容易生成较为稳定的负离子。常用的有机小分子电子传输材料有Alq_3(8-羟基喹啉合铝)、OXD-7、TPBI、BMB-3T、含硅类化合物和全氟代的芳香化合物等。

2. 发光材料

发光材料主要有小分子有机化合物和分子聚合物两类。小分子有机化合物又可分为有机小分子化合物和金属配合物两类。

有机小分子化合物能够用真空蒸镀的方法成膜,其化学结构易于调整,可以通过引入双键、苯环等不饱和基团及各种生色团来改变材料的发光波长,有机小分子化合物的发光波长可以覆盖整个可见光范围。用于电致发光器件研究的有机小分子还具有易于提纯、荧光量子效率高等特点。由于大多数有机染料在固态时存在浓度猝灭等问题,导致发射峰变宽、光谱红移、荧光量子效率下降。所以,一般将它们以低浓度的方式掺杂在具有某种载流子特性母体材料中。

金属配合物介于有机物与无机物之间,被认为是最有应用前景的一类发光材料,这类化合物是内络盐类,配合物为电中性,配合数达到饱和。其基本结构是:①1,2,3价金属离子形成的金属有机物,这种类型的发光属于配体发光;②1,3-二羰基化合物与稀土金属离子形成的配合物,这种类型的发光主要来自稀土金属离子;③有金属铱、铂、锇等重金属离子的磷光材料,磷光材料能够通过系间穿越,实现混合了单重态和三重态发光的磷光发射。理论上，利用磷光材料制作的 OLED 内量子效率可达 100%，它的发光效率比荧光材料提高了三倍。第一类金属配合物，一般都具有较高的荧光效率、较好的成膜性和高的玻璃化温度，这类配合物通常都有很好的电子传输特性，是 OLED 中较理想的材料。常用的金属离子有周期表中第Ⅱ主族元素（如 Be、Zn）和第Ⅲ主族元素（如 Al、Ga、In）及稀土元素（如 Tb、Eu、Gd）。Alq_3 有机电致发光材料具有较好的发光效率、较高的电子迁移率、较好的热稳定性，是一种性能优良的发光材料，它是配体发光材料的突出代表。第二类稀土配合物的发光主要是由稀土离子的 d 电子和 f 电子跃迁产生的，发光波长取决于稀土离子，受配体的影响较小，这类配合物发光光谱比较窄，色度更纯一些。

聚合物发光材料有诸多优点，如玻璃化温度比较高、热稳定性好；器件制备工艺简单；易于实现大面积显示；发光颜色可调；具有优异的成膜性等。但聚合物发光材料也存在一些不足，如提纯比较困难，有的聚合物存在溶解性的问题。目前，研究比较多的聚合物主要有聚苯撑乙烯（PPV）及其衍生物、聚喹喔啉（PQxs）和聚芴等。

3.3.3　OLED 的种类

一般来说，OLED 根据驱动方式的不同可分为 PM-OLED（passive matrix OLED，无源矩阵 OLED）与 AM-OLED（active matrix OLED，有源矩阵 OLED）两类，其电路设计原理如图 3.12 所示。PM-OLED 适合用于小尺寸面板，因为其瞬间亮度与阴极扫描列数成正比，所以，需要在高脉冲电流下操作，会使像素的寿命缩短，且因为扫描的关系也使其分辨率受限制，但成本低、制备工艺简单是其一大优点。AM-OLED 恰好与 PM-OLED 的特性相反，虽然成本较昂贵、制备工艺较复杂，但每一个像素皆可连续与独立驱动，并可记忆驱动信号，不需在高脉冲电流下操作，效率较高，寿命也可延长，适用于大尺寸、高分辨率、高信息容量的全彩化显示产品。

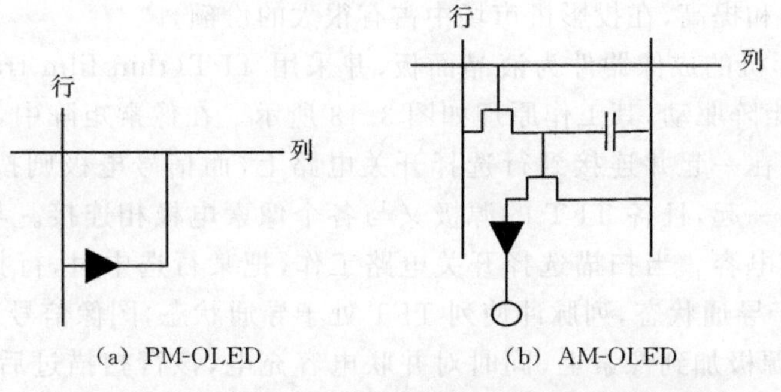

(a) PM-OLED　　(b) AM-OLED

图 3.12　PM-OLED 和 AM-OLED 的电路原理示意图

按照 OLED 所使用的载流子传输层和发光层有机薄膜材料的不同，OLED 可分为小分子 OLED 与聚合物高分子 OLED(也称为 PLED)两种，它们的情况对比如表 3.1 所示。

表 3.1 小分子 OLED 和 PLED 的比较

项目	小分子 OLED	PLED
主要发光材料	Alq_3、Beq_2、DPVBi、Amine、Balq、PVK、TAZ、Zn(ODZ)$_2$	PPV 及其衍生物、flourene homopolymers、MEH-PPV、PPP、copolymers、polythiophenes、polyquinoxalines
制膜工艺	真空热蒸镀	旋转涂布法或喷墨打印
发光效率	可高于 15lm/W	可高于 20lm/W
优势	容易彩色化，工艺控制较容易且稳定，材料合成与纯化较为容易	设备成本较低、组件构造相对简单、耐热性较佳
劣势	设备成本较高，对于水分的耐受性不佳，蒸镀效率较低易造成材料浪费，热稳定性与机械性质较差，驱动电压较高	材料合成、纯化及彩色化较困难，研发和产业步伐相对较慢
适用领域	高单价、高附加值产品	低单价、量大的产品

3.4 投影显示技术与器件

按照工作原理，投影机可分为 CRT 投影机、LCD 投影机、LCOS(liquid crystal on silicon，硅上液晶)投影机和 DLP(digital light procession，数字光处理)投影机 4 种类型。CRT 投影机是最早的投影机，由于其亮度低、体积大、操作复杂，已经被淘汰。本节主要介绍 LCD 投影机、LCOS 投影机和 DLP 投影机。

3.4.1 LCD 投影机

LCD 投影机早在 20 世纪 90 年代就已批量上市，经过多年的发展，产品性能有了很大改善和提高，在投影机市场中占有很大的份额。

LCD 投影机的成像器件为液晶面板，并采用 TFT(thin film transistor，薄膜晶体管)有源矩阵驱动，其工作原理如图 3.13 所示。在像素矩阵中，各个 TFT 的栅极按行连接在一起并连接到行选择开关电路上，而信号电极则按列把各 TFT 的漏极连接在一起，且各 TFT 的源极又与各个像素电极相连接。与像素并联的小电容是存储电容。当扫描选择开关电路工作，把某行选中时，行扫描脉冲使行 TFT 全部处于导通状态，列脉冲使列 TFT 处于导通状态，图像信号通过每个像素上的 TFT 的源极加到像素上，同时对并联电容充电，该行扫描过后，与该行连接的各 TFT 处于截止状态，各像素上保持着被加入的图像信号电压，直到该行再次被扫描。其他行的工作以此类推,图像信号被依次加到各行的像素上。实际液晶器件工作时,行和列脉冲分别用行位移寄存器和列位移寄存器来控制,用行位移寄存器和列位移寄存器使图像信号被逐行逐列加到每个像素中,形成一幅图像信号电压,用以改变每个像素中的液晶分子的取向状态,从而使透过每个像素的光被调制发生变化,形成一幅图像光信号,投射到屏幕上就是一幅图像。

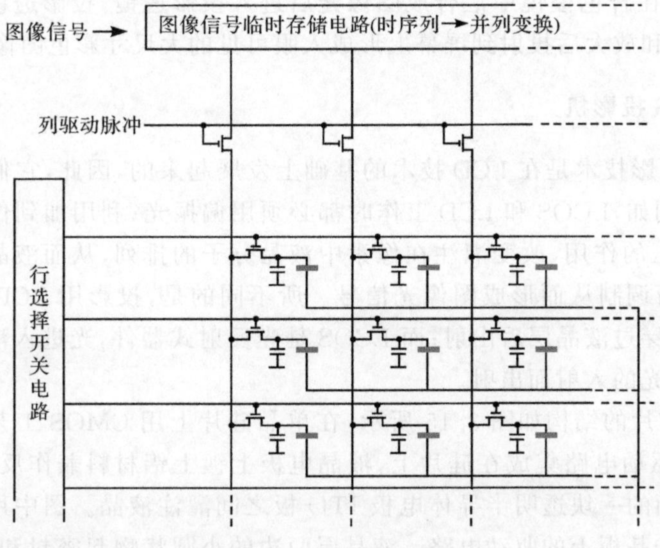

图 3.13　TFT 工作原理

按照液晶面板的片数,LCD 投影机可分为单片式和三片式。单片式 LCD 投影机由于亮度低、对比度低、色彩还原性差等缺点很快被市场淘汰。目前,LCD 投影机的主流产品是三片式,通称 3LCD 投影机。

图 3.14 所示为一种三片式 LCD 投影机的结构原理图。光源发出的白光被滤除红外光和紫外光后,通过聚光透镜后入射到透镜式积分棱镜被均匀化,均匀化后的光被 PBS(polarization beam splitter,偏振光分离器)变换成偏振光后入射到

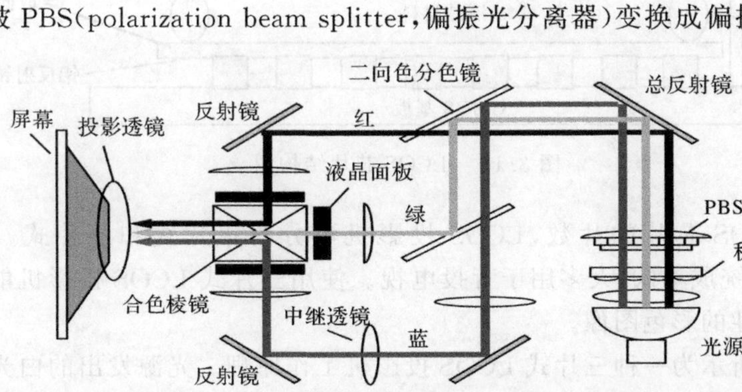

图 3.14　三片式 LCD 投影机结构原理图

总反射镜，被总反射镜反射后入射到第一个二向色分色镜，该二向色分色镜透过红光，反射青光，青光又被第二个二向色分色镜分光，透过蓝光，反射绿光。至此，白光被二向色分色棱镜分成了 RGB 三基色光。RGB 三基色光通过中继透镜后又被反射，反射光又分别入射到 RGB 三个液晶面板上，透过三个液晶面板的 RGB 三基色光被加到液晶面板上的图像信号电压调制，被调制后的 RGB 三基色光进入合色棱镜，在合色棱镜中汇合成图像光后进入投影透镜，投影透镜对图像光进行聚焦、校正和放大后投射到屏幕上形成人眼可见的大尺寸彩色图像。

3.4.2 LCOS 投影机

LCOS 投影技术是在 LCD 技术的基础上发展起来的，因此，它们之间有许多相同之处。例如，LCOS 和 LCD 工作时都必须用偏振光；利用加到像素电极上的图像信号电压的作用，改变灌注在像素中液晶分子的排列，从而液晶层对透过它的光通量进行调制从而形成图像光信号。所不同的是，投影用 LCD 是光透射式器件，即光线穿过液晶层后出射；而 LCOS 是光反射式器件，光进入液晶层后又被反射回来，从光的入射面出射。

LCOS 芯片的结构如图 3.15 所示，在单晶硅片上用 CMOS 工艺把驱动阵列电路和液晶驱动电路集成在硅片上，液晶电极上镀上铝材料兼作反射镜，在该电极基板与对面的一块透明半导体电极 ITO 板之间灌注液晶。图中用黑白小格子表示集成在硅基板上的驱动电路。液晶层两边的小圆状物起密封和支撑的作用，最上面是玻璃盖板，这样就构成了一个 LCOS 芯片。当入射偏振光入射到该 LCOS 芯片上，并且驱动电路上加有图像信号电压时，液晶分子的取向状态发生改变，反射出的光受到调制，像素阵列反射光的总和就形成了图像光信号，再通过投影透镜进行聚焦、放大后投射到屏幕形成图像。

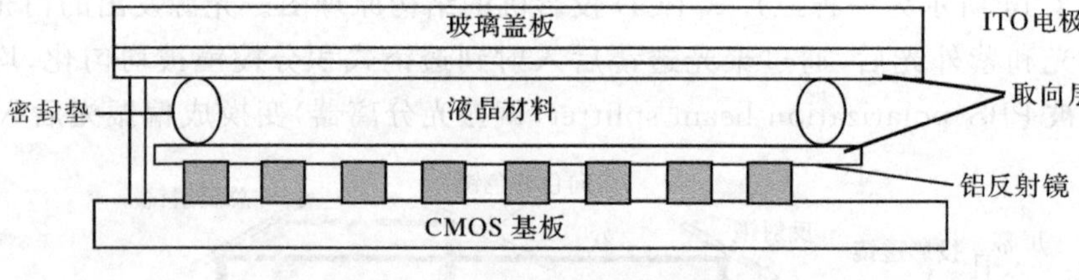

图 3.15　LCOS 芯片结构图

按照 LCOS 芯片的片数，LCOS 投影机可分为单片式和三片式。单片式 LCOS 投影系统成本低，大多用于背投电视。使用三片式 LCOS 投影机能得到高质量、高可靠性的彩色图像。

图 3.16 所示为一种三片式 LCOS 投影机工作原理。光源发出的白光首先被滤去红外光和紫外光，再入射到光积分棒被均匀化，均匀化后的光束经过偏振片

后成为 S 偏振光，再被反射镜反射后进入第一个二向色分色镜，分出红光和青光，青光又被第二个二向色分色镜分出绿光和蓝光。RGB 三基色 S 偏振光分别进入各自的 PBS，这里，S 偏振光被反射进入 LCOS 芯片。因为在显示芯片上加了图像信号电压，由 LCOS 芯片反射的光受到调制而有光通量大小的变化并变成了 P 偏振光，携带有图像信息的 RGB 三束反射 P 偏振光穿过 PBS，再输出到合色棱镜合成彩色图像光，穿过投影镜头透射到屏幕上形成彩色图像。

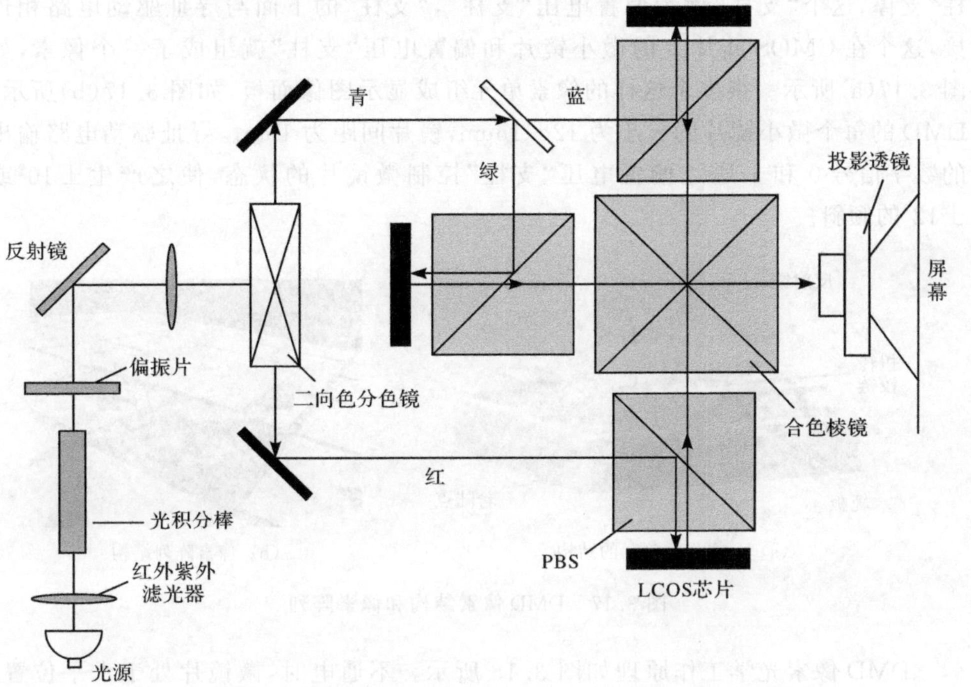

图 3.16　三片式 LCOS 投影机结构与工作原理

与 LCD 投影技术相比，LCOS 投影技术有如下几个明显的优点：

(1) LCOS 面板的开口率高，可达 90%以上，因而整机亮度高，同样亮度的情况下，它可以使用比 LCD 投影机更小的投影灯泡，使整机寿命更长。

(2) LCD 面板中只有 TFT 制造在像素中，其他的面板驱动电路都在面板外面，而 LCOS 面板中集成了面板的驱动电路及外围电路，使 LCOS 面板外围引线大大减少，提高了可靠性。

(3) LCOS 面板用一般的 2.5μm CMOS 工艺就可以生产，因此，其制造成本低，这也是该器件的最大优势之一。

但是，相比 LCD 和 DLP 技术，LCOS 技术还处于发展阶段，其制造工艺还不成熟，因此，其成品率较低，成本偏高。

3.4.3 DLP 投影机

DLP 器件是美国德州仪器公司(TI)于 1987 年研制成功的,并很快出现了基于此的投影机。目前,DLP 投影机与 LCD 投影机成为两大主流投影机。

DLP 的核心是被称为 DMD(digital micromirror device,数字微镜器件)的成像器件,它是在硅片上按行和列紧密排列的微小镜片,每个微小镜片的下面用"支柱"支撑,这个"支柱"称为偏置电压"支柱","支柱"的下面与寻址驱动电路相连接,这个在 CMOS 硅片上的微小镜片和偏置电压"支柱"就组成了一个像素,如图 3.17(a)所示。很多个这样的像素单元组成显示图像面板,如图 3.17(b)所示。DMD 的每个微小镜片的大小为 12~16μm,镜片间距为 1μm。寻址驱动电路输出的数字信号 0 和 1 通过偏置电压"支柱"控制微镜片的状态,使之产生±10°或±12°的倾斜。

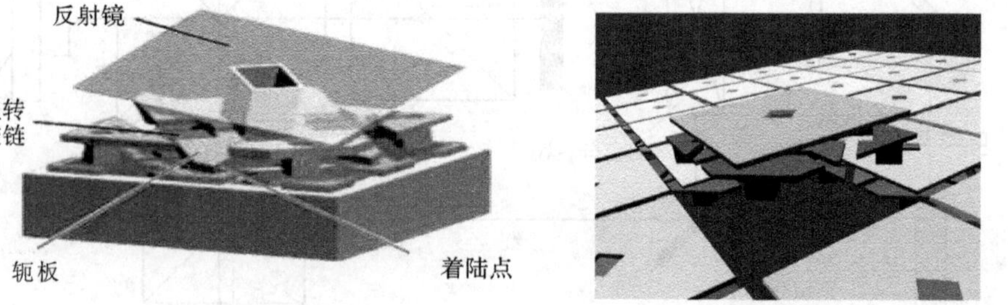

(a) 一个像素单元的结构　　(b) 像素阵列结构

图 3.17 DMD 像素结构和像素阵列

DMD 像素光学工作原理如图 3.18 所示。不通电时,微镜片处于水平位置,假设此时有一束光以与微镜片法线成 20°的角入射到微镜片上,根据光的反射原理,入射光以与微镜片法线成 20°的角被反射出去。当给微镜片加信号 1 时,微镜片由水平位置偏转+10°(虚线左边在水平线上方,右边在水平线下方的位置),此位置微镜片的法线相对于微镜片水平位置的法线顺时针偏转了 10°,因为入射光的位置不变,入射光以与现在位置的法线成 10°的角入射到微镜片面上,反射光以与现在位置的法线成 10°的角反射出去,刚好反射到投影透镜上并通过投影透镜投射到屏幕上,形成如图 3.18 中白色方块所示的亮图像。当给微镜片加信号 0 时,微镜片由水平位置偏转-10°(虚线左边在水平线下方,右边在水平线上方的位置),此位置微镜片的法线相对于微镜片水平位置时的法线逆时针偏移了 10°。入射光以与现在位置的法线成 30°的角反射出去,偏离投影透镜,屏幕呈现为黑色。以上是一个微镜片的光开关作用的工作过程描述,若 DMD 上全部微镜片同时这样动作,那么,屏幕上就形成一个全亮图像或一个全黑图像。每个微镜片对应的像素的灰度值由微镜片偏转＋10°的频率决定，微镜片偏转＋10°的频率越高，其对应的像素越亮。各个微镜片偏转＋10°的频率不同，将形成不同灰度的图像。

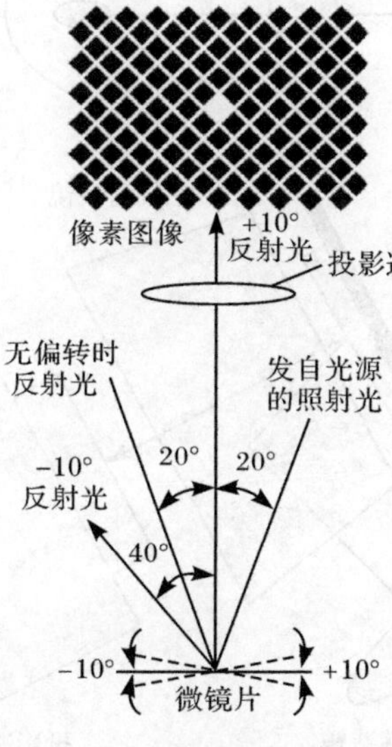

图 3.18　DMD 像素光学工作原理

按照 DMD 的片数，DLP 投影机可分为单片式、两片式和三片式，目前使用最多的是单片式。单片式 DLP 投影机清晰度高、画面均匀、色彩锐利、体积小、使用方便，常用于小会议室、控制室、数字标牌和娱乐场所等。两片式 DLP 投影机发光效率较高，主要应用于大型的显示墙，适用于一些大型的娱乐场合和需要大面积显示屏幕的用户。三片式 DLP 投影机相对于单片式和两片式 DLP 投影机，其发光率最高，适合长时间显示高亮度大画面，所以，常常用于对亮度要求非常高的特殊场合，如一些商业展示和公共信息显示等。

图 3.19 为一种单片式 DLP 投影机的结构图。投影灯泡发出的光被弧形灯碗反射后输出到聚光透镜聚光后由反射镜反射到红外紫外滤光器上，滤掉红外线和紫外线后进入匀光器件——实心光导管。光线经过光导管后被均匀化并照射到分光器件色轮上分解为 RGB 三基色光，这些三基色光经过反射镜反射到中继透镜进行聚焦后入射到总反射棱镜。总反射棱镜的作用是调整光线射到 DMD 器件上的入射角，使得 DMD 上的微镜片转动时，将光线准确地射入或偏离投影透镜，在投影屏幕上形成图像。

单片式 DLP 投影机使用的色轮是将一个圆环状盘等分为 3 个区域，每个区域涂上红、绿、蓝滤色材料，色轮的旋转速度与视频信号是同步的。当某一瞬间红光射到 DMD 上，DMD 上的微镜片阵列根据视频信号中要显示的红光的信息，即哪些微镜片要显示红光及显示红光的深浅，一部分微镜片转动到＋10°的开状态，使

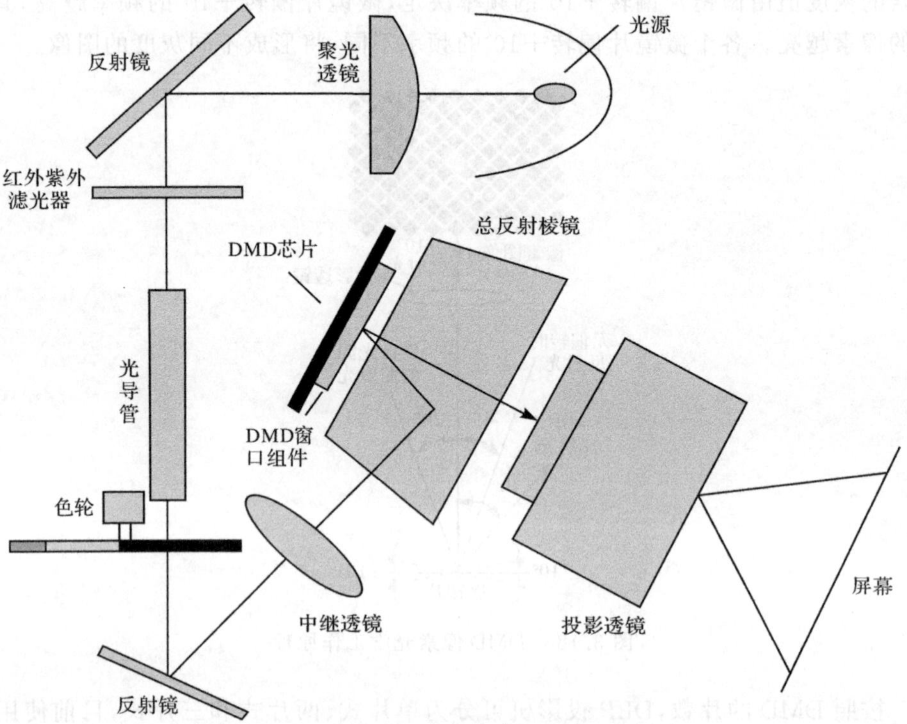

图 3.19　单片式 DLP 投影机结构

视频信号中的红光成分显示到屏幕上形成红光的图像，绿光和蓝光也是如此，这样就形成彩色图像。

3.5　其他 2D 显示技术与器件

除了上述几种主流 2D 显示技术与器件外，还有很多其他 2D 显示技术与器件，如 FED（field emission display，场致发射显示）、VFD（vacuum fluorescent display，真空荧光显示）、电泳显示（electrophoretic display）和激光显示（laser display）等，下面分别对它们进行简单介绍。

3.5.1　FED 器件

FED 是一种主动发光型的全固体化的平板显示器，主要是基于场致电子发射。在强电场作用下，电子首先从固体表面通过隧穿效应发射到真空，然后受到加速，最终打在荧光粉薄膜上导致发光。FED 保留了 CRT 亮度高、色彩好等优点，故 FED 也被称为平板 CRT。但 FED 又不同于 CRT 的热发射阴极，它采用了场致发射冷阴极,使用电场自发射材料的尖端发射的电子束轰击荧光屏而发光。

与其他2D显示器相似,FED具有体积小、重量轻、厚度薄、功耗低等优点。此外,与LCD相比,FED在响应时间和工作温度范围等方面有非常明显的优势。LCD的响应时间是毫秒级,而FED的响应时间在微秒级;一般商用LCD的工作温度范围为0～+50℃,而FED的工作温度范围为－45～+85℃。

FED是一种很有发展前景的平板显示器,早在十几年前就是热门研发的显示器。但是,由于FED材料(场致发射材料和低压高效荧光粉材料)和工艺方面的问题,以及生产成本过高的问题,时至今日,它基本上还处于开发阶段,尚未形成规模产业。如果近几年能在场发射电子源的工业化和低电压、高效率的RGB荧光材料等技术方面取得进一步突破,则FED的实用化和产业化指日可待。

3.5.2 VFD器件

VFD是利用氧化锌这类荧光粉在几十电子伏能量轰击下发光而实现显示的器件。图3.20所示为平板型VFD的剖面结构图,它是一个典型的真空三极管,是将阴极(灯丝)、阳极(荧光粉)和栅极(光刻法制造)三个基本电极封在高真空环境的玻璃管里构成的。其中,阴极灯丝是覆盖碱土和金属氧化物粉末的极细钨丝,金属氧化物粉末的功能是降低灯丝的最小电子溢出功,从而降低灯丝的温度,提高寿命。栅极是由金属栅网薄膜制成的,起到控制和分散阴极发射的电子的作用。而阳极是导电极,起到加速电子的作用。

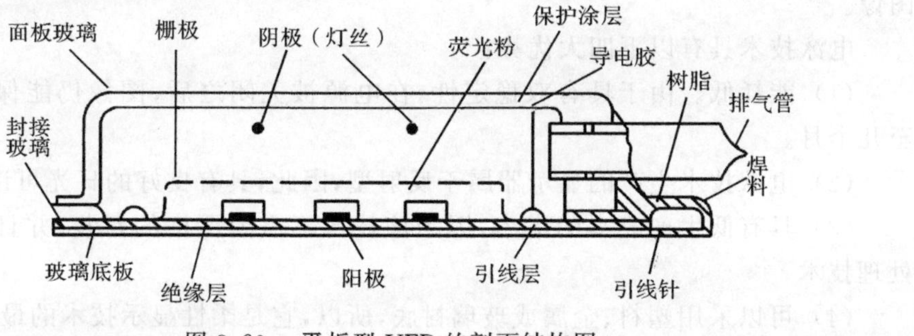

图3.20 平板型VFD的剖面结构图

在VFD中,阴极发射电子,其电位较低,可视为零电位,阳极和栅极为正电压。阴极发射的电子能否通过栅极孔到达阳极,取决于栅极相对于阴极的电位。由于栅极的电位为正,阴极发射的部分电子被栅极截获,变成栅流,这部分电流越小越好;部分电子穿过栅孔打到阳极,激发涂覆于阳极上的低压荧光粉而发光,形成阳极电流,通过调节栅极或阴极上的电压就可以显示不同的图案,这个电压可以为低至10V的直流电压。

VFD的显示特性与CRT类似,但它克服了CRT体积大、电压高的缺点。

VFD虽然是真空器件，但工作电压低、体积小、亮度高，色泽好、适用温度范围大、图形实现灵活。VFD可方便地用于数字、字符、图形、画面等显示，在音频产品、家电、计算机、汽车、仪器仪表、通信等领域已得到广泛应用，VFD也可用于大尺寸显示。

3.5.3 电泳显示技术

电泳显示技术由于结合了普通纸张和电子显示器的优点，因而是最有可能实现电子纸张产业化的技术，是极具发展潜力的柔性电子显示技术之一。

电泳显示的工作原理是靠浸在透明或彩色液体之中的电离子移动，即通过翻转或流动的微粒子来使像素变亮或变暗，并可以被制作在玻璃、金属或塑料衬底上。

典型的电泳显示的具体技术为：将直径约为1mm的二氧化钛粒子散布在碳氢油中，黑色染料、表面活性剂及使粒子带电的电荷控制剂也加到碳氢油中，然后将这种混合物放置在两块间距为10～100mm的平行导电板之间。当对两块导电板加电压时，这些粒子会以电泳的方式从所在的薄板迁移到带有相反电荷的薄板上。当粒子位于显示器的显示面时，显示屏为白色，这是因为光通过二氧化钛粒子散射回观看者一方；当粒子位于显示器背面时，显示器为黑色，这是因为彩色染料吸收了入射光。如果将背面的电极分成多个微小的图像元素即像素，通过对显示器的每个区域加上适当的电压来产生反射区和吸收区图案，即可形成图像。

电泳技术具有以下四大优势：

(1) 能耗低。由于具有双稳定性，在电源被关闭之后，图像仍能保留几天甚至几个月。

(2) 电泳技术生产的显示器属于反射型，因此，具有良好的日光可读性。

(3) 具有低生产成本的潜力，因为该技术不需要严格的封装，并且采用溶液处理技术。

(4) 可以采用塑料、金属或玻璃衬底，所以，它是柔性显示技术的最佳选择。

但是，从目前的状况来看，电泳显示技术还面临一些技术上的难题。

(1) 响应速度比较慢，这影响了其连续显示色彩的性能。因为电泳技术依赖于粒子的运动，用于显示的开关时间非常长，长达几百毫秒，这个速度对视频应用是不够的。目前，用于电泳显示的使开关时间达到几十毫秒的更快的材料正在开发之中。

(2) 显示的双稳态及转换速度慢，这也影响了其连续显示色彩的性能。

(3) 制造工艺复杂，对材料要求高，成本较高。

3.5.4 激光显示器

激光显示器以 RGB 三基色激光作为显示光源，与 CRT、LCD 和 PDP 等显示技术相比，它在色度学方面实现了重大突破。由于激光为线谱，色饱和度高，色彩鲜艳；又由于激光谱线丰富，可以选择实现大色域显示，因此，可显示超过 CRT、LCD、PDP 和 OLED 两倍以上的色彩。

激光全色显示技术以 RGB 激光为光源，其工作原理如图 3.21 所示。从 RGB DPL(diode-pumped solid-state laser，二极管泵浦固体激光器)出射的 RGB 三基色激光分别经过扩束、匀场、消相干后再经反射镜反射，入射到相应的光阀上，光阀上加有图像调制信号，经调制后的三色激光由合色棱镜合色后入射到投影透镜，最后经投影透镜投射到屏幕，得到激光显示图像。

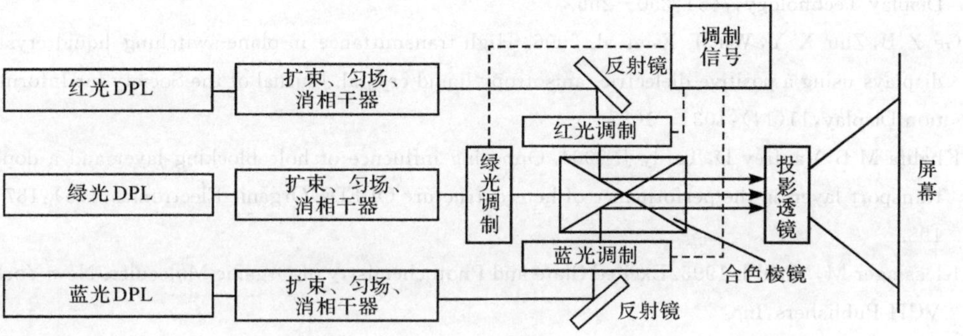

图 3.21 激光显示器的结构与原理

参考文献

高鸿锦，董友梅. 2007. 液晶与平板显示技术. 北京：北京邮电大学出版社：40－92.

黄子强. 2008. 液晶显示原理. 第二版. 北京：国防工业出版社：132.

刘颂豪，李淳飞. 2006. 光子学技术与应用. 广东：广东科技出版社，安徽：安徽科学技术出版社：993.

滕枫，侯延冰，印寿根，等. 2006. 有机电致发光材料及应用. 北京：化学工业出版社.

王琼华，成建波，杨刚. 2004. 透反液晶显示器. 液晶与显示，6(19)：446－449.

王志国，刘纯亮，梁志虎. 2009. 改善等离子体显示器动态假轮廓的显示灰度级调整方法. 西安交通大学学报，43(10)：89－93.

应根裕，胡文波，邱勇. 2002. 平板显示技术. 北京：人民邮电出版社：103.

张建德. 2010. 透反液晶显示器显示模式的研究[硕士学位论文]. 成都：四川大学.

赵红平，雷威，张晓兵，等. 2004. 液晶显示器新技术. 真空电子技术，(5)：1－6.

Adachi C, Baldo M A, Thompson M E, et al. 2001. Nearly 100% internal phosphorescence efficiency in an organic light emitting device. Journal of Applied Physics, 10(90)：5048－5051.

Atwood S P. 2003. LCOS projects a bright future. Information Display, 19(9): 26－29.

Bisquert J, Garcia-Belmonte G, Pitarch A, et al. 2006. Negative capacitance caused by electron injection through interfacial states in organic light-emitting diodes. Chemical Physics Letters, 1－3(422): 184－191.

Bogaert L, Meuret Y, Giel B V, et al. 2008. Comparison of the light output of LCOS projection architectures using LEDs. Displays, 29(1): 1－9.

Brennesholtz M S. 2007. The evolution of projection displays: From mechanical scanners to microdisplays. Journal of the Society for Information Display, 15(10): 759－774.

Champbell L H, Ferraris J, Hagler T W, et al. 1996. Measuring internal electric fields in organic light-emitting diodes using electroabsorption spectroscopy. Polymer for Advanced Technologies, 7(8): 417－423.

Ge Z B, Rao L H, Gauza S, et al. 2009. Modeling of blue phase liquid crystal displays. Journal of Display Technology, 7(5): 250－256.

Ge Z B, Zhu X Y, Wu T X, et al. 2006. High-transmittance in-plane-switching liquid-crystal displays using a positive-dielectric- anisotropy liquid crystal. Journal of the Society for Information Display, 11(14): 1031－1037.

Khalifa M B, Vaufrey D, Tardy J. 2004. Opposing influence of hole blocking layer and a doped transport layer on the performance of heterostructure OLEDs. Organic Electronics, 4(5): 187－198.

Klessinger M, Michl J. 1995. Excited State and Photochemistry of Organic Molecules. New York: VCH Publishers, Inc.

Lakowicz J R. 1999. Principle of Fluorescence and Phosphorescence Spectroscopy. 2nd ed. New York: Kluwer Academic Plenum Publishers.

Lei W, Zhang X B, Lou C G, et al. 2008. Influence of charge deposition in a field-emission display panel. Applied Surface Science, 254(7): 2096－2101.

Nollau A, Pfeiffer M, Fritz T, et al. 2000. Controlled n-type doping of a molecular organic semiconductor: Naphthalenetetracarboxylic dianhydrid. Journal of Applied Physics, 9(87): 4340－4343.

Rao L H, Ge Z B, Wu S T. 2010. Viewing angle controllable displays with a blue-phase liquid crystal cell. Optics Express, 3(18): 3143－3148.

Schulman S G. 1997. Fluorescence and Phosphorescence Spectroscopy: Physicochemical Principles and Practice. Oxiford: Pergamon Press.

Seime L, Hardeberg J Y. 2003. Colorimetric characterization of LCD and DLP projection displays. Journal of the Society for Information Display, 11(2): 349－358.

Tang C W, VanSlyke S A. 1987. Organic electroluminescent diodes. Applied Physics Letter, 12(51): 913－915.

Turro N J. 1978. Modern Molecular Photochemistry. Menlo Park: Benjamin Cummings Publishing Co. Inc.

Wang Q H, Bass M. 2004. Photo-luminescent screens for optically written displays based on up-conversion of near infrared light. Electronics Letters, 16(40): 987－989.

Wang Q H, Cheng J B, Lin Z L. 1998. YAG phosphor screen for projection CRT. Electronics Letters, 14(34): 1420－1421.

Wang Q H, Cheng J B, Lin Z L. 2002. A bright, sharp 5-in. CRT for projection displays. Information Display, 18(6): 18－20.

Wang Q H, Zhang J D, Wu D, et al. 2010. A single-cell-gap transflective liquid crystal display with special electrodes. Journal of the Society for Information Display, 12(18): 1040－1043.

Wei X Q, Yang G, Cheng J B. 2007. Synthesis of novel light emitting calixarene derivatives and their luminescent properties. Materials Chemistry and Physics, 2－3(102): 214－218.

Yang G, Zhang D, Cheng J B. 2009. A nondoped electrophosphorescent organic light-emitting diodes based on platinum complexes. Chinese Physics Letters, 7(26): 1－4.

Yu X J, Ho Y L, Tan L, et al. 2007. LED-based projection systems. Journal of Display Technology, 3(3): 295－303.

Zhan R Z, Chen J, Deng S Z, et al. 2010. Fabrication of gated CuO nanowire field emitter arrays for application in field emission display. Journal of Vacuum Science & Technology B, 28(3): 558－561.

Zhang J D, Wang Q H, Li D H, et al. 2009. A dual-cell-gap transflective liquid crystal display with identical response time in transmissive and reflective regions. Journal of the Society for Information Display, 9(17): 701－704.

Zhang S T, Wang Z J, Zhao J M, et al. 2004. Electron blocking and hole injection: The role of N, N-Bis(naphthalen-1-y)-N, N-bis(phenyl) benzidine in organic light-emitting devices. Applied Physics Letter, 15(84): 2916－2918.

Zhu X Y, Ge Z B, Wu T X, et al. 2005. Transflective liquid crystal displays. Journal of Display Technology, 1(1): 15－28.

第 4 章　3D 动画技术

影片《阿凡达》的热映在造就一个票房神话的同时掀起了全球范围的 3D 热潮。人们在沉醉于那些美轮美奂、如幻如真的 3D 场景的同时，也对 3D 立体显示这项技术投来更多关注的目光。在这部电影中，除了 3D 显示技术，丰富逼真的 3D 动画效果也令人叹为观止。其实 3D 动画技术早已应用于动画电影、3D 游戏和广告等方面。可以说，3D 动画技术已经正在取代 2D 动画技术成为动画的主流方向。3D 动画是 3D 显示器显示内容的重要来源之一，本章将对其进行简单介绍。

4.1　3D 动画的发展和特点

随着计算机图形图像、电子技术的发展及计算机软硬件性能的飞速提高，3D 动画技术越来越完善，它使我们能够再现出 3D 世界的物体；3D 动画技术也在社会各行业、领域和日常生活中发挥了越来越重要的作用。下面将介绍 3D 动画的发展与特点。

4.1.1　3D 动画的发展

20 世纪 60 年代，由于计算机在动画领域的应用使动画开始快速发展。20 世纪 70 年代初，Catmull 开发出第一套 3D 动画系统，该系统把现代数理方法、图形学、力学、控制论、优化方法、图像处理方法、机器人学、人工智能方法和面向对象方法等融合到一起，使计算机动画成为一门综合性很强的边缘学科。之后，1982 年，迪斯尼推出了第一套电脑动画的电影——Tron（电子世界争霸战），这是全新的动画电影的开山之作，同时也是后来的 3D 电脑动画的开端。

3D 动画技术的蓬勃发展出现在最近几年，这要归功于计算机技术的飞速发展和相关 3D 动画理论的不断深入研究。近年来，3D 电脑动画技术的发展史可分为三个阶段。

(1) 1995 年至 2000 年是第一阶段，此阶段是 3D 动画的起步及初步发展时期。在这一阶段，皮克斯/迪斯尼是 3D 动画影片市场上的主要玩家。

(2) 2001 年至 2003 年为第二阶段，此阶段是 3D 动画的迅猛发展时期。在这一阶段，3D 动画从“一个人的游戏”变成了皮克斯和梦工厂“两个人的撕咬”：梦工场的《怪物史瑞克》、皮克斯的《海底总动员》是这个阶段的典型作品。

(3) 从2004年开始,3D动画影片步入其发展的第三阶段:全盛时期。在这一阶段,3D动画演变成“多个人的游戏”:华纳兄弟电影公司的《极地快车》;蓝天工作室的《冰河世纪1》、《冰河世纪2》等。

在我国,数字动画设计成为方兴未艾的朝阳产业,与世界发达国家相比,中国的数字媒体才刚起步。目前,我国3D动画设计人才十分抢手。现在,3D动画行业在我国发展的速度很快,我们在电视广告、动画片、电影中经常能看到3D动画设计的元素,相信我国的3D动画行业将有大的发展。

4.1.2　3D动画的特点

3D动画不但让2D显示更加逼真有质感,同时也是3D显示的重要片源之一,它具有的特点和作用是2D动画所无法比拟的,其具体特点如下所述。

1. 超高的形体设计能力

计算机采用一系列的数学方法来实现动画设计与制作,它不受客观存在的限制,不仅可以逼真地模拟出现实存在的物体或景观,而且可以拟造出现实中不存在的物体或景观,这个功能是实景拍摄手段和手绘手段无法企及的。具体来说,电脑动画目前能生成如下形体:

(1) 人工几何物体。电脑动画提供了各种平面、曲线和曲面等生成工具,可以生成各种逼真形象的形体,如建筑、家具和器皿等,也可以生成想象中的抽象物体。

(2) 自然景物。随着近几年来计算机图形学的发展,生成各种自然景观已成为现实,如生成水、火、云雾和植物等,而且已经达到了乱真的效果。

(3) 关节动物。关节动物如人、兽等是电脑动画中最为复杂的形体之一。采用计算机可以逼真地模拟这类形体,美国电影《侏罗纪公元》中的恐龙就是电脑3D动画的杰作。

2. “随心所欲”的动画

在电脑动画中,物体的变化和运动同样不受客观存在的制约。我们可以任意指定物体的运动方向、运动轨迹,任意掌握拍摄的角度、照明的特性,也可以让物体任意地变化。电脑动画具有以下一些特性:

(1) 运动的虚构性。如北京吉普广告:巨大的汽车方向盘从地下钻出,接着汽车的车座、发动机、车轮、车体和其他部件逐个飞入画面,装配成一体。

(2) 拍摄的连续性。电脑动画可以实现从宏观世界到微观世界连续不断的拍摄,反之亦可,这也是其他表现手段难以达到的。例如,“摄影机”从城市上空俯拍市区,接着连续运动,钻入某一建筑中"拍摄"其内部结构,这一过程完全连贯、平滑,没有镜头的切换。

(3) 物体的可变性。计算机动画提供了两种变形的方法:3D形体的变形和图像级的变形。利用手法往往起到隐喻的作用,有直接而锐利的解释性和说服性。

电脑动画可以让物体沿着计算机设置的广角镜头的曲线由远至近或由近至远运动,造成强烈的视觉冲击效果。

3. 丰富的质感表现

电脑动画能够通过材质的选择和灯光的设计,逼真地表现物体的质感。材质的选择和变化物体的质感取决于色彩、表面的光亮程度、反射特性和透明特性等,而这些属性又取决于形体的材料。电脑动画提供了丰富的材质库,如玻璃、金属、水、大理石、木材、面料等材质应有尽有。制作人员不仅可以随意选择某一材质来造型,而且可以为同一形体赋予不同的材质。电脑动画还可以使材质特性随时间灵活变化。材质特性的变化包括材质的色彩变化、透明度变化和光亮度变化。电脑动画还可以通过变换各种参数反复修改形体的材质,产生理想的效果。在电脑动画中,材质的特性是由一些数学参数确定的,参数不同,产生的材质效果也不同。

灯光的设计直接影响形体的质感表现。电脑动画中的灯光设计具有很多的优点。例如,可以自由确定光源类型(点光源、平行光、摄影光等);可以设计灯光的颜色和强度并随时调整;还可以修改调试。但设计时也应注意一些问题:①灯光宜精不宜过多,过多的灯光会使工作过程变得杂乱无章,难以处理,同时会影响显示和渲染速度;②灯光要体现场景的层次性;③电脑动画中的灯光是可以超现实的,学会利用这些特性会实现更好的质感表现;④灯光的布局要遵循由主到次、由简到繁的过程。

在电脑动画制作过程中可以随时演示动画设计的结果,因此,可反复修改、调试,直到满足创意的要求。

采用常规摄影手段,背景合成很难将前景和背景独立起来,这是因为画面的前景和背景是合在一起拍摄的。在电脑动画中,前景和背景可分别设计,并且可以随时进行背景的合成和更换。

3D动画的优势与特点让其在2D和3D显示中都具有重要的作用。3D动画的原理是基于计算机图形学,它是计算机图形学的一个重要分支。3D几何造型的原理与3D图形的处理都是创建3D动画的一个重要环节,下面将对它们进行详细介绍。

4.2　3D几何造型基础

3D几何造型是3D图形系统的核心和基础，它主要是指3D空间的立体经并、交、差等集合运算和旋转、平移、放缩等几何变换，产生设计者所希望得到的较为复杂的立体模型的过程。

4.2.1　3D图形系统的几何元素

用计算机来描述一个具体的物体可将其视作由基本的元素组成，如点、线和面等的集合。由点形成线，线构成面，面构成物体，物体再生成场景。因此，下面将简单介绍这些几何元素。

点是几何造型最基本元素，平面立体、曲面立体、曲线和曲面等形体均可用有序的点集表示。

边是两个或多个相邻表面的交线，是一维几何元素。在造型中，直线由两端点确定，曲线由一系列型值点或控制点表示。

面是2D几何元素，是形体上一个有限、非零的区域，由一个外环和若干个内环界定其范围。一个面可以没有内环但必须有且只有一个外环。同时，在计算机造型中，面是有方向性的，一般用面的外矢量方向定义其正方向，若一个面的外法矢量向外，则此面为正向面；反之，为反向面。几何造型中，常分为平面、二次面和双三次参数曲面等形式。

环是由有序的有向边(直线段或曲线段)组成的面的封闭边界，如图4.1所示。环中的边不能相交，相邻两边共有一个端点。环有内环和外环之分。

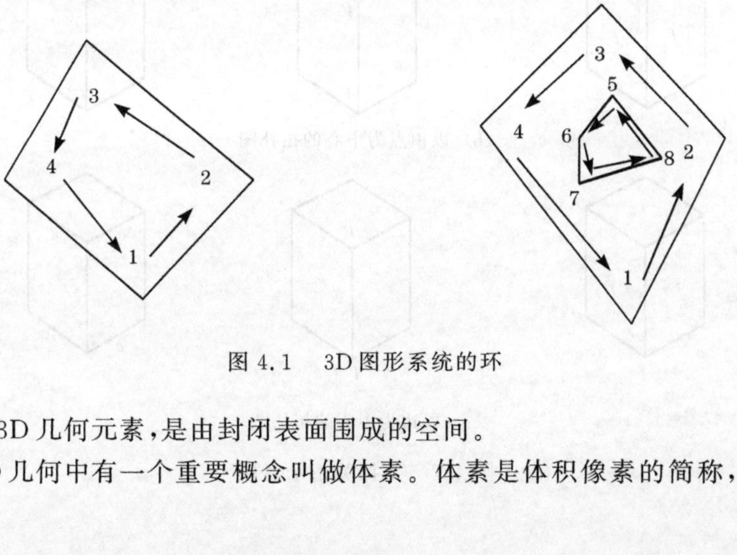

图4.1　3D图形系统的环

体是3D几何元素，是由封闭表面围成的空间。

在3D几何中有一个重要概念叫做体素。体素是体积像素的简称，它是数字数据于 3D 空间分割上的最小单位,类似于 2D 空间的最小单位像素。体素是可以用有限个尺寸参数定形和定位的立体。体素有三种形式的定义:①以组合成复杂形体的简单立体,如棱柱、棱锥、圆柱、圆锥和球体等;②某一截面轮廓线沿一条(或一组)空间参数曲线作回扫或平扫描运动而产生的实体;③用代数半空间定义的形体,表示为$\{(x,y,z)\mid f(x,y,z)\leqslant 0\}$。

在 3D 几何造型中,表示立体的各几何元素的关系有两种信息,即几何信息和拓扑信息。

几何信息包括形体的定形、定位尺寸和表面的方向等信息;而拓扑信息是用以表示几何元素间的连接关系。平面立体的拓扑关系有 9 种。以面为中心的拓扑关系有面相邻性、面-顶点包含性和面-边包含性,如图 4.2(a)所示;以顶点为中心的拓扑关系有顶点-面相邻性、顶点相邻性和顶点-边相邻性,如图 4.2(b)所示;以边为中心的拓扑关系有边-面相邻性、边-顶点包含性和边相邻性,如图 4.2(c)所示。图 4.2 中,f 表示面、V 表示顶点、e 表示边。总结起来,用六层结构可以表示几何信息与拓扑信息,如图 4.3 所示。

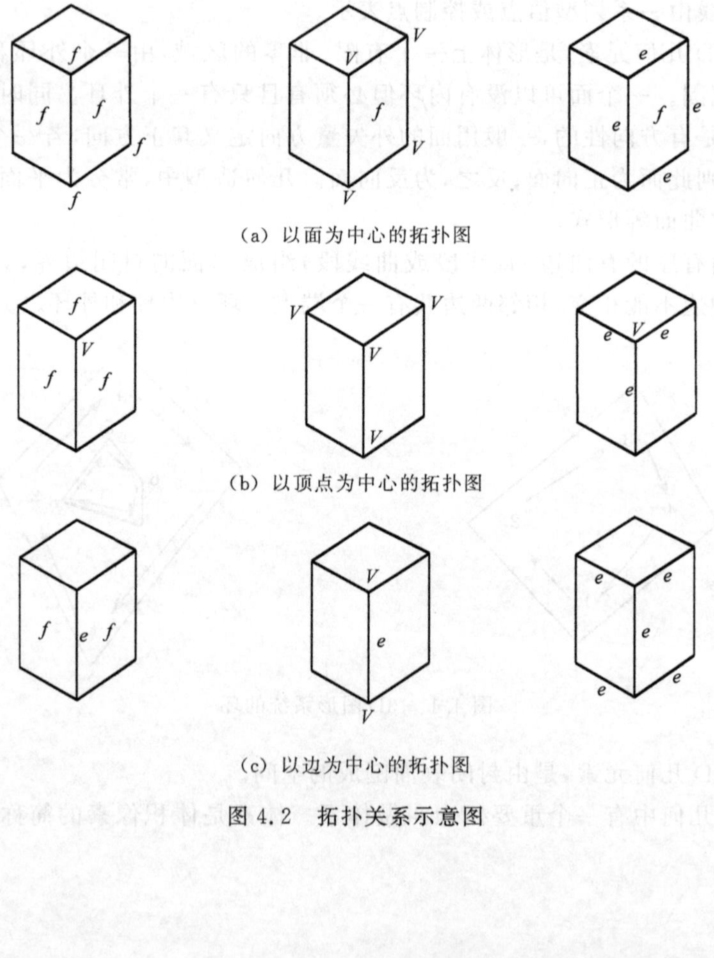

(a) 以面为中心的拓扑图

(b) 以顶点为中心的拓扑图

(c) 以边为中心的拓扑图

图 4.2　拓扑关系示意图

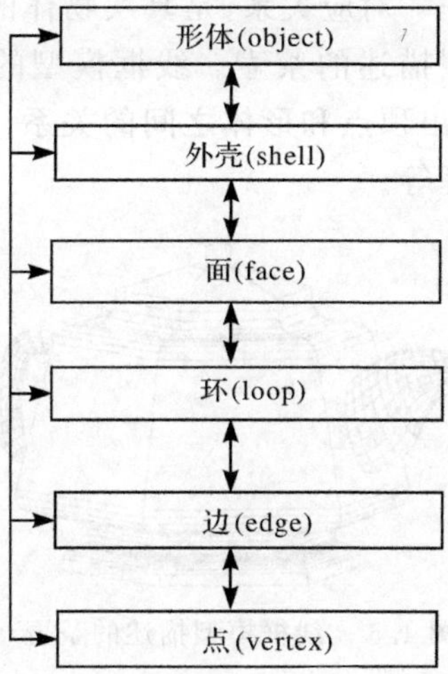

图 4.3　几何信息与拓扑信息的六层结构

4.2.2　形体表示的数据模型和过程模型

对于一个形体的表示在造型中有两种方式：一种是数据模型，另一种是过程模型。数据模型又分为线框模型、表面模型和实体模型，如图 4.4 所示。

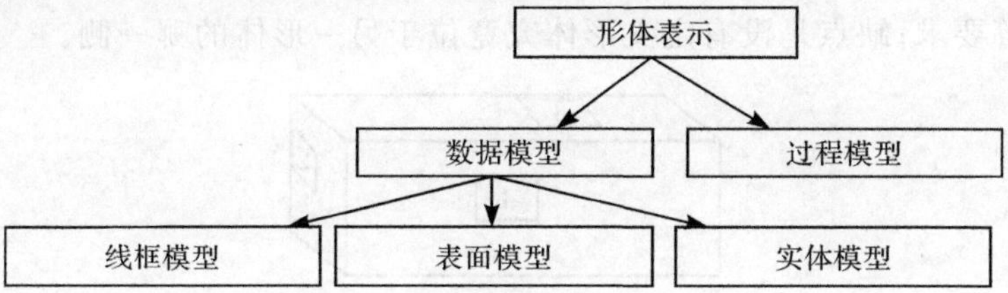

图 4.4　模型分类

1. 数据模型

数据模型是完全用数据来描述的 3D 模型。例如，我们描述一个立方体采用 8 个顶点表示，而描述一个球体采用一个中心点和半径来表示。这些描述都是以数据文件的形式存在的，包括特征表示、空间分割表示、推移表示、边界表示和构造实体几何表示等。进一步来说，这种数据模型的描述又可以分为三种：线框模型、表面模型和实体模型。

1）线框模型

线框模型是一组轮廓线表示形体的集合。具体来说，它采用顶点和邻边来表示形体，与形体之间不存在一一对应关系，是真实物体的高度抽象，不适合真实感显示。图 4.5 是用线框模型描述的茶壶。线框模型的优点在于简单，处理速度快。而缺点则是不能明确给出顶点和形体之间的关系，因此，不能解决剖视图、消隐图、明暗色彩图和加工处理等。

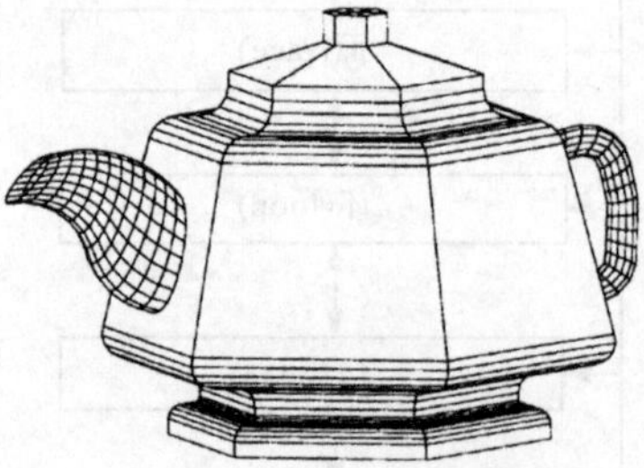

图 4.5　线框模型描述的茶壶

2）表面模型

表面模型是将形体表示成一组表面的集合，即用面的集合来定义形体。表面模型是在线框模型的基础上，通过增加哪些棱边按何种顺序连接等内容定义出表面。使用表面模型，形体与其表面一一对应，适合于真实感显示。图 4.6 简单地描述了表面模型表示的一个形体。图 4.6 是在线框模型的基础上增加各表面的信息，如 1，2，3。表面模型的优点是可以满足面面求交、线面消隐、明暗色彩图及数控加工等要求；缺点是没有定义形体究竟位于另一形体的哪一侧。

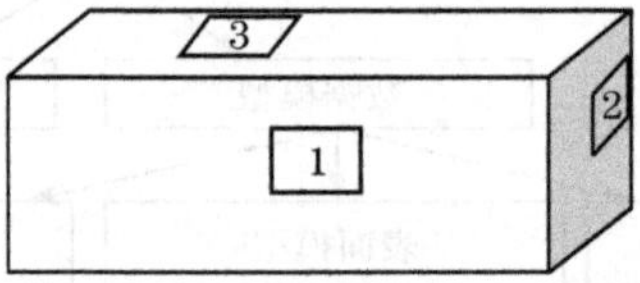

图 4.6　表面模型描述形体示意图

3）实体模型

实体模型用于描述实体，主要用于 CAD/CAM，它包含了描述一个实体所需的较多信息，如几何信息、拓扑信息。对于表面模型不能描述的在哪一侧问题可采用实体模型来描述，如图 4.7 所示。实体模型可以描述点 P 存在于表面的具体哪一侧。

2. 过程模型

过程模型是以一个过程和相应的控制参数描述的模型。例如，用一些控制参数和一个生成规则描述某一植物。它以一个数据文件和一段代码的形式存在。

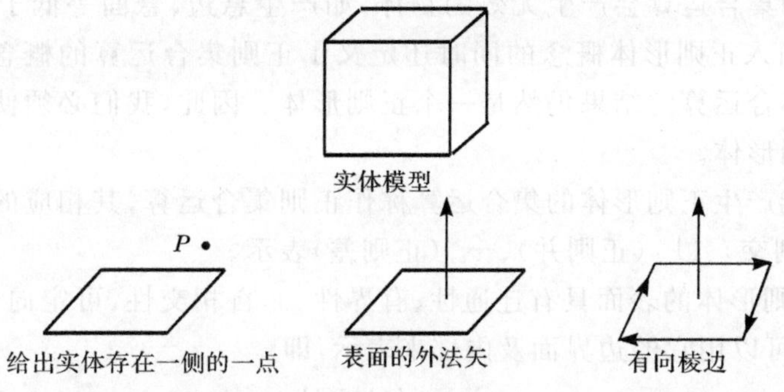

图 4.7　实体模型

4.3　正则实体运算与 3D 物体表示方法

从几何造型发展史来看，早期普遍采用线框表示。接着实体造型渐渐发展，并到后来与曲面造型独立发展和相互融合。实体造型备受青睐，用实体描述 3D 模型可以表示很多的信息，因此，在 3D 造型中实体应用比较多。所以，本节首先了解什么是实体，以及实体的相关运算法则，并介绍常用的 3D 物体表示方法。

4.3.1　3D 实体的正则运算

实体是具有一定的形状及封闭的边界，内部联通占据有限空间经过运算后仍然有效的物体。如果一个形体是 3D 欧氏空间中非空、有界的封闭子集，且其边界是 2D 流形，称该形体为正则形体。不满足该定义的形体称为非正则形体。图 4.8 是一些正则形体与非正则形体。图 4.8(a)所示的物体有悬边，图 4.8(b)是图 4.8(a)的内部点集，图 4.8(c)是图 4.8(b)的物体内部点集的闭包，是一个正则形体。从图 4.8 中可以看出正则形体的含义：正则形体是由其内部的点集及紧紧包着这些点的表皮组成。

(a) 有悬边的物体　(b) 图(a)的内部点集　(c) 图(b)的闭包

图 4.8　正则实体与非正则实体

并、交、差等集合运算是构造形体的基本方法。在构造复杂的物体时，正则形体经过普通的集合运算会产生无效的物体，如产生悬边、悬面等低于 3D 的形体。Requicha 在引入正则形体概念的同时还定义了正则集合运算的概念。而正则集合运算保证集合运算的结果仍然是一个正则形体。因此，我们必须使用正则集合运算构造正则形体。

我们把能产生正则形体的集合运算称作正则集合运算，其相应的正则集合算子以 $\cap^*$（正则交）、$\cup^*$（正则并）、$-^*$（正则差）表示。

首先，正则形体的表面具有连通性、有界性、非自相交性、可定向性和闭合性。3D 正则形体可以用它的边界面及内部来表示，即

$$G = \{bG, iG\} \tag{4.1}$$

式中，G 为正则形体；bG 为 G 的边界面；iG 为 G 的内部。

在 3D 空间中，给定一个实体 G 后，空间点集就被分为三个子集：一是该实体的内部点集，二是该实体边界上的点集，三是该实体之外的点集。若给定一个实体 G 及一个有界面 S，那么，S 也可能被 G 分割为三部分，即位于 G 内的面、位于 G 外的面及位于 G 边界上的面。以 $C(S,G)$ 表示这三种关系，P 代表空间的点，则有

$$C(S,G) = \{SinG, SoutG, SonG\} \tag{4.2}$$

式中，

$$SinG = \{P \mid P \in S, P \in iG\} \tag{4.3}$$

$$SoutG = \{P \mid P \in S, P \notin G\} \tag{4.4}$$

$$SonG = \{P \mid P \in S, P \notin bG\} \tag{4.5}$$

由于实体 G 的边界面是可定向的，有界面 S 也是可定向的。以 $-S$ 表示有界面 S 的反向面，即 $-S$ 和 S 是同一个有界面，只是有界面 $-S$ 在 P 点法向均和有界面 S 上该点的法向相反。也就是说，如果有界面 S 在 P 点的法向为 $Np(S)$，则有界面 $-S$ 在 P 点的法向就是 $-Np(S)$。同样，$-bG$ 表示 G 边界的反向。于是，可以进一步分为两种情况：有界面 S 在 G 边界上同为正向的点的集合和一个为正向、一个为反向的点的集合，即

$$SonG = \{Son(bG), Son(-bG)\} \tag{4.6}$$

式中，

$$Son(bG) = \{P \mid P \in S, P \in bG, N_P(S) = N_P(bG)\} \tag{4.7}$$

$$Son(-bG) = \{P \mid P \in S, P \in bG, N_P(S) = -N_P(bG)\} \tag{4.8}$$

因此，$C(S,G)$ 可以修改为

$$C(S,G) = \{SinG, SoutG, Son(bG), Son(-bG)\} \tag{4.9}$$

由于正则形体可以由它的边界来表示，得到了它的边界，也就是定义了该形体。设 A 和 B 为两个正则形体，则正则集合运算算子定义如下：

$$b(A \cup^* B) = \{bAoutB, BoutA, bAonbB\} \tag{4.10}$$

$$b(A \cap^* B) = \{bA\text{in}B, B\text{in}A, bA\text{on}bB\} \tag{4.11}$$

$$b(A -^* B) = \{bA\text{out}B, -(bB\text{in}A), bA\text{on}(-bB)\} \tag{4.12}$$

正则形体在通过上面定义的正则集合算子运算后得到的新形体仍为正则形体。图 4.9 显示了集合和正则的交运算，可以看出，集合论下的交运算的结果中在正方形旁出现了悬边，而正则运算却没有悬边。

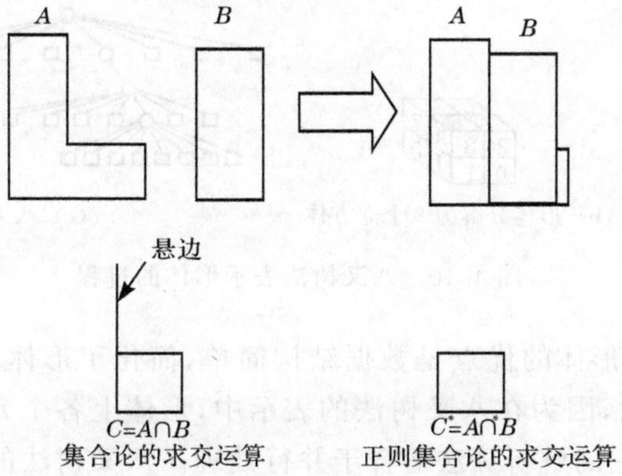

图 4.9　集合和正则的交运算

正则形体集合运算的欧拉公式为

$$V \quad E + F = 2 \tag{4.13}$$

式中，V 是顶点；E 是边；F 是表面。广义的欧拉公式表示为

$$V - e + f - r = 2(s - h) \tag{4.14}$$

式中，e 表示边；f 表示面；r 表示多面体表面上孔的个数；s 表示相互分离的多面体数；h 表示贯穿多面体的孔洞个数。

4.3.2　3D 物体的表示方法

在 3D 物体造型中，对实体模型的表示方法基本上可以分为三大类：分解表示法、构造表示法和边界表示法。

1.　分解表示法

分解表示法是将形体按某种规则分解为小的易于描述的部分，每一小部分又可以分为更小的部分，这种分解过程直至每一小部分都能直接描述为止。分解表示法又可以由两种方法实现。

一种方法是将形体空间细分为小的立方体单元，这种表示方法的优点是简单，容易实现形体的交、并、差计算，但占用的存储量太大，物体的边界面没有显式的解析表达式，不便于运算。

另一种方法是采用八叉树法表示形体。首先对形体定义一个外接立方体，再把它分解成 8 个立方体，并将其依次编号为 0,1,2,…,7。如果立方体单元已经一致，即为满或为空，则该子立方体可停止分解；否则，需要对该立方体作进一步分解，再分为 8 个子立方体。在八叉树中，非叶节点的每一个节点都有 8 个分支。图 4.10显示了八叉树表示形体的过程。

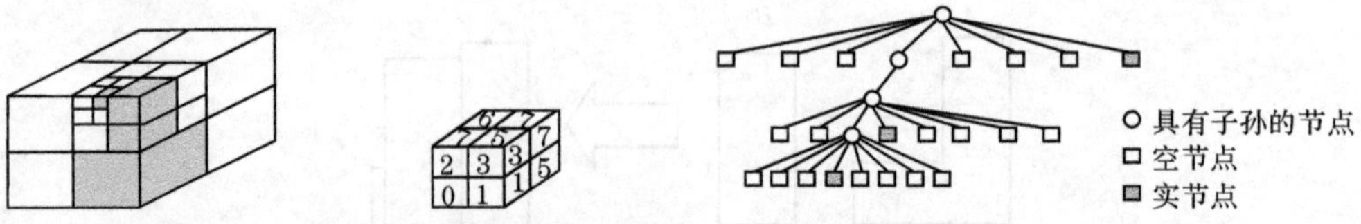

(a) 形体　(b) 形体分解为 8 个立方体　(c) 八叉树的建立

图 4.10　八叉树法表示形体的过程

八叉树法表示形体的优点是数据结构简单，简化了形体的集合运算；同时简化了隐藏线的消除，因为在八叉树法的表示中，形体上各个元素已按空间位置排成了一定顺序，而它的解析算法适合于并行处理。八叉树法的缺点则是占用存储空间大，只能近似地表示形体，不能获取形体的边界信息等。

2. 构造表示法

构造表示法通常分三种方法，分别是扫描表示法、构造实体几何表示法和特征表示法。

扫描表示法基于一个基体沿某一路径运动而产生形体，它是生成 3D 形体的有效方法，但用扫描变换产生的形体可能出现维数不一致的问题，同时，扫描方法不能直接获取形体的边界信息，表示形体的覆盖域非常有限。图 4.11 是平移扫描表示法的例子。图 4.12 为旋转扫描表示法。

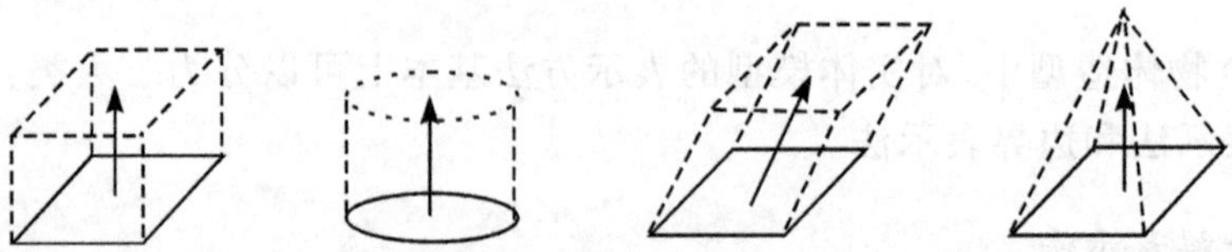

图 4.11　平移扫描表示法

构造实体几何表示法是通过对体素定义运算而得到新的形体的一种表示方法。体素可以是立方体、圆柱、圆锥等，也可以是半空间，其运算为变换或正则集合运算并、交、差。构造实体几何表示法可以看做是一棵有序的二叉树，其终端节点是体素或是形体变换参数，而非终端节点是正则的集合运算或是变换操作，这种运算或变换只对紧接着的子节点起作用。图 4.13 是构造实体几何表示法。该

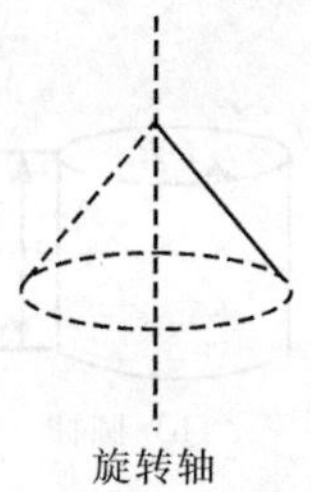

图 4.12　旋转扫描表示法

方法表示的数是无二义性的，但不是唯一的。优点是数据结构比较简单，数据量比较小，内部数据管理比较容易。构造实体几何表示法方便转换成边界表示法，该方法表示的形体形状比较容易修改，其缺点是对形体的表示受体素的种类和对体素操作的种类限制。也就是说，该方法表示形体的覆盖域有较大的局限性，它对形体的局部操作不易实现，如不能对基本的体素的交线倒圆角。由于形体的边界几何元素是隐含表示在构造实体几何表示中，故显示与绘制该方法表示的形体需要较长时间。

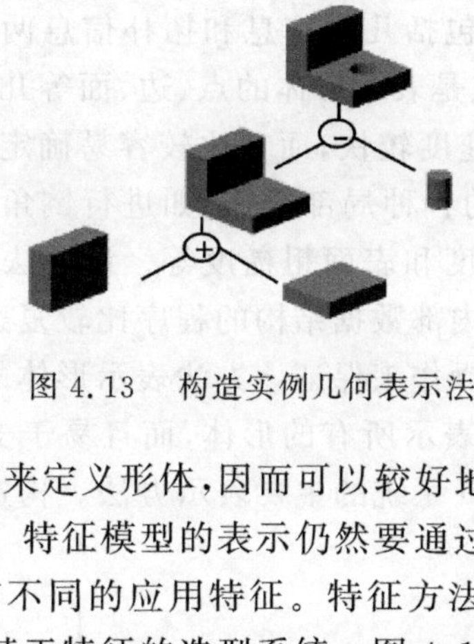

图 4.13　构造实例几何表示法

特征表示法从应用层来定义形体，因而可以较好地表达设计者的意图。特征是面向应用、面向用户的。特征模型的表示仍然要通过传统的几何造型系统来实现。不同的应用领域具有不同的应用特征。特征方法表示形体的覆盖域受限于特征的种类。图 4.14 是基于特征的造型系统。图 4.15 是特征形状的表示。

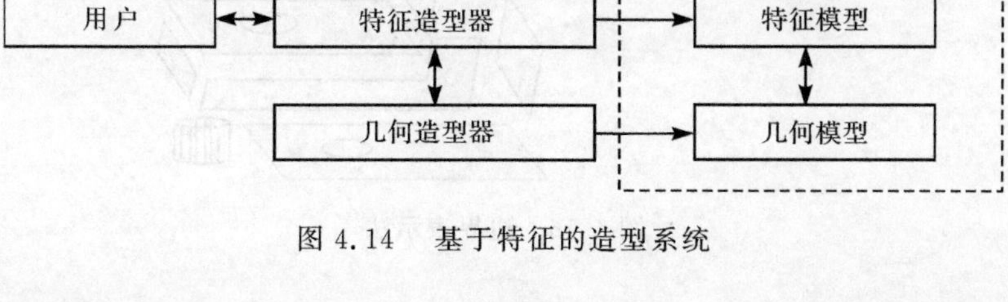

图 4.14　基于特征的造型系统

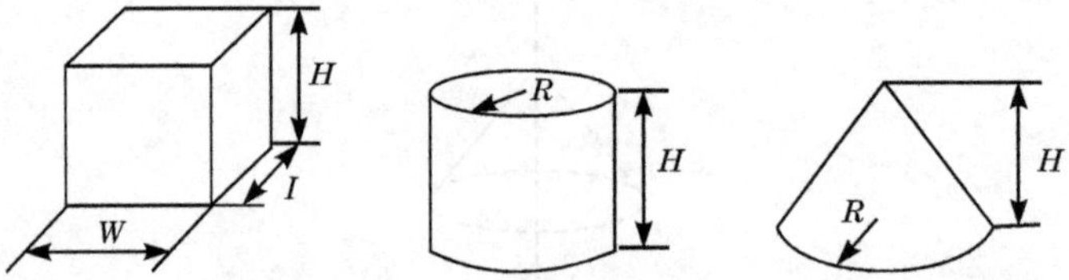

(a) 方块　　(b) 圆柱　　(c) 圆锥

图 4.15　特征表示法

总体来说，构造表示法通常具有不便于直接获取形体几何元素的信息、覆盖域有限等缺点。但是，便于用户输入形体，在 CAD/CAM 系统中，通常作为辅助表示方法。

3. 边界表示法

边界表示法是按照体、面、环、边、点的层次详细记录了构造形体的所有几何元素的几何信息及其相互连接的拓扑关系。边界表示法的一个重要特点是在该表示法中，描述形体的信息包括几何信息和拓扑信息两个方面。图 4.16 是边界表示法。该方法表示的优点是表示形体的点、边、面等几何元素是显式表示的，使得绘制该方法表示的形体速度较快，而且比较容易确定几何元素间的连接关系。该方法还容易支持对物体的各种局部操作，如进行倒角。同时，便于数据结构上附加各种非几何信息，如精度和表面粗糙度等。该方法的缺点是数据结构复杂，需要大量的存储空间，维护内部数据结构的程序比较复杂。该方法不一定对应一个有效形体，通常运用欧拉操作来保证该方法表示形体的有效性和正则性等。边界表示覆盖域大，原则上能表示所有的形体，而且易于支持形体的特征表示。该方法已成为当前 CAD/CAM 系统的主要表示方法。构造实体几何表示法与边界表示法成为两大主流方法。

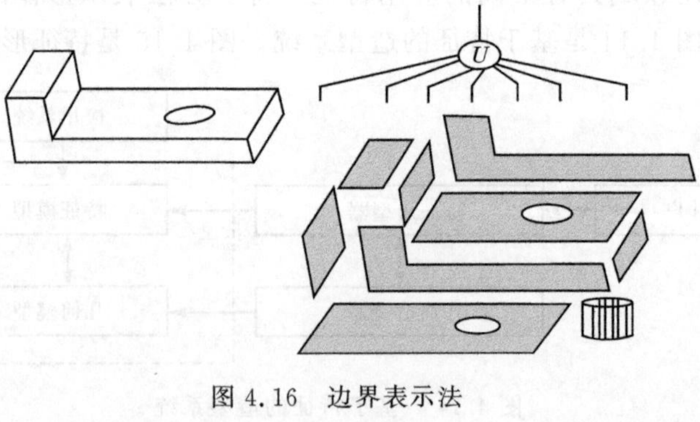

图 4.16　边界表示法

4.4 计算机 3D 图形处理

上节从计算机图形学的角度对 3D 造型做了理论上的论述，下面将从用户操作和系统处理两个方面对计算机 3D 图形进行介绍，以提高用户对计算机 3D 图形处理的能力。我们将图形处理的一般制作过程分为 4 个部分介绍，分别是模型处理、光照处理、材质处理和其他处理。在计算机 3D 图形处理的过程中，用户可以使用许多设计软件完成，常用的软件如 AutoCAD、3ds Max 等。

4.4.1 模型处理

模型是 3D 设计最基本的要素，模型处理的过程又分为模型建立和模型转换两个方面。模型的建立主要包含以下步骤：

（1）对位置的设置。该步骤需要建立合适的坐标系，因此，在世界坐标、造型坐标和观察坐标的设置时，建立的模型位置和方向要尽量保持一致，减少不必要的转换。

（2）确定适当的模型类型。上节介绍了 3D 造型中模型分为线框模型、表面模型和实体模型，用户在使用软件造型时必须根据各种模型的特点及自己的设计要求综合选用合适的模型，使选取的模型最能体现设计者的思想。

（3）选择合适的建模方法。3D 模型的建模方法有很多，单就实体模型的建模方法就包括 3 个大类 6 种表示方法，每一种方法适合的范围与特点都不相同。因此，建模方法选取要特别考虑建模精度的控制，盲目追求高精度会使渲染时间过长，并且文件过大的缺点凸显，同时获得的图形效果的提高或许并不太明显。

模型转换是对于模型的位置、方向、大小和形体的变化调整。模型转换的原因有两方面：一是设计需要；另外就是由于视点的变化而使所有模型在 3D 空间的位置关系发生了相应的变化，故需要进行调整。

4.4.2 光照处理

光照是一门为 3D 场景增加真实感的技术，它以某种特定计算方式通过对物体分布不同的亮光和黑暗形成阴影而实现真实感。如同在现在许多游戏中见到的一样，光照可以将场景带入到一个全新的真实感层次。3D 软件光源的类型有三种：点光源、方向光和聚光灯。如图 4.17(a)所示，点光源有颜色、位置，无方向；如图 4.17(b)所示，方向光有颜色、方向，无位置；如图 4.17(c)所示，聚光灯有颜色、位置和方向。而在计算机 3D 图形中，光照处理计算模型主要有环境光、泛光源和聚光光源三种形式。环境光是一种无穷远的点光源形式，用于表现场景的亮度和色调变化，不会产生光影，常用于作为场景光线的宏观调控；泛光源除了具有点光源的特性外，还会对被照射物体产生明暗过渡变化和阴影，使场景更加自然；聚光光源是一种具有方向性的泛光源。

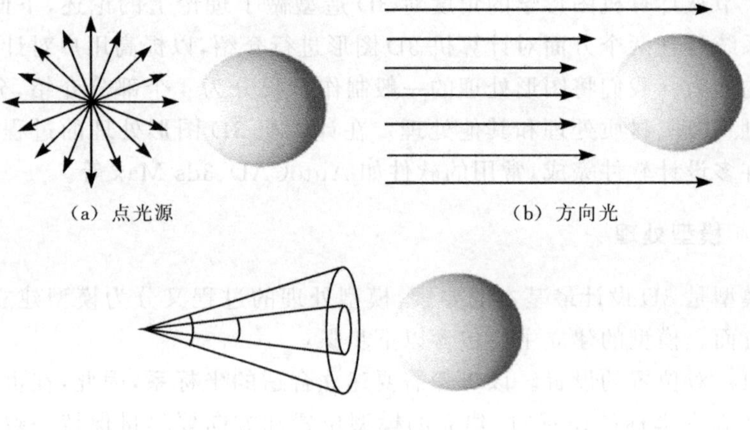

(a) 点光源　　(b) 方向光

(c) 聚光灯

图 4.17　光源类型

在进行场景照明处理时，需熟练掌握各种光源的特点、灯光的建立和修改，主要遵循 5 个原则：①按照灯光的重要性或亮度由高到低的顺序来创建和修改灯光；②灯光的设置不是越多越亮越好，太多的光线使场景缺乏层次而显得生硬，因此要留有适度的黑色；③设置适当的灯光数量以求逼真的渲染效果；④对于能用材质表现的光源，尽量用材质表现，以减少灯光数量；⑤特殊的灯光效果并非一定要真实的灯光表现，可考虑后期制作中用其他的方法进行处理。

总之，场景照明处理一定要选择适合的照明形式，设置合适的灯光数量，明确每一盏灯的作用，尽量减少其负荷才能得到逼真的渲染效果。

4.4.3　材质处理

材质的选择与纹理贴图是 3D 图形处理的重要环节。对于材质的选择，一般情况下可直接使用软件包中提供的材质编辑器进行设置，对于复杂的纹理可结合其他软件所提供的图片进行设定。纹理贴图是 3D 模型向 3D 物体转换的一个基本操作过程。渲染过程中，系统根据用户的设定材质对物体表面进行“纹理映射”。3D 纹理贴图是能大幅度提高 3D 图像真实性的 3D 图像处理技术，使用这项技术可以减少纹理衔接错误；实时生成剖析截面显示图；有更真实的雾、烟、火和动画效果；提高变换视角看物体真实性；模拟移动光源产生的自然光影效果；构成枪弹真实轨迹。

4.4.4　其他处理

为了获得理想图形效果，渲染过程中还将进行其他过程处理，如可见性处理，渲染着色处理和失真处理等。

可见性处理是根据场景中的所有物体的相对位置，计算出每个物体的深度，当物体发生重叠时，确定哪些部分该显示，哪些部分不该显示。Z-缓冲是实现这项功能的技术。同时，隐含面取消技术也日渐流行。

渲染着色处理主要有三种方式：①平面着色，一种简单快速的着色方式，用于质量要求不高的场景；②高浓着色，这种方式在每个点上都附以渐变色，着色效果较好；③贴图着色，直接将纹理贴图到物体表面，效果很好。

失真处理主要通过插值运算和边缘圆滑等处理方法，主要有 4 种技术：①抗锯齿技术，应用调色原理使图形边缘缓和，在视觉上得到一种平滑效果；②硬件全屏幕反锯齿，将图形以更高的分辨率渲染后按比例缩小显示以减小边缘锯齿；③T-缓冲技术，通过多重景深方式达到模糊效果；④MIP 映射技术，根据物体距离的远近自动调整材质的清晰度。

总之，3D 图形的处理是一个复杂的过程，只有配置合理的计算机硬件，使用合适的软件，并通过合理细致的处理过程才会有比较好的图形效果。

4.5　3D 建模软件 3ds Max 简介

常见的 3D 建模与动画制作软件有 3ds Max、MAYA 和 Softimage 等，其中，3ds Max 比较具有代表性，本节将对其进行简单介绍。

3ds Max 是 3D Studio Max 的简写，它是 Autodesk 公司开发的基于 PC 系统的计算机 3D 建模与动画制作软件。3ds Max 与 Windows 组合的出现一下子降低了计算机图形学 3D 动画的制作门槛。

3ds Max 的功能强大，广泛应用于广告、影视、工业设计、建筑设计、多媒体制作、游戏、辅助教学及工程可视化等领域。在电视及娱乐业中，它应用于片头动画、视频游戏和影视特效的制作。影视特效方面的应用则把 3ds Max 的功能发挥到了极致，深深扎根于玩家心中的劳拉角色形象就是 3ds Max 的杰作。而在相对比较成熟的建筑效果图和建筑动画制作中，3ds Max 的使用率更是占据了绝对的优势。

3ds Max 的主要工作流程分为建立模型、材制编辑和灯光设置、动画制作和相机设置及渲染图像这 4 个部分，如图 4.18 所示。

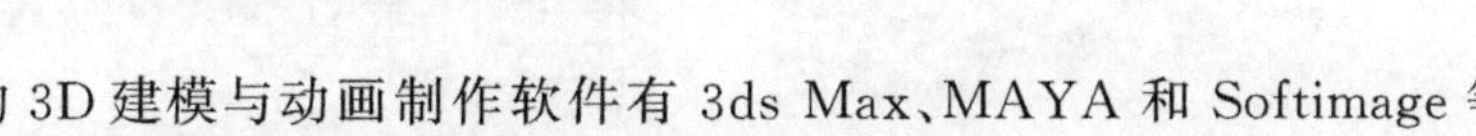

图 4.18　3ds Max 的主要工作流程

建立模型是3ds Max的最基本的功能之一,这个强大的功能供使用者建造出各种丰富的模型,如图4.19中复杂的直升机和坦克的模型。

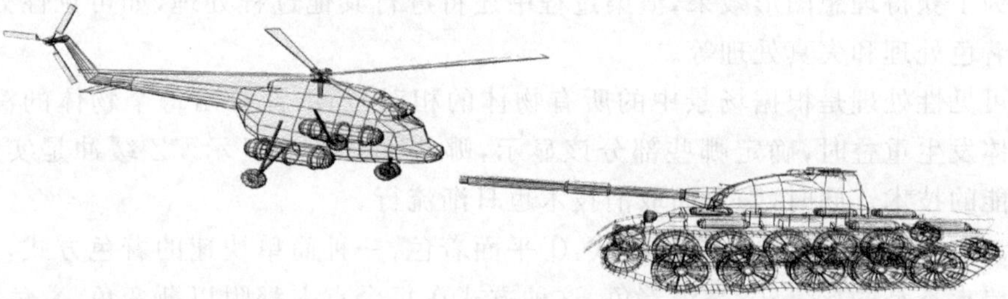

图4.19　3ds Max的模型

材质编辑和灯光设置是3ds Max最基本的功能之一,这个强大的功能供使用者制作出丰富多彩的大量材质,配合设置的灯光,能达到使用者希望的各种效果,如图4.20(a)和4.20(b)中的漫反射材质和凹凸材质,模型贴上这些材质,在灯光的作用下有丰富多彩的效果,如图4.20(c)所示。

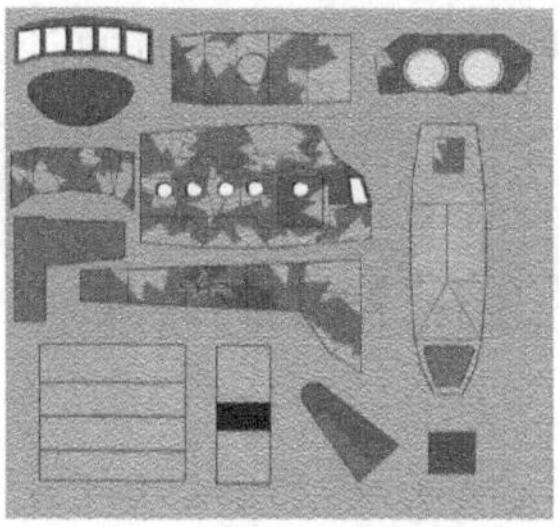

(a) 漫反射材质

(b) 凹凸材质

(c) 模型贴材质在灯光设置后的效果

图4.20　3ds Max建立模型示意图

动画制作和相机设置也是3ds Max的最基本的功能之一,该功能使模型按照使用者的要求运动和变化,配合相机的设置可以在虚拟场景中任意位置和以任意方式拍摄动画,最后通过3ds Max的渲染功能渲染出图像。图4.21就是渲染出的动画场景图像。渲染就是计算机将虚拟的 3D 场景数据变成显示图像的过程，3ds Max 包含多种渲染器，可以渲染出精美逼真的图像。

图 4.21　渲染出的动画场景图像

在 3ds Max 中，通过设置多个相机可以获取一个场景的多幅视差图像，这些视差图像可用于助视/光栅 3D 显示。关于立体场景的拍摄和助视/光栅 3D 显示在后续章节将有较详细的阐述。

参 考 文 献

高志清. 2001. 3DS MAX 灯光与材质高级处理技巧. 北京：人民邮电出版社.

何援军. 1990. 计算机图形学. 长沙：湖南科技出版社.

罗杰斯 D F. 2002. 计算机图形学基础算法基础. 石教英，彭群生，等译. 北京：机械工业出版社.

沈洪. 2006. 三维动画设计与制作. 北京：中国铁道出版社.

沈梦忱. 2005. 浅谈三维动画技术. 中国科技信息，(10)：38.

徐厚华. 2010. 三维动画建模技术的理论探讨. 信息与电脑，(08)：156.

颜国忠. 2000. AutoCAD 三维设计与实例. 北京：电子工业出版社.

周跃生. 2001. 浅析计算机三维图形处理. 重庆工学院学报，(5)：48－50.

Zhao C. 1996. Global three-dimensional surface reconstruction from occluding contours. Computer Vision and Image Understanding，(64)：62－96.

第 5 章　助视 3D 显示技术与器件

助视 3D 显示是指需要借助于 3D 眼镜或头盔等助视设备才能观看到 3D 效果的显示方式，主要包括分色 3D 显示、偏振光 3D 显示、快门 3D 显示和头盔 3D 显示等。助视 3D 显示是目前主流的 3D 显示方式，也是最成熟的 3D 显示方式。本章将阐述它们的原理、相关技术和器件性能。

5.1　分色 3D 显示技术与器件

分色 3D 显示是基于颜色的分光原理，观看者戴上分色眼镜，使左右眼分别看到不同光谱的左右视差图像而产生 3D 效果的助视 3D 显示，主要包括基于互补色(analygraph)原理的分色 3D 显示和基于光谱分离(wavelength multiplexing)原理的分色 3D 彩色显示。本节将对它们的工作原理与器件性能进行介绍。

5.1.1　互补色 3D 显示的原理与器件

如果两种颜色以适当的比例混合得到白色，则这两种颜色就是互补色。对于每一种颜色都有一种相应的补色，如红色与青色、绿色与品红色、蓝色与黄色。如果混合的颜色不是互补色，则会产生介于它们两者之间的中间色。

互补色 3D 显示利用互补色原理和双目视差原理，将左右视差图像采用互补色显示，佩戴对应互补色眼镜的观看者便能观看到 3D 图像。目前，有多种互补色的组合方法，如红/青、黄/蓝及绿/品红等。其中，红/青互补色法是比较常见的组合。以红、青互补色为例，左右视差图像分别以红、青两种颜色显示时，通过红、青互补色眼镜，使红色镜片下只能看到红色的图像，而青色镜片下只能看到青色图像，观看者便看到 3D 图像。

互补色 3D 图像具有制作简单、成本低的优点，除了在显示器上显示外，还可采用印刷方式，制作 3D 图相册和 3D 报纸等。目前，许多图像处理软件都可以制作互补色 3D 图像，如 Photoshop、i3D Photo 等。当制作好了互补色 3D 图像后，只需佩戴对应互补色眼镜就可以观看到 3D 效果。互补色眼镜的制作也很简单，而且成本低，只需在眼镜框上装配两个互补色镜片，如图 5.1 所示。互补色 3D 电影是最早的 3D 电影。1856 年，D'Aleimda 演示了世界上最早的 3D 幻灯片，他采用两台照相机分别从不同的角度拍摄同一场景，然后分别对两组照片着上红色和青色，观看时佩戴红、青互补色眼镜。直到 1891 年，互补色 3D 图片方法才由法国物理学家 du Hauron 以专利的形式提出。1936 年，MGM 推出第一部基于互补色原理的商业 3D 电影。

图 5.1　互补色眼镜

5.1.2　光谱分离 3D 彩色显示技术

上面介绍的互补色 3D 显示具有制作简单、成本低的优点，但 3D 图像出现严重的颜色失真，无法还原被显示场景的真实颜色，并且由于互补色眼镜滤掉了一些颜色的光，所以，亮度也严重下降。因此，互补色 3D 显示的应用受到很大限制。基于光谱分离技术的 3D 显示能够实现高质量的分色 3D 彩色显示。

人眼对红、绿、蓝三基色的光谱响应是不同的，对每种颜色都有一个峰值响应波长 λ_{max} 和一个半峰响应宽度 $\Delta\lambda$，如表 5.1 所示。在红、绿、蓝三基色的峰值响应波长上，人眼对三基色的光是最敏感的；而在半峰响应宽度内，人眼对三基色是可识别的。

表 5.1　人眼对红、绿、蓝三基色的峰值响应波长和半峰响应宽度

三基色	峰值响应波长 λ_{max}/nm	半峰响应宽度 $\Delta\lambda$/nm
红	600	70
绿	550	80
蓝	450	60

光谱分离技术就是在红、绿、蓝三基色半峰响应宽度 $\Delta\lambda$ 允许的范围内，分离出两组不同的窄带光谱，如图 5.2 所示。分离后的三基色光谱峰值都在人眼可识别的范围内。要实现左右视差图像的红、绿、蓝三种颜色的光谱分别对应不同的窄带光谱，就要对左右视差图像的光谱进行滤波。例如，我们在 $\Delta\lambda$ 允许的范围内选两组红、绿、蓝窄带光谱，其峰值分别为：①红/629nm，绿/532nm，蓝/446nm；②红/615nm，绿/518nm，蓝/432nm。左右视差图像的信息分别由这两组红、绿、

蓝窄带光谱传递，这样，就实现了左右视差图像对的高度分离。经过滤波的左右视差图像分别通过两台投影机投射到屏幕上。观看时，只需佩戴对应的窄带滤波眼镜，左右眼就只能看到对应的视差图像，从而看到彩色 3D 图像。

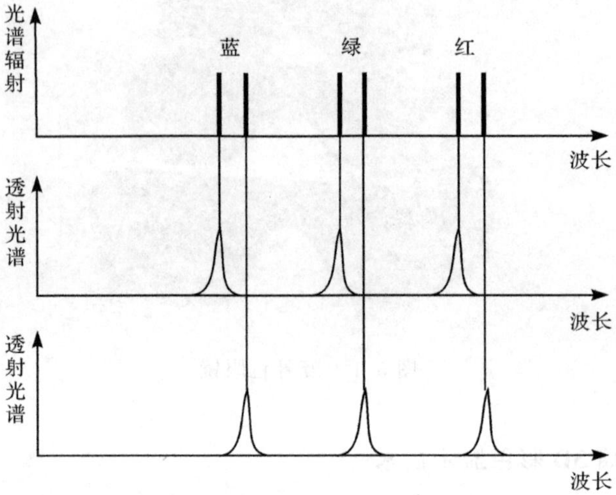

图 5.2　红、绿、蓝三基色的光谱分离原理

除了采用投影方式，还可以采用基于 LCD 等直视方式来实现光谱分离 3D 显示。基于 LCD 的光谱分离 3D 显示器具有轻便的特点，可以在家庭中使用。在这种 3D 显示方式中，左右视差图像以 120Hz 的频率分时显示，以保持图像的分辨率。视差图像通过光谱分离原理进行编码，使其具有不同的光谱，在显示时以具有互补光谱的 LED 扫描背光源照明 LCD 屏，以实现左右视差图像的分离。观看时，需佩戴与视差图像的光谱对应的窄带滤波眼镜，使左眼只能看到左视差图像而右眼只能看到右视差图像，从而看到 3D 图像。

相比于传统的互补色分色 3D 显示，基于光谱分离技术的分色 3D 显示能够实现全彩色的 3D 显示，而不会有颜色的缺失，画面色彩均衡，无闪烁，观看舒适度好。与接下来介绍的投影偏振光 3D 显示相比，投影光谱分离 3D 显示不需要特殊的具有保持偏振特性的金属屏，只需普通的投影屏即可，这大大降低了使用成本。与随后介绍的快门 3D 显示相比，光谱分离 3D 显示不需要信号同步发射器。总之，基于光谱分离的 3D 彩色显示既继承了偏振光 3D 显示和快门 3D 显示的优点，又克服了它们的缺点，因此，它的应用前景十分可观。

5.2　偏振光 3D 显示技术与器件

偏振光 3D 显示是基于光的偏振原理和双目视差原理，使戴上偏振光眼镜的观看者的左右眼分别看到不同偏振方向的视差图像而产生 3D 效果的显示方式，主要包括基于投影机的投影偏振光 3D 显示和基于 LCD 等平板显示器的直视偏振光 3D 显示。本节将介绍它们的结构原理和器件性能。

5.2.1　偏振光 3D 显示的结构与原理

如图 5.3 所示，常规的偏振光 3D 显示系统由两台投影机和一个投影屏组成，两台投影机前分别放置偏振态不同的偏振片，两台投影机分别投射左右视差图像，投影屏为具有保持偏振特性的金属屏。左右视差图像分别通过投影机前的两个偏振片后变成偏振方向不同的偏振光，使佩戴对应偏振光眼镜的观看者左眼只能看到左视差图像，右眼只能看到右视差图像，从而看到 3D 图像。

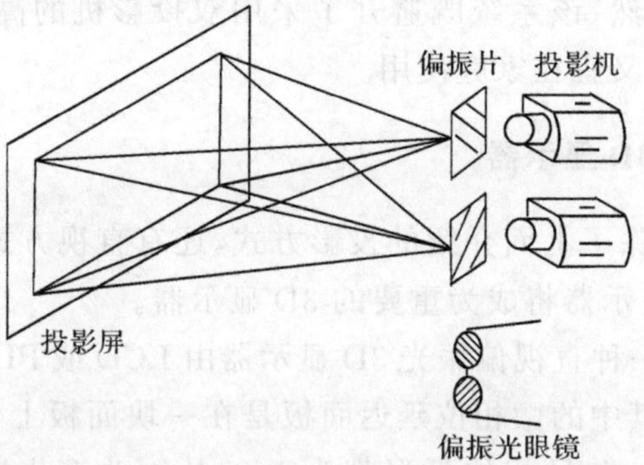

图 5.3　基于双投影机的偏振光 3D 显示系统

偏振片是一种对入射光具有透射和吸收作用的器件，它有一个透射轴，一个吸收轴，只允许振动方向与透射轴一致的光通过。在此系统中，偏振片可以是线偏振的，也可以是圆偏振的。线偏振方式是把左右视差图像分别极化成正交偏振态的线偏振光，而圆偏振方式是把左右视差图像分别极化成左旋圆偏振光和右旋圆偏振光。如果使用的是线偏振方式，观看时要求头部不能倾斜，一旦倾斜就会出现左右视差图像的串扰而影响 3D 观看效果，从而限制了观看自由度。使用圆偏振方式可以消除串扰问题，因为左旋圆偏振光和右旋圆偏振光不存在透射轴相互垂直的限制，观看时观看者的头部可以随意倾斜，较为自由。

投影机也是影响偏振光 3D 投影系统成像质量的一个因素。要获得好的 3D 显示效果，特别是高亮度的 3D 显示效果，需要更高亮度的投影机，因为偏振片对图像光的损失在 50%以上。由于是两台投影机同时投射左右视差图像，需要对投影图像进行校正，使两台投影机的投影图像在屏幕上重合。

5.2.2　单投影机偏振光 3D 显示系统

上面介绍的双投影机偏振光 3D 显示系统由于需要两台投影机，而且需要对投影图像进行校正，因此，不但其成本较高，而且还可能出现由于图像校正不完美而影响 3D 显示效果的情况。基于单投影机的偏振光 3D 显示可以克服这些缺点。

单投影机偏振光 3D 显示采用在一台投影机前放置一个偏振光转换器的方式来实现，该投影机交替放映左右视差图像，这些左右视差图像通过偏振光转换器后具有不同偏振方向，佩戴对应偏振光眼镜的观看者便可看到 3D 图像。为了保证观看时不会出现画面闪烁，一般采用较高的频率(如 120Hz)来切换放映左右视差图像。其中，偏振光转换器是一个电-光液晶调制器，它在加电和不加电时分别出射两种偏振光。显然，该系统既避开了采用双投影机的高成本问题，也无需画面校正，既适合影院，又宜在家庭使用。

5.2.3　直视偏振光 3D 显示器

偏振光 3D 显示除了上面介绍的投影方式，还有直视方式。当今 FPD 非常普及，直视偏振光 3D 显示器将成为重要的 3D 显示器。

如图 5.4 所示，一种直视偏振光 3D 显示器由 LCD 或 PDP 等平板显示器和微相位延迟面板组成，其中的微相位延迟面板是在一块面板上刻制许多微小而且相间的条状相位延迟膜，并且相位延迟都为 $\lambda/2$，从而改变入射线偏振光的偏振方向。平板显示器以隔行的形式显示左右视差图像，每一行的宽度与每一条相位延迟膜的宽度相同。当平板显示器为 LCD 时，出射的光为线偏振光；当平板显示器为 PDP 时，出射的光为自然光，需要在其面板前贴合偏振片，此时出射的光为线偏振光。光的偏振方向如图中双箭头所示。这样，左右视差图像通过微相位延迟面板后，右视差图像的偏振方向发生改变，而左视差图像的偏振方向不变。于是，观看者佩戴对应的偏振光眼镜就能观看 3D 图像。

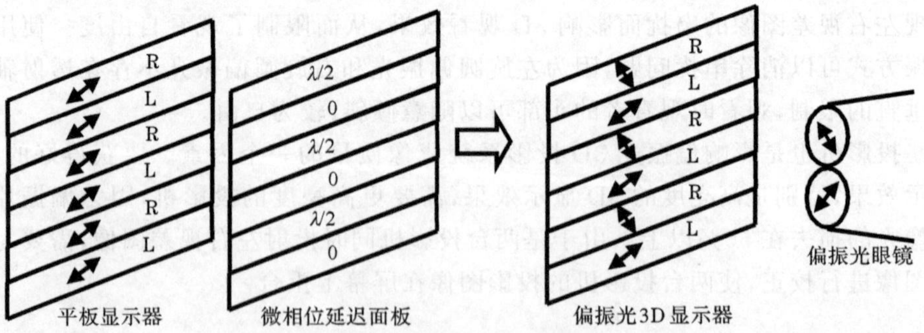

图 5.4　直视偏振光 3D 显示器的工作原理

在上述基于微相位延迟面板的直视偏振光 3D 显示器中，由于采用的是隔行显示左右视差图像，平板显示器一般只需 60Hz 的刷新频率。但这种方式存在分辨率损失的缺点，而且微相位延迟面板制作及耦合过程也比较困难。为了克服以上缺点，可以让平板显示器以较高的刷新频率(如 120Hz)分时交替显示左右视差图像，并且采用偏振光转换器代替微相位延迟面板来实现偏振光的转换，如图 5.5 所示。偏振光转换器可采用 TN-LC(扭曲向列液晶)面板，因为可以让 TN-LC 面板不加电压时具有 $\lambda/2$ 的相位延迟，加电压时没有相位延迟。在一个时刻，平板显示器显示左视差图像，让 TN-LC 面板具有 $\lambda/2$ 相位延迟，观看者看到全分辨率的左视差图像；另一个时刻，平板显示器显示右视差图像，让 TN-LC 面板没有相位延迟，观看者看到全分辨率的右视差图像。由于视觉暂留，观看者就看到全分辨率的 3D 图像。

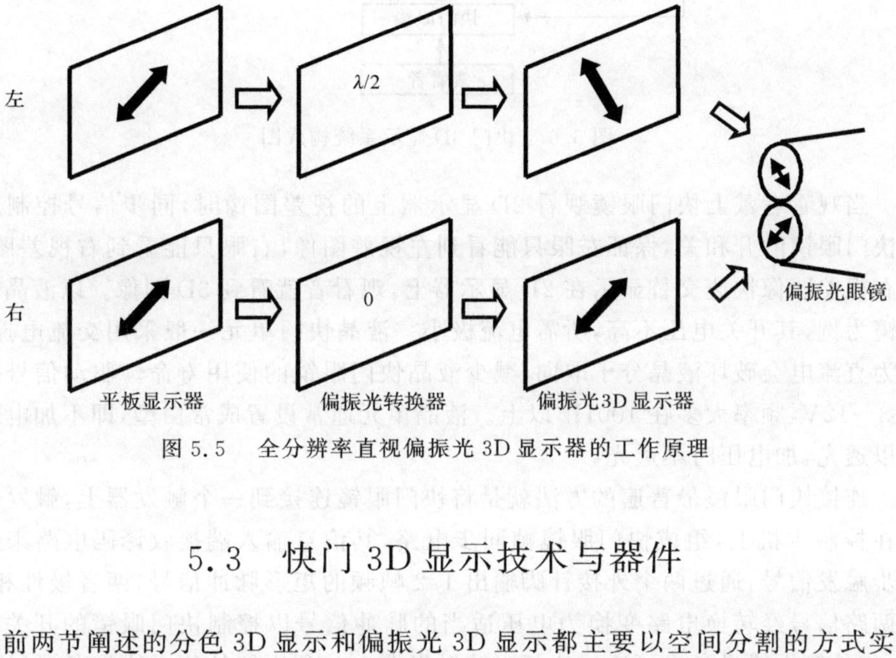

图 5.5　全分辨率直视偏振光 3D 显示器的工作原理

5.3　快门 3D 显示技术与器件

前两节阐述的分色 3D 显示和偏振光 3D 显示都主要以空间分割的方式实现 3D 显示。而快门 3D 显示是利用时序交替的方式来实现 3D 显示。在显示屏上显示时序交替的左右视差图像，观看者佩戴同步的时序快门眼镜，便能看到 3D 图像。时序快门眼镜主要是液晶快门眼镜。下面将阐述快门 3D 显示系统的结构与原理，以及液晶快门眼镜的工作机理和与之配套的几种显示模式。

5.3.1　快门 3D 显示系统的结构与原理

如图 5.6 所示，快门 3D 显示系统由普通的 2D 显示器、快门眼镜及控制器构成。该系统采用常规的 2D 显示器，可以方便地使该系统兼容 2D 和 3D 显示，即在不使用快门眼镜和控制器时，该系统就当普通2D显示器使用。控制器包括控制主机、快门眼镜触发器和视频切换子系统。该系统运行时，控制主机先将左右视差图像数据调入视频内存，然后通过视频切换子系统自动检测帧频，检测到后，一方面通过协调视频寄存器，使视频内存中的左右视差图像以帧频进行切换；另一方面把帧频信号送往快门眼镜帧同步电路，使之驱动快门眼镜两镜片以帧频交替开关。因为2D显示器上的图像与快门眼镜均以同一帧频信号作为总控信号进行切换，所以，快门眼镜与左右视差图像实现了一一对应的关系。

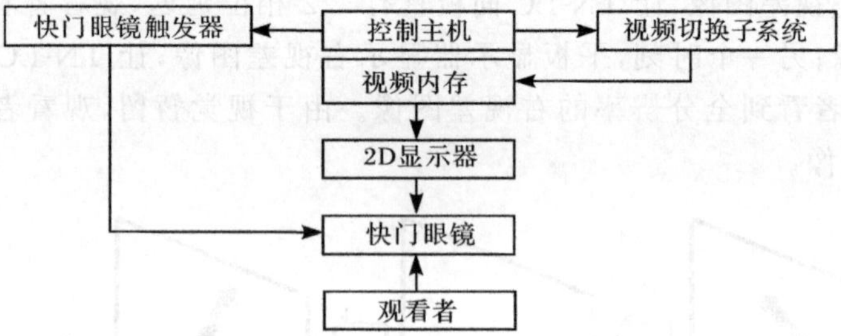

图 5.6　快门 3D 显示系统构成图

当观看者戴上快门眼镜观看2D显示器上的视差图像时，同步信号控制左右眼快门眼镜的开和关，保证左眼只能看到左视差图像，右眼只能看到右视差图像。左右视差图像快速交替显示在2D显示器上，观看者就看到3D图像。以液晶快门眼镜为例，其开关电压不高，所需电流极小。液晶快门单元一般采用交流电控制，因为直流电会破坏液晶分子取向，减少液晶快门眼镜的使用寿命。驱动信号一般为3～12V，频率大多在100Hz以上。液晶单元通常设置成常白型，即不加电压时可以透光，加电压时不透光。

连接快门眼镜最普遍的方法就是将快门眼镜连接到一个触发器上，触发器连接在控制主机上，组成快门眼镜帧同步电路，其信息输入端接收译码电路来的帧同步触发信号，通过两个外接针脚输出1/2帧频的矩形脉冲信号，两者极性相反，此两路信号经转换电路变换为电压适当的脉冲信号以控制快门眼镜的开关。有时，红外等无线设备也可连接快门眼镜触发器上。利用红外等无线设备可以更方便地通过一个触发器控制多个眼镜。

快门眼镜的主要问题是串扰，同步信号的误差会造成所谓的“鬼影”，即右眼看到一些左眼的残留影像，或左眼看到一些右眼的残留影像。另外一个就是闪烁问题，不仅在标准的场扫描频率下（60Hz）会出现，如果刷新机制不对，即使在120Hz下也会出现。

5.3.2　液晶快门眼镜及其配套的显示模式

液晶快门眼镜在眼镜框上安装一种特殊的液晶偏振光开关，它的结构如图 5.7所示。两个偏振方向互相垂直的偏振片被设置在上下外层，分别作为起偏器和检偏器。再向内是涂覆了透明导电膜的两片相向放置的含钠、钙量低的浮法玻璃基板，它们之间夹有正介电各向异性的向列相液晶薄层，四周用密封材料密封。玻璃基板内侧覆盖着一层可使液晶分子按一定方向排列的取向层，通常是一薄层高分子有机物，经取向摩擦处理，可使棒状液晶分子平行于玻璃表面，沿取向处理的方向排列。上下玻璃表面的取向方向是相互垂直的，这样，盒内液晶分子的取向逐渐扭曲。

不施加电压时，如图 5.7(a)所示，当偏振方向与液晶盒上表面分子取向相同的入射偏振光经过扭曲向列液晶盒后，其偏振方向旋转 90°，并与液晶盒下表面分子轴和检偏器偏振方向平行，这时，偏振光射出，表现为开态。当施加电压并达到阈值电压时，如图 5.7(b)所示，液晶分子长轴便开始沿电场方向倾斜；当电压继续增加并达到一定值时，除电极表面方向不发生变化，偏振光被检偏器阻挡，表现为关态。这样，液晶盒的开态和关态就起到了光开关的作用。

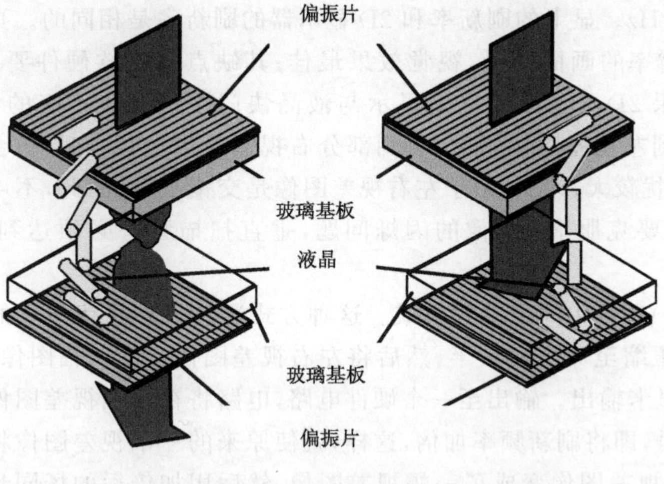

图 5.7　液晶快门眼镜的结构和原理示意图

与液晶快门眼镜相匹配的显示模式主要有 4 种：隔行扫描模式、页交换模式、同步倍频模式及线遮蔽模式，如图 5.8 所示。

图 5.8(a)所示为隔行扫描模式。早期的 2D 显示器都是隔行扫描的，我们知道，CRT 的画面是由扫描线组成的，以前的电视机标准把一幅画面分为奇数场和

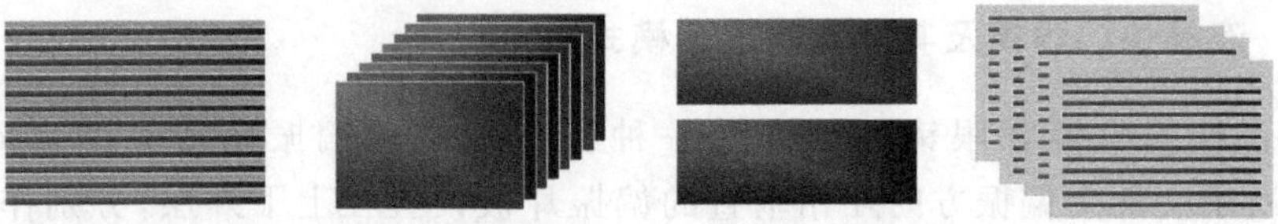
(a) 隔行扫描模式　(b) 页交换模式　(c) 同步倍频模式　(d) 线遮蔽模式

图 5.8　与液晶快门眼镜相匹配的显示模式

偶数场,完成一幅画面的扫描要先扫描画面的奇数行,扫描完成后,再扫描偶数行,如此循环。由奇数行扫描线组成的就是奇数场,由偶数行组成的就是偶数场。根据这个特性,我们只要把 3D 图像的左右视差图像分别放在奇数场和偶数场,然后用场同步信号控制液晶快门眼镜的左右开关,就能让左眼只看到左视差图像,右眼只看到右视差图像。隔行扫描模式的优点是对 2D 显示器的刷新率没有特殊要求,普通 CRT 显示器即可;其缺点是由于采用隔行扫描,导致图像的分辨率下降。

图 5.8(b)所示为页交换模式。这种方式是通过驱动程序让左右视差图像交替显示,然后以特定的同步信号控制液晶快门眼镜。显卡刷新频率的高低决定了 2D 显示器和液晶快门眼镜的刷新率,所以,要求通过显卡设置把刷新率调高,通常应高于 100Hz。显卡的刷新率和 2D 显示器的刷新率是相同的。页交换模式的优点是全分辨率的画面质量,视觉效果最佳;其缺点是对软硬件要求较高,表现为:第一,如果 2D 显示器的交错显示与液晶快门眼镜同步不好的话,将会出现左眼不仅看到左视差图像,也会看到部分右视差图像,右眼同样也会看到部分左视差图像,串扰较大;第二,由于左右视差图像是交错显示,因此,不可避免地会出现闪烁现象,要克服 3D 图像的闪烁问题,垂直扫描频率必须达到 120Hz 或者更高。

图 5.8(c)所示为同步倍频模式。这种方式通过软件将待显示的图像在垂直方向上进行压缩至原来的一半,然后将左右视差图像置于一幅图像上下部位,以这种形式从显卡输出。输出至一个硬件电路,电路将在每幅视差图像之间增加一个场同步信号,即将刷新频率加倍,这样,就使原来的一幅视差图像将在两场中显示出来,半幅视差图像变成了一幅视差图像,然后用加倍后的场同步信号控制液晶快门眼镜的开关。由于附加的硬件电路将使同步信号倍频,所以,显卡的刷新频率不可设置过高,否则,倍频后可能超过 2D 显示器的极限。同步倍频模式的优点是任何一个 3D 加速显示芯片均可支持倍频硬件线路,因此,无需任何驱动程序来驱动,只需要在软件系统上对左右视差图像做上下排列处理即可;其缺点是由于图像垂直方向上压缩了一半,图像垂直分辨率降低。

图 5.8(d)所示为线遮蔽模式。与同步倍频模式一样,线遮蔽模式通过外加电

路的方式达到 3D 显示的目的。它的工作原理是将获取的视差图像保存在视频内存，送出遮蔽偶数扫描线的视差图像后送出一个视差图像垂直同步信号，接着再送出遮蔽奇数扫描线的视差图像，如此周而复始地获取视差图像并送出两个奇偶遮蔽的视差图像，便可类似于页交换模式。这种工作模式将显卡送出信号的垂直扫描频率加倍。线遮蔽模式的优点是兼容性好，缺点是垂直分辨率减小一半。

5.4　头盔 3D 显示器

HMD(helmet mounted display，头盔显示器)利用两个相对独立的显示屏向观看者提供左右图像，使观看者完全沉浸在显示的场景中，具有极强的临场感。如果 HMD 显示的左右图像是同一场景具有水平视差的图像对，则观看者就可看到该场景的 3D 图像，因此，HMD 很容易实现 3D 显示功能。我们将这种具有 3D 显示功能的 HMD 称为头盔 3D 显示器。由于头盔 3D 显示器与常规 HMD 的结构、原理和设计类似，下面就以常规 HMD 为主进行介绍。

5.4.1　头盔显示器的结构与原理

HMD 一般由微显示屏、光学成像系统、电路控制系统及配重装置组成，一些专业级的 HMD 还需配备头位跟踪系统。各个部分紧凑精确地固定在一个类似头盔的装置上，人们戴上头盔便能看到经光学系统放大的显示图像。图 5.9所示为一个 HMD 的实物图。

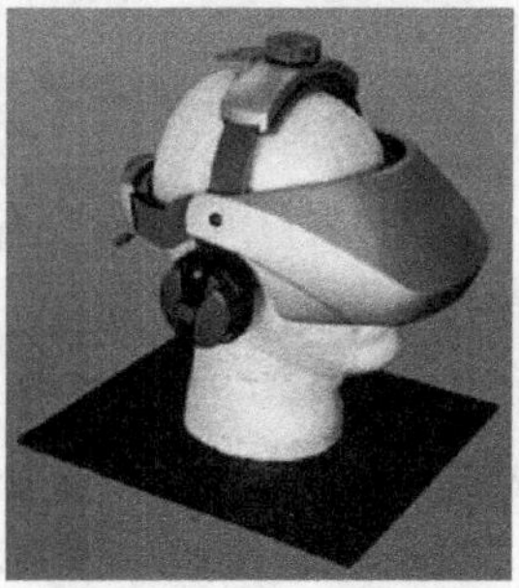

图 5.9　一个 HMD 的实物图

HMD 由哈佛大学的 Sutherland 在 1968 年首先提出，并设计出利用 CRT 作为微显示屏的名为达摩克利斯之剑的 HMD，它的原理是将小型微显示屏所产生的图像由光学系统放大后成像供观看者观看。具体而言，微显示屏所发出的光线经过光学系统使图像因折射产生类似远方效果，利用此效果将近处物体放大至远处观赏而达到所谓的全像视觉。HMD 要固定在观看者的头部，所以要求质量轻，体积小。随着小型的轻质的高分辨率微显示屏的出现，HMD 才得到快速发展，并进入各个应用领域。

我们以简化的光学模型说明 HMD 的成像原理。如图 5.10 所示，通过在观看者眼睛和微显示屏之间放置光学成像系统，使眼睛聚焦在很近的距离而不易感觉疲劳，同时实现对显示图像的放大，使得到的虚拟图像能够填满观看者的视场。微显示屏显示的图像像素经光学成像系统后被放大，如图中显示图像的像素 A_1A_2 被放大成虚拟图像的像素 B_1B_2。在使用 HMD 时，观看者并不能直接看到微显示屏上的图像,看到的是微显示屏显示图像经过光学系统后的虚拟图像。微显示屏显示的图像经光学成像系统后进入人眼,观看距离和图像大小都得到了改善,从而提高了观看舒适度。

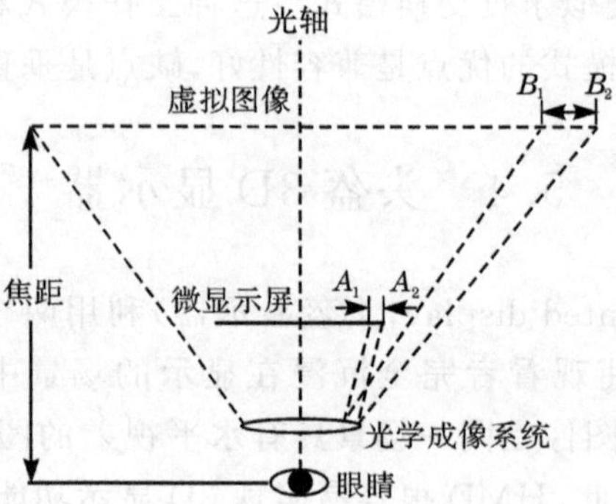

图 5.10 HMD 的简化光学模型

5.4.2 头盔显示器的部件设计

下面就 HMD 的各个部件的功能和设计要求等逐一进行详细的介绍。

1. 微显示屏

在 HMD 中,显示图像的单个像素经过光学成像系统后会被放大,这往往导致其像质变差。因此,为了获得高品质的图像,需要选择高分辨率的微显示屏。最初只能选择 CRT,虽然 CRT 的分辨率能够满足要求,但由于体积和质量过大,佩戴的舒适度极差。另外,CRT 的工作电压较高,佩戴在观看者头部有潜在的危险。如果移动使用 HMD,由于 CRT 的耗电量大,连续使用的时间较短。由于以上缺点,CRT 逐步被淘汰。目前,大多采用 LCD、LCOS 和 OLED 等平板微显示屏,从而大大减小了头盔的体积和质量,提高了佩戴舒适度,同时提高了佩戴安全性,减小了功耗。

2. 光学成像系统

在 HMD 中,光学成像系统直接影响图像显示的效果,因此,它的设计十分重要。根据临场感的不同,可将 HMD 分为全投入式和半投入式。全投入式 HMD 将观看者和外界完全隔开,观看者看到的完全是微显示屏提供的虚拟图像,其光学设计原理如图 5.11(a)所示。全投入式 HMD 可以使观看者完全进入虚拟的世界,全身心地体验临场感。半投入式 HMD 使观看者能够同时看到微显示屏显示的图像和外部真实世界,如图 5.11(b)所示。通过半投入式 HMD,可以将一些有用的数据叠加在现实世界上，从而增大观看者对信息的获取量，因此，特别适合于增强虚拟现实使用。

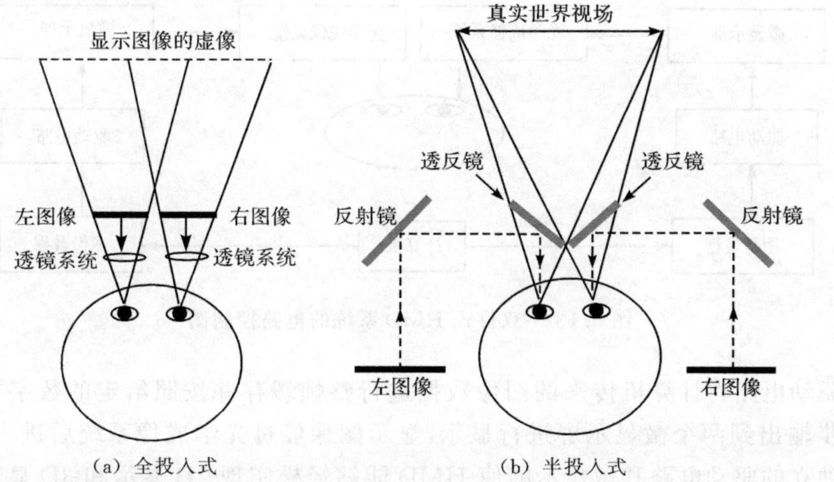

图 5.11　全投入式和半投入式的 HMD 光学系统示意图

采用小尺寸高分辨率的平板微显示屏的 HMD 的光学成像系统如图 5.12 所示，显示屏图像可以不通过中继光学系统缩小投影而直接作为图像源进入目镜，该目镜光学系统是控制 HMD 观看视角的最重要部分。该光学系统结构简单，易实现 HMD 的小型化和轻量化，但对微显示屏的要求比较严格，通常被限制在 0.8 英寸左右。

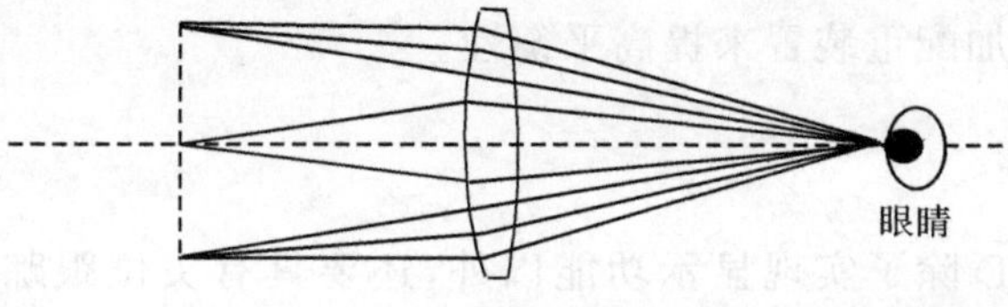

图 5.12　由目镜光学系统组成的 HMD 光学成像系统

目镜光学系统的设计方案有很多种，主要有透镜光学系统、凹面镜光学系统和偏心自由曲面光学系统。在设计 HMD 的时候，可以根据不同的用途和要求选取合适的光学系统。

3. 电路控制系统及配重装置

在单目式 HMD 系统中，只有对应单眼的一个显示单元，只需要一个电路控制系统将图像数据传递给显示屏，显示的图像再经过光学成像系统进入人眼，这种系统只能给观看者提供单眼的图像信息，沉浸感不强。

在双目式HMD系统中，有两个相对独立的电路控制系统分别控制对应观看者左、右眼的两个显示屏，如图5.13所示。

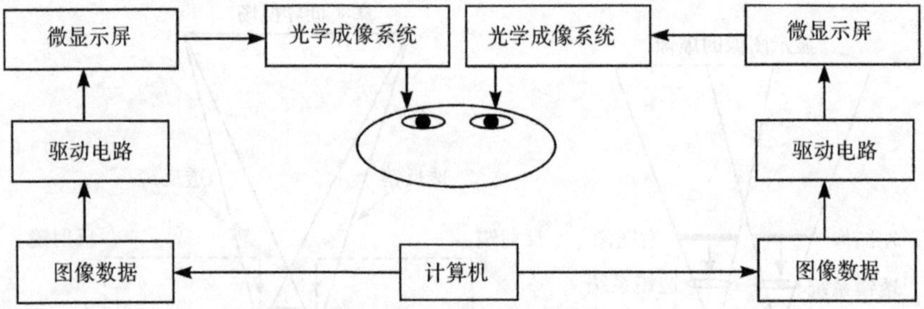

图5.13　双目式HMD系统的电路控制图

驱动电路将计算机传来的图像数据进行整帧缓存并按照给定的数字视频格式同步输出到两个微显示屏进行显示，显示图像经过光学成像系统后进入双眼。相对独立的驱动电路和微显示屏使HMD能够轻松实现2D显示和3D显示的兼容。在2D显示模式下，计算机输出的是一组相同的图像数据，观看者最终看到的就是普通的2D图像。3D显示模式下，计算机输出的是一组视差图像数据，观看者左右眼看到的就是不同的视差图像，从而看到3D图像。

在HMD系统中，头盔的质量大小和平衡性至关重要，配置是否合理不仅影响到观看的舒适度，而且在某些高速运动条件下还会对观看者的安全产生威胁。因此，为了减轻头盔的质量，一般将驱动电路安置在头盔外，头盔上只固定微显示屏和光学成像系统。由于微显示屏和光学成像系统放置在HMD的前面，这就需要在头盔的后面增加配重装置来提高平衡性。

4. 头位跟踪器

专业级的HMD除了实现显示功能以外，还要具有头位跟踪的功能，即需配备头位跟踪器。头位跟踪器用于确定任意时刻观看者头部的位置信息并将其反馈给计算机，计算机得到指令后，快速生成观看者在该位置应该看到的图像数据并通过驱动电路传递给微显示屏，观看者看到的就是随头部的运动而实时变化的图像。具有头位跟踪器的HMD系统如图5.14所示。

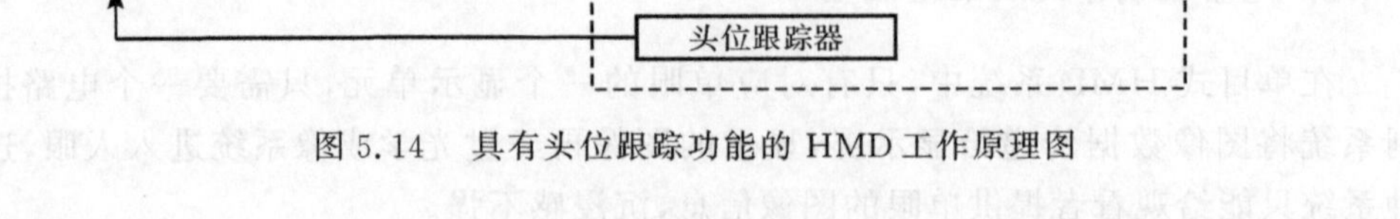

图5.14　具有头位跟踪功能的HMD工作原理图

头位跟踪实现的技术有多种，如机械法、电磁法、光电法和超声波法等。其中，电磁法是目前大多数头位跟踪器所采用的技术手段，它的基本原理是首先建立一个特定的磁场区域，然后利用磁场接收器来获取磁场信息，根据所得信息来计算出接收器所在位置的坐标系与参考系之间的关系参数。

图5.15是电磁法实现头位跟踪的原理图。磁场发射器由三组正交的线圈组成，通电后形成特定形状的磁场区域，其三组线圈的法线方向代表了三个坐标轴。磁场接收器与磁场发射器的结构完全相同，但体积和重量要小得多，非常适合于安装到头盔上。磁场发射器沿 x、y、z 轴时序发出正弦磁场信号 T_x、T_y、T_z，每个轴发射的磁场都会在磁场接收器的 x、y、z 轴感应出不同的磁场感应信号 R_x、R_y、R_z。提取每个轴向上每个时间段内磁场感应信号的幅度值，并将该信号与所对应的发射磁场信号进行比较，即可得到系统的3×3接收矩阵。通过接收矩阵可以求得磁场接收器相对于磁场发射器的位置和角度参数。

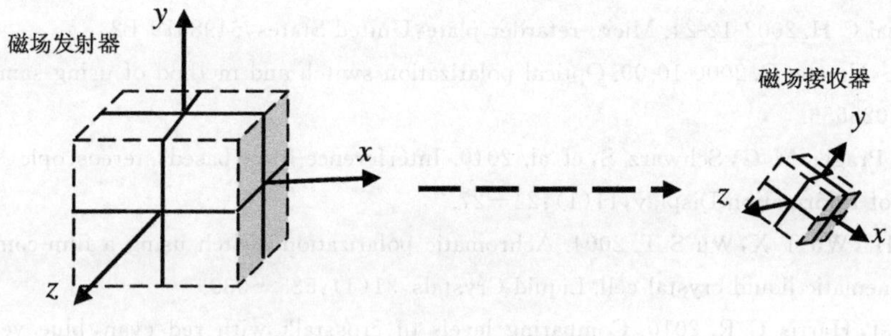

图5.15　电磁法头位跟踪原理

电磁法头位跟踪器由于具有造价低、体积小、重量轻、易于配置在头盔上等优点，因而得到广泛应用。电磁法头位跟踪器的缺点也非常明显，首先，它对电磁干扰和磁性金属非常敏感；其次，它需要在每次使用前对坐标系进行对准操作。

参考文献

陈芳.2005.时分式液晶立体眼镜的工作原理及使用要点.立体图象技术及其应用研讨会论文集：104－106.

谷千束.2003.高临场感显示.薛培鼎译.北京：科学出版社.

黄子强.2008.液晶显示原理.北京：国防工业出版社.

潘冬冬.2009.双目视差式立体显示器性能的研究[硕士学位论文].成都：四川大学.

潘冬冬，王琼华，李大海，等.2009.偏振眼镜立体显示的立体串扰度及其影响因素.光学技术，35(4)：517－518.

汪莹，陈斌，殷勤.2007.DSP在六自由度电磁跟踪系统中的应用.军事通讯技术，28(4)：66－68.

王琼华，田军.2008-01-09.大屏幕三维立体液晶投影显示装置：中国，ZL200510020317.2.

杨福桂，明海，王安廷，等.2010-11-03.用于立体显示的发光二极管偏振薄膜显示屏：中国，

200920292349.1.

杨怀洲,华蕴博,徐庐生,等.1997.用液晶开关实现RDS立体成像的方法学研究.中国医学物理学杂志,14(1):49－51.

应根裕,胡文波,邱勇.2002.平板显示技术.北京:人民邮电出版社.

张晓兵,安新伟,刘璐,等.2000.头盔显示器的发展与应用.电子器件,23(1):51－59.

Chang A J, Kim H J, Choi J W, et al. 2008. Ghosting reduction method for color anaglyphs. Proceeding of SPIE, 6803: 1－10.

Cheng D W, Wang Y T, Hua H, et al. 2009. Design of an optical see-through head-mounted display with a low f-number and large field of view using a freeform prism. Applied Optics, 48(14): 2655－2668.

Fritz M, Jorke H. 2005. INFITEC-A new stereoscopic visualisation tool by wavelength multiplex imaging. Journal of Three Dimensional Images, 19(3): 50－56.

Kang H, Roh S D, Baik I S, et al. 2010. A novel polarizer glasses-type 3D displays with a patterned retarder. SID Symposium Digest of Technical Papers, 41(1): 1－4.

Lee K, Tsai C H. 2002-12-24. Micro-retarder plate: United States, 6498679 B2.

Shikama S, Umeno D. 2000-10-09. Optical polarization switch and method of using same: United States, 6028656.

Simon A, Prager M G, Schwarz S, et al. 2010. Interference-filter-based stereoscopic 3D LCD. Journal of Information Display, 11(1): 24－27.

Wang Q H, Wu T X, Wu S T. 2004. Achromatic polarization switch using a film-compensated twisted nematic liquid crystal cell. Liquid Crystals, 31(4): 535－539.

Woods A J, Harris C R. 2010. Comparing levels of crosstalk with red/cyan, blue/yellow, and green/magenta anaglyph 3D glasses. Proceeding of SPIE, 7524: 1－12.

Zhao Q L, Wang Z Q, Guo H Q, et al. 2004. Head-mounted display with LCOS using diffractive optical element. Optik, 115(1): 11－14.

Zhao Q L, Wang Z Q, Liu T G. 2007. Design of optical system for head-mounted micro-display. Optik, 118(1): 29－33.

第 6 章　光栅 3D 显示器

助视 3D 显示器由于需要观看者佩戴眼镜或头盔,从而给观看者带来不便,且非常不利于一些人群(如小孩和已戴近视或远视眼镜的人)观看。另外,各种助视 3D 显示器都有其固有缺陷,如常规分色 3D 显示器无法实现彩色显示,偏振光 3D 显示器的图像亮度低,快门 3D 显示器需要与显示器同步,头盔 3D 显示器使人完全沉浸在所看图像的虚拟环境中,无法同时进行现实活动等。

裸视 3D 显示器不需要观看者佩戴眼镜或头盔等任何助视设备就能观看到 3D 影像。其中,光栅 3D 显示器由于结构简单、造价低廉、性能良好等优点而备受关注。根据所采用的光栅不同,光栅 3D 显示器可分为狭缝光栅 3D 显示器和柱透镜光栅 3D 显示器两种。本章将重点介绍光栅 3D 显示器的原理、设计与制作,这些原理、设计与制作方法同样适用于光栅 3D 电视显示屏和 3D 手机显示屏。

6.1　光栅 3D 显示器的结构与原理

光栅 3D 显示器由光栅和 2D 显示器精密耦合而成。其中,光栅作为分光元件,主要有狭缝光栅和柱透镜光栅两种,其目的是对光线传播的路径进行一定方式的控制,使观看者的左右眼观看到不同的视差图像。虽然狭缝光栅和柱透镜光栅的分光原理不同,但它们起到的效果是相似的,并且在很多情况下两种光栅可互相替代。下面将重点介绍光栅 3D 显示器的结构与原理。

6.1.1　光栅 3D 显示器的基本结构与工作原理

根据所用光栅不同,光栅 3D 显示器分为狭缝光栅 3D 显示器和柱透镜光栅 3D 显示器两种。其中,狭缝光栅 3D 显示器根据狭缝光栅相对于 2D 显示屏所放置位置的不同,又可分为前置狭缝光栅 3D 显示器和后置狭缝光栅 3D 显示器两种。

前置狭缝光栅 3D 显示器中,狭缝光栅位于 2D 显示屏与观看者之间,如图 6.1所示。狭缝光栅的透光条和挡光条相间排列,由于挡光条对光的遮挡作用和透光条对光的透光作用,结合 2D 显示屏上与之对应排列的左右视差图像,实现了左右视差图像的光线在空间的分离。以两视点 3D 显示为例,由于狭缝光栅挡光条的遮挡,观看者的一只眼睛透过一条狭缝只能观看到一列像素。如果左眼只能看到奇(偶)列像素,右眼只能看到偶(奇)列像素,且 2D 显示屏奇、偶列像素分别显示了左右视差图像,那么,观看者就可以观看到立体图像。

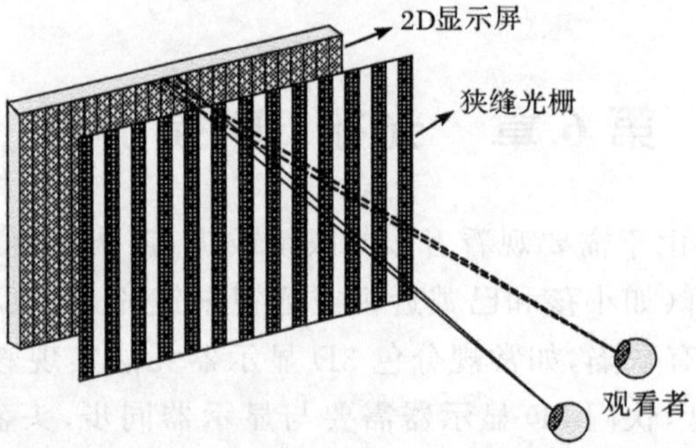

图 6.1　前置狭缝光栅 3D 显示器结构示意图

后置狭缝光栅 3D 显示器中,狭缝光栅位于背光源与 2D 显示屏之间,如图 6.2所示。这里的 2D 显示屏通常采用本身不发光的 LCD 屏,该屏通过对背光源的照明光进行调制而得到显示的图像。这样,位于 2D 显示屏后方的狭缝光栅将背光源调制成线光源,与前置狭缝光栅 3D 显示器类似,可实现左右视差图像的光的分离。以两视点 3D 显示为例,狭缝光栅的功能是使观看者的左眼只看到显示屏上的奇(偶)数列像素,而偶(奇)数列像素相对于左眼是全黑的;同理,右眼只看到显示屏上的偶(奇)数列像素,而奇(偶)数列像素相对于右眼是全黑的。此时,若显示屏的奇、偶列像素分别显示一对立体图像对中的左右视差图像,那么,人眼将观看到立体图像。

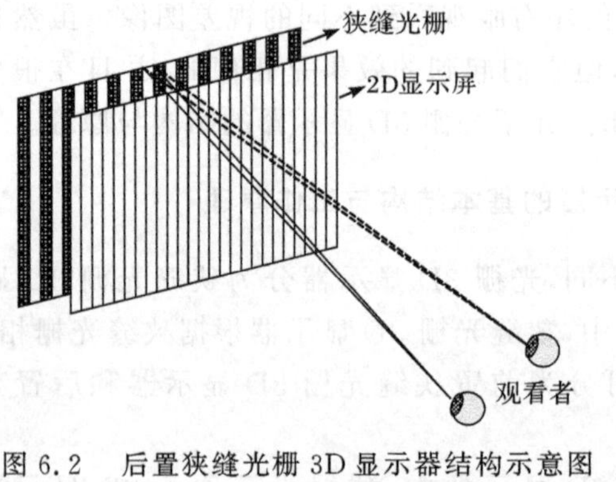

图 6.2　后置狭缝光栅 3D 显示器结构示意图

柱透镜光栅 3D 显示器结构如图 6.3 所示,2D 显示屏位于柱透镜光栅的焦平面上,在柱透镜单元的排列方向上,每个柱透镜单元将置于其焦平面上不同位置的各幅视差图像光折射到不同方向。同样,以两视点 3D 显示为例,显示屏的奇、偶列像素分别显示左右眼两幅视差图像,柱透镜光栅的折射作用使左右视差图像的光线向不同方向传播,观看者位于合适的观看位置就可观看到立体图像。

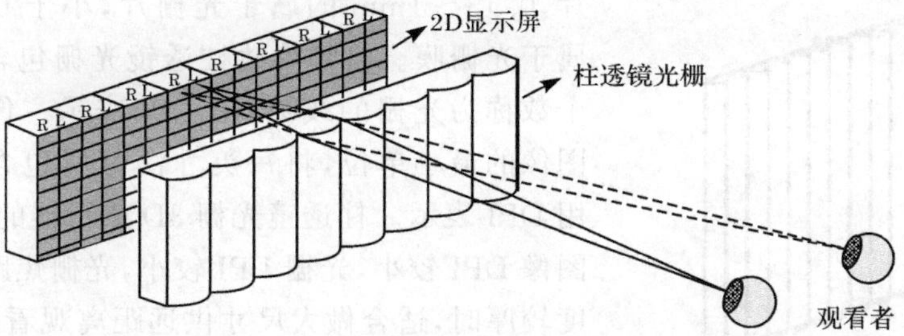

图 6.3　柱透镜光栅 3D 显示器结构示意图

6.1.2　光栅 3D 显示器的部件

由光栅 3D 显示器的结构可知，狭缝光栅、柱透镜光栅及 2D 显示屏是光栅 3D 显示器的重要部件，下面进一步对它们加以说明。

1. 狭缝光栅

如图 6.4 所示，狭缝光栅由透光条和挡光条相间组成，其中，透光条透光，挡光条不透光。由于挡光条通常为黑色，故狭缝光栅亦被称为“黑光栅”。通常，可在透明的胶片或玻璃上间隔印刷或光刻挡光条从而形成透光条和挡光条条间隔排列结构的狭缝光栅，该印刷或光刻工艺已相当成熟，狭缝光栅的制作成本十分低廉。用户可根据实际需要随意设计挡光条和透光条的宽度，制作出各种规格的狭缝光栅，尤其是可利用拼接技术实现特大尺寸的 3D 显示。

图 6.4　狭缝光栅示意图

为了减小狭缝光栅对光的损失，提高 3D 显示器的亮度，可采用一些特殊狭缝光栅。例如，狭缝光栅的透光条可完全无胶片或玻璃；后置狭缝光栅可采用反光式而不是吸光式的挡光条。为了实现 2D/3D 兼容的显示，可采用液晶狭缝，在开关两种状态下，实现挡光条的存在和消失。

2. 柱透镜光栅

柱透镜光栅又称为柱面光栅，它由众多完全相同的柱透镜平行排列而成，一面是平面，另一面是周期起伏的圆柱曲面，如图 6.5 所示。与狭缝光栅不同，柱透镜光栅由透明材质制成，从而不会对光线有遮挡作用，因此，它可实现高亮度 3D 显示。

根据柱透镜光栅厚度的不同，可将其分为板材光栅、片材光栅和膜材光栅。一般而言，厚度在 1.3mm 以上至 8mm 的属于光栅板，1～1.3mm 的属于光栅厚

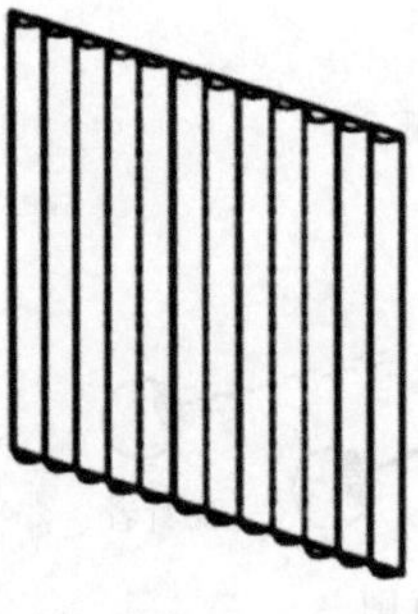

图 6.5　柱透镜光栅示意图

片，0.45～1mm 的属于光栅片，小于 0.45mm 的属于光栅膜。将每英寸柱透镜光栅包含的凸透镜个数称为光栅的线数，用 LPI 表示。像素是构成图像的最小单位，将每英寸图像所包含的像素数用 DPI 表示。柱透镜光栅 3D 显示器的特点是：当图像 DPI 较小，光栅 LPI 较小，光栅焦距较长而厚度较厚时，适合做大尺寸供远距离观看的 3D 显示器；相反，当图像 DPI 较大，光栅 LPI 较大，光栅焦距较短而厚度较薄时，适合做小尺寸供近距离观看的 3D 显示器。

3. 2D显示屏

作为光栅 3D 显示器的图像显示部件，2D 显示屏要求其像素或子像素能被独立控制，LCD、PDP 和 OLED 等 2D 显示屏及 LCD 和 DLP 投影机都能满足该条件。这是因为光栅 3D 显示器需要 2D 显示屏的相邻像素或子像素显示的信息来自于不同的视差图像。一般的 CRT 显示器不用来作为光栅 3D 显示器的组成部分，这是因为 CRT 显示器的像素不能精确地独立显示，即相邻像素或子像素之间的显示亮度相互影响比较明显。当只点亮一个像素时，相邻的多个像素或子像素也会被点亮，而且 CRT 的荧光屏并不是真正的平面，在与光栅耦合时会带来不便。

此外，2D 显示屏上的每个像素由红(R)、绿(G)、蓝(B)三个子像素构成。如图 6.6 所示，在 2D 显示屏的发展过程中形成了多种不同的像素排列方式，主要有带状排列、三角形排列、马赛克排列及正方形排列。用于光栅 3D 显示的 2D 显示屏像素排列方式大多采用带状排列方式，像素单元由 R、G、B 三个子像素并排组成，在水平方向上子像素按 R、G、B 周期排布，竖直方向上每列子像素的 R、G、B 相同。子像素为长方形，三个子像素构成一个正方形的像素。

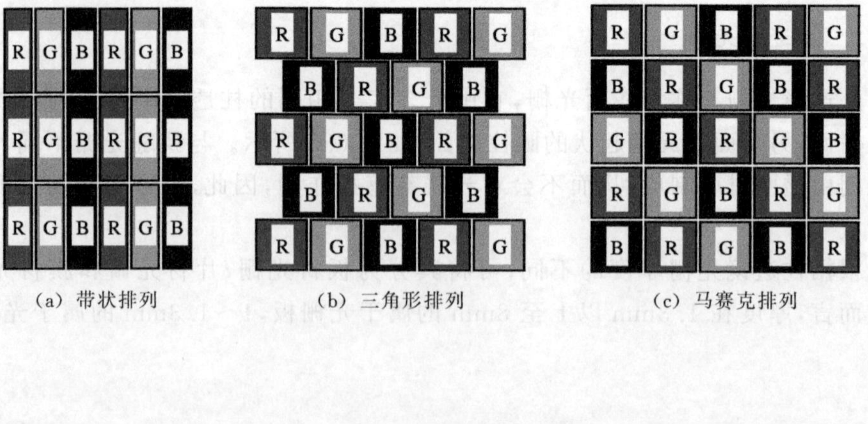

(a) 带状排列　　(b) 三角形排列　　(c) 马赛克排列

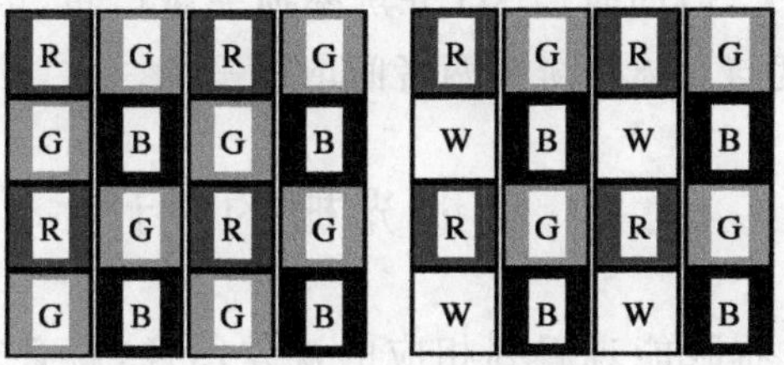

(d) 正方形排列

图 6.6　2D 显示屏的子像素排列方法

6.1.3　多视点 3D 显示与斜置光栅

根据立体视觉原理，如果观看者左右眼分别看到同一场景的两幅视差图像，就可以感知到物体的 3D 空间。然而，为了获得更好的立体效果，往往采用多幅视差图像来生成合成图像。观看者在不同的观看位置只要同时看到这多幅视差图像中的两幅就可感知到立体效果，且随着观看者水平移动时将看到物体的不同侧面，从而提供了运动视差，这种技术被称为多视点技术。多视点技术相对于两视点技术给观看者提供了更大的观看自由度。因此，采用多视点技术的光栅 3D 显示称为多视点 3D 显示或自由立体显示。当采用多视点技术时，通常以子像素为单位将多幅视差图像合成为一幅合成图像并显示于 2D 显示屏上，具体合成方法将在下节中介绍。

光栅周期结构与 2D 显示屏上黑矩阵周期结构的干涉作用将会产生莫尔条纹，严重影响立体观看时的视觉效果。为了减小莫尔条纹的影响，可将光栅按一定角度倾斜放置。此外，对于 $K(K \geqslant 2)$视点的光栅 3D 显示器，需将 K 个视点的视差图像信息合成为一幅合成图像并显示在 2D 显示屏上。2D 显示屏的分辨率是固定的，那么，单幅视差图像的分辨率只能占 2D 显示屏分辨率的 $1/K$，相应的 3D 分辨率也下降为 2D 显示屏分辨率的 $1/K$。显然，若光栅竖直放置，立体分辨率相对于 2D 分辨率只在水平方向上降低为原来的 $1/K$，而竖直方向上没有降低，这种不平衡将降低立体图像质量。通过将光栅按一定角度倾斜放置，就可以在水平方向上用 R、G、B 子像素分别表示各视点信息，同时，在倾斜方向上使用相邻连续的 R、G、B 来代表各个视点一个像素的信息，从而使立体分辨率在水平和竖直方向上都有所下降。若光栅倾斜一定角度，使得 K 视点 3D 显示的立体分辨率在水平方向和竖直方向同时降低为 2D 显示屏分辨率的 $1/\sqrt{K}$，此时，3D 显示效果最佳。由此可见，通过将光栅倾斜放置可减轻莫尔条纹的影响，并且有效地平衡 3D 分辨率在水平方向和竖直方向的损失。

此外，需要注意的是，采用多视点技术可提高立体观看自由度，视点数越多，则立体观看自由度越大，但同时使 3D 分辨率损失越严重，因此，需合理选择视点数，在立体观看自由度与立体分辨率两者间取得平衡。

6.2 狭缝光栅的设计

为使观看者的左右眼能观看到相应的视差图像，就必须正确地选择光栅参数。对应特定的 2D 显示屏像素大小及观看条件，需精确设计狭缝光栅透光条和挡光条的宽度、2D 显示屏与狭缝光栅之间的距离等结构参数。

6.2.1 前置狭缝光栅的设计

图 6.7 所示为前置狭缝光栅 3D 显示器的分光原理图。对于给定的 2D 显示屏，其显示条件为：视差图像数（即视点数）为 K（图 6.7 中取 $K=4$），2D 显示屏子像素宽度为 W_p。观看条件为：最佳观看距离为 L，相邻视差图像的视点间距为 Q，其取值可等于或小于两眼瞳孔间距。一般而言，可设 $Q=E/N$，其中，E 为人眼瞳孔间距（通常取 65mm），N 为自然数，此时，在最佳观看距离上，若左眼看到第 i 幅视差图像，则右眼看到的是第 $i+N$ 幅视差图像。当 $N=1$ 时，相邻视差图像的视点间距即为人眼瞳孔间距。狭缝光栅参数为：光栅节距为 W_s，其中，透光条与挡光条宽度分别为 W_w 和 W_b，2D 显示屏与狭缝光栅的距离为 D。根据三角形相似

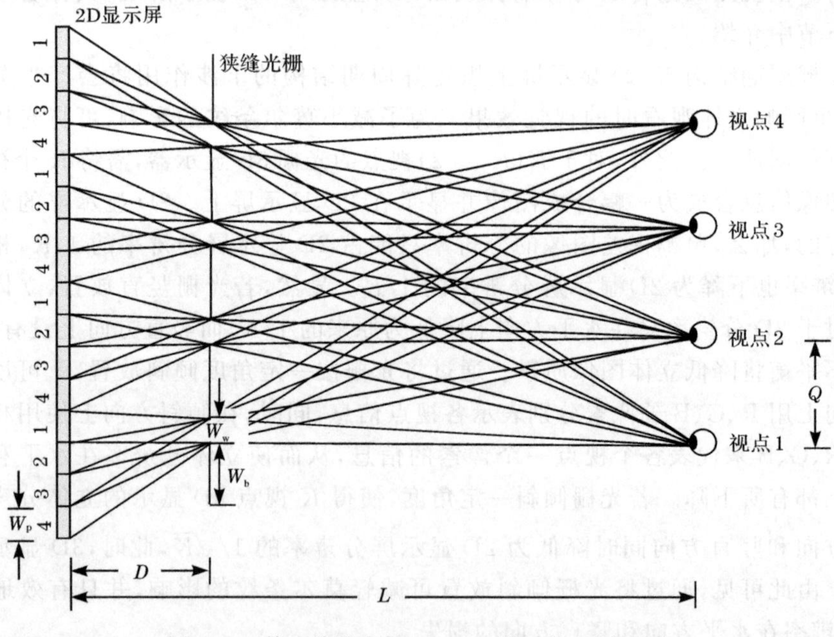

图 6.7 前置狭缝光栅 3D 显示器的分光原理图

关系,可以得到如下三个等式:

$$\frac{W_w}{W_p}=\frac{L-D}{L} \tag{6.1}$$

$$\frac{W_s}{KW_p}=\frac{L-D}{L} \tag{6.2}$$

$$\frac{W_p}{Q}=\frac{D}{L-D} \tag{6.3}$$

式中,

$$W_s=W_w+W_b \tag{6.4}$$

由式(6.1)~式(6.3)可得

$$D=\frac{W_pL}{Q+W_p} \tag{6.5}$$

$$W_w=\frac{QW_p}{Q+W_p} \tag{6.6}$$

$$W_s=\frac{KQW_p}{Q+W_p} \tag{6.7}$$

6.2.2 后置狭缝光栅的设计

与前置狭缝光栅 3D 显示器结构相似,也需根据 2D 显示屏的像素大小及观看条件等参数来合理设计狭缝光栅。图 6.8 所示为前置狭缝光栅 3D 显示分光原理图。对于给定的 2D 显示屏显示条件:视差图像数为 K(图 6.8 中取 $K=4$),显示屏子像素宽度为 W_p;观看条件:最佳观看距离为 L,相邻观看视点间距离为 Q,同理,可设 $Q=E/N$;狭缝光栅参数:光栅节距为 W_s,其中,透光条与挡光条宽度分别为 W_w和 W_b,显示屏平面与狭缝光栅间距离为 D。根据三角形相似关系,可以得到如下三个等式:

$$\frac{W_p}{W_w}=\frac{L}{L+D} \tag{6.8}$$

$$\frac{KW_p}{W_s}=\frac{L}{L+D} \tag{6.9}$$

$$\frac{W_p}{Q}=\frac{D}{L+D} \tag{6.10}$$

式中,

$$W_s=W_w+W_b \tag{6.11}$$

由式(6.8)~式(6.10)可得

$$D=\frac{W_pL}{Q-W_p} \tag{6.12}$$

$$W_w=\frac{QW_p}{Q-W_p} \tag{6.13}$$

$$W_s = \frac{KQW_p}{Q - W_p} \tag{6.14}$$

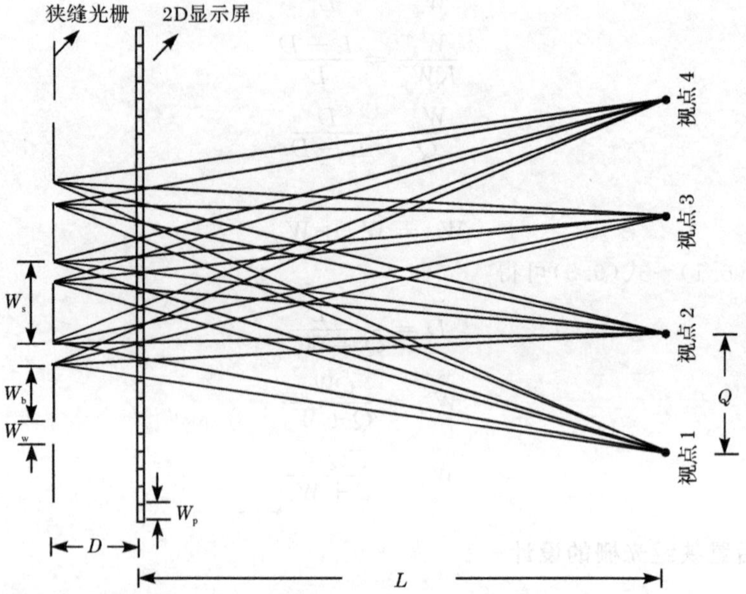

图 6.8　后置狭缝光栅 3D 显示器的分光原理图

需要注意的是，利用式(6.6)、式(6.7)、式(6.13)及式(6.14)所计算得到的狭缝光栅透光条宽度和节距是相对于狭缝光栅竖直放置而言的；然而，当光栅按一定角度 θ 倾斜放置时，狭缝光栅透光条宽度 W'_w 和节距 W'_s 应满足：

$$W'_w = W_w \cos\theta \tag{6.15}$$

$$W'_s = W_s \cos\theta \tag{6.16}$$

此时，光栅倾斜后在水平方向上的透光条宽度和节距分别为 W_w 和 W_s，与 2D 显示屏所显示的合成图像相匹配。

6.3　柱透镜光栅的设计

要使柱透镜光栅 3D 显示器性能良好，所选用的柱透镜光栅就必须与 2D 显示屏相匹配。柱透镜光栅的基本参数包括折射率 n、厚度 d、节距 p、焦距 f 和曲率半径 r。折射率 n 由材料决定，是已知参数；焦距 f 由曲率半径 r 和折射率 n 确定；厚度 d 由焦距及柱透镜光栅后表面与 2D 显示屏间的距离 D 决定。因此，设计柱透镜光栅就是设计其曲率半径 r、节距 p 和厚度 d，使其与具体的 2D 显示屏相匹配而得到性能优良的柱透镜光栅 3D 显示器。

6.3.1　柱透镜单元光传输特性

图 6.9 所示是柱透镜单元的光传输特性示意图。F 和 F' 分别是柱透镜单元的第一焦点和第二焦点，根据几何光学的基本原理，可以得到焦距公式为

$$f = f' = \frac{r}{n-1} \tag{6.17}$$

H 和 H' 分别是柱透镜的第一主点和第二主点，且主点位置与节点位置重合。其中，第二主点 H' 位于柱透镜单元顶点，第一主点与柱透镜单元后表面间的距离为

$$x_H = \frac{d}{n} \tag{6.18}$$

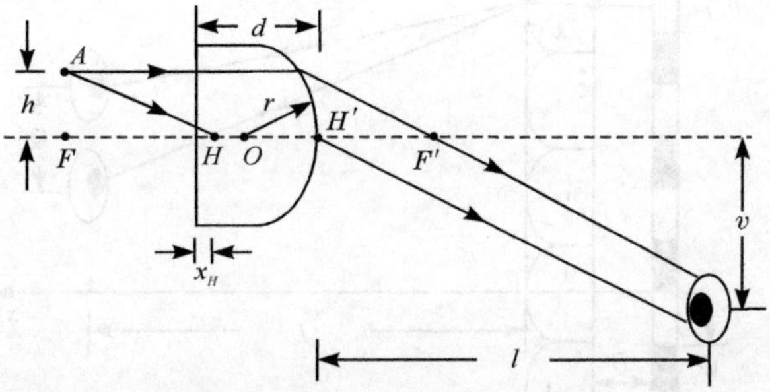

图 6.9　柱透镜单元的光传输特性

位于柱透镜后焦平面上距离光轴高度为 h 的一点 A 发出的平行光线经柱透镜折射后通过焦点 F'，同时，该点发出的另一光线 AH 经柱透镜折射后其出射光线通过点 H'，且出射光线与入射光线平行。位于柱透镜焦平面上的点 A 发出的所有光线经过柱透镜后，出射光线相互平行，而人眼瞳孔宽度远大于单个柱透镜节距宽度，因此，可认为点 A 发出的光线可被单眼全部接收。在下文中，以射向主点的光线，如 AH，来分析柱透镜光栅的光学特性并设计其参数。

若观看者位于观看距离 l 处，其一只眼睛可看到点 A，且该眼睛垂直于柱透镜光轴方向的距离为 v，根据几何关系可得如下公式：

$$\frac{h}{f'} = \frac{v}{l} \tag{6.19}$$

即

$$h = \frac{f'v}{l} \tag{6.20}$$

此式建立起透镜后焦平面上的点距离光轴的高度 h 与眼睛位置(l,v)的关系。

6.3.2 柱透镜光栅参数的确定

图 6.10 所示为柱透镜光栅 3D 显示器分光原理图，其中，2D 显示屏位于柱透镜光栅的焦平面。建立坐标系，其中，坐标原点 o 位于柱透镜阵列的中间柱透镜单元的凸面顶点处，x 轴平行于光轴方向，y 轴平行于柱透镜阵列方向。将中间的柱透镜单元编号为 0，向上依次是 1，2，…，k，…，m，往下依次是 -1，-2，…，$-k$，…，$-m$。由于结构上下对称，在计算中只考虑了正 y 轴部分。

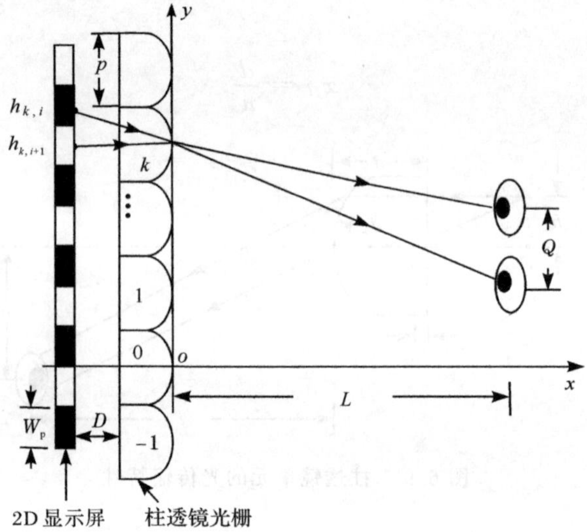

图 6.10　柱透镜光栅 3D 显示器的分光原理图

观看者一般正对着显示屏中央，因此，将各视差图像的视点设计成以 x 轴对称分布。若 3D 显示器采用 K 幅视差图像(图 6.10 中取 $K=2$)，将第 i 幅视差图像的最佳视点定于$(L,(i-(K+1)/2)Q)$，其中，$i=1,2,3,\cdots,K$；L 为最佳观看距离，Q 为相邻视差图像视点间距。根据式(6.20)表示的几何关系，可得到眼睛分别位于第 i 幅和第 $i+1$ 幅视差图像最佳视点处透过第 k 个柱透镜单元看到的点距离该柱透镜单元光轴的高度 $h_{k,i}$ 和 $h_{k,i+1}$。

$$h_{k,i}=f'\frac{kp-[i-(K+1)/2]Q}{L} \tag{6.21}$$

$$h_{k,i+1}=f'\frac{kp-[(i+1)-(K+1)/2]Q}{L} \tag{6.22}$$

3D 显示器中，$h_{k,i}$ 和 $h_{k,i+1}$ 应属于两个相邻的视差图像，因此有如下关系：

$$W_p=h_{k,i}-h_{k,i+1} \tag{6.23}$$

式中，W_p 为 2D 显示屏子像素宽度。结合式(6.17)、式(6.21)～式(6.23)，可得柱

透镜曲率半径为

$$r=\frac{W_{\mathrm{p}}L(n-1)}{Q} \tag{6.24}$$

此外，眼睛位于第 i 幅视差图像最佳视点处透过编号为 k 的柱透镜单元看到的点应属于该柱透镜覆盖的第 i 幅视差图像，即有

$$KkW_{\mathrm{p}}+(K/2-i)W_{\mathrm{p}}<kp+h_{k,i}<KkW_{\mathrm{p}}+(K/2-i+1)W_{\mathrm{p}} \tag{6.25}$$

将式(6.21)代入式(6.25)，可得

$$\frac{KQW_{\mathrm{p}}}{Q+W_{\mathrm{p}}}-\frac{QW_{\mathrm{p}}}{2k(Q+W_{\mathrm{p}})}<p<\frac{KQW_{\mathrm{p}}}{Q+W_{\mathrm{p}}}+\frac{QW_{\mathrm{p}}}{2k(Q+W_{\mathrm{p}})} \tag{6.26}$$

式中，$k=1,2,3,\cdots,m$。3D 显示器中柱透镜单元节距很小，其个数 m 取值很大，因此，柱透镜节距 p 可约表示为

$$p=\frac{KQW_{\mathrm{p}}}{Q+W_{\mathrm{p}}} \tag{6.27}$$

2D 显示屏的图像面位于柱面透镜的焦平面上，柱透镜光栅与 2D 显示屏的距离为 D，则 D,f,x_H 满足下式：

$$f=D+x_H \tag{6.28}$$

将式(6.17)～式(6.18)带入式(6.28)，可以得到

$$d=\frac{nr}{n-1}-nD \tag{6.29}$$

于是，我们得到确定柱透镜的曲率半径 r 的式(6.24)、节距 p 的式(6.27)及厚度 d 的式(6.29)，应用这些式子就能设计出满足要求的柱透镜光栅 3D 显示器所需的柱透镜光栅。同理，需注意当柱透镜光栅按角度 θ 倾斜放置时，光栅实际节距 p' 应满足：

$$p'=p\cos\theta \tag{6.30}$$

6.4　合成图像的生成方法

模拟人眼立体视觉过程，采用立体相机拍摄同一场景所获得的两幅或多幅稍有差异的图像称为视差图像。将视差图像的子像素按照光栅的光学结构，以一定规律排列生成的图像称为合成图像。将合成图像显示在光栅 3D 显示器上，观看者在立体观看区域观看到的具有立体效果的图像称为立体图像或 3D 图像。其中，视差图像和合成图像都为 2D 图像。

观看者左右眼从不同角度透过光栅观看显示在 2D 显示屏上的合成图像，由于狭缝光栅的遮挡作用或柱透镜光栅的折射作用，左右眼所看到的图像信息来自于不同的视差图像，经过大脑融合产生具有立体效果的立体图像。由此可见，合成图像的生成至关重要。那么，多幅视差图像是按怎样的规律来生成一幅合成图

像的呢？

目前，已有多种合成图像的生成方法，如光筛法、基于柱透镜技术的 3D 显示图像合成法、光栅普适的多视点合成图像生成方法及基于柱透镜光栅的计算机辅助彩色立体图片生成方法等。

下面介绍一种适用于所有光栅 3D 显示器的合成图像生成方法，该方法可按任意倾斜角度将多幅视差图像生成与光栅及 2D 显示屏相匹配的合成图像。其中，倾斜角度是指光栅条纹方向与 2D 显示屏竖直方向的夹角。

设光栅周期为 p，光栅倾斜角度为 θ，2D 显示屏子像素宽度为 W_{p}，所采用的视点数为 K，这 4 个参量需恰当匹配，在选取时应满足如下关系：

$$K = \frac{p}{W_{\mathrm{p}}\cos\theta} = \mathrm{ceif}\left(\frac{p}{W_{\mathrm{p}}}\right) \tag{6.31}$$

式中，ceif()表示向上取整。

确定视点数 K 和倾斜角度 θ 后，就可将 K 幅视差图像合成为一幅合成图像。当光栅相对于竖直方向按逆时针方向旋转一定角度放置时，倾斜角度 θ 取正，反之，则取负。合成图像的生成可归结为三个步骤：首先，生成视点数矩阵，确定合成图像各子像素位置填充哪幅视差图像信息；然后，将各视差图像放大，使各视差图像与合成图像大小相等；最后，根据视点数矩阵对各放大的视差图像子像素进行采样，并将采样值填充到合成图像相应子像素中，采样完毕就得到了所需的合成图像。下面对这三个步骤进行具体介绍。

1. 视点数矩阵的确定

合成图像分辨率与所采用的 2D 显示屏的分辨率相同，设为 $H\times V$，则合成图像以子像素为单位的分辨率为 $3H\times V$。因此，可将 2D 显示屏或合成图像看作是一个大小为 $3H\times V$ 的二维矩阵 $\mathbf{A}$，矩阵元素 A_{ij} 表示合成图像中第 i 行第 j 列子像素的灰度值。定义视点数矩阵 $\boldsymbol{B}$，矩阵大小也为 $3H\times V$，矩阵元素 $B_{ij}\in(1,K)$，表示合成图像中第 i 行第 j 列子像素所填充的灰度值信息来源于第 B_{ij} 幅视差图像。首先将 1，2，3，…，K 周期赋值给视点数矩阵的第一行，亦可表示为

$$B_{1j} = \mathrm{mod}(j,K) \tag{6.32}$$

式中，mod(j,K)表示 j 除以 K 取余数，当 mod(j,K)=0 时，将 0 置换为 K；然后根据斜率确定第 i 行元素相对于第一行的偏移量 δ_i，其值为

$$\delta_i = \mathrm{round}(3(i-1)\tan\theta) \tag{6.33}$$

式中，round()为四舍五入取整函数，若 δ_i 为正则向右偏移，反之则向左偏移。由于 K 幅视差图像相间周期排布，因此，偏移量值又可以表示为

$$\delta_i = \mathrm{mod}(\mathrm{round}(3(i-1)\tan\theta),K) \tag{6.34}$$

得到偏移量 δ_i 后，$\boldsymbol{B}$ 矩阵中第 i 行第 j 列的元素值为

$$B_{ij} = \mathrm{mod}(K + j - \delta_i, K) \tag{6.35}$$

同理，当 $\mathrm{mod}(K+j-\delta_i, K)=0$ 时，将 0 置换为 K。

图 6.11 给出了当 $3H \times V = 15 \times 5, K = 4$ 时，$\theta = \arctan(1/3)$ 和 $\theta = \arctan(-1/3)$ 两种情况下的视点数矩阵。

	1	2	3	4	1	2	3	4	1	2	3	4	1	2	3
$\delta_i=1$	4	1	2	3	4	1	2	3	4	1	2	3	4	1	2
$\delta_i=2$	3	4	1	2	3	4	1	2	3	4	1	2	3	4	1
$\delta_i=3$	2	3	4	1	2	3	4	1	2	3	4	1	2	3	4
$\delta_i=4$	1	2	3	4	1	2	3	4	1	2	3	4	1	2	3

(a) $\theta=\arctan(1/3)$

	1	2	3	4	1	2	3	4	1	2	3	4	1	2	3
$\delta_i=-1$	2	3	4	1	2	3	4	1	2	3	4	1	2	3	4
$\delta_i=-2$	3	4	1	2	3	4	1	2	3	4	1	2	3	4	1
$\delta_i=-3$	4	1	2	3	4	1	2	3	4	1	2	3	4	1	2
$\delta_i=-4$	1	2	3	4	1	2	3	4	1	2	3	4	1	2	3

(b) $\theta=\arctan(-1/3)$

图 6.11　视点数矩阵的两个实例

2. 视差图像放大

设单幅视差图像的分辨率设为 $h\times v$，则合成图像相对于视差图像的放大率为 $M=M_h\times M_v$，其中，水平放大率 $M_h=H/h$，竖直放大率 $M_v=V/v$。为了避免图像失真，通常使 $M_h=M_v$，然后利用图像放大插值算法将各幅视差图像放大，使之与合成图像具有相同的分辨率。

3. 采样

在确定视点数矩阵后，就需要对各视差图像采样得到合成图像。若 $B_{ij}=m$，则表示填充到合成图像的对应子像素的信息来源于第 m 幅视差图像。将第 m 幅放大的视差图像的第 i 行第 j 列子像素的灰度值赋给合成图像矩阵 A_{ij}，对视点数矩阵的每个元素重复此操作则可生成合成图像矩阵 $\mathbf{A}$。

对于各幅视差图像，在生成一幅合成图像时，并非所有像素都对合成图像有贡献，大多情况下，合成处理只选取了视差图像中的一部分信息，并将其提取出来，最后生成一幅合成图像。例如，如果合成图像分辨率为 1024×768，视点数 $K=9$，且每幅视差图像分辨率也为 1024×768，那么，每幅视差图像中只有1/9的信息被用来生成合成图像。因此，还可衍生出其他合成图像的生成方法，通过合理选择视差图像分辨率及采样方法使视差图像的所有信息得到充分的利用。

6.5 光栅3D显示器的视区与串扰

将光栅与2D显示屏按设计的规范装配好就制作成光栅3D显示器，它的性能包括2D性能和3D性能，前者主要有图像亮度、对比度、分辨率、刷新率和寿命等；后者主要有3D分辨率、立体视区及左右视差图像串扰等。光栅3D显示器的2D性能与2D显示器相应的性能相似。3D性能中的3D分辨率一般指观看者看到的3D图像的分辨率，在无左右视差图像串扰的理想情况下，它等于合成图像中单幅视差图像所具有的分辨率。本节将详细介绍光栅3D显示器的立体视区与左右视差图像串扰特性。

6.5.1 立体视区

狭缝光栅的挡光条对光线的遮挡作用和柱透镜光栅的折射作用使得来源于不同视差图像的光线向不同方向传播，在空间中形成各视差图像观看区域，简称视区。在各视区内，观看者透过光栅看到对应的视差图像。

图6.12所示为两视点光栅3D显示器的立体视区分布示意图。将左视差图像和右视差图像对应的视区分别称为左视区和右视区。左右视区相间分布，当观看者左右眼分别位于左视区和右视区时，将观看到具有立体效果的立体图像。若观看者面朝显示器沿着水平方向移动一定距离，左右眼将分别位于右视区和左视区，如图6.12中用“X”所表示的位置。这意味着观看者左眼看到的是右视差图像，而右眼看到的是左视差图像。此时，正视差变为负视差，而负视差则变为正视差，这样，大脑将左右眼所见的视差图像融合后得到的是与正常立体图像中物体前后位置关系相反的伪立体图像或赝像。伪立体图像是由错误的视差信息产生的，不仅让观看者感知到错误的立体深度感，而且还会导致视疲劳。

观看者在一定范围内前后左右自由移动都能观看到正确的3D显示效果，将这样的连续观看区域称为光栅3D显示器的一个立体视区。如上所述，当观看者水平移动一定距离时将会看到伪立体图像，但此时若观看者继续水平移动，将跳过伪立体图像观看区域，进入下一个立体视区。将中央立体视区称为主立体视区，将主立体视区两边的立体视区称为边立体视区。

对于两视点光栅3D显示器，在一定观看距离上水平移动时，将有1/2的概率观看到伪立体图像，从而大大降低了立体观看自由度。6.1.3节中提到，采用多视点3D显示技术可有效提高立体观看自由度，其基本思想如下所述。图6.13所示为8视点光栅3D显示器的立体视区分布示意图。在最佳观看距离上，每幅视差图像所对应的视区按所设计的宽度交替分布，视区宽度可等于或小于瞳孔间距。图6.13中，视区宽度为瞳孔间距的1/3。当观看者沿水平方向移动时，左右眼将

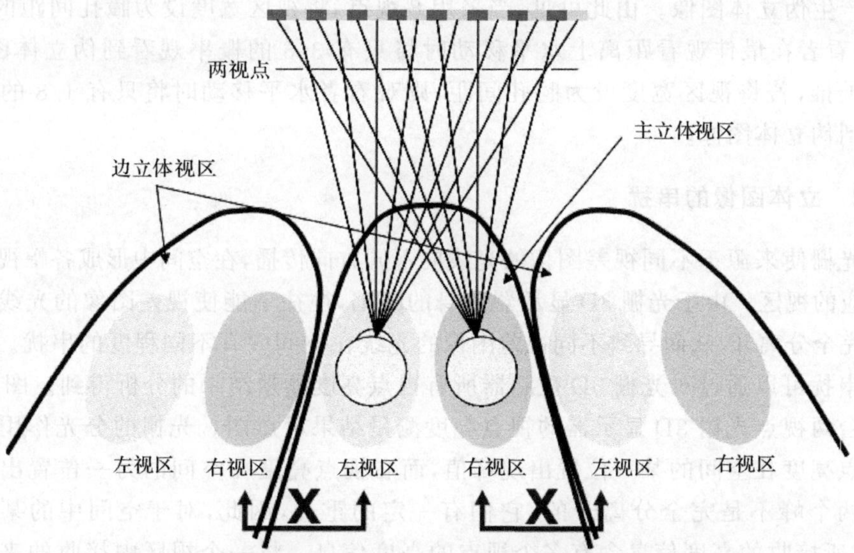

图 6.12　两视点光栅 3D 显示器的立体视区分布示意图

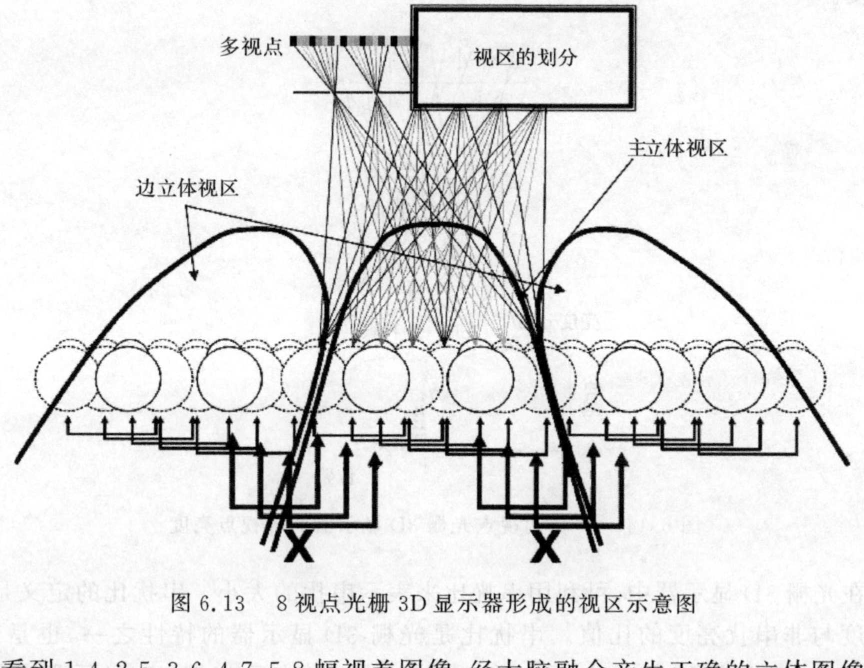

图 6.13　8 视点光栅 3D 显示器形成的视区示意图

依次看到 1-4,2-5,3-6,4-7,5-8 幅视差图像,经大脑融合产生正确的立体图像。此时,若观看者继续水平移动,左右眼将依次看到 6-1,7-2,8-3 幅视差图像,经大脑融合产生伪立体图像。由此可见，当采用 8 视点，将视区宽度设为瞳孔间距的 1/3 时，观看者在最佳观看距离上水平移动时将只有 3/8 的概率观看到伪立体图像。以此类推，若将视区宽度设为瞳孔间距，则观看者水平移动时将只有 1/8 的概率观看到伪立体图像。

6.5.2 立体图像的串扰

光栅使来源于不同视差图像的光线向不同方向传播，在空间中形成各幅视差图像对应的视区。由于光栅 3D 显示器自身的缺陷，往往不能使视差图像的光线在空间中完全分离开，从而导致不同视差图像的光线在空间中有不同程度的串扰。

串扰可以通过对光栅 3D 显示器所有视点亮度测量结果的分析得到。图 6.14 为一台两视点光栅 3D 显示器的视点亮度测量结果示意图。光栅的分光作用使得左视点亮度在空间的某一位置出现峰值，而右视点亮度在空间的另一位置出现峰值。两个峰不是完全分离开的，它们有一定的重叠，因此，对于空间中的某一位置，它所接收的亮度信息含有多个视点的亮度信息。将一个视区中接收的来自于对应视点的亮度称为非串扰亮度，而将接收的来自于其他视点的亮度称为串扰亮度。如图 6.14 中两个峰值的重叠区域的阴影部分表示右眼视点对应视区中的串扰亮度。

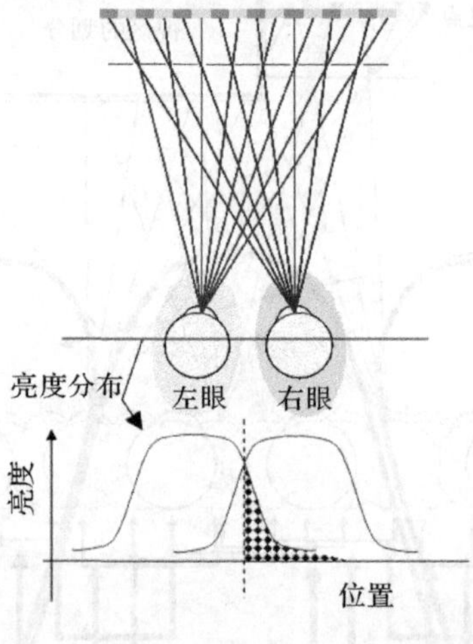

图 6.14 一台两视点光栅 3D 显示器的各视点亮度

在光栅 3D 显示器中，可利用串扰比来表示串扰的大小。串扰比的定义是：串扰亮度与非串扰亮度的比值。串扰比是光栅 3D 显示器的特性之一，也是最容易体现其 3D 显示性能的表征参数，串扰比越小，表示光栅 3D 显示器的性能越好。

对于两视点情况，左视点串扰比 $\chi(\theta_L,\varphi_L)$ 和右视点串扰比 $\chi(\theta_R,\varphi_R)$ 的计算公式如下：

$$\chi(\theta_L,\varphi_L)=\frac{Y_{BLWR}(\theta_L,\varphi_L)-Y_B(\theta_L,\varphi_L)}{Y_{WLBR}(\theta_L,\varphi_L)-Y_B(\theta_L,\varphi_L)} \tag{6.36}$$

$$\chi(\theta_R,\varphi_R)=\frac{Y_{WLBR}(\theta_R,\varphi_R)-Y_B(\theta_R,\varphi_R)}{Y_{BLWR}(\theta_R,\varphi_R)-Y_B(\theta_R,\varphi_R)} \tag{6.37}$$

式中，(θ_L,φ_L) 和 (θ_R,φ_R) 为方位角；Y_{BLWR} 是当左视点为黑图像而右视点为白图像时各位置的亮度；Y_{WLBR} 是当左视点为白图像而右视点为黑图像时各位置的亮度；Y_B 是当左右视点都为黑图像时各位置的亮度。

图 6.15 是一台 8 视点光栅 3D 显示器的各视点亮度测量结果示意图，在视点 8 所对应的视区中，存在来自于视点 5、视点 6 和视点 7 的亮度，将其均视为串扰亮度。

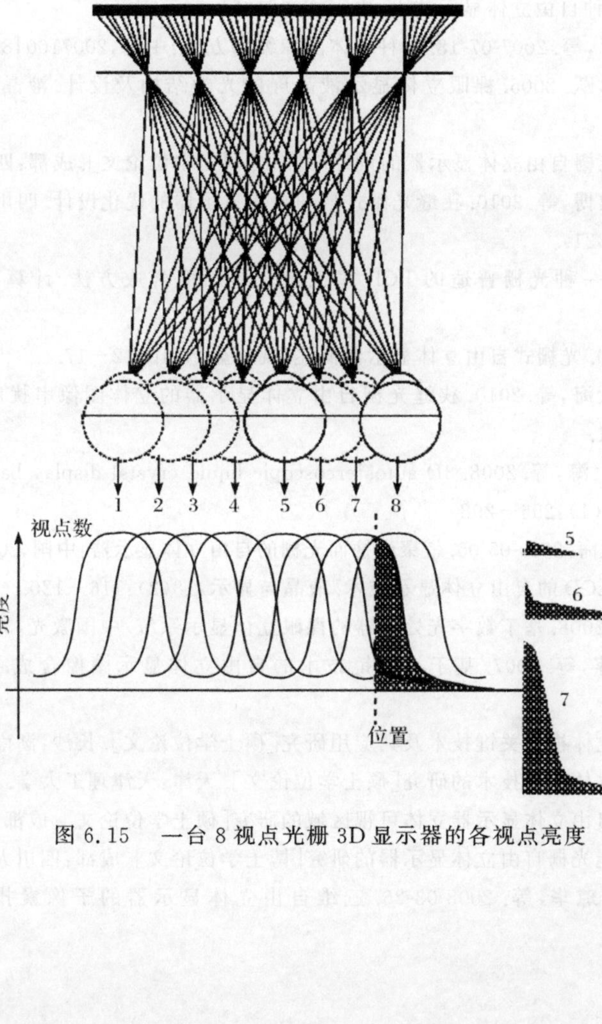

图 6.15　一台 8 视点光栅 3D 显示器的各视点亮度

对于多视点的串扰比 $\chi_i(\theta,\varphi)$，其计算公式如下：

$$\chi_i(\theta,\varphi)=\frac{\sum_{j\neq i}[Y_j(\theta,\varphi)-Y_B(\theta,\varphi)]}{Y_i(\theta,\varphi)-Y_B(\theta,\varphi)} \tag{6.38}$$

式中，Y_j 是(θ,φ)位置的串扰亮度；Y_i 是该位置的非串扰亮度。

3D 串扰比 $\chi_{3D}(\theta,\varphi)$与两只眼睛总共接收到的串扰有关，其计算公式如下：

$$\chi_{3D}(\theta,\varphi)=\sqrt{\chi(\theta_R,\varphi_R)\chi(\theta_L,\varphi_L)} \tag{6.39}$$

3D 串扰比越低，表示光栅 3D 显示器的性能越好。

参考文献

郝敦博，李大海，王琼华，等. 2008. 柱面透镜自由立体显示器的分辨率损失研究. 液晶与显示，23(4)：494－498.

李昌. 2008-03-19. 一种自由立体显示技术：中国，20061361.7.

李大海，王琼华，张际，等. 2007-07-18. 一种立体图像编码方法：中国，200710048222.0.

梁发云，邓善熙，杨永跃. 2005. 裸眼立体显示液晶屏的光学结构及设计. 液晶与显示，20(6)：544－548.

刘泽晟. 2008. 狭缝光栅自由立体显示器的设计与优化[硕士学位论文]. 成都：四川大学.

刘泽晟，李大海，郝敦博，等. 2010. 狭缝光栅式自动立体显示器的优化设计. 四川大学学报（自然科学版），2：317－321.

宋晓炜，杨蕾. 2008. 一种光栅普适的 LCD 多视点立体图像合成方法. 计算机应用，28(1)：195－198.

王爱红，王琼华. 2009. 光栅式自由立体显示器概述. 现代显示，10：12－17.

王琼华，潘冬冬，李大海，等. 2010. 狭缝光栅自由立体显示器的立体图像串扰度. 光电子激光，21(7)：1058－1061.

王琼华，陶宇虹，李大海，等. 2008. 3D autostereoscopic liquid crystal display based on lenticular lens. 电子器件，31(1)：296－298.

王琼华，赵悟翔，李大海. 2010-05-05. 带聚光柱面光栅的自由立体显示器：中国，200910216164.7.

王元庆. 2003. 基于 LCD 的自由立体显示技术. 液晶与显示，18(2)：116－120.

吴翔，廖薇，刘锦高. 2008. 基于数字光处理器的裸眼立体显示系统. 中国激光，36(2)：417－420.

杨蕾，宋晓炜，侯春萍，等. 2007. 基于棱柱镜技术的自由立体显示图像合成. 天津大学学报，40(9)：1105－1110.

余洪山. 2004. 主动立体视觉关键技术及其应用研究[硕士学位论文]. 长沙：湖南大学.

张晓媛. 2006. 裸眼立体显示技术的研究[硕士学位论文]. 天津：天津理工大学.

赵仁亮. 2008. 三维自由立体显示器立体可视区域的研究[硕士学位论文]. 成都：四川大学.

赵悟翔. 2010. 高性能光栅自由立体显示器的研究[博士学位论文]. 成都：四川大学.

赵悟翔，李大海，王琼华，等. 2008-03-26. 三维自由立体显示器的子像素排列方法：中国，200710050483.6.

赵悟翔，王琼华，李大海，等. 2009. 阶梯光栅多视点自由立体显示的子像素排列. 四川大学学报（工程科学版），41(6)：216－218.

周磊. 2009. 基于柱面透镜光栅的自由立体显示技术研究[硕士学位论文]. 成都：四川大学.

周磊，王琼华，李大海，等. 2009. 立体显示用柱面透镜光栅的设计. 光子学报，38(1)：30－33.

周磊，王琼华，陶宇虹，等. 2009. 自由立体显示用柱面透镜光栅的优化设计. 光学学报，29(12)：3506－3510.

Boher P. 2008. Characterization of autostereoscopic 3D displays using Fourier optics viewing angle instrument. Veritas et Visus 3rd Dimension：57－71.

Dodgson N A. 2005. Autostereoscopic 3D displays. Computer，38(8)：31－36.

Jarvenpaa T，Salmimaa M. 2008. Optical characterization methods for autostereoscopic 3-D displays. Journal of the Society for Information Display，16(8)：825－833.

Salmimaa M，Jarvenpaa T. 2008. 3-D crosstalk and luminance uniformity from angular luminance profiles of multiview autostereoscopic 3-D displays. Journal of the Society for Information Display，16(10)：1033－1040.

Salmimaa M，Jarvenpaa T. 2008. Objective evaluation of multiview autostereoscopic 3D displays. SID 08 Digest：267－270.

Salmimaa M，Jarvenpaa T. 2009. Characterizing autostereoscopic 3-D displays. Information Display，25：8－11.

Tao Y H，Wang Q H，Gu J，et al. 2009. An autostereoscopic three-dimensional projector based on two parallax barriers. Optics Letters，34(20)：3220－3222.

Wang Q H，Tao Y H，Li D H，et al. 2007. 3D autostereoscopic liquid crystal display based on lenticular lens//Proceedings of Asia Display，Shanghai：453－455.

Wang Q H，Zhao W X，Tao Y H，et al. 2010. Stereo viewing zone in parallax barrier based autostereoscopic display. Optik，121(22)：2008－2011.

Zhao W X，Wang Q H，Li D H，et al. 2009. Pixel arrangement of autostereoscopic liquid crystal displays based on parallax barriers. Molecular Crystals and Liquid Crystals，507(1)：67－72.

Zhao W X，Wang Q H，Wang A H，et al. 2010. An autostereoscopic display based on two-layer lenticular lens. Optics Letters，35(24)：4127－4129.

第 7 章　光栅 3D 显示技术

如第 6 章所述，光栅 3D 显示器无需观看者佩戴任何助视设备就能观看到栩栩如生的立体图像，因此，备受 3D 显示研究人员及使用者的喜爱。光栅 3D 显示器是一个简单而又复杂的系统。其原理很简单，简言之，即为在 2D 显示屏上附加光栅分光元件，使不同视差图像的光线传播方向不同，从而分别到达观看者的左右眼。然而，为了实现高性能的 3D 显示效果，需要解决各种复杂的技术问题。本章将介绍光栅 3D 显示器涉及的相关技术。

7.1　莫尔条纹的消除方法

莫尔条纹是两条线或两个物体之间以恒定的角度和频率发生干涉的视觉现象，它使人眼无法分辨这两条线或两个物体，只能看到干涉的花纹。图 7.1 是两组频率略有差异的条纹按一定倾斜角度叠加后所产生的一种莫尔条纹图形。

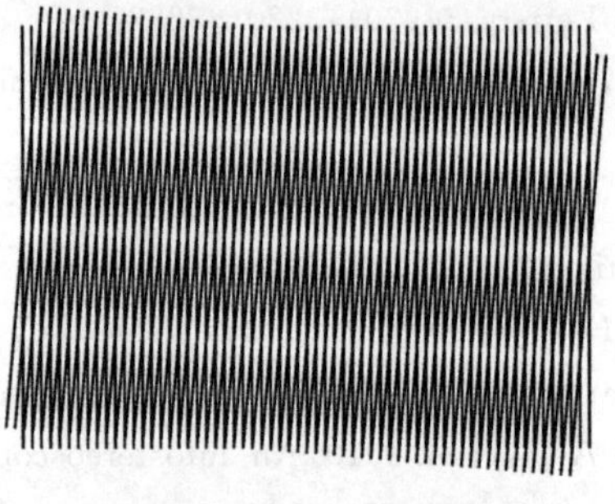

图 7.1　一种莫尔条纹

光栅 3D 显示器中，由于 2D 显示器的像素是有序排列的周期性矩阵结构，其发出的光场也具有周期性矩阵结构，这样的光场与 2D 显示器前面的周期性结构的光栅相互干涉，形成莫尔条纹，使 3D 显示效果变差，甚至造成图像无法正常显示。

狭缝光栅与柱透镜光栅 3D 显示器形成莫尔条纹的机理相同，它们所产生的莫尔条纹主要分为黑白莫尔条纹和彩色莫尔条纹两种。以柱透镜光栅 3D 显示为例，如图 7.2(a)所示，2D 显示屏子像素间周期排列的黑矩阵与柱透镜光栅结构干涉生成黑白莫尔条纹；如图 7.2(b)所示，周期排列的 R、G、B 子像素滤色膜与柱透镜光栅结构干涉生成彩色莫尔条纹。

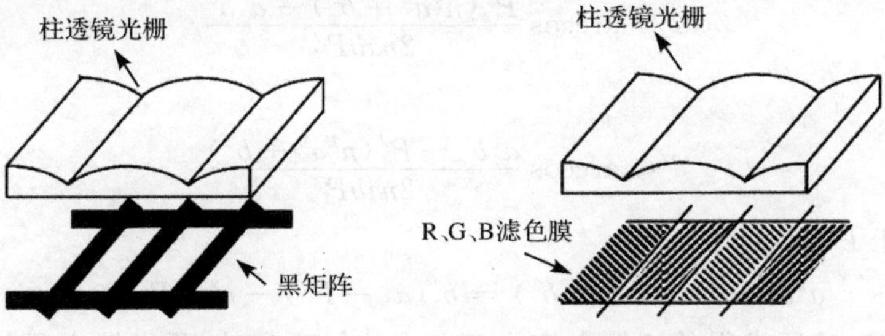

(a) 黑白莫尔条纹　　(b) 彩色莫尔条纹

图 7.2　光栅 3D 显示器中产生莫尔条纹的两种结构

为了更好地分析光栅 3D 显示器中的莫尔条纹问题，需建立莫尔条纹形成的原理模型。图 7.3 所示为两个重叠光栅的局部视图，两光栅交叉角为 θ，其中一个光栅的节距为 a，另一个光栅的节距为 b，两光栅间产生一系列的交叉点，由这些点一一相连，无论横向、纵向或者斜向都会形成不同方向的条纹，这些有规律的条纹都会导致莫尔条纹。当两个光栅成一定角度重叠时，点与点之间会有很多种连接方向。任意两个连接点之间的距离也各不相同，距离最短的点之间连接起来就形成比较明显的莫尔条纹。

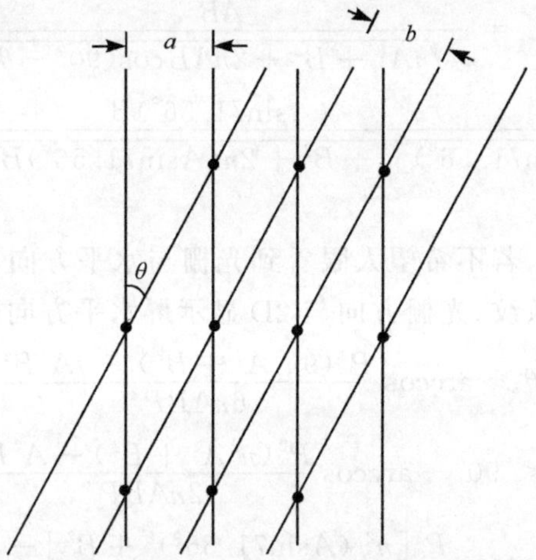

图 7.3　莫尔条纹形成的原理模型图

通过沿不同方向连接交叉点，可得到不同方向的莫尔条纹的宽度为

$$W = \frac{ab}{\sqrt{(na)^2 + b^2 + 2nab\cos\theta}} \tag{7.1}$$

式中，n 为正整数。假设人眼能看到的最小莫尔条纹宽度为 P，根据式(7.1)可推

出，当 a,b 一定时，若希望人眼看不到莫尔条纹，则角度 θ 应在的范围为

$$\theta > \arccos \frac{P^2(n^2a^2+b^2)-a^2b^2}{2nabP^2} \tag{7.2}$$

或

$$\theta < \arccos \frac{a^2b^2-P^2(n^2a^2+b^2)}{2nabP^2} \tag{7.3}$$

通常，a 小于 P，所以，

$$a^2b^2-P^2(n^2a^2+b^2)=b^2(a^2-P^2)-n^2a^2P^2<0 \tag{7.4}$$

因此，由式(7.3)所求得的 θ 值必定大于 90°而小于 180°，两光栅之间的夹角大于等于 0°而小于 90°，从而，只需要考虑式(7.2)所表示的范围。

在光栅 3D 显示器中，2D 显示屏子像素间黑矩阵在三个方向上比较明显，分别为水平方向、竖直方向和倾斜方向。其中，倾斜方向由子像素对角连线形成，倾斜方向与水平方向的夹角为 71.56°。这些黑矩阵形成规律性排列，与 2D 显示屏前面的光栅互相影响形成莫尔条纹。设 2D 显示屏子像素宽度为 A，光栅周期为 B，光栅方向与 2D 显示屏水平方向的夹角为 θ。根据式(7.1)，光栅与水平方向、竖直方向和倾斜方向的黑矩阵形成的莫尔条纹的宽度分别为

$$W_1=\frac{(3A)B}{\sqrt{[n(3A)]^2+B^2+2n(3A)B\cos\theta}} \tag{7.5}$$

$$W_2=\frac{AB}{\sqrt{nA^2+B^2+2nAB\cos(90°-\theta)}} \tag{7.6}$$

$$W_3=\frac{(A\sin 71.56°)B}{\sqrt{[n(A\sin 71.56°)]^2+B^2+2n(A\sin 71.56°)B\cos(71.56°-\theta)}} \tag{7.7}$$

根据式(7.2)可知，若不希望人眼看到光栅与水平方向、竖直方向和倾斜方向的黑矩阵形成的莫尔条纹，光栅方向与 2D 显示屏水平方向的夹角 θ 应分别满足：

$$\theta > \arccos \frac{P^2(9n^2A^2+B^2)-9A^2B^2}{6nABP^2} \tag{7.8}$$

$$\theta < 90°-\arccos \frac{P^2(n^2A^2+B^2)-A^2B^2}{2nABP^2} \tag{7.9}$$

$$|71.56°-\theta| > \arccos \frac{P^2[n^2(A\sin 71.56°)^2+B^2]-(A\sin 71.56°)^2B^2}{2n(A\sin 71.56°)BP^2} \tag{7.10}$$

由此可见，光栅方向与 2D 显示屏竖直方向的夹角 θ 会影响莫尔条纹的宽度。当 θ 取式(7.8)～式(7.10)的交集时，就能够使莫尔条纹的宽度很小，以使人眼无法分辨。由于通常影响最大的 n 值在 B/A 的附近，因此，在实际计算时只需将 n 取为 B/A 附近的整数。

7.2　伪立体图像的消除方法

当观看者左眼看到右视差图像而右眼看到左视差图像时，就会产生伪立体图像。伪立体图像给观看者带来混淆的立体视觉，且会引起严重的视疲劳。为此，已提出多种方法来减轻甚至消除伪立体图像。如第 6 章所述，视点数适当增多，可增大立体观看区域，提高立体观看自由度，同时降低观看者观看到伪立体图像的可能性。此外，还可采用全黑视差图像法、偏光条栅法及头部跟踪法等伪立体图像消除方法，下面将分别对它们作简单介绍。

7.2.1　全黑视差图像法

全黑视差图像法适用于多视点($K>2$)3D 显示器。所谓全黑视差图像法，就是将第 K 幅视差图像置为全黑图像，与其他 $K-1$ 幅视差图像一起生成合成图像用于 3D 显示。事实上，此时只有 $K-1$ 幅视差图像真正用于 3D 显示。如图 7.4 所示，以 4($K=4$)视点狭缝光栅 3D 显示为例，当观看者在最佳观看距离上水平移动时，左右眼将依次看到 1-2，2-3 幅视差图像，此时，若观看者继续水平移动，左眼将看到第 3 幅视差图像，而右眼看到全黑视差图像，接着左眼看到全黑图像，而右眼看到第 1 幅视差图像。可见，全黑视差图像法避免了伪立体图像的出现，但由于观看者一只眼睛看到的是全黑图像，缺乏视差信息，而使得观看者不会感知到立体效果。然而，若观看者的一只眼睛看到了全黑图像，那就应该意识到自己正

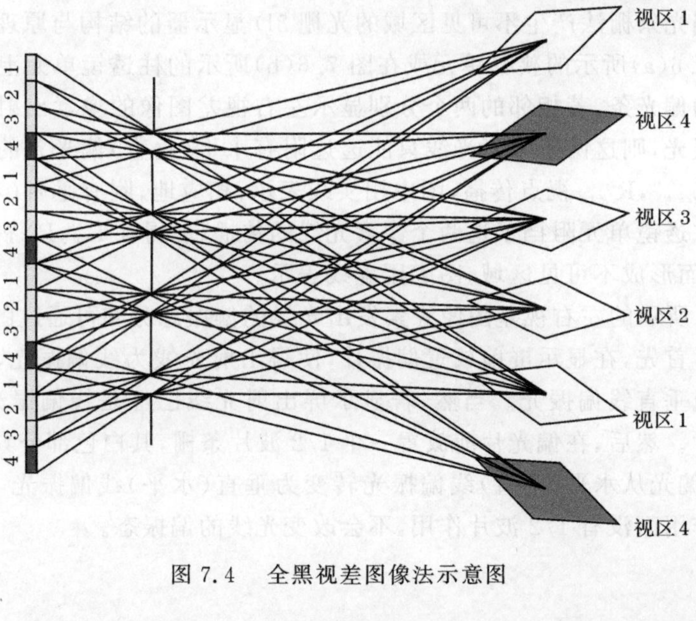

图 7.4　全黑视差图像法示意图

处于伪立体图像观看区域，从而向左或向右水平移动一定距离来观看正确的立体图像。

7.2.2　偏光条栅法

偏光条栅法适用于两视点($K=2$)3D显示器。常规两视点光栅3D显示器的左右视区相间分布，如图7.5(a)所示，当左眼位于R_k右眼位于L_{k+1}时，就会产生伪立体图像。为避免这种情况发生，如图7.5(b)所示，引入不可见区域，在该区域内，观看者看不到显示屏上的图像。此时，只有当观看者左右眼分别位于L_{2k+1}和R_{2k+1}时，才能观看到立体图像，而当左右眼分别位于L_{2k}和R_{2k}时，将看不到图像。这样，观看者将不会观看到伪立体图像，但能观看到正确立体图像的区域却减少了一半。采用偏光条栅法消除伪立体图像的关键是如何产生不可见区域。

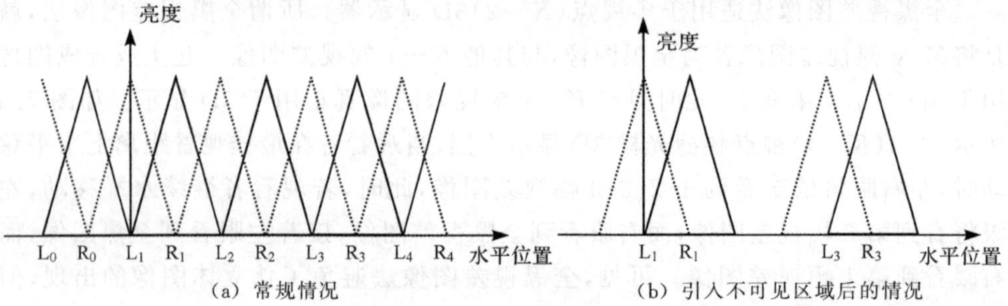

图7.5　两视点光栅3D显示器的视区分布

基于偏光条栅法产生不可见区域的光栅3D显示器的结构与原理如图7.6所示。在图7.6(a)所示的狭缝单元或在图7.6(b)所示的柱透镜单元上附有偏振态交替正交的偏光条，若相邻的两个分别显示左右视差图像的像素出射光线为水平(垂直)偏振光，则这两个像素光线只能透过附有水平(垂直)偏光条的狭缝或柱透镜单元向L_{2k+1}，R_{2k+1}视点传播，图中用实线表示；相应地，附有垂直(水平)偏光条的狭缝或柱透镜单元阻挡了这两个像素光线的传播，使得在L_{2k}，R_{2k}视点是看不到图像的，从而形成不可见区域，图中用虚线表示。

图7.6所示的左右视差图像像素发出光线的偏振态分布可通过图7.7所示结构来实现。首先，在显示屏前放置偏振片，使得出射光线为线偏振光，通常为水平线偏振光或垂直线偏振光。当然，若显示屏出射光线已经是线偏振光时，则不需要该偏光片。然后，在偏光片前放置一个1/2波片条栅，其白色部分具有1/2波片作用，将线偏光从水平(垂直)线偏振光转变为垂直(水平)线偏振光，而黑色部分只有透光作用而没有1/2波片作用，不会改变光线的偏振态。

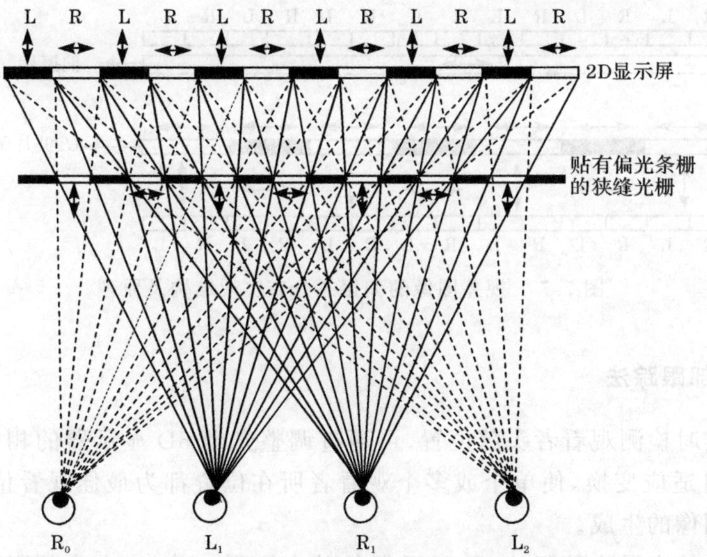

(a) 狭缝光栅 3D 显示器

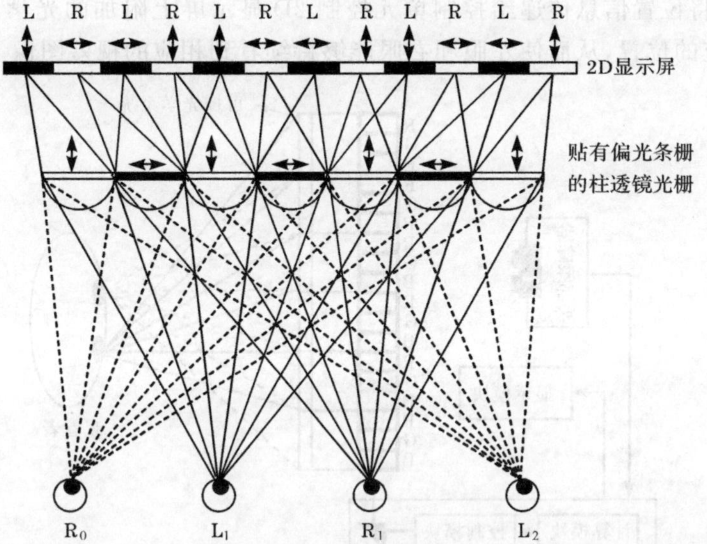

(b) 柱透镜光栅 3D 显示器

图 7.6　基于偏光条栅法产生不可见区域的光栅 3D 显示器的结构与原理

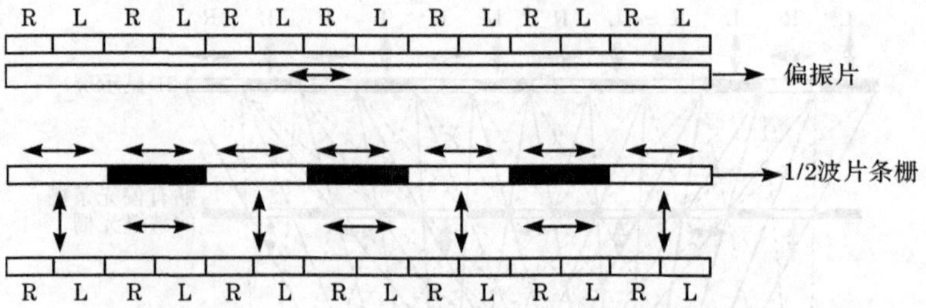

图 7.7 视差图像的偏振态分布实现结构及原理

7.2.3 头部跟踪法

根据实时检测观看者头部位置，可通过调整光栅3D显示器的相关部件来进行视点的自适应变换，使单个或多个观看者所在位置都为最佳观看位置，从而避免伪立体图像的生成。

图7.8给出了头部跟踪3D显示器的基本原理。首先，由头部跟踪器跟踪观看者头部运动，并将信息反馈给计算模块，经过计算处理得到人眼的位置信息和此时应该看到的立体图像信息。然后，将立体图像信息传递给显示模块来显示相应的图像，将位置信息传递给控制单元控制2D显示屏上附加的光学系统使图像移动到相应的位置，从而使左眼和右眼能够持续看到相应的视差图像。

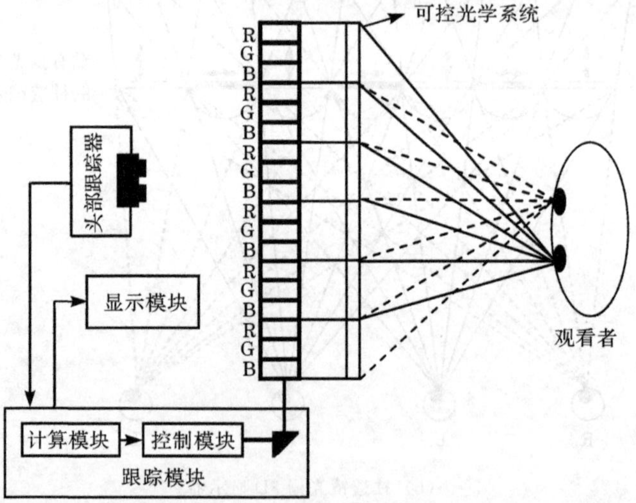

图 7.8 头部跟踪3D显示器原理图

在图7.8所示的系统中，控制图像移动的可控光学系统可以采用多种形式，这里介绍一种基于菲涅耳透镜的方法。图7.9所示为单个菲涅耳透镜对光线控制的原理。当LCD等2D显示屏由两个在水平方向上有一定距离的点光源照明时,在观看区域就会形成两个存在一定距离的光点,其成像公式为

$$\frac{1}{f}=\frac{1}{u}+\frac{1}{v} \tag{7.11}$$

式中,f 为焦距;u 为物距;v 为像距。

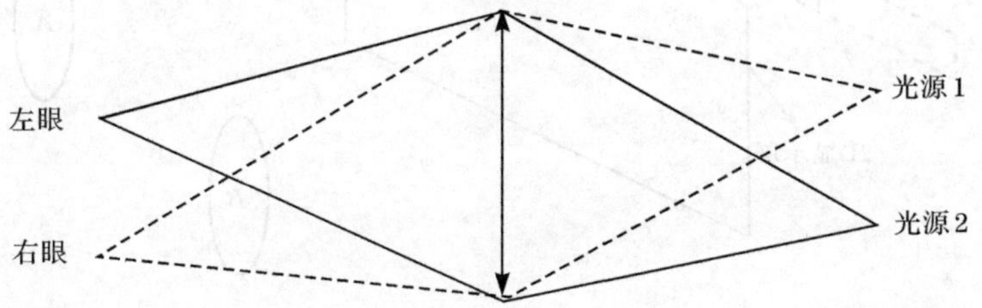

图7.9 菲涅耳透镜成像原理

使两个照明光源的像点之间的距离等于人眼瞳孔间距,就可以计算出这两个照明光源在水平方向上应该具有的距离,从而形成两个分别只能看到奇数列和偶数列的可视区域。同理,若这两个点光源同时在竖直方向也存在一定的距离,经菲涅耳透镜汇聚后再通过垂直分光装置就可以使这两个点光源分别照亮显示屏的奇数行和偶数行,形成两个分别只能看到奇数行和偶数行的可视区域。为了实现观看者在显示器前自由移动的同时始终能够处于正确的可视区,就要使点亮的光源始终随观看者的移动而移动,及时将可视区域送到观看者所处的位置。为此,可将单一的背光源模块分割成两个模块,如图7.10所示,图中用灰色表示点亮的区域。背光源为LED阵列,则可以单列控制,分区域点亮,利用人眼探测装置得到观看者人数和眼睛的位置等信息,同时,用LED驱动芯片点亮相应位置的LED,以提供给观看者对应的光源。

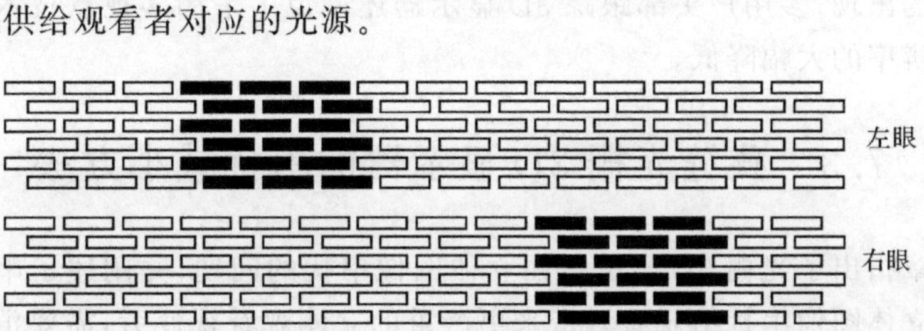

图7.10 LED阵列示意图

如图7.11所示,假设观看者处于 A 位置,通过摄像头对观看者的位置探测,由控制模块确定LED阵列中需要点亮的位置,如图中光源 A_1 和 A_2。点亮这两个在水平和垂直方向有一定距离的模块,就可以给处在 A 位置的观看者提供具有良

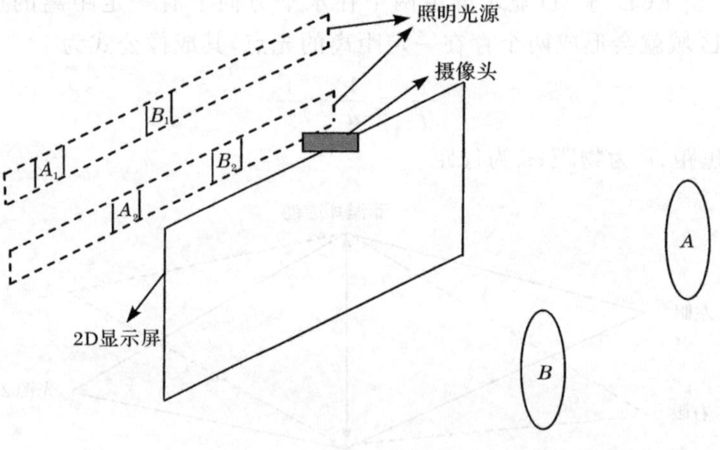

图 7.11 基于 LED 阵列头部跟踪 3D 显示器示意图

好立体效果的可视区域；当观看者从 A 点移动到 B 点时，摄像头探测到这一动作，得到观看者在 B 处的坐标位置，控制模块控制 LED 光源 A_1 和 A_2 熄灭，光源 B_1 和 B_2 点亮，于是，这个立体的可视区域就从 A 处移动到了 B 处。也就是说，不论观看者如何移动，通过人眼位置探测和 LED 的驱动控制，这个立体可视区域始终随观看者而移动，使观看者不论在显示器前的哪一个位置都能看到立体效果。同时，如果 A 和 B 是两个处在不同位置的观看者，则可以将光源处的 A_1、A_2、B_1 和 B_2 同时点亮，这样，就可以提供两个立体可视区域。由于两个观看者所处的立体可视区域是由两组独立的光源提供的，所以，它们相互之间不会产生影响。如果增加观看者或者已有的观看者离开，只需要同步点亮或熄灭对应位置处的光源即可，这样，就实现了多用户头部跟踪 3D 显示。显然，头部跟踪 3D 显示器避免了伪立体图像的出现，多用户头部跟踪 3D 显示器还避免了采用多视点技术导致的立体图像分辨率的大幅降低。

7.3 狭缝光栅 3D 显示器的串扰减小方法

第 6 章指出了光栅 3D 显示存在立体图像串扰的问题，并阐述了串扰比等表征参数。立体图像串扰给观看者带来更严重的立体观看视疲劳，需要消除或者尽量减小。下面将介绍减小立体图像串扰的方法。

7.3.1 基于减小狭缝光栅透光条宽度的方法

狭缝光栅 3D 显示器中，相邻两幅视差图像透过透光条后不可避免地存在一定的重叠，即串扰。串扰将导致图像清晰度下降，这可通过适当减小狭缝光栅透光条的宽度来降低。如图 7.12(a)所示，对狭缝光栅 3D 显示器，根据几何光学，显然在其最佳观看距离上只有在有限的最佳视点上不存在串扰现象，如视点 1 和视点 2。在偏离最佳观看视点一定距离的视点 1′和视点 2′，不仅会接收到相应的左视差图像和右视差图像信息，还会接收到一小部分其他视点的右视差图像和左视差图像信息。如图 7.12(b)所示，当狭缝光栅透光条宽度适当减小时，根据几何光学，除了在原先的视点 1 和视点 2 处不存在串扰现象外，在视点 1 与视点 1′之间和视点 2 与视点 2′之间的所有视点处也只会接收到相应的左右视差图像信息，即不存在串扰现象。由此可见，适当减小狭缝光栅透光条宽度可在一定程度上降低串扰。然而，狭缝透光条宽度越小，透射的光线越少，则立体图像亮度损失更加严重，因此，需折中串扰与立体图像亮度来选择适当的狭缝光栅透光条宽度。

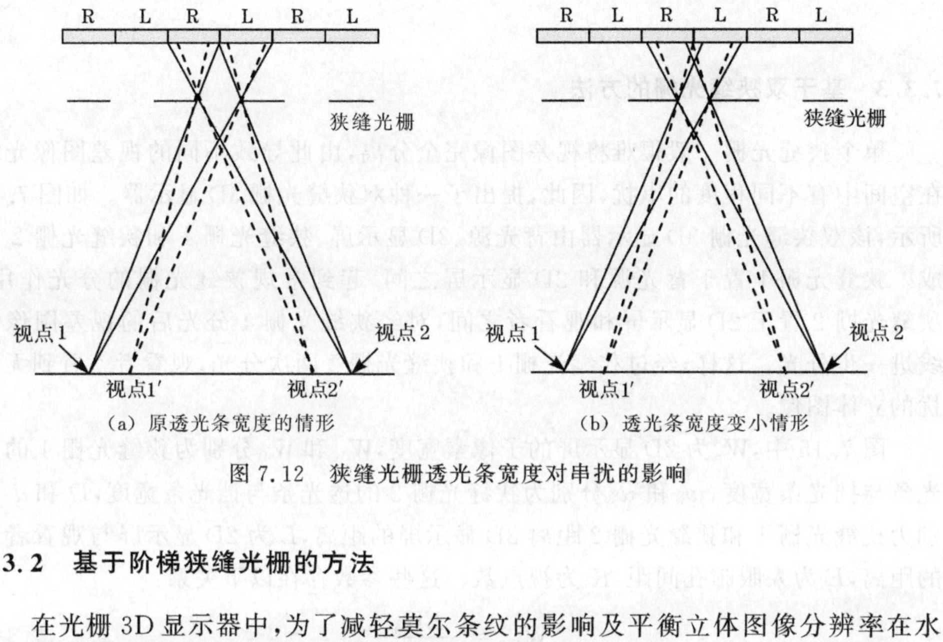

(a) 原透光条宽度的情形　　(b) 透光条宽度变小情形

图 7.12　狭缝光栅透光条宽度对串扰的影响

7.3.2　基于阶梯狭缝光栅的方法

在光栅 3D 显示器中，为了减轻莫尔条纹的影响及平衡立体图像分辨率在水平和垂直方向的损失，光栅一般按一定角度倾斜放置。如图 7.13 所示，光栅的倾斜在物理上是连续的，而合成图像中的各幅视差图像子像素的倾斜是通过离散的排列规律在宏观上模拟实现的，因此，倾斜合成算法不能做到和光栅完全匹配，不可避免地引入了视差图像间的串扰。

为此，采用与视差图像子像素的倾斜相一致的阶梯光栅可减小串扰。如图 7.14所示，阶梯狭缝光栅非常容易制作，因为大部分狭缝光栅采用高精度印刷工艺；而对于柱透镜光栅，阶梯形状不易制作，因为大部分柱透镜光栅采用模压工艺。

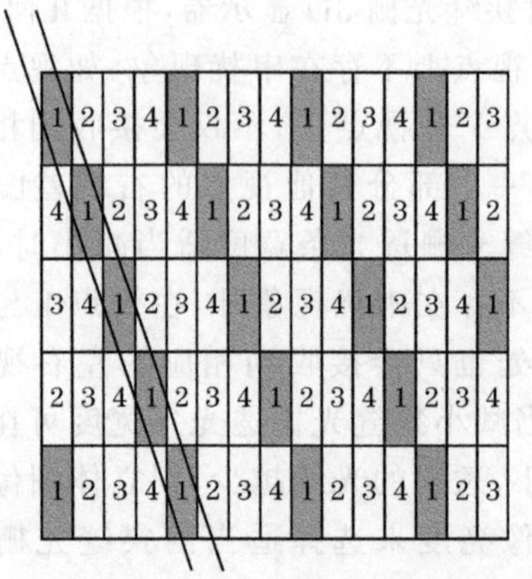

图 7.13 合成图像中视差图像子像素的倾斜排列

图 7.14 阶梯狭缝光栅的结构

7.3.3 基于双狭缝光栅的方法

单个狭缝光栅一般很难将视差图像完全分离,由此导致不同的视差图像光线在空间中有不同程度的串扰,因此,提出了一种双狭缝光栅 3D 显示器。如图 7.15 所示,该双狭缝光栅 3D 显示器由背光源、2D 显示屏、狭缝光栅 1 和狭缝光栅 2 构成。狭缝光栅 1 置于背光源和 2D 显示屏之间,起到常规狭缝光栅的分光作用。狭缝光栅 2 置于 2D 显示屏和观看者之间,对经狭缝光栅 1 分光后的视差图像光线进一步分光。这样,经过狭缝光栅 1 和狭缝光栅 2 两次分光,观看者就看到无串扰的立体图像。

图 7.15 中,W_p为 2D 显示屏的子像素宽度,W_W和 W_B分别为狭缝光栅 1 的透光条与挡光条宽度,w_w和 w_b分别为狭缝光栅 2 的透光条与挡光条宽度,D 和 d 分别为狭缝光栅 1 和狭缝光栅 2 距离 2D 显示屏的距离,L 为 2D 显示屏与观看者间的距离,E 为人眼瞳孔间距,K 为视点数。这些参数存在以下关系:

$$W_W = \frac{EW_p}{E - W_p} \tag{7.12}$$

$$W_B = (K-1)W_W \tag{7.13}$$

$$D = \frac{W_p L}{E - W_p} \tag{7.14}$$

$$w_w = w_b = \frac{dE}{L} \tag{7.15}$$

$$\frac{2W_W}{E} = \frac{D+d}{L-D} \tag{7.16}$$

对于特定的双狭缝光栅 3D 显示器,E、W_p、L 和 K 是已知的,根据式(7.12)~

式(7.16)，就可以求解出 w_b、w_w、W_B、W_W、D 和 d。

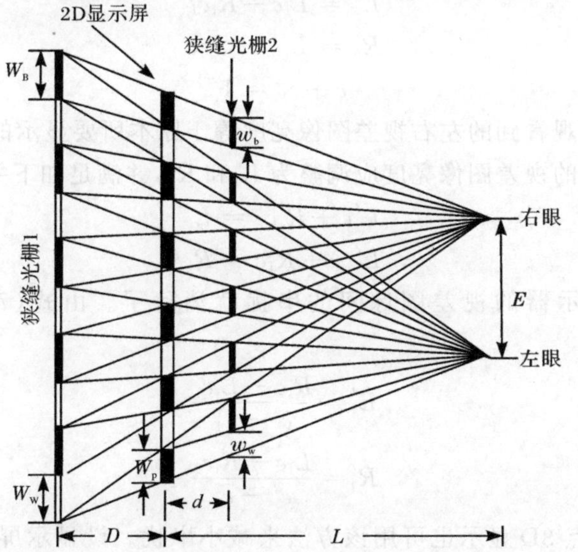

图 7.15　双狭缝光栅 3D 显示器的结构原理图

7.4　柱透镜光栅 3D 显示器的串扰减小方法

柱透镜光栅倾斜放置时将使得相邻视区间串扰加重，此外，柱透镜光栅的加工误差，或者 2D 显示屏和柱透镜光栅间的装配误差，都会使串扰更加严重。下面将介绍两种减小串扰的方法。

7.4.1　基于视差图像灰度调整的方法

对于给定的一台柱透镜光栅 3D 显示器，在立体观看视区内不同观看位置处串扰程度是有差异的。一般而言，在接近最佳观看视点处串扰较小，远离最佳观看视点处串扰较大。在某幅视差图像的对应视区内，接收到来自于对应视差图像的光线及其他视差图像的光线，设其中平均有 c 成分的光线来自于对应的视差图像，c_1 成分的光线来自于左右相邻的视差图像，c_2 成分的光线来自于下一个相邻视差图像等，其中的 c_1 和 c_2 等为其他视差图像对当前视差图像的串扰系数，并满足下式：

$$c + 2c_1 + 2c_2 + \cdots = 1 \tag{7.17}$$

以两幅视差图像为例，原本显示屏上所显示的左右视差图像亮度分别为 L_i 和 R_i，由于串扰的存在，在左右眼观看视区内看到的左右视差图像亮度分别为 L_o 和

R_o，两者间关系如下：

$$L_o = L_i c + R_i c_1 \tag{7.18}$$

$$R_o = L_i c_1 + R_i c \tag{7.19}$$

$$c + c_1 = 1 \tag{7.20}$$

为了使实际观看到的左右视差图像亮度等于原本所要显示的亮度 L_i 和 R_i，则显示在显示屏上的视差图像亮度应调整为 L'_i 和 R'_i，并满足如下关系：

$$L'_i c + R'_i c_1 = L_i \tag{7.21}$$

$$L'_i c_1 + R'_i c = R_i \tag{7.22}$$

则该光栅 3D 显示器的视差图像间的串扰就消除了。由式(7.21)、式(7.22)求得

$$L'_i = \frac{R_i c - L_i c_1}{c^2 - c_1^2} \tag{7.23}$$

$$R'_i = \frac{L_i c - R_i c_1}{c^2 - c_1^2} \tag{7.24}$$

同理，K 视点 3D 显示也可用该方法来减小串扰。设显示屏上原本所显示的各幅视差图像亮度分别为 $P_{1i}, P_{2i}, \cdots, P_{Ki}$，用 $\boldsymbol{P}_i = [P_{1i}\ P_{2i} \cdots P_{Ki}]^T$ 表示；此时，在各视差图像所对应的观看视区看到的亮度分别为 $P_{1o}, P_{2o}, \cdots, P_{Ko}$，用 $\boldsymbol{P}_o = [P_{1o}\ P_{2o} \cdots P_{Ko}]^T$ 表示。$\boldsymbol{P}_i$ 与 $\boldsymbol{P}_o$ 的关系可表示为

$$\boldsymbol{P}_o = \boldsymbol{X}\boldsymbol{P}_i \tag{7.25}$$

式中，$\boldsymbol{X}$ 为 $K \times K$ 的矩阵，且该矩阵中的各数值为视差图像间的串扰系数，其值可以测试得到。

因此，为了消除串扰，可将显示屏上视差图像的亮度 $\boldsymbol{P}_i$ 调整为 $\boldsymbol{P}'_i$，此时，在各视差图像对应的观看视区看到的亮度为显示屏上原本所显示的亮度 $\boldsymbol{P}_i$，与式(7.25)同理，有

$$\boldsymbol{P}_i = \boldsymbol{X}\boldsymbol{P}'_i \tag{7.26}$$

由式(7.26)可得

$$\boldsymbol{P}'_i = \boldsymbol{X}^{-1}\boldsymbol{P}_i \tag{7.27}$$

该方法通过调整视差图像在显示屏上的亮度值达到了减小串扰的目的。

7.4.2 基于子像素位置调整的方法

当柱透镜光栅有加工误差，或者 2D 显示屏和柱透镜光栅在实际装配过程中出现装配误差，都会使视差图像之间的串扰更加严重。以 9 视点 3D 显示为例，图 7.16 为 2D 显示屏与柱透镜光栅之间有无装配误差的两种情况。图 7.16 中，倾斜的黑色加粗的线表示柱透镜光栅单元的边缘，每个小矩形表示一个子像素，小矩形上的阿拉伯数字表示该子像素来自于哪幅视差图像。p 和 θ 分别表示无误差情

况下匹配的柱透镜光栅节距和倾斜角度，p'、θ'和 u 分别表示有误差情况下柱透镜光栅的实际水平节距、倾斜角度和水平位移。以虚线围起的视点 4 为例，如图 7.16(a)所示，在无装配误差的情况下，视点 4 接收到的光线除了来自于对应的第 4 幅视差图像，也有部分来自于相邻两幅视差图像，即第 3、5 幅视差图像。在有装配误差的情况下，视点 4 除了接收到来自于第 3、4、5 幅视差图像的光线，同时也接收到了来自于第 6、7 幅视差图像的光线，这就引入了更严重的串扰，如图 7.16(b)所示，这部分串扰可以通过调整各幅视差图像子像素在合成图像中的位置来减小。下面具体介绍该方法。

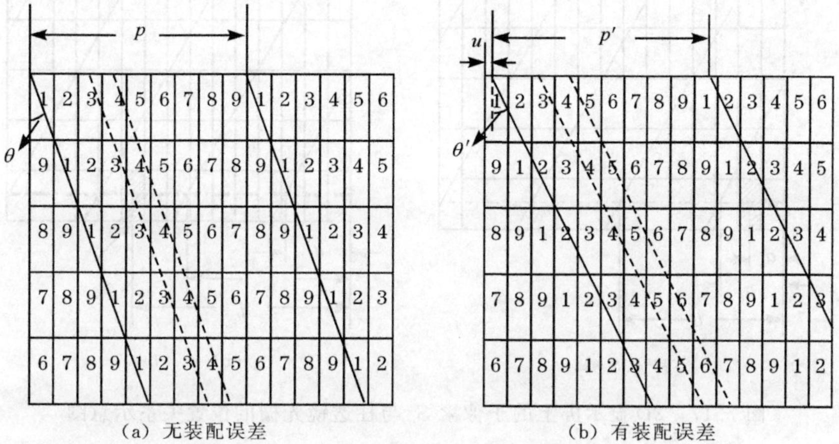

(a) 无装配误差　　　(b) 有装配误差

图 7.16　2D 显示屏与柱透镜光栅之间有无装配误差的两种情况

图 7.17 是 2D 显示屏上的子像素 S_{ij} 与柱透镜光栅的位置关系示意图，其中，S_{ij} 表示位于合成图像上第 i 行和第 j 列的子像素，其中，i 属于 1，…，v(v 为 2D 显示屏的垂直分辨率)，j 属于 1，…，h(h 为 2D 显示屏的子像素水平分辨率)，q_i 表示位于第 i 行的第一个完整柱透镜单元的左边缘到显示屏左边缘的距离，d_j 表示位于合成图像第 i 行第 j 列的子像素 S_{ij} 到显示屏左边缘的距离，l_i 表示在第 i 行的与显示屏左上角相交的第一个柱透镜单元左边缘到显示屏左边缘的距离。

由图 7.17 中的几何关系，可以得出

$$d_j = (j - 0.5)W_p \tag{7.28}$$

$$l_i = u + 3W_p(i - 0.5)\tan\theta' \tag{7.29}$$

$$q_i = \mathrm{mod}(l_i, p') \tag{7.30}$$

式中，W_p 为子像素宽度；函数 mod(A,B)表示 A 除以 B 的余数。

柱透镜节距 p 和子像素宽度 W_p 的关系可以由下式得到：

$$p = \frac{KEW_p}{E + W_p} \tag{7.31}$$

式中，K 为视点数；E 为人眼瞳孔间距。由于此时柱透镜光栅的实际水平节距为 p'，假设有与之相匹配的显示屏，则这个显示屏上的子像素宽度应该为 W'_{p}，根据式(7.31)，W'_{p} 可由如下公式求出：

$$W'_{\mathrm{p}}=\frac{p'E}{KE-p'} \tag{7.32}$$

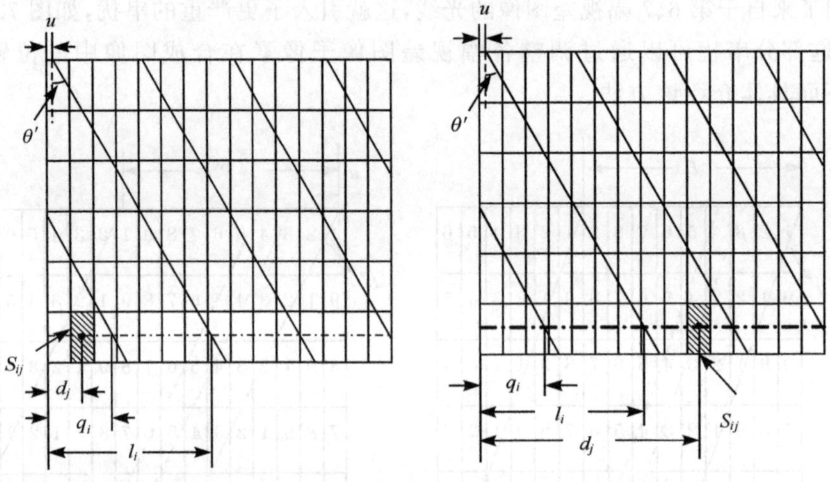

(a) $d_j \leqslant q_i$　　(b) $d_j > q_i$

图 7.17　2D 显示屏上的子像素 S_{ij} 与柱透镜光栅的位置关系示意图

假设各视差图像的子像素分辨率与合成图像的子像素分辨率相同，均为 $h\times v$。在柱透镜光栅与 2D 显示屏装配无误差的情况下，设子像素 S_{ij} 显示的图像子像素来自于 K 幅视差图像中的第 k 幅视差图像，则在柱透镜光栅与 2D 显示屏装配有误差的情况下，子像素 S_{ij} 显示的图像子像素应该来自于第 k' 幅视差图。可以分以下两种情况求出 k'：

(1) 如图 7.17(a)所示，当 $d_j\leqslant q_i$ 时，子像素 S_{ij} 对应于第一个不完整的柱透镜单元。设此柱透镜覆盖的子像素个数为 m，则有

$$m=\mathrm{round}\left(\frac{q_i}{W'_{\mathrm{p}}}\right) \tag{7.33}$$

$$k'=K-m+\mathrm{round}\left(\frac{d_j}{W'_{\mathrm{p}}}\right) \tag{7.34}$$

式中，函数 round()为四舍五入取整。

(2) 如图 7.17(b)所示，当 $d_j > q_i$ 时，子像素 S_{ij} 对应于一个完整的柱透镜单元，此时

$$k'=\mathrm{ceil}\left(\frac{\mathrm{mod}((d_j-q_i),p')}{W'_{\mathrm{p}}}\right) \tag{7.35}$$

式中，函数 ceil()为向上取整。需要注意的是，当 k' 等于 0 时，需要把 k' 置换为 K。

接下来，将第 k' 幅视差图像中第 i 行第 j 列位置上的子像素填充到合成图像的子像素 S_{ij} 上。这样，经过子像素的位置调整，柱透镜光栅 3D 显示器的串扰就减小了。

7.5　高分辨率3D显示的实现方法

光栅 3D 显示器的 3D 分辨率相对于 2D 显示器的 2D 分辨率有所下降，尤其当视点数越多，其 3D 分辨率降低得越厉害。为此，已提出多种方法来提高 3D 分辨率，主要有基于偏光特性的空间复用技术、高帧频技术和双光栅技术，下面分别对它们予以介绍。

7.5.1　空间复用技术

图 7.18 所示为基于视差偏光屏的投影 3D 显示系统的原理结构示意图，该系统由两个投影机、部分半波屏、漫射屏和偏光条栅屏组成。两台投影机要求出射光的偏振态方向相互垂直；部分半波屏中黑色部分有条状半波片，白色部分没有条状半波片；漫射屏只在屏的垂直方向具有漫射特性；偏光条栅屏由两种偏振方向互相正交的条状偏光片相间排列构成。图 7.18 中已画出左右视差图像光经各光学元件后的光线路径。由此可见，入射左视差图像光经部分半波屏时，透过黑色

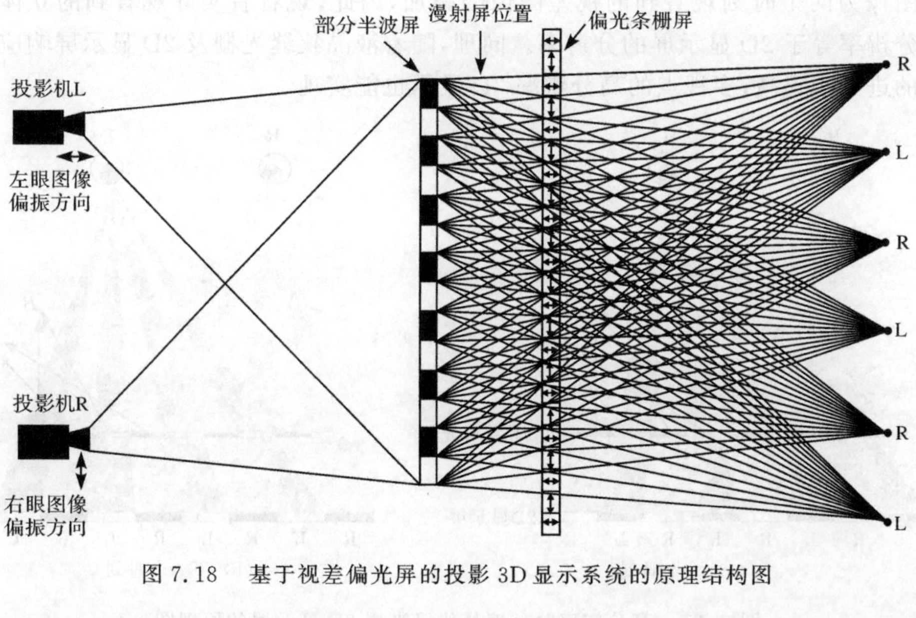

图 7.18　基于视差偏光屏的投影 3D 显示系统的原理结构图

半波片的光的偏振态变为与之垂直的另一偏振态，而透过白色无半波片的光的偏振态不变，这样，两种偏振态的光在经过相间排列的偏振态垂直的偏光条栅时，正好都通过并聚集在 L 处。同理，入射右视差图像光与左视差图像光类似，在通过偏光条栅后，聚集在 R 处。由于投影机所投影的视差图像中所有像素光线在传播过程中都没有被遮挡，从而实现了高分辨率 3D 显示。

基于视差偏光屏的投影 3D 显示系统的本质是狭缝光栅 3D 显示系统，其中，偏光条栅屏起狭缝光栅作用，偏光条栅屏的节距由狭缝光栅节距的计算公式求得。

7.5.2　高帧频技术

图 7.19 所示为两视点高分辨率时分液晶狭缝光栅 3D 显示器的原理图。如图 7.19(a)所示，在一个时刻，显示屏的奇列像素显示右视差图像，而偶列像素显示左视差图像，此时，液晶狭缝光栅的 *A* 部分透光，而 *B* 部分不透光，因此，透过液晶狭缝光栅右眼看到位于偶列的右视差图像，而左眼看到位于奇列的左视差图像。如图 7.19(b)所示，在下一时刻，显示屏的偶列像素显示右视差图像，而奇列像素显示左视差图像，此时，液晶狭缝光栅的 *B* 部分透光，而 *A* 部分不透光，因此，透过液晶狭缝光栅右眼看到位于奇列的右视差图像，而左眼看到位于偶列的左视差图像。在这样两个不同的时刻，观看者左右眼看到的视差图像分辨率分别只有显示屏分辨率的一半，然而，当液晶狭缝光栅的切换频率高于 120Hz 时，由于视觉暂留效应，观看者将不能察觉到这两个时刻的交替，从而每只眼睛所观看到的视差图像为两个时刻观看到的视差图像的叠加，因此，观看者实际观看到的立体图像分辨率等于 2D 显示屏的分辨率。同理，随着液晶狭缝光栅及 2D 显示屏响应速度的进一步提高，多视点的高分辨率 3D 显示也能实现。

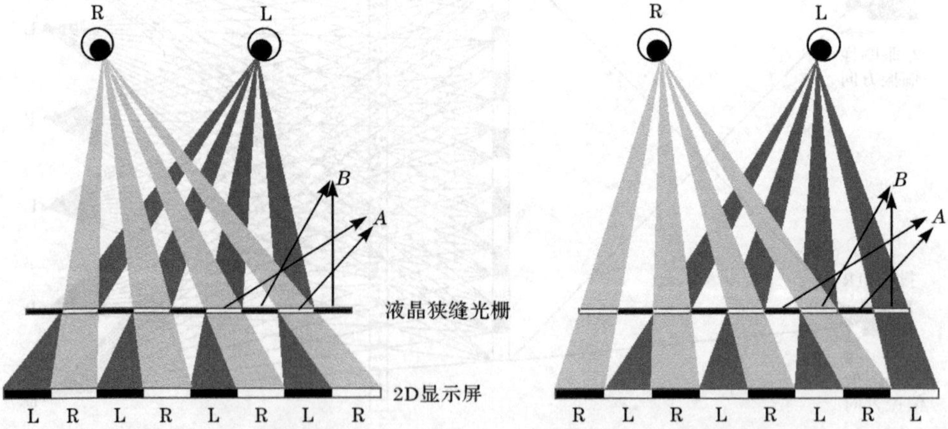

(a) 一个时刻　　(b) 下一个时刻

图 7.19　高分辨率时分液晶狭缝光栅 3D 显示器的原理图

采用条形电极驱动可实现液晶透镜。在此基础上，提出了多电极驱动结构，图 7.20 分别给出了常规条形电极结构和多条形电极结构示意图。图 7.21 中，下方的小正方形表示多电极在水平方向上的排布，当在不同时刻按一定序列在电极上施加电压时就可等效实现液晶透镜在水平方向上的移动，如图 7.21(a)～(d)所示。因此，可结合多电极驱动液晶透镜及快速响应的 2D 显示屏实现高分辨率 3D 显示。当液晶透镜在水平方向上移动时，2D 显示屏上显示出不同的合成图像，使观看者在透镜移动时观看到完整的单幅视差图像，从而实现高分辨率的柱透镜光栅 3D 显示。

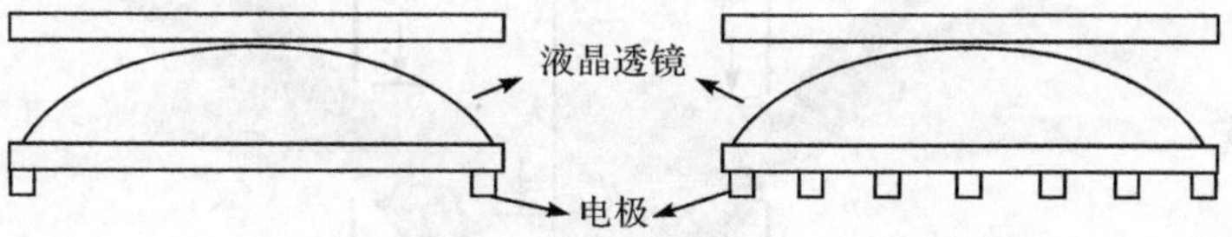

图 7.20　常规条形电极和多条形电极驱动液晶透镜结构示意图

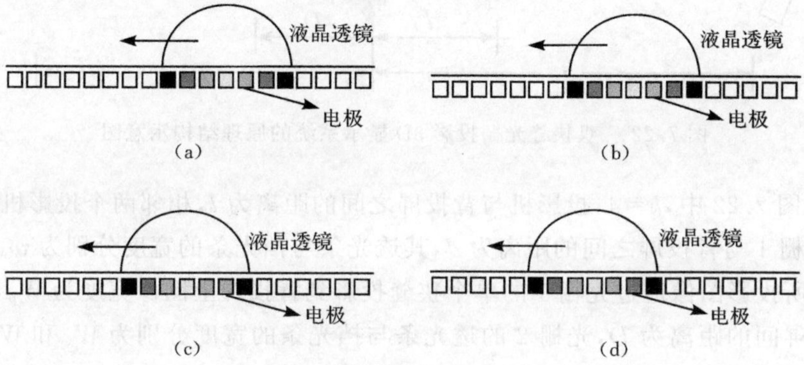

图 7.21　液晶透镜随多电极序列驱动水平移动示意图

7.5.3　双光栅技术

双光栅技术主要用于投影 3D 显示系统中。双光栅投影 3D 显示系统主要由投影机阵列、背投屏及两个光栅组成，其中，光栅可为狭缝光栅或柱透镜光栅。以狭缝光栅为例，图 7.22 所示为双光栅投影 3D 显示系统的原理结构示意图。该系统中光栅 1 的作用是将多个投影机所投影的图像按一定规律投影到背投屏上，背投屏上所显示的图像即为这几个投影机所投视差图像的合成图像，光栅 2 的作用与常规光栅 3D 显示器中的光栅相同，起到遮挡光线从而实现不同视差图像的光线分离作用。

双狭缝光栅投影 3D 显示系统中，各光学元件的参数需合理设计，设投影机个

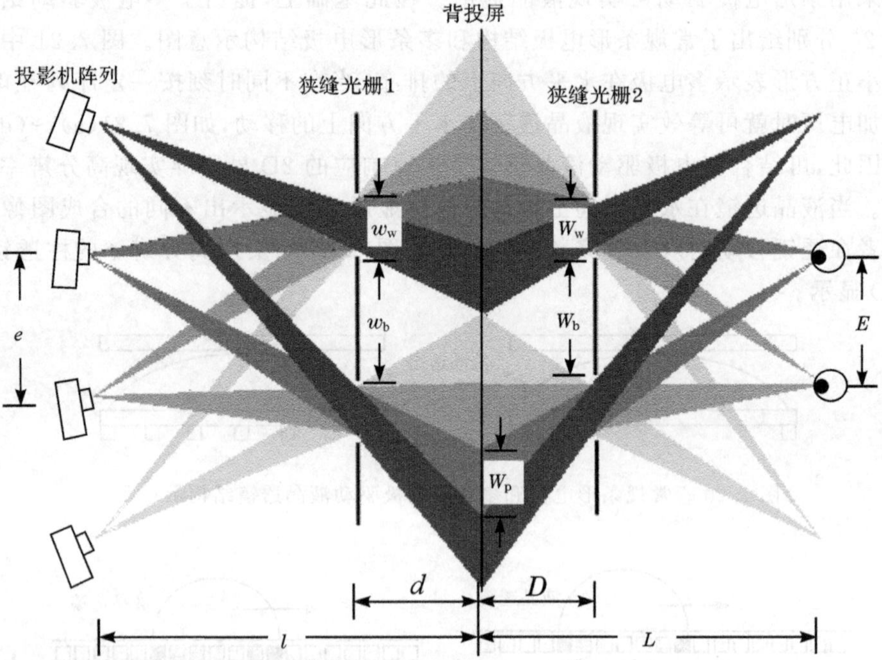

图 7.22　双狭缝光栅投影 3D 显示系统的原理结构示意图

数为 k，图 7.22 中，$k=4$，投影机与背投屏之间的距离为 l，相邻两个投影机间距离为 e，光栅 1 与背投屏之间的距离为 d，其透光条与挡光条的宽度分别为 w_w 和 w_b，投影机所投影图像透过光栅 1 的单个狭缝投影到背投屏上图像宽度为 W_p，光栅 2 与背投屏间的距离为 D，光栅 2 的透光条与挡光条的宽度分别为 W_w 和 W_b，最佳观看距离为 L，3D 显示时相邻视差图像的最佳观看视点间距离为 E。各参数满足如下关系：

$$w_w = \frac{eW_p}{e+W_p} \tag{7.36}$$

$$w_b = w_w(k-1) \tag{7.37}$$

$$d = \frac{W_p l}{e+W_p} \tag{7.38}$$

$$W_w = \frac{EW_p}{E+W_p} \tag{7.39}$$

$$W_b = W_w(k-1) \tag{7.40}$$

$$D = \frac{W_p L}{E+W_p} \tag{7.41}$$

该 3D 显示系统的 3D 分辨率主要取决于单个投影机的分辨率，其次还会受到光栅 1 的限制。为了充分发挥投影机的性能，在其有效投影面积内，光栅 1 应具备足够多的线数，若能保证投影机每个像素发出的光线都能透过一部分，则 3D 分辨率将与投影机分辨率相当。该 3D 显示系统由于采用了两个狭缝光栅，立体图像亮度相对于投影机亮度大大降低。若将系统中狭缝光栅 2 置换为柱透镜光栅，立体图像亮度将得到提升；若需进一步提高立体图像亮度，还可将狭缝光栅 1 和狭缝光栅 2 均置换为柱透镜光栅。

7.6　2D/3D 显示兼容的实现方法

光栅 3D 显示给观看者带来震撼的立体视觉体验，然而，并不是所有的片源需要 3D 显示才有更好的视觉效果，如文本、已有的普通 2D 片源，而且观看者长时间观看光栅 3D 显示的立体影像会产生视疲劳，于是期待 2D/3D 兼容的显示器，使得观看者可随心所欲地在 2D 显示与 3D 显示间切换。

采用光栅实现 2D/3D 兼容的关键是使光栅具有开关两种状态：当光栅处于开状态时，具有分光作用从而使显示器工作于 3D 模式；当光栅处于关状态时，则不具有分光作用从而使显示器工作于 2D 模式。由于液晶具有电控光学特性，可利用液晶技术来获得开关状态可控的狭缝光栅及柱透镜光栅，从而达到 2D/3D 显示兼容的目的。

7.6.1　狭缝光栅 2D/3D 显示兼容的实现方法

不能电控的狭缝光栅，如采用胶片印刷和玻璃光刻工艺制作的狭缝光栅是不能实现 2D/3D 显示兼容的。液晶狭缝光栅由于具有电控特性，满足 2D/3D 显示兼容的要求。由于扭曲向列液晶是较简单实现电控开关作用的液晶模式，下面以扭曲向列液晶狭缝光栅为例，介绍其工作原理。

如图 7.23 所示，液晶狭缝光栅按列间隔分为两组独立控制，以液晶的常白工作模式为例，即液晶在不加电压与加电压时分别呈现亮态与暗态。这样，当对液晶按列间隔不施加电压和施加电压就可实现狭缝光栅按列间隔分别为透光和不透光状态，此时，液晶狭缝光栅起到常规狭缝光栅的分光作用，它与 2D 显示屏配合就能实现 3D 显示。当不对液晶狭缝光栅施加电压时，狭缝光栅的所有列都为透光状态，此时，液晶狭缝光栅没有分光作用，它与 2D 显示屏配合就能实现 2D 显示。这种常白液晶工作模式适用于 2D 显示使用时间长于 3D 显示的情形，反之，若以 3D 显示为主，则适宜采用常黑液晶工作模式。

由于液晶狭缝光栅只需按列驱动且驱动电压相同，实现起来很容易，其面板结构设计与制作也很简单；而且 2D 显示与 3D 显示模式的切换对液晶开关状态的切换响应速度也没有严格的要求。

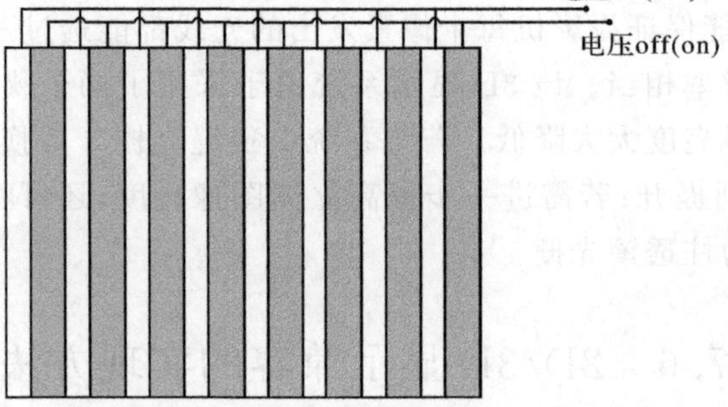

图 7.23　液晶狭缝光栅

液晶狭缝光栅可置于 2D 显示屏前方或后方来实现前置或后置狭缝光栅 2D/3D 显示。图 7.24 分别为前置液晶狭缝光栅 2D 显示和 3D 显示时的工作原理图。在 2D 显示模式下,液晶光栅只起类似透明平板的透光作用,而不起分光作用,2D 显示屏显示没有视差的 2D 图像。在 3D 模式下,液晶光栅起到分光作用,2D 显示屏显示合成图像,观看者就看到立体图像。

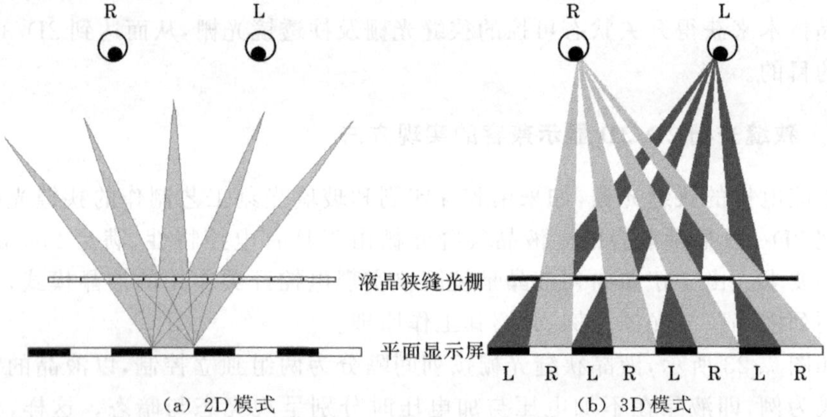

图 7.24　前置液晶狭缝光栅 2D/3D 显示工作原理图

通过控制液晶狭缝光栅透光部分和不透光部分的宽度,可实现两视点及多视点 3D 显示,分别如图 7.25(a)和(b)所示。

虽然图 7.23 所示的按列间隔施加电压的方式的结构较简单,但却只能实现竖直狭缝光栅功能却不能实现倾斜狭缝光栅功能。为此,可对液晶狭缝光栅板采用矩阵寻址驱动方式,把液晶狭缝光栅的上下基板上的电极做成条状图形,并使得行、列电极互相正交。按时间顺序逐一给各行电极施加选通电压,选到某一行时各列电极同时施加相应于该行的信号电压。矩阵寻址驱动方式具有很大的灵活性,可实现不同斜率的液晶狭缝光栅,此外,还可在局部实现光栅功能,从而使得同一显示器上的某些区域工作在3D模式而其他区域工作在2D模式。

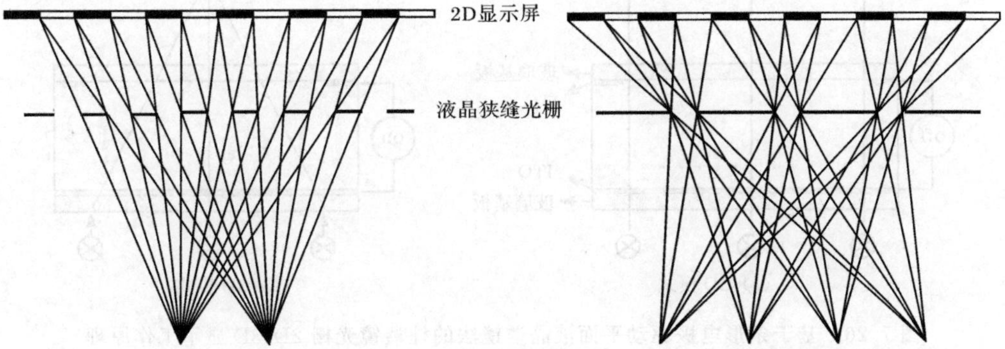

(a) 两视点 (b) 多视点

图7.25 两视点及多视点液晶狭缝光栅3D显示器的原理结构图

7.6.2 柱透镜光栅2D/3D显示兼容的实现方法

柱透镜光栅3D显示不存在狭缝光栅3D显示亮度损失严重的缺陷,因而更受到人们的喜爱。若能实现柱透镜光栅2D/3D显示兼容,则其应用范围将更加广泛。利用液晶透镜技术或液体透镜技术,则可实现柱透光栅2D/3D显示兼容。目前,液体透镜技术还处在初步发展阶段,要应用到该领域还需进一步的完善。至于利用液晶透镜技术来实现柱透镜光栅2D/3D显示兼容主要有三种,下面分别作简要介绍。

1. 条形电极驱动平面液晶透镜法

采用条形电极驱动使液晶形成液晶透镜的方法中,液晶被封装在两块平行玻璃基板之间,ITO条形电极按一定间距排布在上玻璃基板上,而下玻璃基板上的电极为公共电极。如图7.26所示为条形电极驱动液晶形成液晶透镜的结构示意图。若采用正性液晶,当不施加电压时,液晶分子长轴垂直于纸面方向,入射偏振光穿过液晶时不改变传播方向,从而实现2D显示模式;当施加电压时,在透镜边缘部分的电场强于透镜中间部分的电场,电场的不均匀分布使得液晶分子指向矢方向呈不均匀分布,进而液晶分子层的有效折射率相应发生改变,此时,入射偏振光穿过液晶时传播方向发生改变,从而实现3D显示模式。

2. 有源切换弧形液晶透镜法

如图7.27所示,在有源切换弧形液晶透镜法中,上下玻璃基板上的电极都采

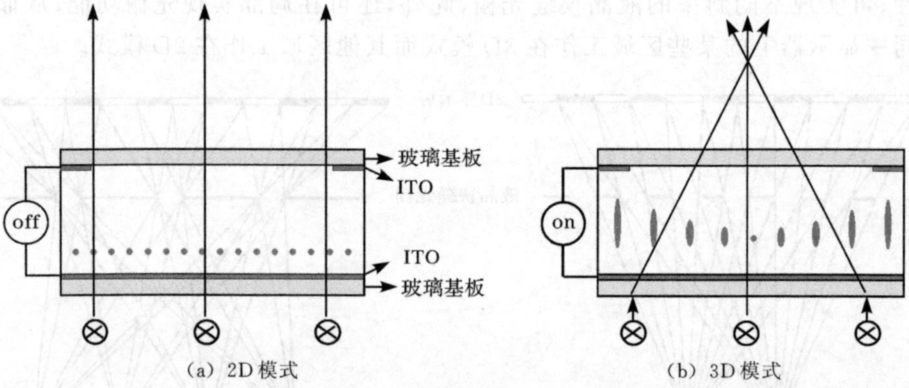

图 7.26　基于条形电极驱动平面液晶透镜法的柱透镜光栅 2D/3D 显示工作原理

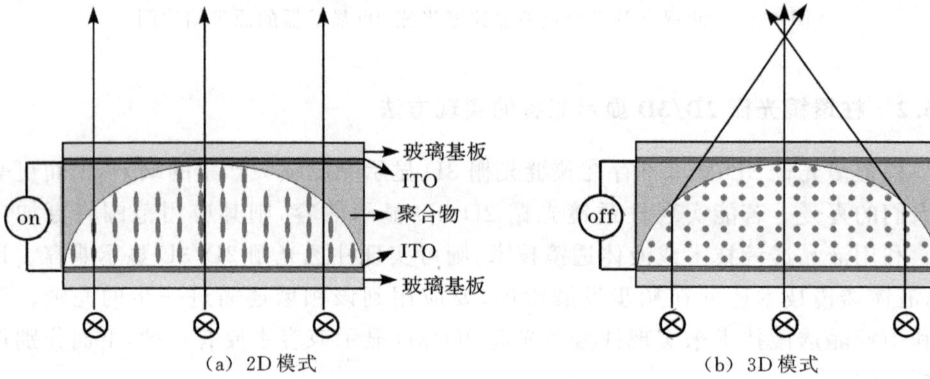

图 7.27　基于有源切换弧形液晶法的柱透镜光栅 2D/3D 显示工作原理

用公共电极，将液晶注入到柱透镜模型中，在该柱透镜模型的外侧填充各向同性的聚合物，这样，聚合物便构成了一个与液晶凸透镜相契合的凹形柱透镜，并且聚合物的折射率与液晶柱透镜的寻常光折射率相同。若采用正性液晶，当施加电压时，液晶分子长轴平行于电场方向，入射偏振光相对于液晶柱透镜为寻常光，此时，液晶柱透镜的折射率等于聚合物折射率，入射偏振光在两者交界面不发生折射，从而实现 2D 显示模式；当不施加电压时，液晶分子长轴垂直于纸面方向，入射偏振光相对于液晶柱透镜为非寻常光，此时，液晶柱透镜的折射率大于聚合物折射率，入射偏振光在两者交界面发生折射，从而实现 3D 显示模式。

3. 偏振态切换弧形液晶透镜法

如图 7.28 所示，偏振态切换弧形液晶透镜法与有源切换弧形液晶法有相似之处，都是将液晶分子注入到柱透镜模型中，在该柱透镜模型的外侧填充有各向同性的聚合物，这样，聚合物便构成了一个与液晶凸透镜相契合的凹形柱透镜，并且聚合物的折射率与液晶柱透镜的寻常光折射率相同。但不同的是，液晶柱透镜两侧的玻璃基板上未镀 ITO 电极，而是在柱透镜液晶盒的下面增加一个扭曲向列液晶盒。若液晶柱透镜采用正性液晶，当在扭曲向列液晶盒上施加电压时，入射偏振光从该液晶盒出射后的偏振方向不改变，仍垂直于纸面，接着入射至液晶柱透镜，此时，偏振光相对于液晶柱透镜为寻常光，则液晶柱透镜的折射率等于聚合物折射率，偏振光在两者交界面不发生折射，从而实现 2D 显示模式；当在扭曲向列液晶盒上不施加电压时，入射偏振光从该液晶盒出射后的偏振方向改变，变为平行于玻璃基板与纸面，接着入射至液晶柱透镜，此时，偏振光相对于液晶柱透镜为非寻常光，则液晶柱透镜的折射率大于聚合物折射率，偏振光在两者交界面发生折射，从而实现 3D 显示模式。

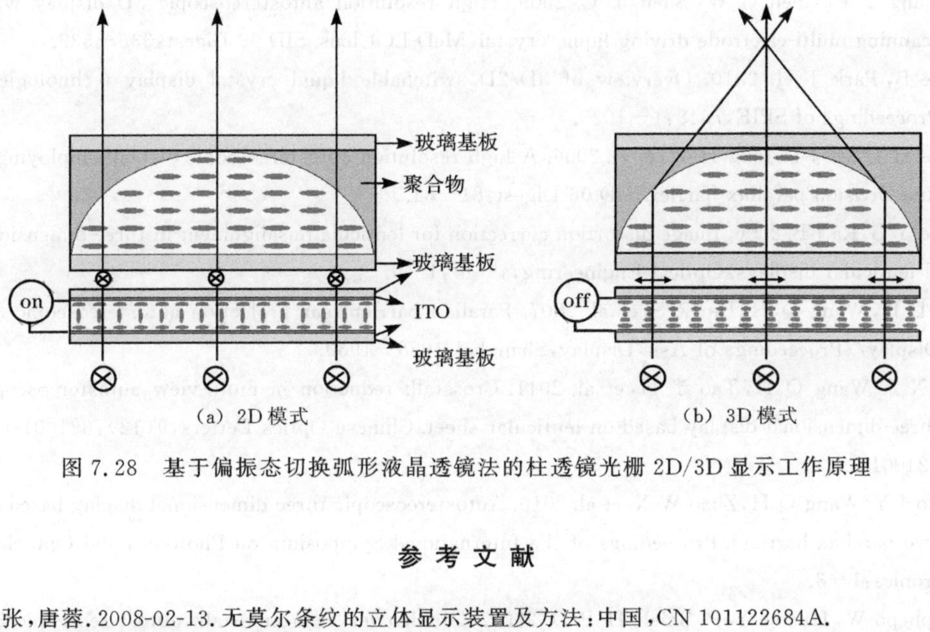

(a) 2D 模式　　(b) 3D 模式

图 7.28　基于偏振态切换弧形液晶透镜法的柱透镜光栅 2D/3D 显示工作原理

参考文献

戈张，唐蓉. 2008-02-13. 无莫尔条纹的立体显示装置及方法：中国，CN 101122684A.

黄涛，朱秋东，郝群，等. 2010. 立体显示系统的消畸变研究. 光学学报，30(2)：405－410.

汪洋，王元庆. 2009. 多用户自由立体显示技术. 液晶与显示，24(3)：434－437.

王琼华，陶宇虹，谷俊，等. 2009-11-04. 一种消除多视点立体图像垂直视差的技术：中国，ZL200910059556.7.

王琼华，陶宇虹，谷俊，等. 2010-01-06. 一种减小柱面光栅自由立体显示器图像串扰的方法：中国，ZL200910060063.5.

王琼华，陶宇虹，赵悟翔，等. 2009-11-04. 光栅式自由立体显示器中子像素纠错图像处理方法：中国，ZL200610021573.8.

赵悟翔，王琼华，李大海，等. 2009. 阶梯光栅多视点自由立体显示的子像素排列. 四川大学学报

(工程科学版),41(6):216—218.

朱燕林,陈瑞改,谢佳,等. 2009. 光栅式自由立体显示器中莫尔条纹的形成规律. 液晶与显示, 24(6):911—915.

Chang Y C, Ma C Y, Huang Y P. 2010. Crosstalk suppression by image processing in 3D display. SID 10 Digest:124—127.

Chou M D, Chang C C, Lien J T, et al. 2008. A novel autostereoscopic 2D/3D switchable display by switching barrier. IDW'08:1119—1122.

Deng H, Wang Q H, Li D H, et al. 2010. Virtual toed-in camera method to eliminate parallax distortions of stereoscopic images for stereoscopic displays. Journal of the Society for Information Display, 18(3):193—256.

Hong H K, Jung S M, Lee B J, et al. 2008. Autostereoscopic 2D/3D switching display using electric-field-driven LC lens. SID 08 Digest:348—351.

Huang Y P, Chen C W, Shen T C. 2009. High resolution autostereoscopic 3D display with scanning multi-electrode driving liquid crystal(MeD-LC) lens. SID 09 Digest:336—339.

Lee B, Park J H. 2010. Overview of 3D/2D switchable liquid crystal display technologies. Proceedings of SPIE, 7618:1—1025.

Lee H J, Lee J D, Jang H W, et al. 2006. A high resolution autostereoscopic display employing a time division parallax barrier. SID 06 Digest:81—84.

Lee Y G, Ra J B. 2006. Image distortion correction for lenticula misalignment in three-dimensional lenticular displays. Optical Engineering, 45(1):1—9.

Li D H, Wang Q H, Liu Z S, et al. 2007. Parallax barrier rear projection autostereoscopic 3D Display//Proceedings of Asia Display, Shanghai:1958—1960.

Li X F, Wang Q H, Tao Y H, et al. 2011. Crosstalk reduction in multi-view autostereoscopic three-dimensional display based on lenticular sheet. Chinese Optics Letters, 9(12):021001-1—021001-3.

Luo J Y, Wang Q H, Zhao W X, et al. 2010. Autostereoscopic three dimensional display based on two parallax barriers. Proceedings of the International Symposium on Photonics and Optoelectronics:1—3.

Mphepö W, Huang Y P, Shieh H P D. 2009. Zero barrier, zero crosstalk autostereoscopic 3D display system for cinema & home theater multi-user settings. SID 09 Digest:615—618.

Nishida M, Sakamoto K. 2006. Pseudoscopic-free high-resolution lenticular 3D display. Proceeding of SPIE, 6312:1—8.

Peng H R, Wang Q H, Li D H. 2010. Analysis of crosstalk using path integral. Proceedings of the International Symposium on Photonics and Optoelectronics:1—3.

Tao Y H, Wang Q H, Gu J, et al. 2009. An autostereoscopic three-dimensional projector based on two parallax barriers. Optics Letters, 34(20):3220—3222.

Uchida K, Sakamoto K. 2007. Pseudoscopic-free and multi-view 3D displays using invisible area generated by polarized slit barrier. Proceeding of SPIE, 6489:1—8.

Uehara S I, Hiroya T, Shigemura K, et al. 2009. Reduction and measurement of 3D moíre caused by lenticular sheet and backlight. SID 09 Digest: 432—435.

Wang A H, Wang Q H, Tao Y H, et al. 2010. Elimination of vertical parallax in multi-view parallax images. Chinese Optics Letters, 8(11): 1047—1049.

Woodgate G J, Harrold J. 2005. Key design issues for autostereoscopic 2D/3D displays. EuroDisplay 05: 1—4.

Yamamoto H, Kouno M, Hayasaki Y, et al. 2002. Elimination of pseudoscopic viewing area of stereoscopic full-color LED display using parallax barrier. IDW'02: 1249—1252.

第 8 章　视差图像获取之立体拍摄技术

助视/光栅 3D 显示主要是基于双目视差原理。双目视差体现在视差图像中，因此，视差图像的获取是实现这两种 3D 显示的前提。视差图像的获取途径主要有两种：一种是立体相机拍摄获得，一种是通过 2D 转 3D 技术获得。本章将着重介绍前者，后者将在下一章介绍。针对立体拍摄技术，本章将主要介绍立体相机结构、拍摄物空间与显示像空间的关系、立体图像失真及视差图像校正等。

8.1　立体相机结构

由第 2 章所讲述的立体视觉原理可知，人眼在观看自然界物体时，两眼分别从稍有差异的不同角度观看物体，在左右眼视网膜上形成稍有差异的像，这种有差异的像经过大脑分析融合从而产生深度感。实现 3D 显示的过程就是模拟人眼立体视觉的过程，而实现人工立体视觉的首要条件就是要给观看者左右眼提供如上所述的稍有差异的图像，即视差图像。立体拍摄的目的就是为了获得视差图像，用于助视/光栅 3D 显示。立体拍摄则是通过立体相机实现的。

8.1.1　立体相机和立体拍摄概念

立体相机是由两个或多个相同规格的相机组成的相机阵列，其中，各个相机的参数设置相同，且各个相机可实现同步拍摄；而立体拍摄就是采用立体相机对同一场景拍摄，从而获得两幅或多幅视差图像的拍摄技术。用于 3D 显示的场景既可以是来自现实世界，也可以是由计算机 3D 建模软件制作而成，常见 3D 建模软件主要有 3ds Max、Maya 及 Softimage 等。因此，立体相机可分为真实相机和虚拟相机，如图 8.1 所示。正如第 6 章所述，为了兼顾立体分辨率和观看自由度，立体相机中相机个数需根据 3D 显示器参数及实际应用情况合理选择。

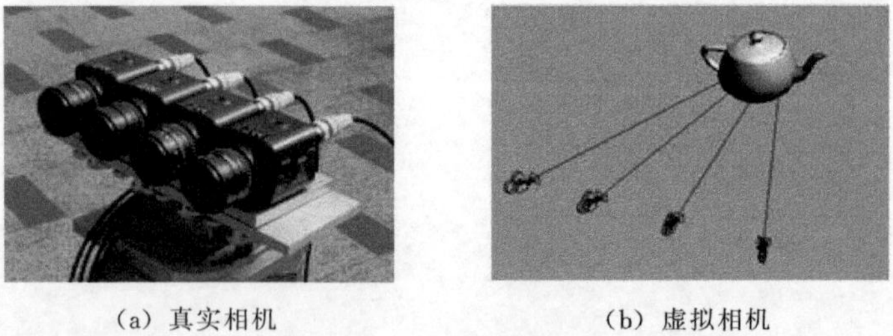

(a) 真实相机　　(b) 虚拟相机

图 8.1　立体相机的种类

8.1.2　立体相机摆放结构

立体相机需按一定结构摆放来拍摄场景以获得视差图像，其摆放结构主要有平行式、会聚式、离轴平行式及弧形式 4 种结构。以三个相机组成的立体相机为例，图 8.2 给出了这 4 种结构示意图。图中，虚线表示相机的光轴，粗实线表示相机的 CCD 面，CCD 上方的小圆黑点表示各相机的光心，CCD 的左右两端与光心的连线所构成的夹角为相机的水平视场角。

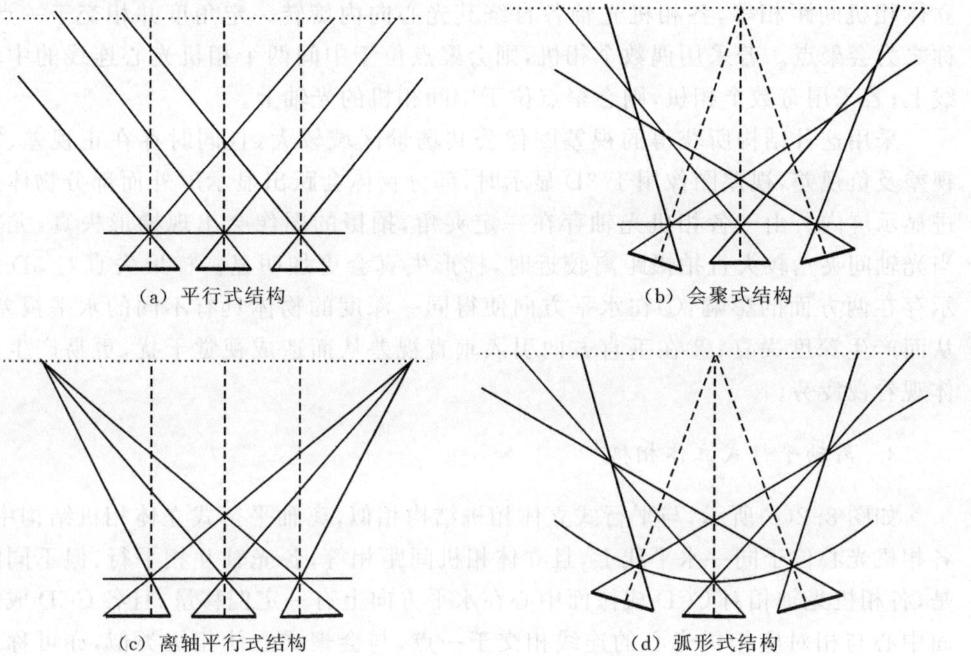

(a) 平行式结构　　(b) 会聚式结构

(c) 离轴平行式结构　　(d) 弧形式结构

图 8.2　立体相机摆放方式结构示意图

1. 平行式立体相机

如图 8.2(a)所示，平行式立体相机结构中，各相机光心位于同一水平线上，且立体相机间距，即立体相机中相邻的单个相机光心间的距离相等，各相机光轴互相平行，这种结构也可以通过单个相机在导轨上平行移动来等效实现，但这种移动方式只能用于拍摄静止的场景。

根据透视原理可知，各视差图像只有水平视差而没有垂直视差，这正是视差图像所追求的。然而，这种结构使得整个三维场景都为负视差，若不对视差图像作任何处理就直接用于 3D 显示，则只有凸出显示屏而没有凹进显示屏的效果，且视差往往过大而导致大脑不能将其融合为立体图像。为使场景中一部分物体凸出显示屏且视差大小合适，则需要将视差图像进行平移剪切处理，使得部分物体的视差由负视差变为正视差。此外，未处理的相邻两幅视差图像间的公共场景区域较小，在立体图像左、右两边会产生非立体区，图像平移剪切处理过程减小了非立体区，但同时也造成图像一部分信息的丢失。

2. 会聚式立体相机

如图 8.2(b)所示，会聚式立体相机结构中，各相机光心位于同一水平线上，且立体相机间距相等，各相机光轴各自绕其光心向内旋转一定角度并相交于一点，称之为会聚点。若采用偶数个相机，则会聚点位于中间两个相机光心连线的中垂线上；若采用奇数个相机，则会聚点位于中间相机的光轴上。

采用这种结构所获得的视差图像公共场景区域较大，且同时存在正视差、零视差及负视差，视差图像用于 3D 显示时，部分物体会跃出显示屏外而部分物体凹进显示屏内。由于各相机光轴存在一定夹角，拍摄的图像会出现梯形失真，尤其当光轴间夹角较大且拍摄距离较近时，梯形失真会更加明显。梯形失真对 3D 显示存在两方面的影响：①在水平方向使得同一深度的物体具有不同的水平视差，从而产生深度失真；②在垂直方向引入垂直视差从而造成视觉干扰，更易产生立体观看视疲劳。

3. 离轴平行式立体相机

如图 8.2(c)所示，与平行式立体相机结构相似，离轴平行式立体相机结构中，各相机光心位于同一水平线上，且立体相机间距相等，各光轴互相平行；但不同的是，各相机光轴相对 CCD 成像面中心在水平方向上有一定偏移量，且各 CCD 成像面中心与相对应相机光心的连线相交于一点，与会聚式立体相机类似，亦可称之为会聚点。

这种结构结合了平行式结构和会聚式结构的优点，公共场景区域大，没有梯形失真，视差图像用于 3D 显示时，会聚点所在的深度平面上各物体成像于显示屏上，该深度平面前方的物体成像于显示屏前方，相应的该深度平面后方的物体成像于显示屏后方。然而，这种结构对相机本身内部结构提出了特殊要求，且价格昂贵，操作复杂，并不是适用于所有相机。

4. 弧形式立体相机

如图 8.2(d)所示，弧形式立体相机结构与前三种结构有所不同，各相机光心不是位于同一水平线上，而是位于一圆弧形上，相邻相机的光轴夹角相等且各相机光轴相交于该圆弧的圆心。

各相机视场相交构成一个圆形区域，位于该圆形区域内的物体可被所有相机拍摄到。当所采用的相机个数较多时，弧形式结构将是一个很好的选择。与会聚式结构相似，由于各相机光轴存在一定夹角，弧形式结构拍摄的图像也会出现梯形失真。当只采用两个相机时，弧形式立体相机结构与会聚式立体相机结构相同。

8.2　拍摄物空间与显示像空间的关系

3D 拍摄所获得的视差图像最终用于 3D 显示，因此，3D 拍摄系统与 3D 显示系统共同构成了一个立体视觉系统。3D 拍摄与拍摄物空间相联系，而 3D 显示则与显示像空间相联系，因此，通过两者间的联系可建立实际物体空间中任一物点与该物点在 3D 显示时对应像点的位置映射关系。

8.2.1　拍摄物空间与显示像空间的坐标系变换

根据光学成像原理和计算机视觉双目视差原理，从拍摄物空间到 3D 显示像空间的映射关系包含了四步坐标系转换，整个系统的坐标转换如图 8.3 所示。

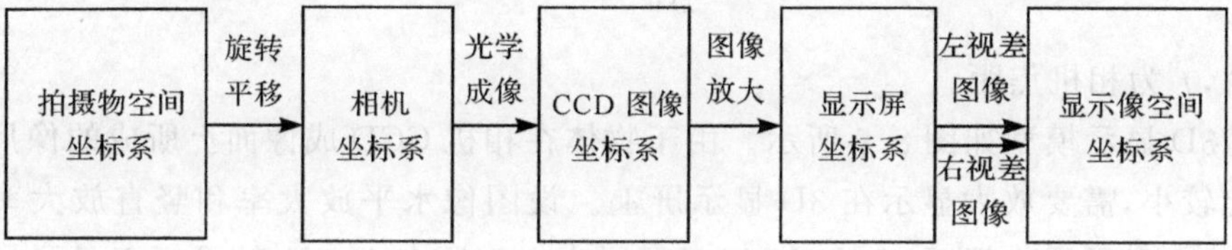

图 8.3　立体视觉系统数学模型坐标转换框图

不失一般性，以两视点 3D 显示建立数学模型来讲述各空间坐标系及坐标系间的转换过程。拍摄模型如图 8.4 所示。由于立体相机可安放在自然环境中的任意位置，在环境中选择一个基准坐标系 $X_O Y_O Z_O$ 来描述各相机的位置，并用它描述环境中所有物体的位置，该坐标系称为拍摄物空间坐标系，或称为世界坐标系。(x_O, y_O, z_O) 表示拍摄物空间坐标系中任意物点的坐标，为了计算方便，常常根据所选择的相机摆放结构来合理选取拍摄物空间坐标系。

相机坐标系以相机光心为原点 O_C，X_C 轴和 Y_C 轴分别与相机 CCD 成像面的行和列方向平行，Z_C 轴平行于相机光轴方向。(x_C, y_C, z_C) 表示相机坐标系中任意物点的坐标。

CCD 图像坐标系以 CCD 图像中心为原点，X_D 轴与 Y_D 轴分别与图像的行与列方向平行。从相机坐标系向 CCD 图像坐标系转换的过程就是光学成像的过程。(x_D, y_D) 表示 CCD 成像面上所成像点的坐标，其表达式为

$$x_D = \frac{f x_C}{z_C} \tag{8.1}$$

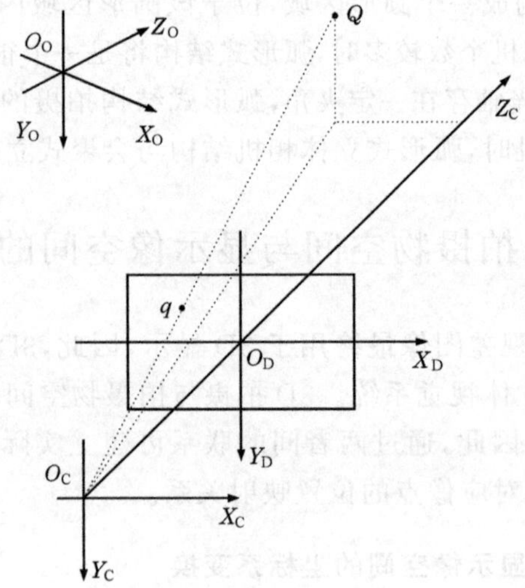

图 8.4　拍摄模型示意图

$$y_D = \frac{f y_C}{z_C} \tag{8.2}$$

式中，f 为相机焦距。

3D 显示模型如图 8.5 所示。由于物体在相机 CCD 成像面上所成的像尺寸往往比较小，需要放大显示在 3D 显示屏上。设图像水平放大率和竖直放大率均为 k。建立显示屏坐标系 $X_S O_S Y_S$，以显示屏中心为原点 O_S，X_S 轴平行于显示屏水平方向，Y_S 轴平行于显示屏竖直方向(显示屏平面垂直于水平面)。

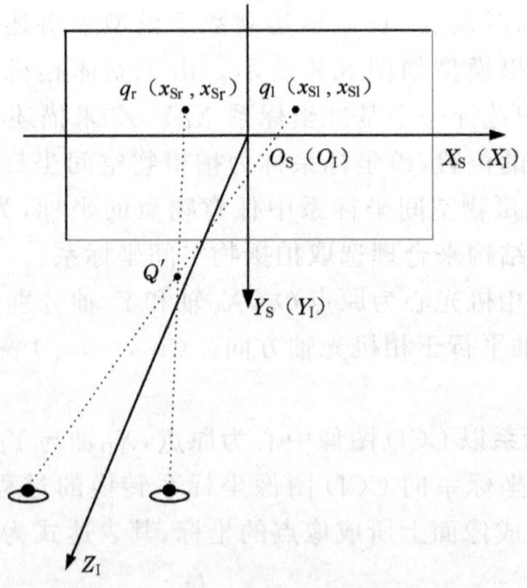

图 8.5　3D 显示模型示意图

3D 显示时，建立显示像空间坐标系 $X_I Y_I Z_I$，同样以显示屏中心为原点 O_I，X_I 轴和 Y_I 轴分别与 X_S 轴和 Y_S 轴重合，Z_I 轴垂直于显示屏平面。

假设一空间物点 Q 经立体相机拍摄并显示在 3D 显示屏上时，其在左右相机 CCD 成像面上像点坐标分别为(x_{Sl}, y_{Sl})和(x_{Sr}, y_{Sr})。由 3D 显示原理可知，垂直视差是不期望存在的，即理想的左右视差图像中，同一物点对应的左右像点坐标的纵轴坐标应相等，即 $y_{Sr}=y_{Sl}$。若观看者的左右眼分别位于$(x_{Ie}-E/2, y_{Ie}, L)$和$(x_{Ie}+E/2, y_{Ie}, L)$，E 为人眼瞳孔间距。根据双目视差原理，再现物点坐标为(x_I, y_I, z_I)，而 x_I, y_I, z_I 分别满足如下关系：

$$\frac{x_I - x_{Sl}}{\left(x_{Ie}-\frac{E}{2}\right)-x_{Sl}} = \frac{x_I - x_{Sr}}{\left(x_{Ie}+\frac{E}{2}\right)-x_{Sr}} = \frac{z_I}{L} \tag{8.3}$$

$$\frac{y_I - y_{Sl}}{y_{Ie} - y_{Sl}} = \frac{y_I - y_{Sr}}{y_{Ie} - y_{Sr}} = \frac{z_I}{L} \tag{8.4}$$

$$z_I = \frac{(x_{Sr}-x_{Sl})L}{(x_{Sr}-x_{Sl})-E} \tag{8.5}$$

若

$$y_S = y_{Sl} = y_{Sr} \tag{8.6}$$

则可推导出

$$x_I = \frac{E(x_{Sr}+x_{Sl})-2x_{Ie}(x_{Sr}-x_{Sl})}{2[E-(x_{Sr}-x_{Sl})]} \tag{8.7}$$

$$y_I = \frac{y_{Ie}(x_{Sr}-x_{Sl})-Ey_S}{(x_{Sr}-x_{Sl})-E} \tag{8.8}$$

$$z_I = \frac{(x_{Sr}-x_{Sl})L}{(x_{Sr}-x_{Sl})-E} \tag{8.9}$$

8.2.2 各种相机结构的拍摄物空间与显示像空间的关系

下面分别给出采用平行式、会聚式及离轴平行式三种立体相机结构时的拍摄物空间与显示像空间的关系。

1. 平行式立体相机

图 8.6 所示为两个相机组成的平行式立体相机结构示意图。采用右手螺旋法则建立拍摄物空间坐标系，其中，原点 O_O 位于左右相机光心连线的中点，X_O 轴平行于光心连线方向，Z_O 轴平行于相机光轴方向。立体相机间距用 B 表示。

根据 8.2.1 节所述的立体成像几何关系公式及双目视觉原理，可得到空间任意物点 Q 在 3D 显示时的对应像点 Q' 的坐标为

$$x_I = \frac{kEfx_O + kfBx_{Ie}}{Ez_O + kfB} \tag{8.10}$$

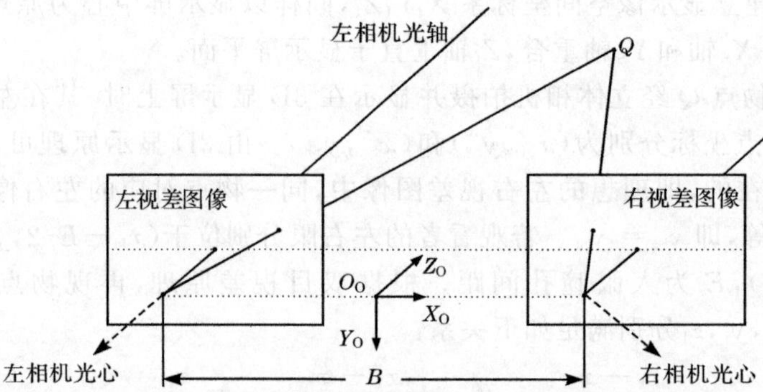

图 8.6　平行式立体相机结构示意图

$$y_I = \frac{kEfy_O + kfBy_{Ie}}{Ez_O + kfB} \tag{8.11}$$

$$z_I = \frac{kfBL}{Ez_O + kfB} \tag{8.12}$$

2. 会聚式立体相机

图 8.7 所示为两个相机组成的会聚式立体相机结构示意图。采用右手螺旋法则建立拍摄物空间坐标系,其中,原点 O_O 位于左右相机光心连线的中点,X_O 轴平行于光心连线方向,Z_O 轴平行于原点 O_O 与光轴会聚点 C 的连线方向。立体相机间距用 B 表示,会聚角度为 2θ。

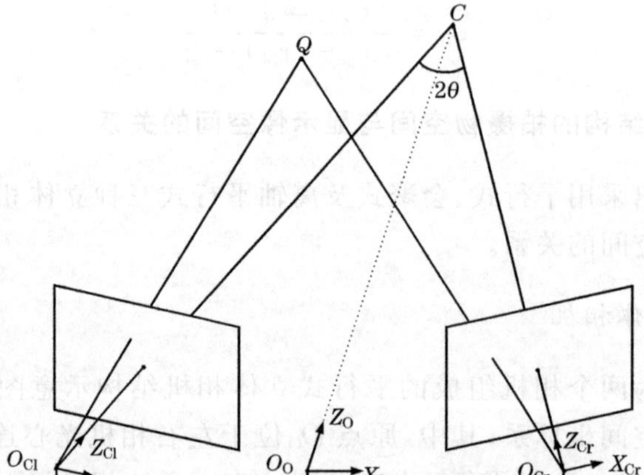

图 8.7　会聚式立体相机结构示意图

对于会聚式立体相机，空间物点 Q 在左右 CCD 图像中的纵向坐标并不一定相同，即存在垂直视差。当垂直视差过大时，观看者将会感到视觉疲劳，甚至不能将左右视差图像融合为立体图像，因此，需对会聚式立体相机所获得的视差图像消除垂直视差或将垂直视差控制在很小范围内。在计算再现物体空间中立体像点坐标时，左右像点纵向坐标取两者平均值，即

$$y_{\mathrm{S}} = \frac{y_{\mathrm{Sl}} + y_{\mathrm{Sr}}}{2} \tag{8.13}$$

任意物点 Q 在 3D 显示时的对应像点 Q' 的坐标由式(8.7)～式(8.9)得到，其中，

$$x_{\mathrm{Sr}} = \frac{kf\left[\left(x_{\mathrm{O}} - \dfrac{B}{2}\right)\cos\theta + z_{\mathrm{O}}\sin\theta\right]}{z_{\mathrm{O}}\cos\theta - \left(x_{\mathrm{O}} - \dfrac{B}{2}\right)\sin\theta} \tag{8.14}$$

$$x_{\mathrm{Sl}} = \frac{kf\left[\left(x_{\mathrm{O}} + \dfrac{B}{2}\right)\cos\theta - z_{\mathrm{O}}\sin\theta\right]}{z_{\mathrm{O}}\cos\theta + \left(x_{\mathrm{O}} + \dfrac{B}{2}\right)\sin\theta} \tag{8.15}$$

3. 离轴平行式立体相机

图 8.8 所示为两个相机组成的离轴平行式立体相机结构示意图。采用右手螺旋法则建立拍摄物空间坐标系，其中，原点 O_{O} 位于左右相机光心连线的中点，X_{O} 轴平行于光心连线方向，Z_{O} 轴平行于相机光轴方向。立体相机间距用 B 表示，各 CCD 成像面中心与相对应相机光心的连线相交会聚点 C，左右相机光轴相对 CCD 成像面中心在水平方向上的偏移量为 δ。

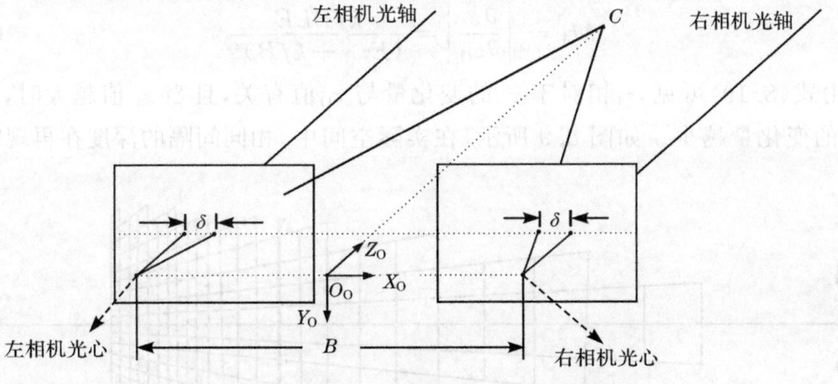

图 8.8　离轴平行式立体相机结构示意图

根据 8.2.1 节所述的立体成像几何关系公式及双目视差原理，可得到空间任意物点 Q 在 3D 显示时的对应像点 Q' 的坐标为

$$x_{\mathrm{I}} = \frac{kEfx_{\mathrm{O}} + kx_{\mathrm{Ie}}(fB + 2\delta z_{\mathrm{O}})}{Ez_{\mathrm{O}} + k(fB - 2\delta z_{\mathrm{O}})} \tag{8.16}$$

$$y_{\mathrm{I}} = \frac{kEfy_{\mathrm{O}} + ky_{\mathrm{Ie}}(fB - 2\delta z_{\mathrm{O}})}{Ez_{\mathrm{O}} + k(fB - 2\delta z_{\mathrm{O}})} \tag{8.17}$$

$$z_{\mathrm{I}} = \frac{kL(fB - 2\delta z_{\mathrm{O}})}{Ez_{\mathrm{O}} + k(fB - 2\delta z_{\mathrm{O}})} \tag{8.18}$$

比较式(8.10)～式(8.12)和式(8.16)～式(8.18)可知，当式(8.16)～式(8.18)中，$\delta=0$时，即为平行式立体相机结构的拍摄物空间和显示像空间的坐标映射关系。

8.3 立体图像失真

3D显示相对于2D显示增加了深度信息，给观看者带来更加震撼的视觉体验。然而，3D显示时再现物体场景并不同于真实世界中的物体，这是因为立体图像具有各种畸变，如深度非线性化、剪切失真、木偶剧效应、纸板效应、梯形失真及颜色失真等，下面对它们一一加以介绍，随后的两节将阐述立体图像失真的校正方法。

8.3.1 深度非线性化

以平行式立体相机结构为例，由式(8.12)可见，再现物体深度z_{I}与实际物体深度z_{O}并不是线性关系，将这种再现物体相对于实际物体在深度方向上的放大率定义为深度放大率，即

$$M_{\mathrm{d}} = \left|\frac{\partial z_{\mathrm{I}}}{\partial z_{\mathrm{O}}}\right| = \frac{kfBLE}{(Ez_{\mathrm{O}} + kfB)^2} \tag{8.19}$$

由式(8.19)可见，z_{I}相对于z_{O}的变化量与z_{O}值有关，且当z_{O}值越大时，z_{I}相对于z_{O}的变化量越小。如图8.9所示，在实际空间中，相同间隔的深度在再现时并不

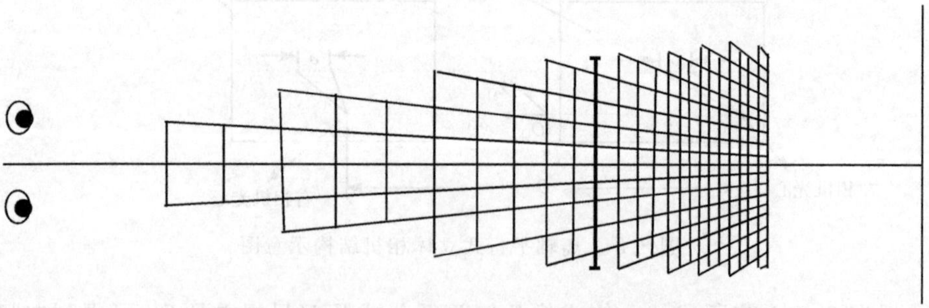

图 8.9　深度非线性化示意图

相同，且近处的再现深度间隔比远处的再现深度间隔大。可以理解为：位于不同深度的两个相同的正方体，在立体再现时，远处的正方体相对于近处的正方体看起来要显得扁一些。当 3D 显示时，物体在深度方向上匀速运动时，这种深度非线性化失真将使得物体看起来并不是匀速运动的。

8.3.2　剪切失真

以平行式立体相机结构为例，由式(8.10)、式(8.11)可知，物体再现位置(x_I，y_I)与观看者的两眼中心坐标(x_{Ie}，y_{Ie})密切相关。当观看者在水平或竖直方向上平移时，物体再现位置也会随之改变，这种由观看者移动导致的立体图像失真称为剪切失真。以水平方向的剪切失真为例，如图 8.10 所示，当观看者水平移动时，在显示屏外面的图像会往观看者移动的方向产生剪切效应，而在显示屏后方的图像则会往相反方向产生剪切效应。剪切失真将导致相对物体距离感的错误感知，当观看者位于显示屏左方观看时，左边的图像会比右边的图像显得更接近观看者；剪切失真同时还将导致物体随着观看者在观看距离上水平移动而移动的错觉。

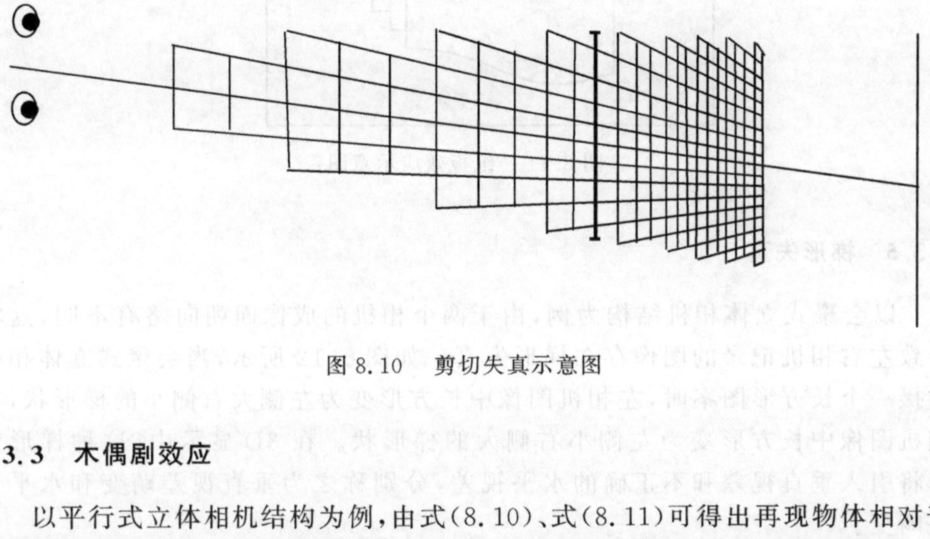

图 8.10　剪切失真示意图

8.3.3　木偶剧效应

以平行式立体相机结构为例，由式(8.10)、式(8.11)可得出再现物体相对于实际物体在垂直于深度方向的平面上的放大率，将其定义为尺寸放大率，即

$$M_s=\frac{\partial x_I}{\partial x_O}=\frac{\partial y_I}{\partial y_O}=\frac{kfE}{Ez_O+kfB} \tag{8.20}$$

由式(8.20)可见，不同深度的物体在再现时具有不同的尺寸放大率。因此，前景物体的尺寸放大率与后景物体的尺寸放大率不同，这将导致 3D 显示时前景物体相对于后景物体要显得不寻常的大些，就像木偶戏剧表演中为了突出木偶的活动使得木偶相对于背景总是显得较大，从而将这种立体图像失真称为木偶剧

效应。

8.3.4　纸板效应

以平行式立体相机结构为例，由式(8.19)、式(8.20)可知，3D显示时，物体的深度放大率与尺寸放大率是不同的，将深度放大率与尺寸放大率的比值定义为放大因子，即

$$M=\frac{M_d}{M_s}=\frac{BL}{Ez_O+kfB} \tag{8.21}$$

当放大因子较小时，将会产生纸板效应。如图8.11所示，纸板效应将导致3D显示时物体看上去似乎在几个离散的深度平面上。由式(8.21)可知，纸板效应与拍摄参数有关，如相机焦距、立体相机间距和物体与立体相机间的距离。

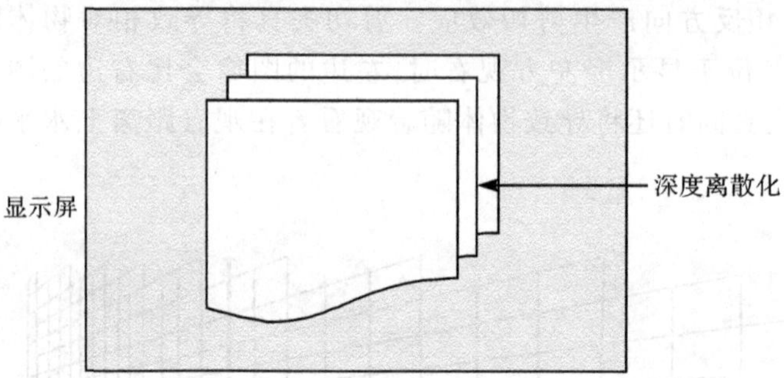

图8.11　纸板效应示意图

8.3.5　梯形失真

以会聚式立体相机结构为例，由于两个相机的成像面朝向略有不同，这将导致左右相机记录的图像存在梯形失真。如图8.12所示，当会聚式立体相机拍摄一个长方形图案时，左相机图像中长方形变为左侧大右侧小的梯形状，右相机图像中长方形变为左侧小右侧大的梯形状。在3D显示中，这种梯形失真将引入垂直视差和不正确的水平视差，分别称之为垂直视差畸变和水平视差畸变。

3D显示时，具有相同水平视差的物体位于同一再现深度上。然而，由于梯形失真的存在，原本位于同一深度的物体具有不同的水平视差，从而在再现时并不位于同一深度平面上。梯形失真导致如图8.13所示的深度平面弯曲效应，使得位于图像边缘处的物体相对位于图像中央的物体更远离观看者，造成观看者错误地感知物体间的相对距离。

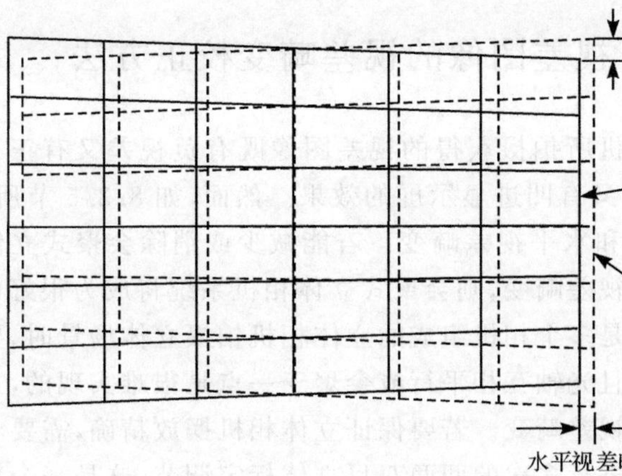

图 8.12　梯形失真示意图

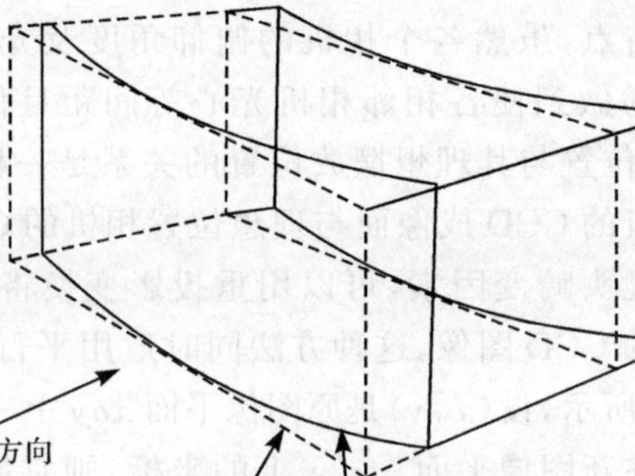

图 8.13　深度平面弯曲示意图

8.3.6　颜色失真

3D 显示中，多幅视差图像是由多个相机组成的立体相机拍摄同一场景获得的。即使立体相机中各个相机来自于同一型号，各相机之间也必然存在差异，如 CCD 滤色片、相机镜头光圈设置等都不可能完全一致，这些差异将对拍摄得到的视差图像的颜色产生影响。另外，由于相机在拍摄时摆放于不同的位置，拍摄环境也将对每个镜头产生不同的影响。即使对各相机进行黑白平衡调节，其校准功能只是限于几个典型的色温等级，而实际拍摄环境的色温千差万别，即使能够手动校准白平衡也存在一定的误差。受所有上述因素的影响，相机阵列中每个相机拍摄得到的视差图像将会存在颜色差异。

8.4 视差图像的视差畸变校正方法

采用会聚式立体相机所拍摄获得的视差图像既有负视差又有正视差，在 3D 显示时既有凸出显示屏又有凹进显示屏的效果。然而，如 8.3.5 节所述，梯形失真将引入垂直视差畸变和水平视差畸变。若能减少或消除会聚式立体相机视差图像中梯形失真引入的视差畸变，则会聚式立体相机系统将成为很好的选择。此外，在立体拍摄时，尤其是多个相机组成的立体相机拍摄立体场景时，要做到使各个相机的俯仰角度相同且光轴互相平行或会聚于一点是很难实现的，这种立体相机的摆放误差也将引入视差畸变。若要保证立体相机摆放精确，需要将相机阵列放置在精密的拍摄架上进行多次的两两双目立体标定调节，这是一个繁琐而又复杂的工作。目前，已提出多种方法来校正视差图像的视差畸变，这里介绍一种基于重投影变换的校正方法。

考虑立体拍摄的特点，虽然各个相机的俯仰角度及光轴方向很难达到要求，但立体相机摆放时较易做到使各相邻相机光心等间距且位于一条直线上。在这种情况下，各个相机的位置与其理想摆放位置的关系是一种光心不动而光轴旋转的关系。实际位置相机的 CCD 成像面与理想位置相机的 CCD 成像面存在重投影变换关系。若不考虑镜头畸变因素，可以用重投影变换将实际 CCD 图像变换为相机摆放在理想位置的 CCD 图像，这种方法同时适用平行式和会聚式立体相机。重投影变换如图 8.14 所示，设(x,y)是原图像平面 xoy 上一点的坐标，(x',y')是该点经过重投影变换后在新图像平面 $x'o'y'$上的坐标，则它们之间有式(8.22)表示

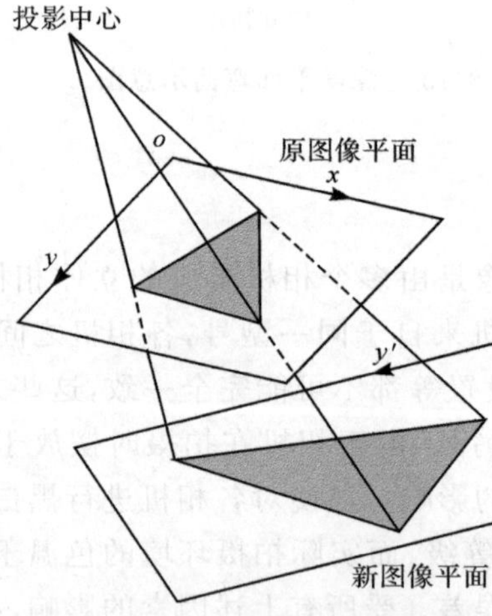

图 8.14 重投影变换原理示意图

的关系，其中，$a_1,a_2,a_3,a_4,a_5,a_6,a_7,a_8$ 均为常数。

$$\begin{bmatrix} x' \\ y' \end{bmatrix} = \frac{\begin{bmatrix} a_1 & a_2 \\ a_3 & a_4 \end{bmatrix}\begin{bmatrix} x \\ y \end{bmatrix} + \begin{bmatrix} a_5 \\ a_6 \end{bmatrix}}{1 + [a_7\ a_8]\begin{bmatrix} x \\ y \end{bmatrix}} \tag{8.22}$$

基于重投影变换可以简易而又高效地完成立体相机拍摄得到的视差图像的视差畸变校正。视差图像的视差畸变校正实验系统如图 8.15 所示，其校正原理及过程主要包括以下四步：

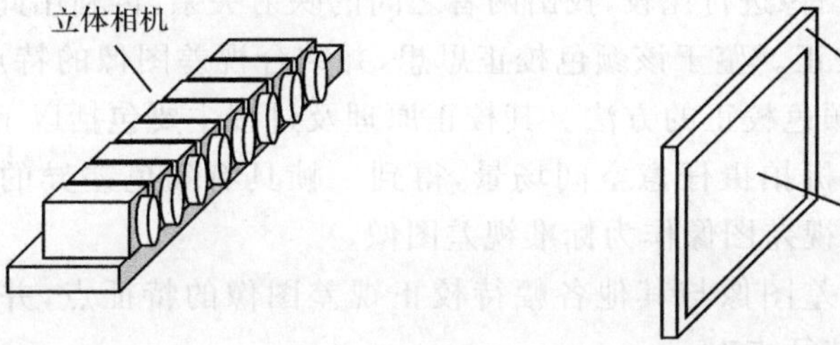

图 8.15　视差图像的视差畸变校正实验系统

第一步，将立体相机摆放于拍摄架上，调整相机，使各相机光轴大致平行或会聚，保证各个相机的光心位于同一直线上且相邻相机光心间距相等。

第二步，在拍摄场景内垂直摆放一块贴有矩形图案的平板，调整该平板的方位使之平行于各相机光心连线。可将平板所在平面设置为零视差面，因此，需根据实际显示的需要调节该平板与立体相机间的距离。

第三步，立体相机中所有相机同时拍摄一帧视差图像，平板上的矩形图案在这一帧视差图像中成像为不规则四边形，引入了水平视差畸变及垂直视差畸变。选取中间相机为参考相机，将其 CCD 图像作为参考视差图像来校正其他视差图像。参考视差图像及待校正视差图像中不规则四边形的四个顶点分别记录为 $(x'_1,y'_1),(x'_2,y'_2),(x'_3,y'_3),(x'_4,y'_4)$ 和 $(x_1,y_1),(x_2,y_2),(x_3,y_3),(x_4,y_4)$。将坐标值代入式(8.22)，可以计算出待校正视差图像相对于参考视差图像的变换系数 $a_1,a_2,a_3,a_4,a_5,a_6,a_7,a_8$。

第四步，移除贴有矩形图案的平板，采用立体相机对空间场景进行拍摄，对拍摄得到的每一帧视差图像利用第三步中得到的重投影变换关系进行图像处理，即可得到无视差畸变的视差图像。

8.5 视差图像的颜色校正方法

若视差图像间的颜色差异较大,则多幅视差图像生成一幅合成图像并用于3D显示时,立体图像质量将大大下降,更易引起观看者的视觉疲劳。因此,为了充分发挥3D显示器的性能,在生成合成图像前需对视差图像预先进行颜色校正。

目前的颜色校正技术研究主要集中在对不同输入输出设备所获取的图像进行标准化,所采用的方法通常是:利用一幅已知的标准图像,用特定的输入(输出)设备,对输入(输出)前后的图像进行比较,找出两者之间的映射关系,再利用此映射关系对其他图像进行颜色校正。鉴于该颜色校正思想,并结合视差图像的特点,可得到一种适用于视差图像颜色校正的方法。其校正原理及过程主要包括以下三步:

第一步,采用立体相机拍摄任意空间场景,得到一帧具有颜色差异的视差图像序列,并挑选其中一幅视差图像作为标准视差图像。

第二步,寻找标准视差图像与其他各幅待校正视差图像的特征点,并通过匹配算法得到准确的匹配特征点对。

第三步,利用标准视差图像和其他各幅待校正视差图像中匹配特征点对的颜色信息来构造映射关系,并利用该映射关系校正标准视差图像以外的各幅视差图像,使之与标准视差图像颜色基本一致。

其中,构造映射关系是颜色校正技术中最关键的一步,它的实质就是寻找两组数据之间的内在联系。找出两组对应数据之间的关系,通常采用的方法是回归分析。通过比较使用各种颜色空间的效果,得出使用YUV颜色空间模型时颜色校正效果最佳。因此,可在校正前先将数字图像进行从RGB空间到YUV空间的转换,变换公式如下:

$$y = 0.299 \times r + 0.587 \times g - 0.114 \times b \tag{8.23}$$

$$u = (-0.169) \times r + (-0.332) \times g + 0.500 \times b + 128 \tag{8.24}$$

$$v = 0.500 \times r + (-0.419) \times g + (-0.0813) \times b + 128 \tag{8.25}$$

然后,利用两幅视差图像中匹配特征点对的YUV颜色信息,应用回归分析来寻找两幅视差图像之间的映射关系。假设(y_a, u_a, v_a)是待校正视差图像中一个匹配特征点的yuv分量值,(y_b, u_b, v_b)是标准视差图像中相应匹配特征点的yuv分量值,则回归模型用多项式形式可表示为

$$\begin{aligned} y_b = & c_{y000} + c_{y001} y_a + c_{y010} u_a + c_{y100} v_a + c_{y002} y_a^2 + c_{y020} u_a^2 + c_{y200} v_a^2 \\ & + c_{y011} y_a u_a + c_{y101} y_a v_a + c_{y110} u_a v_a + \cdots + e \end{aligned} \tag{8.26}$$

式中,c_y为系数。与此类似,可以得到u_b和v_b的等式。模型中,多项式的项数取决于回归模型的次数,如果采用线性回归,则为4项;如果采用二次回归,则为10项;如果采用三次回归,则为19项;以此类推。式(8.26)中采用的是二次回归。

应用回归分析，将式(8.26)的回归模型用矩阵表达为如下形式：

$$\boldsymbol{Y}=\boldsymbol{XC}+\boldsymbol{E} \tag{8.27}$$

式中，$\boldsymbol{X}$ 矩阵由待校正视差图像中匹配特征点的 yuv 值来构成，其维数为 $n\times t$；$\boldsymbol{Y}$ 矩阵由标准视差图像中对应匹配特征点的 yuv 值来构成，其维数为 $n\times 3$；$\boldsymbol{C}$ 为系数矩阵，其维数为 $t\times 3$；$\boldsymbol{E}$ 为余数矩阵，代表回归分析的误差。这里，n 表示用来构造映射关系的匹配特征点对的数目，t 是多项式中系数的数目。

采用最小二乘法估计，可以得到系数矩阵基于均方误差最小时的最佳估计为

$$\boldsymbol{C}=(\boldsymbol{X}^{\mathrm{T}}\boldsymbol{X})^{-1}\boldsymbol{X}^{\mathrm{T}}\boldsymbol{Y} \tag{8.28}$$

在回归分析中，多项式次数对计算效率的影响非常大。多项式增加一次，计算的复杂度将增加很多。所以，在不影响模型准确度的情况下，应尽量采用低次多项式。当采用一次多项式时，矩阵 $\boldsymbol{Y}$、$\boldsymbol{X}$、$\boldsymbol{C}$ 分别为

$$\boldsymbol{Y}=\begin{bmatrix} y_{\mathrm{b1}} & u_{\mathrm{b1}} & v_{\mathrm{b1}} \\ y_{\mathrm{b2}} & u_{\mathrm{b2}} & v_{\mathrm{b2}} \\ \vdots & \vdots & \vdots \\ y_{\mathrm{b}n} & u_{\mathrm{b}n} & v_{\mathrm{b}n} \end{bmatrix} \tag{8.29}$$

$$\boldsymbol{X}=\begin{bmatrix} 1 & y_{\mathrm{a1}} & u_{\mathrm{a1}} & v_{\mathrm{a1}} \\ 1 & y_{\mathrm{a2}} & u_{\mathrm{a2}} & v_{\mathrm{a2}} \\ \vdots & \vdots & \vdots & \vdots \\ 1 & y_{\mathrm{a}n} & u_{\mathrm{a}n} & v_{\mathrm{a}n} \end{bmatrix} \tag{8.30}$$

$$\boldsymbol{C}=\begin{bmatrix} c_{y000} & c_{u000} & c_{v000} \\ c_{y001} & c_{u001} & c_{v001} \\ c_{y010} & c_{u010} & c_{v010} \\ c_{y100} & c_{u100} & c_{v100} \end{bmatrix} \tag{8.31}$$

应用式(8.28)可求得系数矩阵 $\boldsymbol{C}$，然后可对待校正视差图像进行校正。假设视差图像大小为 $M\times N$，用其每个像素点的 yuv 值构成一个矩阵，如下：

$$\boldsymbol{X}'=\begin{bmatrix} 1 & y_{\mathrm{a11}} & u_{\mathrm{a11}} & v_{\mathrm{a11}} \\ 1 & y_{\mathrm{a12}} & u_{\mathrm{a12}} & v_{\mathrm{a12}} \\ \vdots & \vdots & \vdots & \vdots \\ 1 & y_{\mathrm{a}MN} & u_{\mathrm{a}MN} & v_{\mathrm{a}MN} \end{bmatrix} \tag{8.32}$$

用矩阵 $\boldsymbol{X}'$ 与矩阵 $\boldsymbol{C}$ 相乘可得到新矩阵，如下：

$$\boldsymbol{Y}'=\begin{bmatrix} y'_{\mathrm{a11}} & u'_{\mathrm{a11}} & v'_{\mathrm{a11}} \\ y'_{\mathrm{a12}} & u'_{\mathrm{a12}} & v'_{\mathrm{a12}} \\ \vdots & \vdots & \vdots \\ y'_{\mathrm{a}MN} & u'_{\mathrm{a}MN} & v'_{\mathrm{a}MN} \end{bmatrix}=\boldsymbol{X}'\boldsymbol{C}=\begin{bmatrix} 1 & y_{\mathrm{a11}} & u_{\mathrm{a11}} & v_{\mathrm{a11}} \\ 1 & y_{\mathrm{a12}} & u_{\mathrm{a12}} & v_{\mathrm{a12}} \\ \vdots & \vdots & \vdots & \vdots \\ 1 & y_{\mathrm{a}MN} & u_{\mathrm{a}MN} & v_{\mathrm{a}MN} \end{bmatrix}\begin{bmatrix} c_{y000} & c_{u000} & c_{v000} \\ c_{y001} & c_{u001} & c_{v001} \\ c_{y010} & c_{u010} & c_{v010} \\ c_{y100} & c_{u100} & c_{v100} \end{bmatrix} \tag{8.33}$$

式中，$(y'_{aij}, u'_{aij}, v'_{aij})$值（其中，$i=1,2,\cdots,M; j=1,2,\cdots,N$）表示待校正视差图像对应的校正后视差图像中各个像素点的 yuv 值。

最后利用 YUV 颜色空间到 RGB 颜色空间的变换公式，将校正后视差图像转换到 RGB 空间，变换公式如下：

$$r = y + 1.4075 \times (v - 128) \tag{8.34}$$

$$g = y + (-0.3445) \times (u - 128) + (-0.7169) \times (v - 128) \tag{8.35}$$

$$b = y + 1.7790 \times (u - 128) \tag{8.36}$$

这样，就以标准视差图像为基准完成了对其他各幅待校正图像的颜色校正。

8.6 视差图像移位法

由平行式立体相机拍摄获得的视差图像没有梯形失真及垂直视差，但整个 3D 场景都只有负水平视差而没有正水平视差，即在 3D 显示时只有凸出显示屏外而没有凹进显示屏里的效果。由于 3D 显示时视差取值具有一定范围，若只有负水平视差，则再现立体空间范围将大大减小。为此，可采用视差图像移位法来改变视差图像中的视差范围，从而获得正、负水平视差，进而使得再现 3D 场景既有凸出显示屏外又有凹进显示屏里的效果。

图 8.16 所示为平行式立体相机拍摄长方体物体的示意图，图中以三个相机组成的平行式立体相机为例。三个相机 C_1，C_2 和 C_3 水平等间距排列，立体相机间距为 B，相机焦距为 f，相机水平视角为 θ，立体相机拍摄得到的视差图像的水平分辨率为 h，点 Q_1、Q_2 分别是长方体前后表面上的点，平面 M 为前后表面间的任一平面，点 Q 为平面 M 上一点，设点 Q_1、Q、Q_2 在一条直线上，L_1、L、L_2 分别为点 Q_1、Q、Q_2 与相机光心所在直线间的距离。

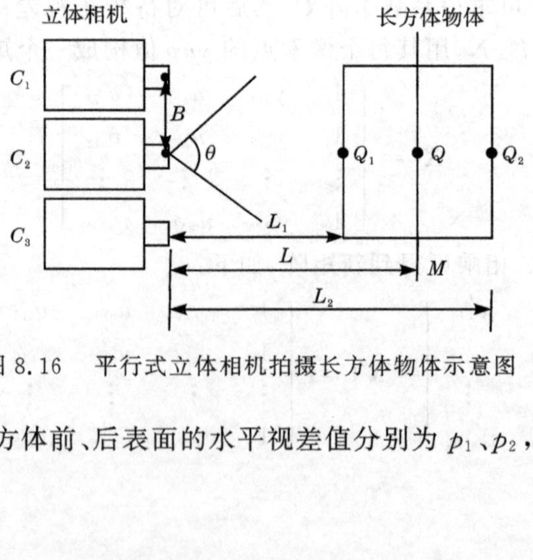

图 8.16　平行式立体相机拍摄长方体物体示意图

设图 8.16 中长方体前、后表面的水平视差值分别为 p_1、p_2，单位为像素，利用几何关系可以得出

$$p_1 = -\frac{Bht}{2\tan(\theta/2)L_1} \tag{8.37}$$

$$p_2 = -\frac{Bht}{2\tan(\theta/2)L_2} \tag{8.38}$$

式中，

$$\tan(\theta/2) = \frac{ht}{2f} \tag{8.39}$$

式(8.37)～式(8.39)中，t 为像素水平尺寸。长方体的所有点都具有负水平视差，视差值在 p_1～ p_2 范围内。其中，平面 M 上的 Q 点与相机光心连线的距离为 L，Q 点水平视差值为

$$p = -\frac{Bht}{2\tan(\theta/2)L} \tag{8.40}$$

设平面 M 为采用视差图像移位法后的零视差面，即平面 M 上的点最终在 3D 显示时位于显示屏上，Q 点则为零视差点。视差图像以像素为单位，为使 Q 点由非零视差变为零视差，如图 8.17 所示，只需将相邻视差图像间相对平移 n 个像素使得 Q 点在各视差图像中水平位置重合，即 Q 点具有零视差。n 的表达式为

$$n = \frac{Bh}{2\tan(\theta/2)L} \tag{8.41}$$

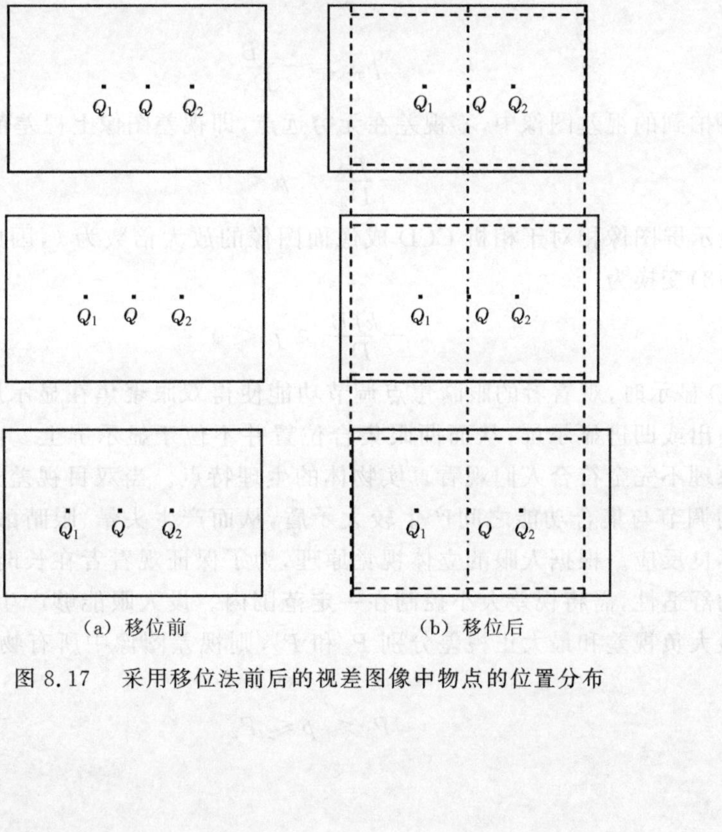

(a) 移位前　　　　(b) 移位后

图 8.17　采用移位法前后的视差图像中物点的位置分布

移位前，点 Q_1、Q、Q_2 都具有负水平视差，且 $p_1<p<p_2$。移位后，点 Q 由负水平视差变为零水平视差，3D 显示时位于显示屏上；位于点 Q 前方的物点，如点 Q_1，仍具有负水平视差，但视差绝对值减小，3D 显示时位于显示屏前方；位于点 Q 后方的物点，如点 Q_2，则由负水平视差变为正水平视差，3D 显示时位于显示屏后方。

此外，为保证图像内容不产生形变，在将 CCD 所成像放大显示到显示屏上时图像的水平放大率应等于垂直放大率，因此，在通过视差图像移位法剪切掉视差图像垂直方向的边缘信息的同时需要按比例剪切掉视差图像水平方向的边缘信息，如图 8.17(b)中虚线所示。

8.7 立体相机间距的选取方法

只有当视差图像的视差值合理时，才能得到较好的 3D 显示效果。视差图像中，视差值的大小与立体相机焦距、立体相机间距及物体与立体相机间的距离等参数有关，其中，相机焦距及物体与立体相机间的距离主要由拍摄实际情况来决定。因此，立体相机间距是影响视差大小的关键因素。

假设立体拍摄时，立体相机间距为 B，相机焦距为 f，立体场景中，最近物体与立体相机间的距离为 D_n。根据立体成像几何关系可知，相机成像面上水平视差最小值为

$$p_{\min} = -\frac{fB}{D_n} \tag{8.42}$$

而相机拍到的视差图像中，零视差在无穷远点，即视差图像上视差范围为

$$-\frac{fB}{D_n} < p < 0 \tag{8.43}$$

显示屏图像相对于相机 CCD 成像面图像的放大倍数为 k，因此，视差范围由式(8.43)变换为

$$-\frac{kfB}{D_n} < p < 0 \tag{8.44}$$

3D 显示时，观看者的眼睛焦点调节功能使得双眼聚焦在显示屏上，而再现物体是凸出或凹进显示屏，从而两眼集合位置并不位于显示屏上。由此可见，双目视差原理不完全符合人们观看真实物体的生理特点。当双目视差过大时，将使得眼睛的调节与集合功能之间产生较大矛盾，从而产生头晕、眼睛酸痛甚至恶心呕吐等不良反应。根据人眼的立体视觉原理，为了保证观看者在长时间观看立体图像时的舒适性，需将视差大小控制在一定范围内。设人眼能够产生立体视觉所对应的最大负视差和最大正视差分别 P_1 和 P_2，则视差图像中所有物点的视差 p 应满足：

$$P_1 \leqslant p \leqslant P_2 \tag{8.45}$$

因此，需使得

$$\frac{kfB}{D_n} \leqslant P_2 - P_1 \tag{8.46}$$

即

$$B \leqslant \frac{D_n(P_2 - P_1)}{kf} \tag{8.47}$$

然后按照 8.6 节所述的视差图像移位法平移视差图像，使得距离相机最近的物体，即 D_n 处物体的视差在可融合负视差范围内。

式(8.47)对立体拍摄具有实际的指导意义。如今，3D 电影、3D 游戏等相关产业开始逐渐兴旺。3D 显示设备的多样性使得相关立体内容的制作受到一定的影响。如果将完全同样的 3D 影片放在不同尺寸的 3D 显示设备上显示，不可能都得到很好的立体效果。例如，3D 电影、家庭 3D 电视、3D 电脑显示器和 3D 手机显示屏等播放设备上使用的立体影片，就应该使用不同的立体相机间距拍摄得到。因此，应当根据其可能被放映的场合和使用的设备，使用多种立体相机间距来拍摄用于多种设备播放的立体影片，并将其发布为不同的 3D 显示设备的版本。消费者根据自己的 3D 显示设备的种类购买相应的版本，才能很好地享受到 3D 技术带来的震撼感。

参考文献

毕家瑜，张之江，董志华. 2009. 多视点立体显示系统建模及分析. 光学技术，35(4)：575－583.

邓欢，王琼华，李大海，等. 2009. 平行摄像机阵列移位法获取视差图像的研究. 光子学报，38(11)：2985－2988.

谷俊，王琼华，李大海，等. 2010. 多摄像机拍摄立体图像的方法//立体图像技术国际学术研讨会，沈阳：13－16.

刘军，王琼华，陶宇虹，等. 2010. 立体投影显示中的图像校正//立体图像技术国际学术研讨会，沈阳：37－40.

王爱红，王琼华，李大海，等. 2009. 立体显示中立体深度与视差图获取的关系. 光学精密工程，38(1)：433－438.

王琼华，陶宇虹，邓欢，等. 2010-08-25. 获取视差图像的平行摄像机阵列移位法：中国，ZL200910059916.3.

王琼华，陶宇虹，谷俊，等. 2011-01-19. 一种消除多视点立体图像垂直视差的技术：中国，ZL200910059556.7.

王琼华，王爱红，李大海. 2010. 立体拍摄与自由立体显示. 2010 中国平板显示学术会议论文集：272－276.

文福林，李大海，王琼华，等. 2009. 立体图像对校正技术在三维显示中的应用. 激光杂志，30(1)：38－39.

徐玮，张茂军，吴玲达. 2001. 虚拟实景空间的颜色校正方法研究. 小型微型计算机系统，22(2)：

165－167.

张浩，李大海，王琼华，等. 2010. 自由立体显示拍摄系统中摄像机空间自由度的确定. 液晶与显示，25(2)：287－291.

张琳. 2010. 自由立体显示中多视差图颜色校正方法研究[硕士学位论文]. 成都：四川大学.

张琳，刘曦，李大海，等. 2010. 一种YUV颜色空间下的多视差图像偏色校正方法. 液晶与显示，25(2)：278－282.

张文涛，王琼华，李大海，等. 2009. 实时视频采集系统的SDRAM控制器设计. 计算机应用技术，32(20)：57－59.

Allison R S. 2004. The camera convergence problem revisited. Proceeding of SPIE，5291：167－178.

Alpaslan Z Y，Sawchuk A A. 2004. Multiple camera image acquisition models for multi-view 3D display interaction. IEEE Workshop Multimedia Signal Processing：256－262.

Bi J Y，Zhang Z J，Dong Z H. 2009. Automultiscopic 3D displays system model and evaluation. IEEE World Congress on Computer Science and Information Engineering：514－518.

Deng H，Wang Q H，Li D H，et al. 2010. Virtual toed-in camera method to eliminate parallax distortions of stereoscopic images for stereoscopic displays. Journal of the Society for Information Display，18(3)：193－256.

Dodgson N A. 1998. Resampling radially captured images for perspectively correct stereoscopic display. Proceeding of SPIE，3295：100－110.

Häkkinen J，Takatalo J，Kilpeläinen M，et al. 2009. Determining limits to avoid double vision in an autostereoscopic display：Disparity and image element width. Journal of the Society for Information Display，17(5)：433－441.

Hoffman D M，Girshick A R，Akeley K，et al. 2008. Vergence-accommodation conflicts hinder visual performance and cause visual fatigue. Journal of Vision，8(3)：1－30.

Jones G，Lee D，Holliman N，et al. 2001. Controlling perceived depth in stereoscopic image. Proceeding of SPIE，4297：42－53.

Kang H，Hur N，Lee S，et al. 2008. Horizontal parallax distortion in toed-in camera with wide-angle lens for mobile device. Optics Communications，281：1430－1437.

Meesters L M J，Ijsselsteijn W A，Senuntiens P J H. 2004. A survey of perceptual evaluations and requirements of three-dimensional TV. IEEE Transactions on Circuits and Systems for Video Technology，14(3)：381－391.

Son J Y，Gruts Y，Chun J，et al. 2002. Distortion analysis in stereoscopic images. Optical Engineering，41(3)：680－685.

Son J Y，Saveljev V V，Kim J S，et al. 2006. Multiview image acquisition and projection. Journal of Display Technology，2(4)：359－363.

Wang A H，Wang Q H，Li D H. 2010. Stereoscopic image acquisition and autostereoscopic display//Proceedings of the International Symposium on Photonics and Optoelectronics，Chengdu：1－3.

Woods A, Docherty T, Koch R. 1993. Image distortions in stereoscopic video systems. Proceeding of SPIE, 1915: 36－48.

Yamanoue H. 2006. The difference between toed-in camera configurations and parallel camera configurations in shooting stereoscopic images. IEEE International Conference on Multimedia & Expo: 1701－1704.

Yamanoue H, Okui M, Okano F. 2006. Geometrical analysis of puppet-theater and cardboard effects in stereoscopic HDTV images. IEEE Transactions on Circuits and Systems for Video Technology, 16(6): 744－752.

Yamanoue H, Okui M, Yuyama I. 2000. A study on relationship between shooting conditions and cardboard effect of stereoscopic images. IEEE Transactions on Circuits and Systems for Video Technology, 10(3): 411－416.

Zhu M, Ge Y J, Huang S F, et al. 2007. Stereo vision rectification based on epipolar lines match and three variables projective matrix. IEEE International Conference on Integration Technology: 133－138.

第 9 章　视差图像获取之 2D 转 3D 技术

第 8 章介绍了视差图像获取之立体拍摄技术，本章将介绍视差图像获取的另一重要技术——2D 转 3D 技术。人类在漫长的历史长河中积累了大量珍贵的绘画、摄影和摄像作品，这些作品几乎都是 2D 图像。如果能利用图像处理技术将这些 2D 图像转换成 3D 图像，将为 3D 显示器提供丰富的片源，并给人们带来更加真实的视觉享受。心理学上的视觉感知使我们得知 2D 图像本身蕴藏着丰富的 3D 信息，其中，最重要的信息就是深度信息。要实现 2D 图像 3D 化，关键就是发掘出这些隐藏在 2D 图像中的深度信息，然后利用这些深度信息结合一定的方法提取出场景的深度图像。本章将介绍该领域里现有的几种常见的深度图像提取方法，然后对深度图像做进一步处理，最后利用处理后的深度图像结合原图像生成适合于助视/光栅 3D 显示的视差图像。

9.1　基于双目视差的深度图像提取方法

视差图像对应点间的视差大小与其在场景中的深度有关，为此，我们可以通过计算这些视差图像上对应点间的视差来提取出场景的深度，得到深度图像。所谓深度图像，就是反映空间物体纵深关系的图像，该图像中，各像素灰度值表示物体在空间中的纵深信息。由于深度图像的提取只需左右两幅视差图像，而深度图像加一幅视差图像可以生成多幅视差图像，这为多视点光栅 3D 显示器提供了便捷的多幅视差图像获取途径，即采用双相机拍摄便能为多视点光栅 3D 显示提供片源。本节将阐述左右视差图像间对应点的建立方法，即立体匹配算法，以及根据对应点视差生成深度图像的方法。

9.1.1　立体匹配算法

根据所选特征的相似性度量，建立特征之间的对应关系，将同一个空间物理点在不同图像中的映像点对应起来，这就是图像的立体匹配算法。立体匹配算法实质上是在匹配基元相似性准则下的最佳搜索问题，许多数学中的最优化技术都可应用于立体匹配算法。根据匹配基元的不同，目前的立体匹配算法基本上可分为三类：基于区域的匹配算法、基于特征的匹配算法和基于相位的匹配算法，下面分别予以介绍。

1. 基于区域的匹配算法

区域匹配算法以左(右)视差图像的待匹配点为中心创建一个窗口,用邻域像素的灰度值分布来表征该像素,然后再在右(左)视差图像中寻找一个像素,以其为中心创建同样的一个窗口,并用其邻域像素的灰度值分布来表征它,当搜索区域中的某像素点与待匹配像素点的相似性测度最佳时,则认为该像素点和待匹配像素点是匹配的。

这里,以基于灰度的归一化互相关匹配算法为例介绍区域匹配算法。归一化互相关是一种典型的基于灰度相关的算法,其基本思想是:把一幅图像中的某一像素点的灰度邻域作为模板,在另一幅图像中搜索具有相同或相似的灰度值分布的对应点邻域,从而实现两幅图像的匹配。在搜索过程中,以互相关函数作为搜索邻域间的相似性测度函数。

(x_l, y_l)是左视差图像中的一点,取以(x_l, y_l)为中心的某一邻域作为模板 T,其大小为 $m\times n$。在右视差图像中,以与左视差图像中的像素点(x_l, y_l)相对应的像素点(x_r, y_r)为中心建立同样大小的模板 T',然后移动模板 T',并假设 T'在水平方向平移 Δx,在垂直方向平移 Δy 后,它所覆盖的右视差图像的子图像为 J。如果左右视差图像中的 T 与 J 相同,则它们的差为零,否则不为零。由此定义 T 与 J 之间差别的测度为

$$D(T,J)=\sum_{i=1}^{m}\sum_{j=1}^{n}[J(i,j)-T(i,j)]^2 \tag{9.1}$$

将上式展开并归一化可得最终的相似性测度函数为

$$C(T,J)=\frac{\sum_{i=1}^{m}\sum_{j=1}^{n}[J(i,j)T(i,j)]}{\sqrt{\sum_{i=1}^{m}\sum_{j=1}^{n}[J(i,j)]^2}\sqrt{\sum_{i=1}^{m}\sum_{j=1}^{n}[T(i,j)]^2}} \tag{9.2}$$

通过比较左右视差图像在各个位置的相关系数,相关值最大的点就是匹配点。

基于区域的匹配算法的实质是利用了局部窗口之间灰度信息的相关程度,这种方法在视差连续而纹理丰富的地方可以达到比较高的精度,并且能取得浓密的深度图像。但是,区域匹配选取一定大小窗口内的灰度分布特性作为匹配基元,决定了该类算法具有以下缺陷:对辐射畸变较敏感;对图像噪声的影响和不同灰度属性或对比度差异的影响缺乏鲁棒性;匹配窗口大小难以选择,窗口选择过大,在前景背景交接区域会出现误匹配,选择过小,区域内的灰度分布特性不能得以充分展现;计算量大、速度慢等。

2. 基于特征的匹配算法

与基于区域的匹配算法不一样，基于特征的匹配算法是以图像中的角点、线或边缘等为特征进行匹配的算法，前提是提取的这些特征对噪声不敏感，鲁棒性高，匹配精度高。一般用于匹配的特征应满足唯一性和再现性，并具有物理意义。

作为匹配基元的特征可以分为局部特征和全局特征两大类。局部特征包括点、边缘、线段、小面或局部能量。全局特征包括多边形图像结构等。基于特征的匹配一般包含特征提取、特征描述和特征匹配三个步骤。特征提取主要有角点提取、边缘提取等。提取完特征后，对特征点进行描述得到左视差图像和右视差图像的待匹配的特征点集 A 和 B。A 中的某特征点 F_A 和 B 中的某特征点 F_B 在左视差图像和右视差图像中分别对应的图像坐标为 (x_l, y_l) 和 (x_r, y_r)，在左视差图像中以 (x_l, y_l) 点为中心取一个 $(2n+1)(2m+1)$ 的窗口，在右视差图像中以 (x_r, y_r) 点为中心取同样大小的窗口，在视差允许范围内，在当前图像中移动该窗口，并选择合适的相似测度函数，来求取满足该函数达到相应最值时对应的特征点，此特征点就为匹配点。这里的最值跟所选相似性测度函数有关，如果该函数描述的是两点之间的相似性，则要求取最大值，如果它描述的是两点之间的差异性，则要求取最小值。以互相关函数为相似测度函数为例，有

$$R(x_l, y_l, x_r, y_r) = \frac{\sum_{i=-n}^{n}\sum_{j=-m}^{m}\left[I_l(x_l+i, y_l+j)-\overline{I_l(x_l, y_l)}\right]\left[I_r(x_r+i, y_r+j)-\overline{I_r(x_r, y_r)}\right]}{(2n+1)(2m+1)\sqrt{\sigma^2(I_l)\sigma^2(I_r)}} \tag{9.3}$$

式中，$R(x_l, y_l, x_r, y_r)$ 表示相似性测度函数；$I_l(x_l+i, y_l+j)$，$I_r(x_r+i, y_r+j)$ 分别表示左右图像中相应位置处像素的灰度值；$\overline{I_k(x_k, y_k)}$ 为以点 (x, y) 为中心，大小为 $(2n+1)(2m+1)$ 的邻域内的灰度均值，下标 k 取 l 和 r 分别对应左视差图像和右视差图像，对应的标准偏差 $\sigma(I_k)$ 为

$$\sigma(I_k) = \sqrt{\frac{\sum_{i=-n}^{n}\sum_{j=-m}^{m} I_k^2(x+i, y+j)}{(2n+1)(2m+1)} - \left[\overline{I_k(x, y)}\right]^2} \tag{9.4}$$

从上面的式子可以看出，灰度相关值 $R(x_l, y_l, x_r, y_r)$ 为 -1 到 1，当左右视差图像中的特征点 F_A，F_B 越相似，其值越大。取 $R(x_l, y_l, x_r, y_r)$ 最大的两特征点为匹配点。

特征匹配算法的优点是特征匹配较精确，较少依赖图像的灰度，有一定的抗干扰性，计算量相对较小，速度快。当然，这种算法也有一些不足：图像中的特征点是稀疏的，因而特征匹配只能得到稀疏的深度图像，要获得浓密的深度图像必

须进行插值运算，而为了保证插值点的精确度，插值过程往往较为复杂；特征的提取精度直接影响特征匹配结果的精确度。

3. 基于相位的匹配算法

最常用的相位匹配算法是相位相关法。相位相关法的基本依据是傅里叶变换，并利用傅里叶变换的平移性。假设 I_1、I_r分别为左、右视差图像的灰度值，它们之间对应元素的唯一差别是视差导致的平移量(d_x, d_y)，则有

$$I_r(x,y) = I_1(x-d_x, y-d_y) \tag{9.5}$$

根据傅里叶变换的平移性易知，它们的傅里叶变换 F_1和 F_r之间有如下关系：

$$F_r(\xi,\eta) = e^{-j2\pi(\xi d_u + \eta d_v)} F_1(\xi,\eta) \tag{9.6}$$

式(9.6)说明，两幅图像拥有相同的傅里叶变换幅值谱和不同的相位谱，而相位谱信息的区别主要是由于它们之间的平移造成的。由共轭运算可知，

$$F_r^*(\xi,\eta) = e^{j2\pi(\xi d_u + \eta d_v)} F_1^*(\xi,\eta) \tag{9.7}$$

定义互功率谱为

$$P = \frac{F_1(\xi,\eta) F_r^*(\xi,\eta)}{|F_1(\xi,\eta)| \, |F_r^*(\xi,\eta)|} = e^{j2\pi(\xi d_u + \eta d_v)} \tag{9.8}$$

对式(9.8)进行傅里叶反变换可得到一个脉冲函数，在其他各处几乎为零，只在平移的位置上不为零，这个位置就是要确定的匹配位置。因此，相位相关技术就是确定互功率谱相位的傅里叶反变换的峰值位置。事实上，在相位匹配的滤波过程中，满足一定条件的带通滤波器均可采用。相位匹配与前面两种传统匹配方法相比，其匹配基元相位本身反映的就是信号的结构信息，对图像的高频噪声有很好的抑制作用。相位匹配对几何畸变和辐射畸变有很好的抵抗能力，能获得亚像素级精度的浓密深度图像。但是，当局部结构存在的假设不成立时，相位匹配算法因带通输出信号的幅度太低而失去有效性，也就是通常提到的相位奇点问题。

9.1.2 深度图像的计算

在获得了左右视差图像的匹配点后，依据匹配点的坐标计算出视差。视差值能够反映出该点离观看者的距离远近。下面介绍依据找出的匹配点计算场景的深度图像。

1. 视差计算

3D 显示中的视差分为正视差、负视差和零视差。如果以显示屏作为零视差面，则具有正视差的物体是凹进显示屏的，离观看者较远；相反，具有负视差的物体则是凸出显示屏的，离观看者较近。因此，计算某点视差时，不仅要考虑视差值

的大小，还需要考虑视差的正负。若左右视差图像中对应的匹配点的坐标分别为(x_l, y_l)和(x_r, y_r)，以左视差图像为基准，则在该图像中位于点(x_l, y_l)处的像素对应的视差值的大小可表示为

$$|D(x_l, y_l)| = \sqrt{(x_l - x_r)^2 + (y_l - y_r)^2} \tag{9.9}$$

通过判断x_r与x_l的大小来判断视差$D(x_l, y_l)$的正负。其中，当$x_r > x_l$时，视差$D(x_l, y_l)$为正；相反，$x_r < x_l$时，视差$D(x_l, y_l)$为负。

2. 图像的深度计算

用上述方法计算出各点的视差值之后，一般将视差值从最小到最大映射到灰度级0～255，即最小的正视差在灰度图像中用0表示，最大的负视差用255表示。令D_{max}为最大负视差，D_{min}为最小正视差。若$D(x, y)$为图像中点(x, y)处像素对应的视差值，则该点深度的灰度值为

$$G(x, y) = \frac{255[D(x, y) - D_{min}]}{D_{max} - D_{min}} \tag{9.10}$$

9.2 立体匹配算法的工作流程

由于立体匹配算法在基于双目视差原理提取深度图像中占有重要地位，有必要在此详细阐述它的机理。下面以立体匹配算法的工作流程为主线，首先介绍如何进行恰当匹配基元的选择，然后叙述怎样根据一定的约束准则为匹配基元建立准确的相似性测度。

9.2.1 匹配基元的选择

立体匹配应首先进行匹配基元的选择。良好的匹配基元应具有可区分性、不变性、稳定性、唯一性和有效解决歧义匹配的能力。目前，所用的匹配基元主要有以下几种：

(1) 图像灰度。图像灰度可由成像系统直接得到，是最简单的一种匹配基元。

(2) 二阶微分算子卷积图像后的符号。把图像与二阶微分算子卷积后，图像中各点的符号可作为原始图像特征的描述。在卷积后的图像中可得到正号区和负号区，这两个区域的边界接近于灰度梯度局部极大值的位置。

(3) 特征点。特征点是指2D图像中灰度信息变化剧烈的点，包括了通常的角点，如L形角点、T形角点及Y形角点，也可以是二阶微分算子卷积图像后的过零点。

(4) 边缘。边缘是指场景中物体实际边界或者不同颜色区域之间的实际边

界。这种匹配基元上还可以带有如边缘方向、对比度、长度和边缘曲率等附加信息。

（5）图像的相位信息。将图像进行空-频域转换，然后利用相位信息进行匹配。相位信息本身反映的就是信号的结构信息，对图像的高频噪声有很好的抑制作用，对几何畸变和辐射畸变有很好的抵抗能力。

9.2.2　立体匹配算法约束准则

空间同一点在两个相机平面上的投影特性因为各种因素的影响可能不同，因此，对于一幅图像中的一个特征点，在另一幅图像中可能存在几个相似的候选匹配。这样，我们就需要采取一定的约束来得到唯一准确的匹配。常用的约束准则有以下几种。

1. 极线约束

图 9.1 所示为左右视差图像的极线与极点示意图。图中，O_1 和 O_2 分别是两个相机的光学中心，它们的连线 O_1O_2 称为基线。对于空间上任意一点 P，它在像平面 I_1 和 I_2 上的像点分别是 p_1 和 p_2，则极点和极线的定义分别如下。

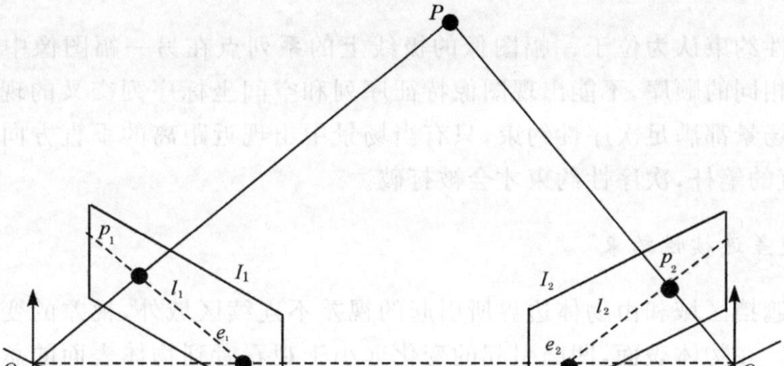

图 9.1　左右视差图像的极线与极点示意图

定义 9.1　基线 O_1O_2 与像平面 I_1 的交点 e_1 称为像平面 I_1 的极点；基线 O_1O_2 与像平面 I_2 的交点 e_2 称为像平面 I_2 的极点。

定义 9.2　基线 O_1O_2 与 P 点定义的平面称为极平面；极平面与像平面 I_1 的交线 l_1 称为点 p_2 的极线；同理，极平面与像平面 I_2 的交线 l_2 称为点 p_1 的极线。

由透视成像原理可知，点 p_1 一定在直线 O_1P 上，而 O_1P 在平面 I_2 上的成像为直线 l_2，显然，直线 l_2 一定过 p_1 的对应点 p_2。同理可得，点 p_2 的对应点 p_1 一定在极线 l_1 上。由此可以得到一个在立体匹配中非常重要的约束条件——极线约束，即与左(右)视差图像投影点对应的右(左)视差图像点一定落在左(右)视差图像投影点对应的极线上。

2. 唯一性约束

一幅图像上的每个基元只能与另一幅图像上的唯一一个基元相对应,这样,图像中的每个匹配基元最多只能有一个视差值。

3. 相容性约束

相容性约束意味着对应的特征应有相同的属性,这一约束的具体含义随所选用的特征及其属性不同而有所不同。对于图像的强度信息,如灰度和色彩信息,相容性约束是指同一景物点在两幅图像中所成像点的强度值理论上应该具有一致性。虽然由于光照、观看角度和摄像机参数等因素的差异,场景中各对应点处的光强可能具有一定的差距,但差别一般比较小。而对于图像的几何特征来说,相容性约束意味着两幅图像中描述对象的几何特征,如区域的大小、质心和轮廓、线段长度和方向等应该相同。

4. 次序性约束

次序性约束认为位于一幅图像的极线上的系列点在另一幅图像中的相应极线上具有相同的顺序,不能出现图像特征序列和空间坐标序列交叉的现象。一般情况下的场景都满足次序性约束,只有当场景中出现近距离的垂直方向的窄物体时,如垂直的笔杆,次序性约束才会被打破。

5. 视差连续性约束

除了遮挡区域和由物体边界所引起的视差不连续区域外,视差的变化应该都是平滑的。在物体表面,凹凸引起的变化远小于观看者到物体表面的总距离的前提下,物体表面可看成是平滑的。除了物体的边界外,从观看者到物体表面的距离变化是连续的。

6. 视差范围约束

图像可测量的视差是有界的,即有$|x_l-x_r|<D_m$,其中,D_m是预先给定的最大视差范围,与摄像机自身参数及场景到摄像机的最近距离有关。视差范围约束表明人类视觉系统只能融合视差小于某个限度的视差图像,该约束限制了寻找对应点时的搜索长度。

7. 互应性约束

假设以左视差图像为参考图像进行匹配搜索，找到右视差图像中基元 p_2 为左图像基元 p_1 的对应基元，反过来，如果以右视差图像为参考图像进行搜索，按照互应性约束，应该能在左视差图像中找到与右视差图像基元 p_2 对应的基元 p_1，如果没能找到此对应基元，则认为匹配不可靠，应予以进一步确认。

灵活地运用以上约束条件，可以减少匹配的歧义性，降低匹配搜索范围，提高立体匹配的效率。

9.2.3 相似性测度

相似性测度问题就是指怎样度量两个匹配基元之间的相似性，换句话说，就是怎样判断两个点是否为对应点。在不同的算法中，相似性测度的具体形式会有所不同，但对于大多数图像匹配算法来说，相似性测度可以归纳为一种求解匹配评价值的函数形式。

如图 9.2 所示，点 p_l、p_r 是分别位于左、右视差图像上的对应点，取以 p_l、p_r 为中心的大小为 $(2k+1)(2l+1)$ 的窗口，在测度 p_l 和 p_r 的相似性时，通常以这两个窗口内的所有像素作相似性测度运算。

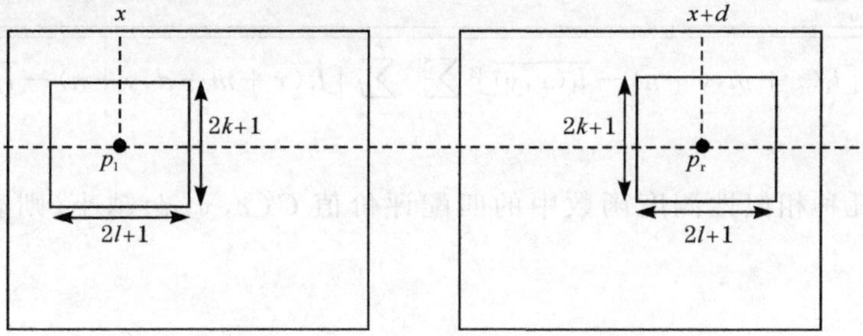

(a) 左视差图像　　(b) 右视差图像

图 9.2　立体匹配相似性测度原理图

常见的相似性测度有以下几种，它们都是匹配窗口内对应像素间的运算。其中，$C(x,y,d)$ 是左图像上点 $I_l(x,y)$ 和右图像上点 $I_r(x+d,y)$ 之间的匹配评价值，即相似性测度值，I 是像素灰度值，$\bar{I}$ 是匹配窗口内像素灰度平均值。

度量视差图像对中所选匹配基元间的差异性，先是构建匹配基元差异性函数，然后在视差允许范围内求该函数的最小值，函数在取最小值时对应的视差作为最佳匹配基元间的视差值。常见的相似性测度准则函数有以下几种：

(1) SAD(sum of absolute difference，求和绝对误差)。

$$C(x,y,d)=\sum_{m=-l}^{l}\sum_{n=-k}^{k}\left|I_l(x+m,y+n)-I_r(x+m+d,y+n)\right| \tag{9.11}$$

(2) SSD(sum of squared difference)。

$$C(x,y,d)=\sum_{m=-l}^{l}\sum_{n=-k}^{k}[I_1(x+m,y+n)-I_r(x+m+d,y+n)]^2 \tag{9.12}$$

(3) ZSAD(zero mean SAD)。

$$C(x,y,d)=\sum_{m=-l}^{l}\sum_{n=-k}^{k}\left|[I_1(x+m,y+n)-\overline{I_1(x,y)}]-[I_r(x+m+d,y+n)-\overline{I_r(x+d,y)}]\right| \tag{9.13}$$

(4) SCPN(sum of cross product normalized)。

$$C(x,y,d)=\frac{\sum\limits_{m=-l}^{l}\sum\limits_{n=-k}^{k}I_1(x+m,y+n)I_r(x+m+d,y+n)}{\sqrt{\sum\limits_{m=-l}^{l}\sum\limits_{n=-k}^{k}I_1^2(x+m,y+n)\sum\limits_{m=-l}^{l}\sum\limits_{n=-k}^{k}I_r^2(x+m+d,y+n)}} \tag{9.14}$$

(5) NCC(normalized cross correlation)。

$$C(x,y,d)=\frac{\sum\limits_{m=-l}^{l}\sum\limits_{n=-k}^{k}[I_1(x+m,y+n)-\overline{I_1(x,y)}][I_r(x+m+d,y+n)-\overline{I_r(x+d,y)}]}{\sqrt{\sum\limits_{m=-l}^{l}\sum\limits_{n=-k}^{k}[I_1(x+m,y+n)-\overline{I_1(x,y)}]^2\sum\limits_{m=-l}^{l}\sum\limits_{n=-k}^{k}[I_r(x+m+d,y+n)-\overline{I_r(x+d,y)}]^2}} \tag{9.15}$$

上面几种相似性测度函数中的匹配评价值 $C(x,y,d)$ 越小，则表明两点越相似。

9.3　基于运动视差的深度图像提取方法

当观看者与周围环境中的物体做相对运动时，由于在同一时间内距离不同的物体在视网膜上运动的范围不同。近处物体视角大，在视网膜上运动的范围大，而远处物体视角小，在视网膜上运动的范围小，从而远近不同的物体产生不同速度下的像。一般地说，近处物体看上去移动得快，远处物体看上去移动得慢。把这种由于物体运动引起的视差叫做运动视差。基于运动视差原理，要从运动序列中提取出场景的深度信息要解决两个问题：①对图像上像素进行运动分析，得到每个像素的运动矢量；②找出场景物体的运动矢量与对应的深度值之间的关系。下面对它们加以阐述。

9.3.1 运动分析

运动分析的目的是从相邻帧中分析出物体的运动情况。运动分析的方法有很多种，按照分析的手段，可以分为基于光流的方法和基于相关性的方法，后者也叫块匹配方法。

1. 基于光流的运动分析

运动可以用运动场描述，而在一个图像平面上，物体的运动往往是通过图像序列中不同点的灰度分布的变化体现的，从而空间中的运动场转移到图像上就表示为光流场。光流场反映了图像上每一点的灰度的变化趋势，是一种 2D 瞬时速度场，其中的速度矢量是场景中可见点的 3D 速度矢量在成像面上的投影。光流场不仅包含了被观看物体的运动信息，而且携带着有关场景的 3D 信息。

设图像上的点(x,y)在时刻 t 的灰度为 $f(x,y,t)$，经过时间间隔 Δt 后对应点灰度为 $f(x+\Delta x,y+\Delta y,t+\Delta t)$。当 $\Delta t\to 0$ 时，可以认为灰度不变，即

$$f(x,y,t)=f(x+\Delta x,y+\Delta y,t+\Delta t) \tag{9.16}$$

根据泰勒展开公式得到

$$f(x+\Delta x,y+\Delta y,t+\Delta t)=f(x,y,t)+\frac{\partial f}{\partial x}\Delta x+\frac{\partial f}{\partial y}\Delta y+\frac{\partial f}{\partial t}\Delta t+\varepsilon \tag{9.17}$$

忽略二阶无穷小，由于 $\Delta t\to 0$，所以有

$$\frac{\partial f}{\partial x}\frac{\mathrm{d}x}{\mathrm{d}t}+\frac{\partial f}{\partial y}\frac{\mathrm{d}y}{\mathrm{d}t}+\frac{\partial f}{\partial t}=0 \tag{9.18}$$

即

$$f_x u+f_y v+f_t=0 \tag{9.19}$$

式中，$f_x=\frac{\partial f}{\partial x}$，$f_y=\frac{\partial f}{\partial y}$，$f_t=\frac{\partial f}{\partial t}$，$u=\frac{d_x}{dt}$，$v=\frac{d_y}{dt}$，$(u,v)$构成了图像上像素$(x,y)$的光流。

式(9.19)为光流预测的一个约束条件。但是，这还不足以确定光流。为求解光流的两个分量，必须附加另外的约束条件。一个途径是将光流分量的局部估计在空间和时间上整合起来，引入对光流的平滑约束，即

$$E_s=\iint\left[\left(\frac{\partial u}{\partial x}\right)^2+\left(\frac{\partial u}{\partial y}\right)^2+\left(\frac{\partial v}{\partial x}\right)^2+\left(\frac{\partial v}{\partial y}\right)^2\right]^2\mathrm{d}x\mathrm{d}y \tag{9.20}$$

对于时间的约束，可以写成

$$E_c=\iint(f_x u+f_y v+f_t)^2\,\mathrm{d}x\mathrm{d}y \tag{9.21}$$

使 E_s、E_c 最小的(u,v)就是所求的光流，这样光流的问题就变成了 Lagrangian

最小化问题，即

$$\iint\left\{\left[\left(\frac{\partial u}{\partial x}\right)^2+\left(\frac{\partial u}{\partial y}\right)^2+\left(\frac{\partial v}{\partial x}\right)^2+\left(\frac{\partial v}{\partial y}\right)^2\right]^2+\lambda(f_x u+f_y v+f_t)^2\right\}\mathrm{d}x\mathrm{d}y \tag{9.22}$$

式中，λ 是反映对图像数据及约束条件可信度的参数，它是上述两种约束之间的权重。使式(9.22)达到最小时对应的(u、v)即为所求光流。

上述算法的实现相对简单，计算复杂性较低，然而，这种技术存在着严重的缺陷。首先，图像灰度保持不变的假设对于许多自然图像序列来讲都是不合适的，尤其是在图像边缘处和运动速度较高时，基于灰度保持不变的假设存在较大误差。其次，在图像的遮挡区域，光流是突变的，而总体平滑约束则迫使所估计的光流平滑地穿过这一区域，此过程平滑掉了有关物体形状的非常重要的信息。

为了克服这些缺陷，人们对微分法光流检测做了许多改进。Nagel 采用平滑约束处理遮挡区域问题；Black 和 Anandan 针对多运动的估计问题，提出了分段平滑的方法；Verti 等则提出了二阶导数来约束二维速度。另外，为了提高光流检测的精度，Tomer 等提出了一种由粗到细的光流检测算法。

2. 块匹配的运动分析

块匹配的运动估计方法是目前应用最广泛的运动估计方法之一，较之其他运动估计方法，块匹配方法具有原理简单、计算复杂度低的优点。

基于块匹配的运动估计方法是假设运动序列图中最小的运动单元是若干相邻像素点的集合，这个集合就是这里所说的块，根据各个块在相邻帧中的运动情况，找到最优匹配下的运动参数，粗略得到各个像素点的对应关系。

基于块匹配的运动估计算法的性能取决于以下三个因素：

(1) 匹配准则。为了测量当前帧中待匹配块与参考帧中候选块的相似度，一般采用以下几种匹配准则：平均误差(MSE)、平均绝对误差(MAD)和求和绝对误差(SAD)。这些误差都是基于待匹配块与参考帧中候选块的灰度，即

$$\mathrm{MSE}(u,v)=\frac{1}{MN}\sum_{m=0}^{M-1}\sum_{n=0}^{N-1}\| I_t(m,n)-I_{t-1}(m+u,n+v)\|^2 \tag{9.23}$$

$$\mathrm{MAD}(u,v)=\frac{1}{MN}\sum_{m=0}^{M-1}\sum_{n=0}^{N-1}| I_t(m,n)-I_{t-1}(m+u,n+v)|^2 \tag{9.24}$$

$$\mathrm{SAD}(u,v)=\sum_{m=0}^{M-1}\sum_{n=0}^{N-1}| I_t(m,n)-I_{t-1}(m+u,n+v)| \tag{9.25}$$

式中，$\|\cdot\|$ 表示欧氏距离；$|\cdot|$ 表示绝对距离；(u,v) 表示运动矢量；M 表示块的宽度；N 表示块的高度；$I_t(x,y)$ 表示第 t 帧中的像素 (x,y) 的测度，可以是一维的灰度，也可以是多维的亮度加色度。

(2) 搜索范围。搜索范围决定了参考帧中候选块所在的区域。一般来说,对于快速运动的块,选用较大的搜索范围;对于运动较慢的块,选用较小的搜索范围。

(3) 搜索策略。搜索策略包括初始搜索点的选择、搜索时运动矢量增量的选择、搜索方向的选择等。最常用的方法有三步搜索法、四步搜索法、二维对数搜索法和菱形搜索法等。搜索策略在很大程度上影响了运动估计的效率,并在一定程度上影响了搜索结果的匹配度。

按照一般的思想,运动估计应该首先将视频序列中静止的背景和运动的物体区分开,然后对运动物体的实际位移进行估计。而块匹配算法首先将序列图的当前帧划分为互不重叠的子块,并认为子块内所有像素的运动矢量是相同的。图 9.3给出了块分割与搜索及块匹配原理示意图。将视频序列当前帧分割为固定大小的子块,并假定位于同一子块的所有像素具有相同的位移,且只做平移运动,对于每个子块只需计算一个运动矢量。对当前帧的每个块在上一帧的一定范围内搜索最优匹配块,并认为该块就是从上一帧最优匹配块通过平移得到的。

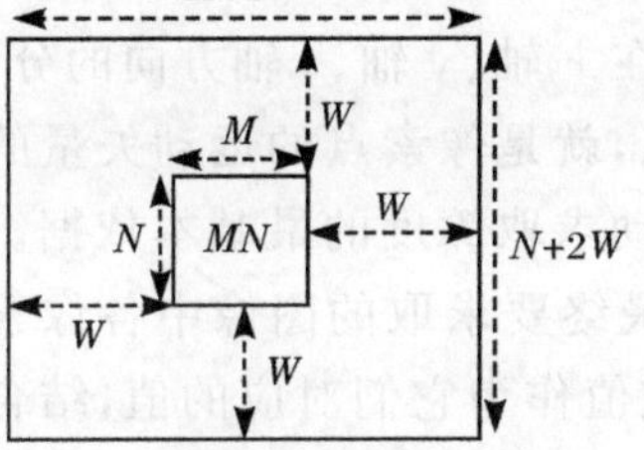

(a) 块分割与搜索

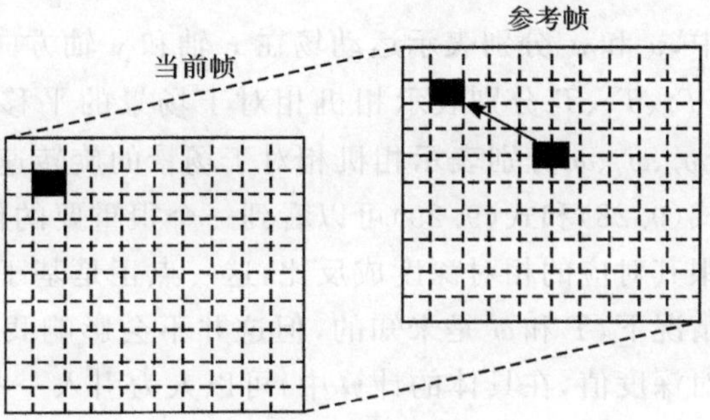

(b) 块匹配原理

图 9.3　表示块分割与搜索及块匹配原理示意图

设当前块 B_k 的运动矢量为 $\mathbf{MV}_k=(v'_x,v'_y)$,基于块匹配的运动矢量搜索过程可以描述为

$$(v'_x,v'_y)=\arg\min_{(v_x,v_y)\in\Omega}\mathrm{MCF}(v_x,v_y) \tag{9.26}$$

式中,Ω 表示运动矢量的搜索范围,即图 9.3(a)所示区域;函数 MCF 表示匹配准则。

虽然块匹配的原理简单,但为了满足运动矢量的精度和匹配误差的要求,除了考虑上面提到的三个要素外,还要精心选择块尺寸。块尺寸太大,则不能精确地描述块内像素的运动,预测误差大;块尺寸太小,易受噪声的干扰,运动估计不可靠。

9.3.2　基于运动矢量的深度描述

由于场景中的运动情况复杂，这会给计算带来很大的不便，一般情况下，我们只需得到场景中不同物体的相对深度，而无需得到各物体的实际深度，所以，没必要完全清楚拍摄时相机与场景之间的真实运动情况。为此，在基于运动的3D构建中经常要引入一些假设，最基本的假设就是：物体在运动中不发生形变，并且是线性运动。假设相机和场景之间只有一种严格的相对运动，其速度为V。$P(x,y,z)$是3D场景中的一点。点P和相机之间的相对运动可以表示成

$$V=-T-\omega P \tag{9.27}$$

式中，T和ω分别表示相机相对于场景的平移速度和旋转速度。3D场景中一点的深度和它对应的2D运动场之间的联系在运动场基本方程中体现出来，即有

$$v_x=\frac{T_z x-T_x f}{z}-\omega_y f+\omega_z y+\frac{\omega_x xy}{f}-\frac{\omega_y x^2}{f} \tag{9.28}$$

$$v_y=\frac{T_z x-T_y f}{z}-\omega_x f+\omega_z y-\frac{\omega_y xy}{f}+\frac{\omega_x y^2}{f} \tag{9.29}$$

式中，v_x和v_y分别表示运动场在x轴和y轴方向的分量；z是对应的3D点的深度值；T_x、T_y、T_z分别表示相机相对于场景的平移速度在x轴、y轴、z轴方向的分量；ω_x、ω_y、ω_z分别表示相机相对于场景的旋转速度在x轴、y轴、z轴方向的分量。由式(9.28)和式(9.29)可以看到一个很重要的信息，就是像素点的运动矢量的大小跟其对应的相对深度成反比，这一点正是基于运动求取深度的最基本依据。通常情况下，T和ω是未知的，但这并不会影响我们最终要求取的图像中各像素的相对深度值，在具体的计算中，可以人为引入一些数值作为它们对应的值，结合前面的运动分析，在得知了每个像素的运动矢量之后，就不难估算出其对应的相对深度值。

值得注意的是，当帧之间的平均视差比较大时，可以根据双目视差来估计深度。只有当帧之间的视差足够小时，运动场才与双目视差对应。

9.4　基于线性透视的深度图像提取方法

当景物中含有如走廊、公路和铁轨等有近似于平行线边界的景物时，看起来这些平行的边界线所在的直线将会聚于视线远方的某一点，这一现象在透视学中被称为线性透视，它是一种重要的深度暗示。客观世界中，向远处延伸的一组平行线在图像平面中将靠得越来越近，甚至会聚，这样一组线称为消失线，消失线的会聚点称为消失点。图像中的物体离消失点越近，感知深度越大，反之越小。同时，消失线的中心线也能给出图像感知深度变化最快的方向。由此可见，2D图像

中的消失点与消失线就是一种真实场景的深度暗示。所以，可以利用消失点与消失线从 2D 图像中提取场景的深度信息，进而实现 2D 图像的 3D 化。

基于线性透视的深度图像提取方法中一个比较有代表性的算法就是由 Battiato于 2005 年提出的梯度面分配法，该算法在从单幅图像中提取深度信息的算法中表现出良好的性能，不过，想用这种算法获取准确的深度图像，要求图像中的场景必须具有一定的几何特性，在现实世界中不乏这种性质的场景。所以，该算法具有比较广泛的实用性，下面将介绍该算法的几个步骤。

9.4.1　消失线与消失点的提取

1. 图像的边界提取

先把真彩色图像转化成灰度图像，然后用 Sobel 水平算子和垂直算子分别作用于灰度图像得到水平和竖直方向的灰度梯度值分别用 G_u 和 G_v 表示，结合 G_u 和 G_v，可以得到最初灰度图像中某点的灰度梯度大小为

$$|G(x,y)| = \sqrt{G_u(x,y)^2 + G_v(x,y)^2} \tag{9.30}$$

式中，$G_u(x,y)$ 与 $G_v(x,y)$ 分别为对应图像中在点 (x,y) 处的灰度梯度值。给定一个阈值，当 $|G(x,y)|$ 超过阈值，则该点就是边界点，运用上述 Sobel 边缘检测算法，记录下图像中的边界点，得到边界图像。

2. 基于边界图像的消失线和消失点提取

利用上述得到的 G_u 和 G_v，可得如下两个式子：

$$m(x,y) = \frac{G_v(x,y)}{G_u(x,y)} \tag{9.31}$$

$$q(x,y) = y - m(x,y)x \tag{9.32}$$

式中，m 是边界图像上边界点 (x,y) 处直线的斜率；q 是其在图像坐标系 y 轴上的截距。所采用的坐标系以图像左上角顶点作为坐标原点，与原点对应的水平边框所在直线作为 x 轴，竖直边框所在直线作为 y 轴。然后，以 m 和 q 为参数建立一参数空间，利用霍夫曼变换便可描绘出所需的直线，这里，我们把这一步得到的直线叫做主直线。计算任意两条主直线的交叉点，然后找出交叉点最密集的区域，把该区域中心处一点作为消失点，把向这点会聚的直线作为消失线。

9.4.2　梯度面构建与深度分配

在进行这一步时，已经提取出了图像的消失点。为了方便梯度面的构建，首先要判断消失点的位置。设 (x_{vp}, y_{vp}) 是消失点的坐标，H 和 W 分别表示图像的高度和宽度，则消失点的位置可以按照如下判断来确定：

(1) 消失点位于图像左边的情况为

$$x_{vp} \leqslant 0, (H/W)x_{vp} < y_{vp} < -(H/W)x_{vp} + H \tag{9.33}$$

(2) 消失点位于图像右边的情况为

$$x_{vp} \geqslant W-1, -(H/W)x_{vp} + H - 1 < y_{vp} < (H/W)x_{vp} \tag{9.34}$$

(3) 消失点位于图像上边的情况为

$$y_{vp} \leqslant 0, (W/H)y_{vp} \leqslant x_{vp} \leqslant (W/H)(H - y_{vp}) \tag{9.35}$$

(4) 消失点位于图像下边的情况为

$$y_{vp} \geqslant H-1, (W/H)(H-1-y_{vp}) \leqslant x_{vp} \leqslant (W/H)y_{vp} \tag{9.36}$$

(5) 消失点在图像内部的情况为

$$0 \leqslant x_{vp} \leqslant W, 0 \leqslant y_{vp} \leqslant H \tag{9.37}$$

通过这样一个判断规则,图像中的消失点基本被划分成了五类,针对这五种情况中的每一种,结合消失线在图像中的位置,一般把它们分成两类进行梯度面构建:一类是水平面内的,另一类是竖直面内的。在给每一类中相邻的消失线间构建一系列梯度面时,需考虑到人类视觉对近处的物体深度变化敏感度高,而对远处的物体深度变化敏感度低。具体在设置梯度面时要按照这样的原则,即离消失点越近,梯度面越密集;相反,离消失点越远,对应的梯度面越稀疏。

取两条消失线,然后以这两条消失线为基准,在水平方向上将这两条消失线之间的部分分成 n 层,每一层都作为一个梯度面,这里的 n 就是梯度面的个数,其大小可以根据实际需要确定,个数越多,图像分的梯度面层数越多,相应的,最后生成的深度图越平滑。最后,在每个梯度面上分配相应的梯度值,其梯度值的最大值和最小值由下式确定:

$$D_{u0} = \min \left| \frac{y - q_1}{m_1} - \frac{y - q_2}{m_2} \right| \tag{9.38}$$

$$D_{un} = \max \left| \frac{y - q_1}{m_1} - \frac{y - q_2}{m_2} \right| \tag{9.39}$$

式中,$0 \leqslant \frac{y-q_1}{m_1} \leqslant W-1, 0 \leqslant \frac{y-q_2}{m_2} \leqslant W-1$,$m_1$,$m_2$ 分别表示所选的两条消失线的斜率;q_1,q_2 分别表示所选的两条消失线在图像坐标系 y 轴上的截距。由式(9.38)和式(9.39)可求得水平方向上梯度面对应的最小梯度值 D_{u0} 和最大梯度值 D_{un}。

同理,可以由式(9.40)和式(9.41)求得竖直面上梯度面对应的最小梯度值 D_{v0} 和最大梯度值 D_{vn}。

$$D_{v0} = \min \left| (m_1 - m_2)x + q_1 - q_2 \right| \tag{9.40}$$

$$D_{vn} = \max \left| (m_1 - m_2)x + q_1 - q_2 \right| \tag{9.41}$$

式中,$0 \leqslant m_1 x + q_1 \leqslant H-1$,$0 \leqslant m_2 x + q_2 \leqslant H-1$。

针对水平面上梯度平面,有

$$D_1 = D_{u0} + \frac{D_{un} - D_{u0}}{2^{n-1}} \tag{9.42}$$

$$D_2 = D_{u0} + \frac{D_{un} - D_{u0}}{2^{n-2}} \tag{9.43}$$

$$D_i = D_{u0} + \frac{D_{un} - D_{u0}}{2^{n-i}} \tag{9.44}$$

式(9.42)～式(9.44)中的 D_1、D_2 和 D_i 分别表示第 1 级梯度值、第 2 级梯度值、第 i 级梯度值。竖直梯度面的梯度值设置类似。

图 9.4 所示为消失点在图像上方时的水平面上梯度面分布示意图。图中每两条虚线之间的部分为一个梯度面，分别用 Y_0 到 Y_n 来表示，这些梯度面上的梯度值用 D_{u0} 到 D_{un} 分别来表示，为了方便，图 9.4 中只给出了两条相邻消失线。梯度面设置完成后，给每个梯度面分配一个单一的灰度值，或者为使最终深度图像平滑效果更好，可以采用从低灰度到高灰度平滑过渡的方法给每个梯度面分配灰度值。灰度值分配遵循一个原则，即离消失点近的像素对应较小的灰度值，反之，离消失点远的像素对应较大的灰度值。

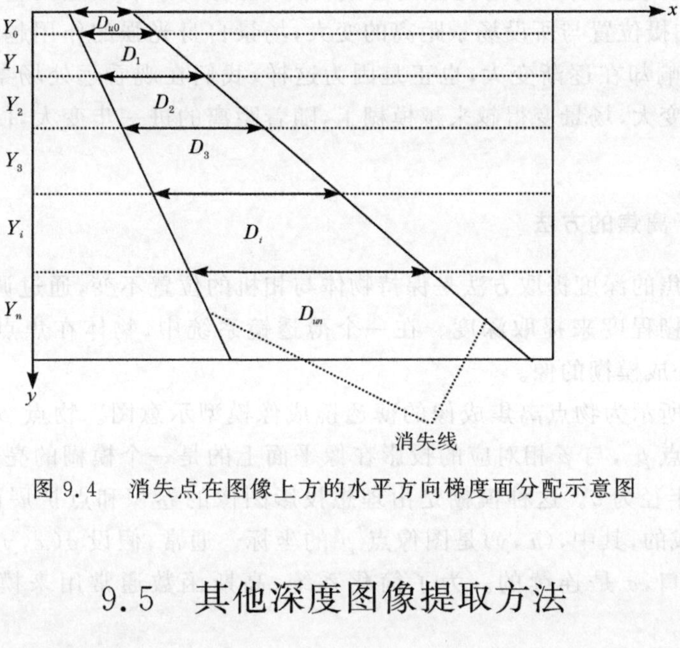

图 9.4　消失点在图像上方的水平方向梯度面分配示意图

9.5　其他深度图像提取方法

前面介绍了几种主要的深度提取方法，除此之外，像大气散射、聚焦和离焦等也可以用来揭示场景的深度信息，虽然没能被广泛使用，但可以为深度图像的提取提供一些思路，本节将对这些方法进行简单介绍。

9.5.1　基于大气透视的方法

当观看远处弥漫着烟雾的景物时，会令人有一种强烈的深度感。这是由于空气中的微粒对光的散射及吸收使景物的对比度随着距离的增大而下降所产生的，这种自然现象称为大气透视，有时也被称作雾化或烟雾透视，它也是一种重要的图像深度暗示。图像中的物体越模糊，感知深度越大，反之越小。即离观看者越远的物体越模糊，越近的物体越清晰，随着物体不断远离观看者，其模糊度也逐渐变大。

Cozman 和 Krotkov 在 1997 年第一次提出了基于这种深度暗示的场景深度信息提取算法，他们的算法适合于提取某一类户外场景的深度，这些场景通常包含部分天空场景在内。他们提出的基于大气散射的平面图像深度提取模型为

$$C = C_0 e^{-\beta d} + I_0 (1 - e^{-\beta d}) \tag{9.45}$$

式中，C 是待测物体光强；C_0 是在散射不存在时物体的光强；β 是消光系数；d 是物体的深度；I_0 是天空的光强。从该模型可以看出，它是由两部分组成：第一部分主要是指受所要拍摄场景自身光强的影响；第二部分可以看成是天空光强的影响。可见，随着拍摄位置与所设场景距离的变大，场景自身光强的作用越来越小，而天空的光强影响却在逐渐变大，也正是因为这样，我们在观看远处场景时会感觉到随着距离的变大，场景变得越来越模糊了，随着距离的进一步变大，便会感觉与天空几乎一致。

9.5.2　基于离焦的方法

基于离焦的深度提取方法是保持物体与相机的位置不变，通过调节相机焦距从图像的模糊程度来提取深度。在一个薄透镜系统中，物体在焦点处成清晰的像，在离焦处成模糊的像。

图 9.5 所示为物点离焦成像的薄透镜成像模型示意图。物点 p 经薄透镜成像后汇聚于点 p'，与 p 相对应的投影在像平面上的是一个模糊的亮斑，中心点位于 p''，模糊半径为 σ。这种模糊是由理想投影图像的卷积和点扩展函数 $g(x,y,\sigma(x,y))$ 造成的，其中，(x,y) 是图像点 p'' 的坐标。通常，假设 $\sigma(x,y)=\sigma$，对于一个给定的窗口，σ 是连续的。为了简化系统，高斯函数通常用来模拟点扩展函数，即

$$g(x,y) = \frac{1}{\pi\sigma^2} e^{-\frac{x^2+y^2}{\sigma^2}} \tag{9.46}$$

为了估计图像深度 u，需要以下两个公式：一个是薄透镜的基本公式，即

$$\frac{1}{u} + \frac{1}{v} = \frac{1}{f} \tag{9.47}$$

一个是由 Pentland 得出的深度 u 和模糊半径 σ 的关系公式，即

$$u = \begin{cases} \dfrac{fd}{d - f - kf\sigma}, & u > v \\ \dfrac{fd}{d - f + kf\sigma}, & u < v \end{cases} \tag{9.48}$$

式中，u 是图像深度；v 是最佳聚焦处离透镜的距离；d 是透镜离像平面的距离；f 是透镜的焦距，通常情况下它是未知的，正是因为这个原因才要通过调节焦距来拍摄多幅图像，其目的是消除模糊半径的歧义；k 是一个由系统决定的常量。在这些参数中，d、k 是相机参数，可以通过相机标定求得。由式(9.48)可知，计算深度的问题就转化为计算模糊半径 σ。

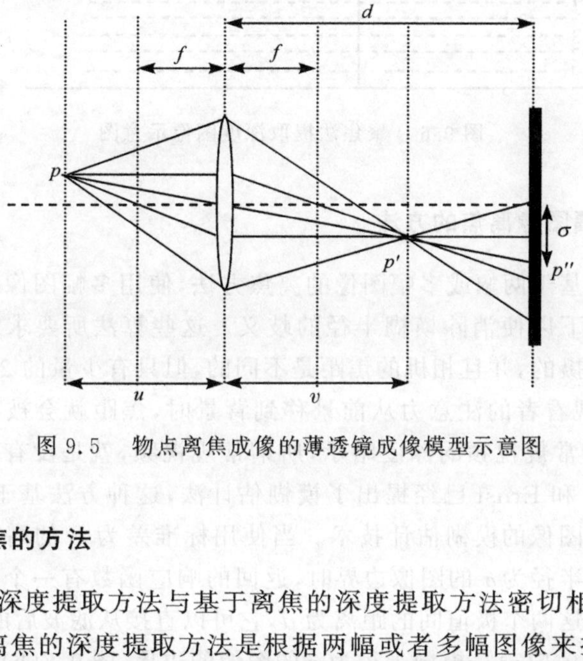

图 9.5　物点离焦成像的薄透镜成像模型示意图

9.5.3　基于聚焦的方法

基于聚焦的深度提取方法与基于离焦的深度提取方法密切相关，两者主要的区别在于：基于离焦的深度提取方法是根据两幅或者多幅图像来提取场景深度信息，这些图像是在相机和物体的位置固定的情况下，通过改变相机焦距拍摄所得；基于聚焦的深度提取方法需要一系列相机和场景距离不断变化的情况下拍摄到的场景图像，同时要求这些图像处于不同的聚焦等级。

图 9.6 为基于聚焦的深度提取原理示意图。物体置于平移台上方任意一个平面上，刚开始从参考平面朝相机方向移动，根据光学原理可以确定焦平面。当点处于焦平面的时候，它在照相机的传感器平面上是聚焦的。设 m 是一个物体表面上的一点，当该物体朝焦平面移动的时候，m 会变得越来越聚焦，当处于焦平面的时候，m 会变得最清晰。过了焦平面之后，m 会再次离焦，并逐渐变模糊。在这个过程中，平台移动的位移被记录了下来。焦平面与参考平面间的距离可以测

出,记为 d_f,当平台移动了 d 之后,m 处于最好的聚焦处,则 m 的深度可以表示为 $d_m=d_f-d$。运用这个过程计算所有表面上的特征元素,最后利用内插的方法,便可以生成浓密的深度图像。

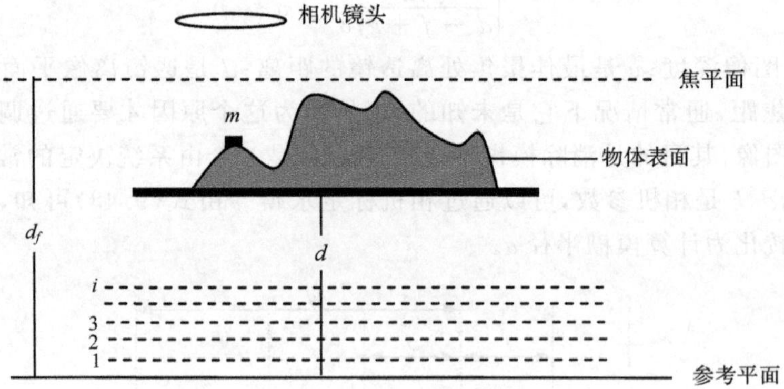

图 9.6 聚焦法提取深度图像示意图

9.5.4 基于单幅图像离焦的方法

前面介绍了基于两幅或多幅图像的离焦方法,使用多幅图像的理由是在相机焦距未知的情况下以便消除模糊半径的歧义。这些算法所要求的图像是由固定位置的相机所拍摄的,并且相机的焦距是不同的,但只有少量的 2D 图像满足这一要求。例如,当观看者的注意力从前景移到背景时,焦距就会被改变。为使离焦可以作为适合于常规视频的深度暗示,所谓常规视频,就是没有人为控制相机焦距的视频,Wong 和 Ernst 已经提出了模糊估计法,这种方法基于高斯滤波器,是一种只使用一幅图像的模糊估计技术。当使用标准差为 S 的高斯滤波器的二阶导数去处理模糊半径为 σ 的图像边界时,返回的响应函数有一个正的极值和一个负的极值。定义这两个极值间的距离为 d,它可以直接从滤波后的图像中测得,如图 9.7 所示。图 9.7(a)是模糊半径为 σ 的图像的边界,图 9.7(b)是标准差为 S 的高斯滤波器二阶导数,图 9.7(c)显示了从被滤波后的图像中测得的最大和最小峰值间的距离 d。

模糊半径为

$$\sigma=\left(\frac{d}{2}\right)^2-S^2 \tag{9.49}$$

相机参数可以通过相机标定求得,当模糊半径被求得后,深度图像就可以按照式(9.48)求得。在相机参数未知的情况下,仍然可以通过模糊半径估计出每个像素的相对深度,模糊半径大的对应高的深度级,模糊半径小的对应低的深度级。

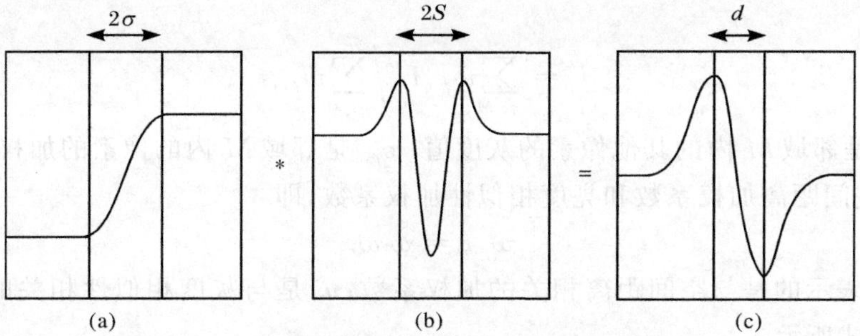

图 9.7 基于离焦的单幅图像模糊半径提取原理图

9.6 深度图像的后续处理方法

前面几节介绍了深度图像提取方法,在诸多深度图像提取算法中,多数算法提取出的深度图像由于未平滑,得出的视差图像深度跳跃较大,缺乏真实感,若直接用于 3D 显示,效果较差,所以,需要对深度图像进行进一步的处理。

从深度图像中恢复出高质量的视差图像对深度图像的要求有两点:①深度图像中,物体的边界必须和图像中物体的边界对齐;②在物体或其背景中,深度图像要尽可能均匀和平滑。本节将以基于双目视差法提取出的深度图像为例,具体介绍深度图像的后续处理方法。

9.6.1 双边滤波法

在数字图像处理中,滤波是一项非常重要的手段,其基本原理就是将图像中的每个点与其相邻的像素点的灰度值作加权平均卷积运算。一般,常用的滤波法有很多,如中值滤波法、高斯平滑滤波法和形态学滤波法等,这些方法虽能较好地实现图像的平滑,但同时它们会严重模糊图像的边缘,而这与我们对理想深度图像的期望是矛盾的。为了在平滑图像的同时还要保持图像的边缘细节,Tomasi 等提出了双边滤波法。

和经典的高斯滤波器一样,双边滤波器也利用了局部的加权平均,不同的是,双边滤波器在二维邻域的加权系数是由两部分因子的乘积组合而成。其中,一部分是由像素的空间距离来决定的,被称作空间邻近度因子;另一部分是由像素间的亮度差值决定的,被称为亮度相似度因子。双边滤波法在处理图像时,不仅考虑到了像素间几何上的邻近关系,还考虑到了邻近像素间亮度上的相似性,这正满足了对深度图像后续处理的要求。

对于一个位于 P 处的灰度值为 I_p,邻域范围是 M 的像素,其双边滤波的输出

值为

$$I'_p = \sum_{q\subseteq M} w_{p,q} I_q \Big/ \sum_{q\subseteq M} w_{p,q} \tag{9.50}$$

式中，I_q是邻域M内的其他像素的灰度值；$w_{p,q}$是邻域M内的像素的加权系数，它包括了空间距离加权系数和亮度相似性加权系数，即

$$w_{p,q} = w_s w_r \tag{9.51}$$

这里，w_s表示的是与空间距离相关的加权系数；w_r是与灰度相似性相关的加权系数，如下式所示：

$$w_s = \mathrm{e}^{-[(x_q-x_p)^2+(y_q-y_p)^2]/2\sigma_s^2} \tag{9.52}$$

$$w_r = \mathrm{e}^{-(I_q-I_p)^2/2\sigma_r^2} \tag{9.53}$$

图 9.8 给出原始灰度图像及经高斯滤波和双边滤波后的灰度图像。从图 9.8(b)与图 9.8(c)相比较可看出，双边滤波在平滑图像的同时很好地保留了图像的边缘细节信息，其所具有的特点很适合用于深度图像的后续处理，但在从两路视差图像计算出的场景深度图像中，由于计算中不可避免的误差和各种因素，因此，计算得到的深度图像往往会存在一些不足。深度图像的边缘不能与原图像的边缘很好地对齐，此时，因深度图像本身的边缘已经不准确了，即使使用双边滤波法来对图像进行处理也不能得到满足本节开头所提要求的深度图像。

(a) 原始灰度图像　　(b) 高斯滤波后的图像　　(c) 双边滤波后的图像

图 9.8　原始灰度图像及其经高斯滤波和双边滤波后的灰度图像

9.6.2　联合双边滤波法

前面提到的双边滤波法在处理图像时，其加权系数是由图像自身计算得来的。如果其加权系数是由另外一幅相关图像计算而来的，则称为联合双边滤波法。如上所述，因为有了原始场景图像的引导和校正，所以，能够得到更加满足要求的深度图像。深度图像用联合双边滤波法处理，可用式(9.50)表示，其中的加权系数$w_{p,q}$是由原始场景图像计算而来的，而不是由深度图像本身计算得出的。

9.6.3　三步联合双边滤波法

为了得到满足要求的深度图像，在双边滤波法的基础上，提出了三步联合双边滤波法来对深度图像进行处理。顾名思义，该方法由三个步骤组成：①对原始左视差图像进行双边滤波处理；②结合原始左视差图像，对深度图像进行联合双边滤波处理；③结合经步骤①得到的左视差图像，对步骤②得到的深度图像进行联合双边滤波处理。

步骤①可以使原始图像自身的内部更加平滑，并且边缘更突出，这有利于后续对深度图像进行更好地引导和校正；步骤②是结合原始图像对深度图像进行联合双边滤波处理，起到一个初步的处理效果；步骤③是结合前面两个都经初步处理的原始图像和深度图像，再进行一次联合双边滤波处理，这使得深度图像内部更平滑，并且边缘更对齐。

经过上述三步联合双边滤波法处理后，深度图像在原图像的引导和校正下，不但保证了图像内部的均匀与平滑，同时还很好地保留了图像的边缘信息，并与原图像的边缘得到了很好的对齐，这对后续由深度图像恢复出场景的多幅视差图像有极大的好处。

图 9.9 是一幅经由特征匹配法计算出的原始深度图像和三步联合双边滤波法处理后得到的深度图像，滤波参数为：$\sigma_s = 1$，$\sigma_r = 16$，窗口的大小为 9×9。显然，图 9.9(b)中，经三步联合双边滤波法处理后的深度图像比图 9.9(a)中原始深度图像好。

(a) 原始深度图像　(b) 三步联合双边滤波法处理后的深度图像

图 9.9　原始深度图像与三步联合双边滤波法处理后的深度图像

9.7　视差图像的生成方法

经过上述深度图像的提取和后续处理后，深度图像结合一幅视差图像便可生成多幅视差图像,用于助视/光栅 3D 显示,尤其是多视点光栅 3D 显示。下面将介绍视差图像的生成原理与方法。

9.7.1　视差图像的生成原理

由双目视差原理可知,观看者观看 3D 显示器时产生立体效果是由于 3D 显示器将左右视差图像分别提供给观看者的左右眼睛,左右视差图像便被融合成立体图像,该原理可以简单概括为由视差图像获得深度感。

图 9.10 为人眼观看 3D 显示器产生深度感的原理图。由于该图是俯视图,这里只分析显示屏上某一行像素产生的立体效果。观看者以观看距离 L 观看 3D 显示器,左右眼分别看到左右视差图像中的同源像点 O_l 和 O_r 时,会感觉到空间点 O 位于显示屏后方 H 距离处。同理,该行像素上其他同源像点也会相应地产生深度感。这些同源像点综合产生的视觉效果使得观看者感觉到有一条曲线 AB 出现在显示屏后方。对于整幅图像,按照该原理,观看者就可以感觉到具有深度感的整个场景。由深度图像生成多幅视差图像的原理是人眼观看 3D 显示器获得深度感的一个逆过程,即利用要显示的深度反过来生成相应的视差图像。

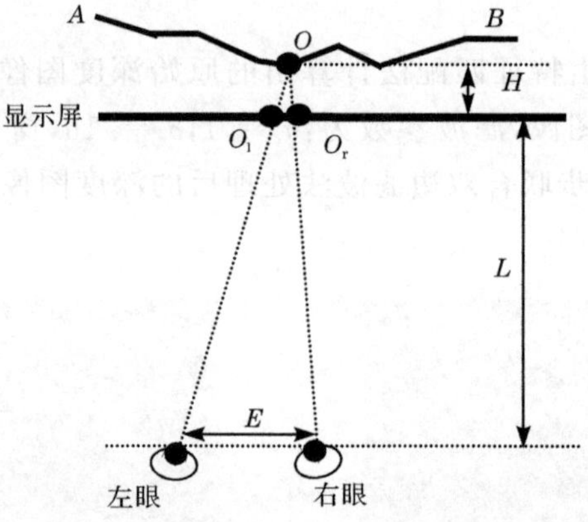

图 9.10　3D 显示器的深度感知原理图

图 9.11 给出了生成视差图像的基本原理。曲线 $A'B'$ 为设定的场景某一行像素的深度,该深度反映了观看者观看 3D 显示器时产生的立体效果。设光栅 3D 显示器最佳观看距离为 L,则在距显示屏垂直距离 L 处设定多个水平放置且间距为人眼瞳距的视点来模拟人眼观看 3D 显示器的实际情况。图 9.11 中列出了 3 个视点,当人眼位于视点 1 处观看折线 $A'B'$ 时,其视觉效果等同于从显示屏上观看折线 $A'B'$ 的投影,图 9.11 中只给出了对视点 1 的投影关系。同理,在视点 2 也会产生这样一个投影。对于一个观看的立体场景,在每个视点,都可以得到一个在显示屏上的投影图像。由视差产生深度的原理可知,该投影图像就是其对应视点

下的视差图像。当左右眼位于两个相邻视点观看到对应的投影图像时，就可以观看到之前设定的立体效果。

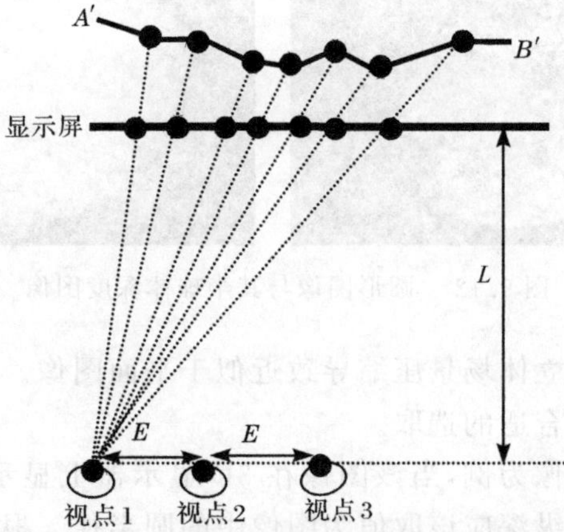

图 9.11　由深度图像生成视差图像的原理图

9.7.2　场景实际深度的计算

由视差图像生成原理可知，当为立体场景指定了一个空间位置，即实际深度后，就可以在 3D 显示器的观看距离上设定多个视点，并得到每个视点的视差图像。如何用一幅图像的深度图像来确定观看时整幅图像场景的实际深度是生成视差图像的首要问题。观看者观看 3D 显示器时，会产生整个场景的立体感，立体场景的实际深度决定了观看时立体效果的好坏。场景的立体感受两方面因素的影响：一是立体场景纵深；二是其与显示屏的相对位置。

1. 场景纵向深度的确定

通常，图像的深度图像是由 255 阶灰度表示的，它只能说明图像内各个像素的相对位置。其中，最亮点表示其离观看者最近，最暗点则表示离观看者最远。图 9.12 为一幅地球的圆形图像和其对应的半球体深度图像。由深度图像可以看到，位于圆心处的像素灰度值最高，表明该点离观看者最近，而圆形的边缘部分的灰度值则较低，表明该点离观看者较远。最近点和最远点限定了整幅图像深度的范围，场景内各点的深度一定在这两点之间。但是，在实际情况下观看 3D 显示器时，观看者观看到的立体场景在空间上是存在一定纵深的，即最近点和最远点之间的距离是一个实际的长度。因此，在深度图像的基础上，要为待显示的立体场景确定纵向深度。

纵向深度的赋值受到一定条件的约束，过大会导致立体场景在纵深上产生拉

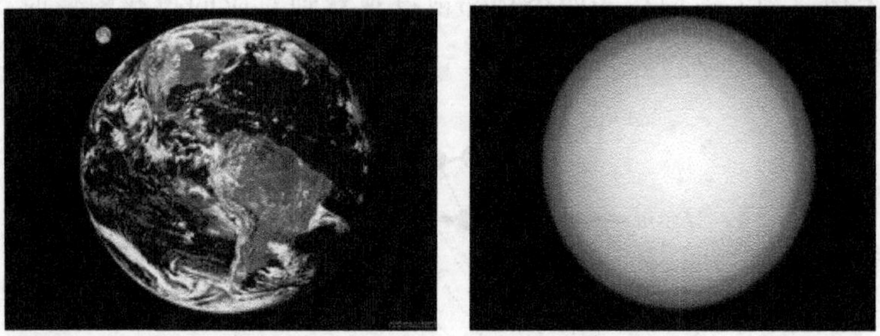

图 9.12　圆形图像与其半球体深度图像

伸而失真，过小则会使立体场景压缩导致近似于平面图像。为了获得逼真的立体显示效果，该深度值要合适的选取。

以图 9.12 中的图像为例，当该图像在 3D 显示器上显示时，为了保证半球体的立体感，则半球体的纵深应该取值为图像中的圆半径。根据显示器像素大小和圆半径所占像素个数可以求出圆半径的实际大小，图像纵深的大小也随之确定。

2. 场景与显示屏相对位置的确定

观看者观看 3D 显示器时，判断立体感强弱的另一个重要指标是立体场景相对于显示屏的位置，如场景中近点凸出显示屏多大距离，远点凹进显示屏多大距离等。因此，在立体场景的纵深确定以后，还需要确定它与显示屏在空间位置上的关系，以保证观看的立体效果。

在观看 3D 显示器时，场景中凸出显示屏和凹进显示屏的部分都会让观看者产生强烈的立体感。因此，立体场景相对于显示屏的位置关系应该既有凸出的部分，又有凹入的部分。考虑到观看 3D 显示器时，凹入显示屏的场景相对凸出的场景有更好的立体效果，所以，通常将显示屏与场景位置关系设定为凹入显示屏的场景相对凸出的场景更多一些。

9.7.3　视差图像的生成方法

在设定好立体场景的空间位置后，在观看区域设置多个水平间距为人眼瞳距的观看点用以生成多视点视差图像。视差图像的生成依据深度投影原理。

图 9.13 为根据深度投影原理生成视差图像的示意图。显示屏上，黑白间隔的 4 个矩形表示屏上某一行的 4 个相邻的水平像素，显示屏后方的折线为要显示的立体场景，立体场景上的 4 个像素与显示屏上的像素一一对应。当观看者从视点 1 观看这部分立体场景时，实际在显示屏上观看到的是折线在显示屏上的投影。其中，第一个像素投影在显示屏上为 CD 段，第二个像素投影在显示屏上为 DE 段，以此类推。设折线上第一个像素的灰度值为 X，第二个像素灰度值为 Y，

视点 1 到显示屏的垂直距离为 L，Z 是立体场景中第一个像素相对显示屏的距离。设 CD 段长度与显示屏第一像素长度的比为 a，则

$$a = \frac{L}{L+Z} \tag{9.54}$$

从视点 1 观看折线，它在显示屏上第一个像素上的投影灰度值为

$$I_1 = aX + (1-a)Y \tag{9.55}$$

由式(9.54)和式(9.55)可以依次求得显示屏上各像素的投影灰度。

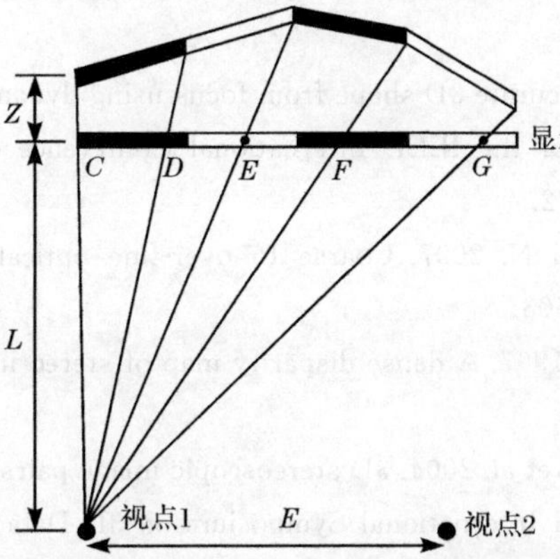

图 9.13　根据深度投影原理生成视差图像的示意图

以上是对立体场景中某一行像素的投影，对于整个立体场景，即每个像素都有一定的深度。根据这种投影方式，在不考虑垂直视差的情况下，在视点 1 处显示屏上将得到整个立体场景的投影，这个投影图像就是在视点 1 观看时对应的视差图像。同理，在视点 2 观看时，也可以得到类似的一幅投影图像，只不过每个像素的投影位置相对于视点 1 观看时发生了一定偏移，这个偏移距离就是视差。这样，在设定多个视点后，按照上述方法，就可以得到相应的视差图像。以上是灰度图像的投影原理，对于彩色图像，对红、绿、蓝三个分量分别运用上述方法即可得到彩色视差图像。

参考文献

高文，陈熙霖. 1999. 计算机视觉——算法与系统原理. 北京：清华大学出版社.

马颂德，张正友. 2003. 计算机视觉——计算理论与算法基础. 北京：科学出版社.

徐奕，周军，周源华. 2004. 基于动态规划的相位匹配和遮挡检测. 电子学报，32(4)：591－595.

许磊. 2007. 基于块匹配的序列图像运动估计算法研究[硕士学位论文]. 济南：山东大学.

曾吉勇，苏显渝. 2004. 浓密视差图的快速提取. 光学技术，30(1)：40－43.

张超. 2009. 自由立体显示中基于特征匹配的多视点视差图像的生成[硕士学位论文]. 成都：四川大学.

张超,王琼华,李大海,等. 2010. 基于 SIFT 匹配算法的多视点自由立体显示视差图像的生成. 光学学报,30(7):579－581.

张映权. 2010. 自由立体显示中基于深度图的多视点视差图像的生成[硕士学位论文]. 成都:四川大学.

张映权,王琼华,李大海,等. 2009. 改进的 SUSAN 角点检测算法. 现代电子技术,32(20):42－44.

周允. 2009. 基于单目视频的深度信息预测算法的研究[硕士学位论文]. 兰州:兰州大学.

朱向军. 2006. 视频运动对象分割与先进运动估计与运动补偿算法之研究[博士学位论文]. 杭州:浙江大学.

Ahmad M B. 2005. Fast and accurate 3D shape from focus using dynamic programming optimization technique. Proceedings of the IEEE International Conference on Acoustics, Speech, and Signal Processing,2:969－972.

Amiaz T, Lubetzky E, Kirymi N. 2007. Coarse to over-fine optical flow estimation. Pattern Recognition,40(9):2496－2503.

Angela R,Antonio C,Jose M. 1997. A dense disparity map of stereo images. Pattern Recognition Letters,18:385－393.

Battiato S,Caprab A,Curtib S,et al. 2004. 3D stereoscopic image pairs by depth-map generation. IEEE Proceedings of the 2nd International Symposium on 3D Data Processing, Visualization, and Transmission:124－131.

Battiato S,Curti S,La Cascia M,et al. 2004. Depth map generation by image classification. SPIE IS&T/SPIE's 16th Annual Symposium on Electronic Imaging:95－104.

Bhat D N, Nayar S K. 1998. Ordinal measures for image correspondence. Pattern Analysis and Machine Intelligence,20(4):415－423.

Ghanbari M. 1990. The cross search algorithm for motion estimation. IEEE Transactions on Communications,38(7):950－953.

Gibson J J. 1950. The Perception of the Visual World. Boston:Houghton Mifflin.

Grossman P. 1987. Depth from focus. Pattern Recognition Letters,5(1):63－69.

Han M,Kanade T. 2003. Multiple motion scene reconstruction with uncalibrated cameras. Pattern Analysis and Machine Intelligence,25(7):884－894.

Hangu Y, Yum H H. 1998. A modular high－throughput architecture for logarithmic search block. IEEE Transactions on Circuits and Systems for Video Technology,8(3):299－315.

Hom B,Schunck B. 1981. Determining optical flow. Artificial Intelligence,17:185－203.

Huang Y W, Chen C Y, Tsai C H, et al. 2006. Survey on block matching motion estimation algorithms and architectures with new results. Journal of VLSI Signal Processing Systems, 42(3):297－320.

Kanade T, Okutomi M. 1994. A stereo matching algorithm with an adaptive window. Pattern Analysis and Machine Intelligence,16(9):920－932.

Li M,Magnor M,Seidel H P. 2003. Hardware-accelerated visual hull reconstruction and rendering. Proceedings of the Graphics Interface.

Nagel H H, Enkelmnan H. 1986. An investigation of smoothness constraints for the estimation of displacement vector field from image sequences. Pattern Analysis and Machine Intelligence, 8(5): 565－593.

Nayar S K, Nakagawa Y. 1994. Shape from focus. Pattern Analysis and Machine Intelligence, 16(8): 824－831.

Po L M, Ma W C. 1996. A novel four step search algorithm for fast block motion estimation. IEEE Transactions on Circuits and Systems for Video Technology, 6(3): 313－317.

Scharstein D, Szeliski R. 2002. A taxonomy and evaluation of dense two－frame stereo correspondence algorithms. International Journal of Computer Vision, 47(1－3): 7－42.

Subbarao M, Surya G. 1994. Depth from defocus: A spatial domain approach. International Journal of Computer Vision, 13(3): 271－294.

Veksler O. 2001. Stereo matching by compact windows via minimum ratio cycle. Proceedings of the IEEE International Conference on Computer Vision, 1: 540－547.

Veksler O. 2003. Fast variable window for stereo correspondence using integral images. Proceedings of the IEEE International Conference on Computer Vision, 1: 556－561.

Verri A, Girosi F, Torte V. 1990. Differential techniques for optical flow. Journal of the Optical Society of America A, 7(5): 912－922.

Wong K T, Ernst F. 2004. Single image depth-from-defocus[Master Thesis]. Eindhoven: Delft University of Technology & Philips Natlab Research.

Zabih R, Woodfill J. 1994. Non-parametric local transforms for computing visual correspondence. Proceedings of the Third European Conference Computer Vision, 801: 151－158.

Zhang Y Q, Wang Q H, Li D H, et al. 2010. Depth map generation for multi-view auto-stereoscopic 3D display based on SIFT algorithm constrained by boundary. Journal of the Society for Information Display, 18(7): 513－518.

第 10 章　多视点视频压缩与编码

为了减小传输占用的带宽和存储占有的空间，用于多视点 3D 显示的多视点视频或图像与普通 2D 视频或图像一样需要压缩。加之单幅多视点图像包含多幅视差图像，其数据量大，是单幅单视点 2D 图像数据量的数倍。不仅如此，视差图像间还存在大量的冗余信息，因此，多视点视频的压缩非常必要。

多视点视频的压缩与编码除可采用如预测编码、分形法和基于对象等多种传统的压缩与编码方法外，根据多视点视频所具有的特性，还可以采用 2D 图像加深度图像表示法和 MVC(multiview video coding，多视点视频编码)方法等。2D 图像加深度图像表示法首先从视差图像中恢复出场景的深度信息，仅存储和传输深度信息和单幅或少量几幅视差图像，再由深度信息和视差图像恢复出该场景其他一些观看视点的视差图像。MVC 主要引进了多种预测结构，更充分地利用了视差图像在冗余度方面的特性。下面先从视差图像的表示法与冗余度谈起，进而阐述视差图像的压缩与编码方法及编码协议。

10.1　多视点图像的表示法

压缩本质上是以一定方式减少图像信息的冗余度，图像的冗余信息是指可预测的信息，或者由于一些原因可以舍去的信息。冗余度与图像的表示法极其相关，而不同的图像表示法对应不同的压缩方法。本节将分别叙述多视点图像的表示法，指出它们的优缺点，分析它们的信息冗余情况及减小这些信息冗余的方法。

10.1.1　2D 图像加深度图像表示法

2D 图像加深度图像是多视点图像的一种表示方法，也可作为一种立体视频编码格式。深度图像中，各像素的灰度值正比于一幅 2D 图像相应位置像素所显示物体的视差值，而视差值又正比于 3D 显示时该物点所对应像点与观看者间的距离。深度图像可以从多幅视差图像中提取得到，有关过程可参见第 9 章相关内容。视差图像是对同一场景在不同视点获得的两幅或多幅 2D 图像，将其中一幅视差图像作为基准视差图像，则其余视差图像可用该幅视差图像加其对应的深度图像来表示。这样，在多视点图像编码时，无需直接编码各幅视差图像，而只需编码 2D 图像加深度图像。采用这种编码格式时，多视点 3D 显示器需要的多视点图像就可由深度图像加 2D 图像再加少量参数恢复得到。

该方法中，深度图像描述的是视差，允许使用者编辑场景内容及通过调节参数来选择深度范围，可适用于显示视点数不同于拍摄视点数的情况，而所占用的带宽相比于普通 2D 图像压缩后所占用的带宽只是少量增加。但是，该方法也有一些局限性，如不易对所有图像或图像中的对象都提取出深度信息、提取出的深度信息不准确及遮挡问题得不到很好处理等。

与 2D 图像加深度图像表示法类似，多视点图像的表示法还有 2D 图像加时域预测值图像和 2D 图像加运动补偿图像等，这三种多视点图像的表示法实质上可以统一为 2D+Delta 格式。

10.1.2 对象/模型表示法

场景可基于场景成像后在视差图像中的像素值表示，同时，也可基于视差图像中的像素值反映出场景中的对象。若将场景视为对象的集合，则在视差图像中分析出这些对象，或者以模型来近似这些对象，就可再现原空间场景。利用这些对象和对象的相对运动等信息可以极其简洁地表示运动的场景。该方案一般建立在图像分割和图像理解基础上，符合人类的思维习惯，但仅仅依靠分析视差图像是很难精确地将对象分割出来的。

10.1.3 分形表示法

分形最初是为了处理具有无限微细结构且局部与整体有相似性的物体而提出的，后来被引入图像处理。一幅 2D 图像可以用微小结构图像和少量的结构信息表示。自然界很多物体具有该特性。

将分形运用于 2D 图像处理时，一幅图像经过一次压缩仿射变换后，两点间的距离相比于变换前变小。经过若干次该类变换后，图像会收敛于一个小图像（吸引子），该小图像以外的其他图像信息作为冗余信息被舍弃，从而达到减小冗余度的目的，从该小图像出发，由拼贴定理可以重建出原图像。在用于多视点图像时，各视差图像可以变换为对应的小图像，从而大幅度地减小冗余度。

10.1.4 变换域表示法

图像在不同域中表示不同，如连续空间信号 $e^{j\omega_0 t}$ 在频域仅以一个点表示。如果能寻找到可简单表示图像的域，就可以减小冗余度。因此，视差图像可采用变换域表示法。

需要指出的是，以上所讲的几种视差图像表示法并不是相互排斥的。例如，2D 图像加深度图像的表示法中，2D 图像和深度图像都可以结合变换域表示法来表示。一幅视差图像可以采用一部分基于对象的表示法、一部分基于 2D 图像加深度图像的表示法来表示。

多视点视频同2D视频类似，可以基于每一帧独立地表示，也可以基于帧与帧相关联地表示。直观上来讲，如果可以求取某幅图像相对于其他图像的偏差，则可以用这幅图像和偏差来表示其他图像。同时，在拍摄频率快到足以记录场景中物体的运动信息时，偏差信息就会较少，从而减小冗余度。在表示多视点视频时，除了将帧与帧之间的图像用偏差来表示，还可以将一帧内的多幅视差图像以少量几幅运动的2D视差图像加偏差表示，这样，可以进一步减少多视点视频的信息冗余。

10.2 多视点图像的压缩方法

在选择了多视点图像的表示法后，就可以进行实际的多视点图像压缩编码。若采用2D图像加深度图像的表示法，则理论上需要编码3类信息，即2D图像、深度图像和文件头。文件头包含恢复多视点图像所需要的参数。多视点图像压缩可以视为2D图像压缩，对应于不同的图像表示法，有不同的去冗余方法。下面介绍几种主要的多视点图像压缩方法。

10.2.1 预测法

预测法是以一部分已经处理了的信息来预测出待处理的信息，如选用当前帧或前几帧信息，按一定方式预测下一帧信息。在MVC中，选择的参考信息更加复杂，可以选取连续的或跳变的图像进行前向或后向预测，且预测结构可以更为复杂和多样。待预测图像的实际值与该图像的预测值的差值称为预测误差。一般，预测误差的方差较小，量化的范围也较小，因此，节省了码率。在视差图像压缩方面，主要使用的预测法有视差补偿和运动补偿。另外，基于对象/模型的压缩方法也可视为一种预测法。

视差补偿是在一帧内先独立编码一幅或几幅图像，然后将后续待编码的图像分成点(块)，按一定匹配标准找到对应同一物体点(块)的最佳成像点(块)的视差，然后以视差和独立编码的图像对后续待编码的图像进行预测。一般，将预测值与实际图像的差值称为残差。通常，视差补偿算法都是基于块计算，而且会结合变长编码或变换域法。编码对象是独立编码的图像、视差信息和残差。

运动补偿是先在帧间图像中求取某帧与其他帧间的运动体的运动信息(运动估计)，然后以该帧图像和运动信息形成对其他帧的预测。编码对象是该帧图像、运动信息和残差。

基于对象/模型的方法是将图像反映出的场景分离为对象，每个对象以一个模型来模拟，最后用这些模型来近似构造出原图像。模型的参数一般包括形状与边界、运动信息、结构与深度、纹理与颜色等。一般该方法有图像分割和运动估计过程。

视差补偿和运动补偿都基于对视差的求取,从视差求取的角度看并无较大差异。主要不同在于:前者一般在帧内图像间求取视差,这种视差大多是由于观看角度有限引起;后者一般在前后帧间求取视差,这种视差多是由于对象的运动引起。另外,基于对象/模型的压缩方法一般也需要用到运动估计来获取对象和建立模型,而运动估计就会用到视差或与视差类似的概念。视差的求取就是以一定的匹配代价来从待匹配图像中寻找到与基准图像中基元最匹配的基元,其中,匹配基元可以为像素点、图像块、图像特征或对象等。视差求取的难点在于多义性和遮挡。多义性是指基准图像中的匹配基元与待匹配图像中的多个匹配基元相匹配,无法判断其中哪个匹配基元才是正确的;遮挡是指多个物点成像于一个像点,从而破坏了匹配基元的一一对应关系。一般,基于块/区域的匹配算法对遮挡的表现较好一些,但从视差求取的角度来看,预测法并非一定要基于块。

10.2.2　预测法中影响视差求取的因素

视差对预测法的编码效率影响很大。提高编码效率的一个途径就是寻找更好的视差求取方法。更好的视差求取方法需要克服几个方面的因素。

我们知道,实际的成像过程并非理想的投影变换过程。考虑到各种畸变、噪声和各视点拍摄设备参数的不同,导致各对象在不同视差图像中的位置、亮度和大小等均可能出现变化,因此,该过程可以视为一个拓扑变换,仅保持点的连续关系。

拓扑变换与投影变换作为不同的成像模型,其差异如图 10.1 所示,投影变换下,(a)与(b)等价,拓扑变换下,(a)、(b)和(c)均拓扑等价,这是由不同成像模型导致而非遮挡导致的变形。

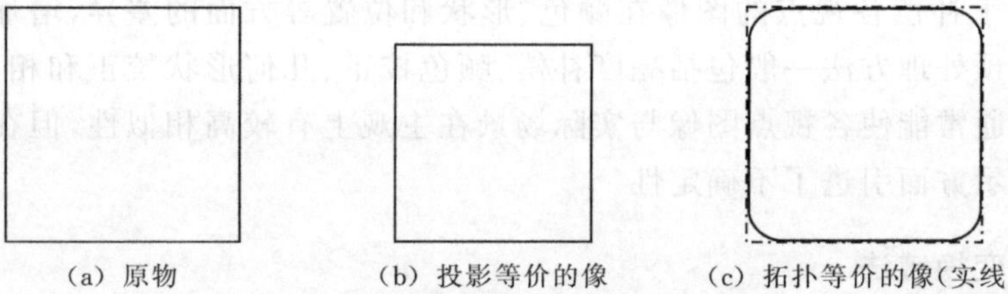

(a) 原物　(b) 投影等价的像　(c) 拓扑等价的像(实线)

图 10.1　投影变换与拓扑变换的差异

在视差图像间求取视差时,拓扑关系引入了难以克服的多义性。在处理形状较规则的人工物体成像时,多义性造成的困难不是特别严重,但在处理自然界物体成像时,如火焰,建立起正确的对应则极为困难。

在成像场景中无半透明或全透明物体时,引入多义性的另一个原因是成像物体本身的对称性。图 10.2(a)中,成像物体具有 1/4 旋转对称性,若无其他物体所成像的帮助,在图 10.2(b)和图 10.2(c)所示的像之间建立正确对应关系是极为困难的。在实际成像中,较难避免对称物体。

(a) 成像物体　　(b) 成像 1　　(c) 成像 2

图 10.2　成像物体自身对称性引入的多义性

造成视差求取困难的另一个原因是遮挡,这在人工物体和自然物体成像时均存在。遮挡问题较为复杂,主要是由于视角限制或对象运动引起的。人脑对图像有多种先验信息,已经具有很深的理解力,但机器在模拟人类的视觉和理解时却缺乏这些能力。遮挡和先验信息的一个例子如图 10.3 所示,该图是对一个戴着墨西哥帽子的骑行者的俯视图。在知道该图是俯视图,并且其中存在遮挡的情况下,人们才能较好地将其理解为戴着帽子的骑行者。

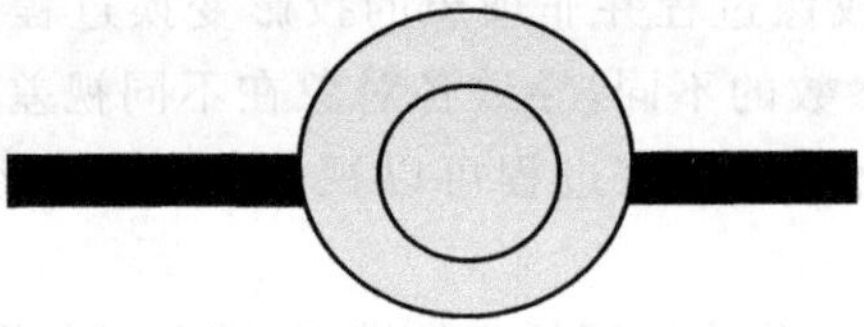

图 10.3　图像处理中遮挡的例子

另外,为较好地求取视差,还可对待压缩的多视点图像进行预处理。预处理的目的在于补偿各视点的图像在颜色、形状和位置等方面的差异,增加图像间的相关度。预处理方法一般包括亮度补偿、颜色校正、几何形状校正和相机标定等,这些方法通常能使各视点图像与实际场景在主观上有较高相似性,但在场景信息的真实表示方面引进了不确定性。

10.2.3　变换域法

把一些变换方法[通常是正交变换,如傅里叶变换、离散余弦变换(discrete cosine transform,DCT)等]作用于图像样本的集合将得到图像在变换域中的表示。如果图像在变换域中的能量较集中,就达到了去冗余的目的。特别当所选用的变换的基矢量与图像本身的主要特征接近时,图像在变换域中的能量就会更集中,即图像的表示将会更简单。此外,基于人眼的视觉特性,可忽略掉变换域中的部分高频成分，同时采用变长编码来进一步降低码率。在复原图像时，通过逆变换就可将图像从变换域变换回空间域。

变换域法一般先将待编码图像分成若干块，然后对每个块进行变换。因此，采用变换域法时，信道误码不会形成扩散，抗信道误码能力强。

10.2.4　分形法

分形法利用压缩仿射变换得到的小图像仍然可以视为在空间域，因此，该方法可与变换域法并列。分形图像具有无限精细结构，可以视为无数次复制其自身得到的形状，即从一个小的"自身"开始，经过不断地仿射变换，可以得到更大的分形图像。因此，若将待压缩的图像经过一定的变换得到其小的"自身"(吸引子)，就可从该"自身"和变换参数(IFS 码)复原出原图像。这里所提及的变换与迭代函数系密切相关，因此，首先介绍迭代函数系。

迭代函数系是产生一大类分形图像的统一方法。这些分形图像通常从迭代函数系的吸引子按迭代函数开始迭代。迭代函数系模型可以通过一个迭代过程产生图像。迭代函数系是这样一个三元数(X,d,S)：(X,d)是完备度量空间，X 是迭代空间；S 是作用于 X 的点的一个半群，称为迭代半群，使得一个收缩算符 T 作用于 $x\in X$ 时有 $Tx\in X$。对 X 的非空紧集 $H(X)$，S 的有限子集 T：$\{T_0, T_1,\cdots,T_{N-1}\}$，定义算符如下：

$$K\in H(X)\to TK=T_0K\cup T_1K\cup\cdots\cup T_{N-1}K \tag{10.1}$$

该算符对应的变换在这个新的完备度量空间 $H(X)$是压缩仿射变换，并且存在一个不动点，称为吸引子，即 $A(T)=\lim\limits_{n\to\infty}T^nK$。

压缩仿射变换 w 的定义为：对于空间(X,d)中任意两点 A,B，存在常数 c，使得

$$d(wA,wB)\leqslant cd(A,B)\ \forall A,B\in X \tag{10.2}$$

c 称为压缩因子。

压缩变换定理保证了该吸引子的存在。压缩变换定理的具体内容为：压缩变换 $w:\mathbf{R}^2\to\mathbf{R}^2$ 有一个不动点$(x_f,y_f)=\lim\limits_{n\to\infty}w^n(x_0,y_0)$。

拼贴定理保证了可由吸引子重构出原图像。拼贴定理的具体内容为：(X,d)为完全度量空间；设迭代函数系确定的压缩仿射变换为 W，压缩因子为 c，吸引子为 A，则对 X 上的非空紧集 $H(X)$必有

$$h(B,A)\leqslant h(B,W(B))/(1-c) \tag{10.3}$$

式中，h 指豪斯多夫距离。该定理是分形压缩编码的基础。对待编码的原图像 B，如果找到适当的 W，使得 B 与 $W(B)$之间的豪斯多夫距离较小，则以 W 的吸引子 A 重构图像与原图像相比差异较小。

10.3 多视点图像的编码方法

在选择压缩方法之后,需要采用一定方式对图像实现编码。为了提高压缩效率,一种编码方法通常需要利用多种压缩方法,而且需要先选择一种编解码结构。

10.3.1 编解码结构

编解码结构目前主要有条件编码结构和 Wyner-Ziv 编码结构两类,如图 10.4 所示为其框图。采用条件编码时,先独立编码一幅或数幅图像,然后根据已编好的图像来编码其他图像,解码时,先解码独立编码的图像,再根据已解码的图像解码其他图像,该结构在视差图像的无损编码时是最优的。Wyner-Ziv 编码结构独立编码各幅图像;解码时联合解码。

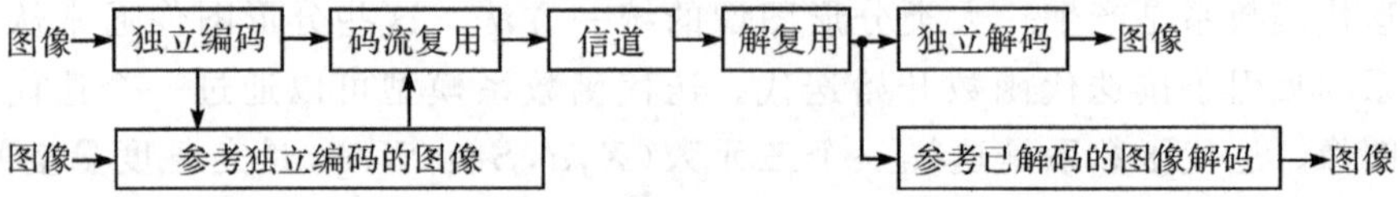

(a) 条件编码结构

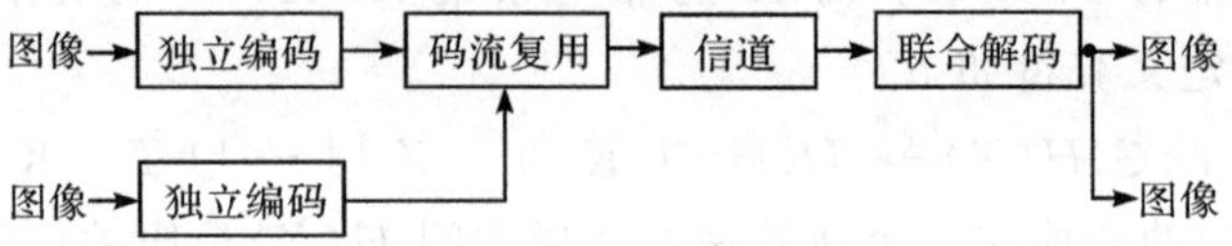

(b) Wyner-Ziv 编码结构

图 10.4 两种编码结构框图

不同的压缩方法可采用不同的编码结构。对于预测法,按该方法的描述即知比较符合条件编码结构。对于单一的分形法,由于各幅图像分开压缩,因此,更适宜采用 Wyner-Ziv 编码结构。另外,在一些应用场合,如在待编码的图像间无法交换信息的情况下,一般选择第二种编码结构进行分布式编码。为降低编码端复杂度,运动补偿和深度估计等功能模块可放入解码端。

10.3.2 编码方法

预测法的编码对象包括实际值、预测值和残差。帧内的视差补偿可用于各种预测编码,主要在空间域上进行预测,去除匹配块的空间冗余度,从而提高压缩率。而帧间的运动补偿预测编码如下。

预测时,可以前向、后向或双向预测。设定当前帧为 $x_0(k)$,其预测值为 $x'_0(k)$,残差为

$$\mathrm{FD}(k) = x_0(k) - x_0'(k) \tag{10.4}$$

设定一个阈值，当残差低于阈值时，不进行传输或几帧才传输一次，以预测值替代实际值。在残差高于阈值时，传输残差，并以预测值和残差替代实际值。基于块的帧间运动补偿预测，通常，将每一帧图像分为大小相同且互不重叠的块作为宏块，一般大小为 16×16、8×8 或 4×4，且假设宏块内所有像素运动一致且只做平移运动，然后按一定匹配规则搜寻最佳匹配块作为预测块。虽然使用平移运动的假设有助于降低算法计算量，但降低了准确度；当然不是必须假设宏块内所有像素只做平移运动。一般编码框图如图 10.5 所示。

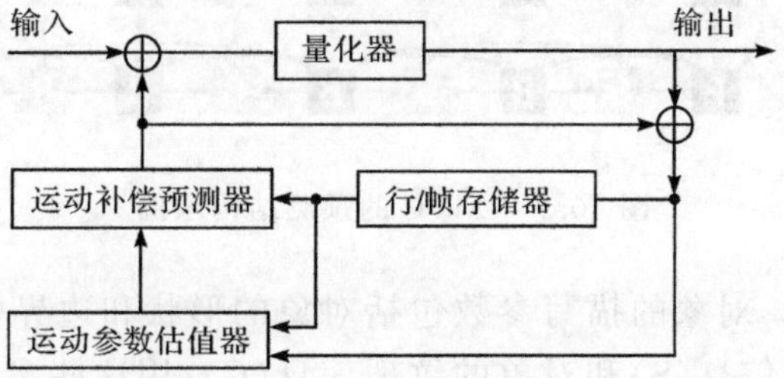

图 10.5　运动补偿预测编码框图

由于多视点视频图像的单帧中有着多幅图像，因此，需建立更有效的预测结构来提高编码效率。目前发展起来的 MVC 预测结构主要就是通过设计视点间和时域上的预测关系来去除冗余，从而提高编码效率。MVC 的一个总体结构如图 10.6所示。编码器获得 N 幅时间上同步的视频流，并将其编码形成一个码流；解码器获得这个码流，将其解码并可以按照需要生成多种视频信号。

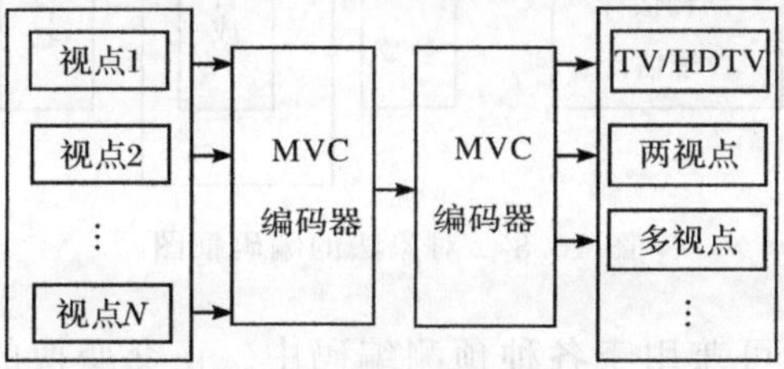

图 10.6　MVC的总体结构示例

目前，提出的预测结构包括 GoGOP（group of GOP，GOP 是指 group of pictures）、顺序视点预测和 TPO（transposed picture ordering）等。一个 MVC 的预测结构如图 10.7 所示。该结构综合使用了连续帧间、帧内和非连续帧间预测。I 帧表示采用帧内编码方式，不参考其他图像帧而只利用该帧内信息。P 帧和 B 帧图像采用帧间编码方式，不过 P 帧采用前向时间预测，B 帧采用双向时间预测。

如上所述，对象法编码的对象是一组参数。该方法使用一个分析模块将图像

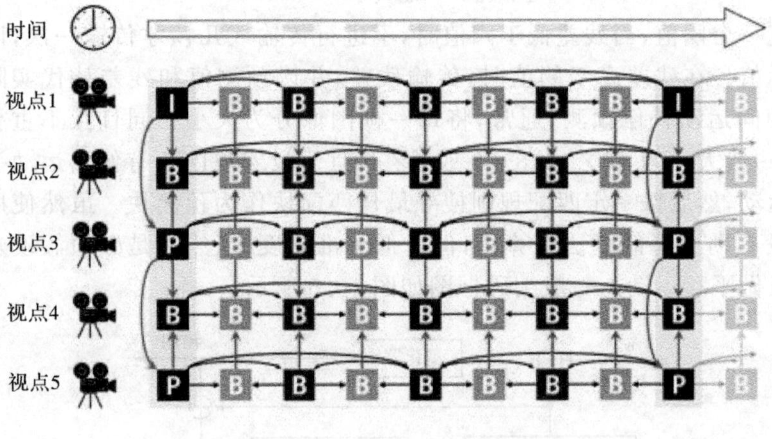

图 10.7　MVC的预测结构示例

分解为对象的集合。对象的描写参数包括对象的形状和边界(O)、对象的运动参数(M)、对象的结构信息(S)和对象的纹理信息(C),用这些参数可以构造出原始图像的近似图像或预测图像。在预测图像与实际图像之间仍有一差值,将其称为残差,因此,编码对象是对象的参数和残差。对象法编码框图如图 10.8 所示,框图中将对象分割、运动估计、结构估计和纹理估计放在一起,原因是在图像处理中这 4 种研究极为相关。

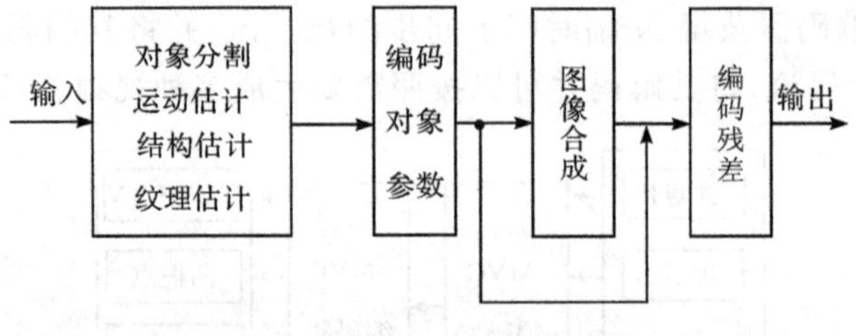

图 10.8　对象法的编码框图

变换域法一般也可兼用于各种预测编码中。正交变换的种类包括傅里叶变换、哈尔变换、斜变换、余弦变换和基于统计特性的 K-L 变换等。K-L 变换后的各系数相关性小,能量较集中,但计算复杂,执行速度较慢。DCT 性能与 K-L 变换性能接近,且有易于硬件实现的快速算法,所以得到了较广泛的运用。DCT 不仅可用于压缩,而且可以通过改变 DCT 系数的量化步长来实现信噪比分级,如 MPEG-2 和 MPEG-4 支持的信噪比分级编码。

分形法单独使用时,对每个图像单独编码。Barnsley 最初提出的分形压缩方法计算量大,需人工干预。后来,Jacquin 提出局部迭代函数系统,利用图像局部的相似性,实现了自动的分形图像压缩编码。具体操作为:首先,将原图像划分为互不重叠且恰好覆盖整个图像的值域块,同时将图像分成尺寸较大的可互相重叠的定义域块;然后,每个定义域块通过邻域平均,得到与值域块尺寸相同的图形块,再把得到的图像块做仿射变换,逼近值域块;重复操作直到找到与每个值域块对应的迭代函数,完成编码。

10.4 MPEG-2 和 MPEG-4 编码协议

一般而言,编码的方法不受编码标准的限制,但为了方便传输,编码后的码流的语法和解码方法应符合一定的标准。目前,多视点视频图像的压缩与编码主要与 MPEG-2、MPEG-4 和 H.264 等协议相兼容,每种协议综合利用上述各种压缩方法。本节介绍前两个编码协议,10.5 节将介绍第三个编码协议。

10.4.1 MPEG-2 编码协议

MPEG-2 由 ISO 和 IEC 于 1993 年发布,标准号为 ISO/IEC 13818,是运动图像及其伴音的编码。在视频处理方面,对应不同的数字电视体系的图像输入格式,MPEG-2 用级(level)加以区分,共分 4 级;级之间在输入格式和带宽等方面有区别。对每一级输入定义了类(profile);类之间在支持的编码工具等方面有区别。4 个级分别为:①低级(low level,LL),图像输入格式 352×240×30pixel/s 或 352×288×25pixel/s,最大输出速率 4Mb/s;②主级(main level,ML),图像输入格式 720×480×30pixel/s 或 720×576×25pixel/s,高类主级 20Mb/s;③高 1440 级(high-1440 level,H114L),图像输入格式 1440×1080×30pixel/s 或 1440×1152×25pixel/s,最大输出速率 60Mb/s,高类 80Mb/s;④高级(high level,HL),图像输入格式 1920×1080×30pixel/s 或 1920×1152×25pixel/s,最大输出速率 80Mb/s,高类 100Mb/s。

MPEG-2 有 7 个类,分别为:①简单类(simple profile,SP),无分级性,无内插图像帧,其他与主类相同;②主类(main profile,MP),较简单类增加了双向预测工具,无分级性;③MPEG-2 422 类,采用 4∶2∶2 取样方式,4∶2∶2 是宏块中一种亮度和色度的取样方式,代表 4 个亮度像块、2 个 Cb 色差像块、2 个 Cr 色差像块;④信噪比可分级类(SNR scalable profile),提供按信噪比的可分级性;⑤空间可分级类(spatially scalable profile),支持图像空间域分辨率的可分级性;⑥高类(high profile),支持 4∶2∶2 及全部可分级性;⑦multi-view 类,部分支持多视点编码。

MPEG-2 的编码码流分为 6 个层次。为更好地表示编码数据,MPEG-2 用句法规定了一个层次性结构,它分为 6 层,自上到下分别是:视频序列(video sequence)、图像组(GOP)、图像(picture)、图像片(slice)、宏块(macro block)和块

(block)。下面分别予以介绍。

视频序列相当于一系列连续的场景，它含有序列起始码(start code,SC)和序列头；序列头中包含图像尺寸、宽高比和图像速率等信息。为保证随时切换序列，序列头需要重复发送。

图像组是由相互间有预测或生成关系的一组图像组成的小组，是对编码后的视频流进行编辑存取的基本单元。

图像是图像编码的基本单元，分为I、P和B三类。I帧采用帧内编码方式，不参考其他图像帧而只利用该帧内信息。P帧和B帧图像采用帧间编码方式，即同时利用了空间和时间上的相关性。P帧图像只采用前向时间预测，可以提高压缩效率和图像质量。P帧图像中可以包含帧内编码的部分，即P帧中的每一个宏块可以是前向预测，也可以是帧内编码。B帧图像采用双向时间预测，可以大大提高压缩倍数。常用的图像组结构是：I、B、B、P、B、B、P、B、B、P、B、B。

图像片由一系列连续的宏块组成，顺序与扫描顺序一致。MP@ML中一个图像片必须在同一宏块行内。

宏块是运动预测的基本单元。在该协议中有3种宏块结构，即4∶2∶0，4∶2∶2和4∶4∶4，分别对应三种亮度和色度的取样方式。

DCT以块作为基本单元。进行帧内编码时，编码图像经过DCT、量化器和比特流编码器生成编码比特流，不经过预测处理。帧间编码时，若前后帧相似，待编码图像首先与帧存储器中的预测图像相比较，计算出运动参数和预测图像。再将残差图像进行DCT变换，经过量化器和比特流编辑器生成最终码流。若不相似，进行帧内编码。编码器原理框图如图10.9所示，其中，VLC(variable length coding)是指可变长度编码。

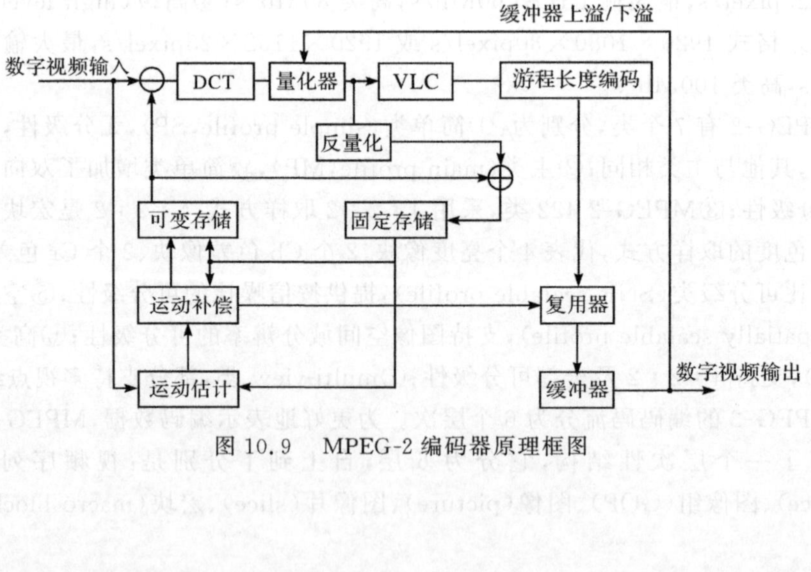

图10.9　MPEG-2编码器原理框图

MPEG-2 支持信噪比可分级性和空间可分级性，前者可以实现不同质量的视频的兼容，后者利用对像素的抽取和插入来实现不同级别的转换。

10.4.2　MPEG-4 编码协议

MPEG-4 的标准号为 ISO/IEC 14496。在视频编码方面，它包含 MPEG-2 的大部分功能。MPEG-4 与 MPEG-2 的最大区别在于它支持采用基于对象的方式描述场景结构信息。在编码时，将一幅景物分成若干在时间和空间上相互联系的视频对象，分别编码后，再经过复用传输到接收端，然后再对不同的对象分别进行解码，合成原视频。这样，可以对不同对象采用不同的编码方法，也利于不同对象的融合。因此，MPEG-4 支持合成视频编码，也支持自然视频编码。

MPEG-4 的数据结构分为 5 层：视频序列、视频对象（video object，VO，由 VS 中提取）、视频对象层（video object layer，VOL，VO 中包含的形状、运动和纹理信息等）、视频对象平面组（group of VOP，GOV）、视频对象平面（video object plane，VOP，独立编码是 I-VOP，运动补偿编码是 P-VOP 或 B-VOP）。面向对象的 MPEG-4 的具体编码方法如下。

首先，分析待编码视频序列，得到不同的 VOP 及各 VOP 的形状和位置信息，以这些信息来控制各 VOP 的运动和纹理编码。运动和纹理信息的编码采用预测法。最后编码后的纹理信息、形状信息和运动信息等形成该 VOP 的比特流层。不同视频对象的 VOP 序列分别编码，形成多比特流层，码流复用后开始传输。传送顺序为形状信息、运动信息和纹理信息。MPEG-4 的编码原理框图如图 10.10 所示，图中 VOP0 表示第 0 个 VOP，VOPn 表示第 n 个 VOP。

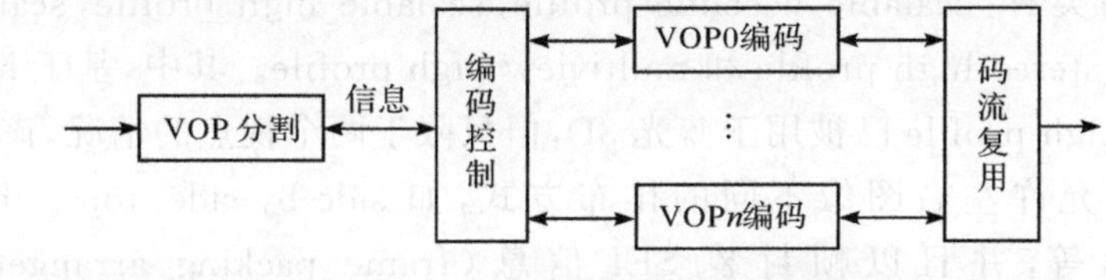

图 10.10　MPEG-4 编码原理框图

为适应不同的网络环境和显示装置，MPEG-4 通过视频对象层数据结构实现分级编码，其基本分级工具包括时域分级、空域分级和质量分级，也支持时域和空域的混合分级。质量分级也称为信噪比分级。每一种分级编码至少包含两层 VOL，低层称为基本层，其他层称为增强层。

时域分级可以通过增强层来增加视频序列中某个对象的时域分辨率，即帧率，使其更加平滑。时域分级包括两大类：时域预测编码和小波变换编码。时域预测编码的原理在于解码图像组的不同子集，使接收端接收的帧率改变：基本层帧率变低，增强层帧率变高。小波变换中，通常采用不同带通的小波滤波器。低通小波滤波器重建的图像信息是原始图像序列的滑动平均值；在解码帧率增加时图像质量提高。

空域分级可以通过增强层来强化基本层的空域分辨率。基本层由对低空间分辨率视频数据的预测编码组成；增强层采用比特面编码技术。比特面编码技术首先把每个像素的相同比特位的比特抽取出来构成该比特位的比特面，然后按对图像重建的质量的影响排出比特面的优先级，优先编码优先级高的面，再将该比特面分块编码。

10.5　H.264/MPEG-4 AVC编码协议

H.264/MPEG-4 AVC协议在ITU-T标准中称为H.264，在ISO/IEC标准中称为MPEG-4第10部分或MPEG-4 AVC，其正式标准号为ISO/IEC 14496—10，该协议设计的主要目标是与其他现有的视频编码标准相比在相同的带宽下提高图像质量，目前已经成为主流的网络视频编码技术，并被普遍认为是最具影响力的行业标准。

该协议的类定义一组编码工具和算法，用于产生一致的比特流。该协议共包含17个类。不可扩展的类有：constrained baseline profile(CBP)、baseline profile(BP)、main profile(MP)、extended profile(XP)、high profile(HiP)、high 10 profile(Hi10P)、high 4∶2∶2 profile(Hi422P)和high 4∶4∶4 predictive profile(Hi444PP)。一些特殊应用的类有：high 10 intra profile、high 4∶2∶2 intra profile，high 4∶4∶4 intra profile和CAVLC 4∶4∶4 intra profile。需要扩展的场合，设定的类有：scalable baseline profile，scalable high profile，scalable high intra profile，stereo high profile和multiview high profile。其中，基于MVC工具集的stereo high profile已被用于蓝光3D，但只限于两个视点的情况，该类提供帧间预测功能，允许左右图像不同的排布方式，如side-by-side、top-to-bottom和checkerboard等，并且以帧封装SEI信息(frame packing arrangement SEI message)，即一种新的附加增强信息(supplemental enhancement information message，SEI)来指示解码器正确解码。为处理多个视点的情况，该协议把MVC标准作为一个扩展；multiview high profile即定义于这个扩展中，但该类不支持隔行扫描视频的编码。各个类支持的特性不一样。该协议包含15个级限制比特流的部分关键参数，分别为：1，1b，1.1，1.2，1.3，2，2.1，2.2，3，3.1，3.2，4，4.1，4.2，5和5.1。每一级在max macro-blocks per second，max frame size(macro-blocks)，max video bit rate(VCL) for baseline，extended and main profiles，max video bit rate(VCL) for high profile，max video bit rate(VCL) for high 10 profile，max video bit rate(VCL) for high 4∶2∶2 and high 4∶4∶4 predictive profiles

等方面有一些差别。

该协议支持灵活宏块排序(flexible macroblock ordering,FMO)。每个像条组是多个宏块集合,通过宏块到像条组的映射表定义;该映射表在图像参数集中指定。每个宏块有一个像条组标识号,所有像条组标识号构成宏块到像条组映射表。不同像条组按同一像条组中的宏块,按其编号顺序依次处理。该特性可以提供更多宏块扫描图样,如交织图样、点缀图样和棋盘图样等。

该协议支持 5 种像条编码类型。I 像条是最简单的编码类型,所有的宏块不参考视频序列中其他的图像;P 像条的部分宏块可以利用帧间预测,每个预测块至多可使用一个运动补偿预测信号;B 像条的部分宏块可以利用帧间预测,每个预测块可使用两个运动补偿预测信号;SP 像条(切换 P 像条)能在不同编码图像之间有效地切换;SI 像条(切换 I 像条)允许 SP 像条的宏块完全匹配,达到随机读取数据进行解码和恢复错误的目的。

该协议另外增加了网络友好性,编码器分为视频编码层(VCL)和网络抽象层(network abstract layer,NAL)。编码器结构如图 10.11 所示。NAL 规范视频数据的格式,用于表述通过特定类型网络进行递送,使得 H.264 的文件可以在不同网络环境传输。每个 NAL 单元前有一个起始码 0x000001,实际应用中可能会在该起始码前添 0;下一个起始码表示当前 NAL 单元的结束;解码器检测到 0x000000 也表示当前 NAL 单元结束,因此,在数据中出现这两个码字从而形成与起始码的竞争或者出现 0x000002、0x000003 时,H.264 采用了防止竞争机制,在检测到两个连续的 0x00 字节时就插入 0x03。每个 NAL 单元首先包括一个字节的头信息。头信息包含 1 比特的 F(forbidden_zero_bite,值为 1 时包含语法错误)、2 比特的 NRI(nal_ref_idc,值为 00 时表示该 NAL 单元的内容不用于帧内预测中参考图像的重建,值为其他时表示解码该 NAL 单元时必须保持参考图像的完整性)和 5 比特的 nal_unit_type(指示该 NAL 单元是 32 种类型中的哪一种)。NAL 单元分为 VCL NAL 单元和非 VCL NAL 单元。VCL NAL 单元包含视频图像采样值;非 VCL 的 NAL 单元包含其他附加信息。VCL 原理框图如图 10.12所示,其中,F_n 和 F_{n-1} 分别指当前帧和前一帧图像,F'_{n-1} 指参考帧的上一帧图像。编解码流程主要包括 5 个部分:运动补偿、帧内预测、变换和反变换、量化和反量化、环路滤波和熵编码。编码输出的数据会按语法封装进 NAL 单元。

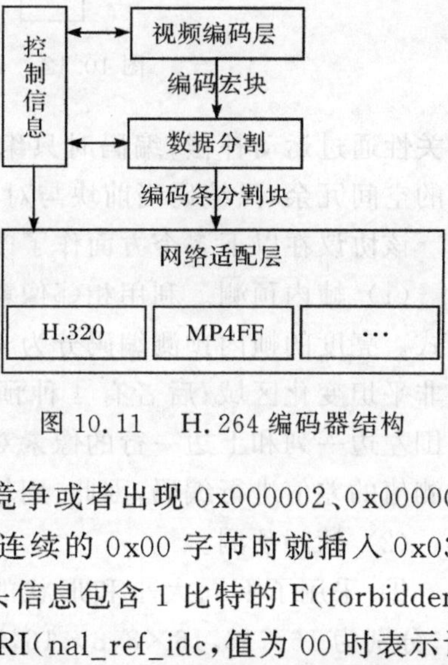

图 10.11　H.264 编码器结构

该协议将视频图像以宏块为单位进行处理。在连续的图像块之间,利用时域

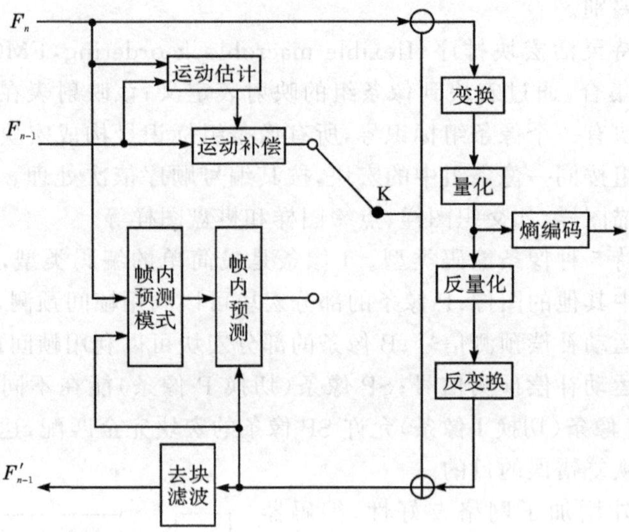

图 10.12　H.264 视频编码层原理框图

相关性通过运动补偿，编码时只编码帧间预测误差。在运动估值以后，利用了残差的空间冗余，只编码当前块与对应预测块之间的差。

该协议在以下多个方面作了改进：

(1) 帧内预测。利用相邻像素可能存在相同纹理的特性，采用新的帧内预测模式。亮度的帧内预测编码分为 4×4 和 16×16 两种。前者有 9 种预测模式，适合非平坦变化区域；后者有 4 种预测模式，适合平坦变化区域。利用当前像素块周围左边一列和上边一行的像素对当前像素块中的像素进行预测，只对实际值和预测值的差值进行编码，因此，用较少比特数完成了编码。

(2) 帧间预测。

① 采用了不同大小和形状的宏块分割与亚分割方法。宏块模式扩展为 7 种，分别为 16×16，16×8，8×16，8×8，8×4，4×8 和 4×4。后 4 种为 8×8 分割时可选的亚分割。这样，可以组成很多种宏块的分割方法，对分割出的每个亮度块都进行运动估值，方便进行运动补偿。

② 运动估计方面，利用整像素点的亮度/色度值进行内插得到亚像素位置的像素值进行匹配，使运动估计的精度得到提高。先获得整像素时的最优匹配点，然后获得半像素精度的最优匹配点，再获得 1/4 像素精度点。

③ 运动矢量可跨越图像边界，即图像边界外推。

④ 多参考帧预测。最多可支持前向和后向各 5 个参考帧，这样，提高了编码效率。

(3) 采用的变换域方法。采用变换域方法时使用整数变换而非浮点数变换。

目前，采用的三种不同的变换矩阵如下：

$$\begin{bmatrix}1 & 1 & 1 & 1\\2 & 1 & -1 & -2\\1 & -1 & -1 & 1\\1 & -2 & 2 & -1\end{bmatrix}\begin{bmatrix}1 & 1 & 1 & 1\\1 & 1 & -1 & -1\\1 & -1 & -1 & 1\\1 & -1 & 1 & -1\end{bmatrix}\begin{bmatrix}1 & 1\\1 & -1\end{bmatrix} \tag{10.5}$$

对预测残差块，块的尺寸为 4×4，变换核为第一个矩阵，获得 16 个直流系数。对这些系数的变换核为第二个矩阵。对宏块中的色度块的 4 个直流系数，变换核为第三个矩阵。

(4) 自适应帧/场编码。编码对象可以是一帧图像，也可以是一场图像。将一帧图像隔行扫描，就得到两场图像。编码帧时，有三种模式：①结合两场成一个完整帧，作为帧编码，称为帧模式；②两场分别编码，称为场模式；③结合两场构成一个完整帧，在编码时，将帧中垂直相邻的两个宏块合并为宏块对，再进行编码。在前两种模式之间选择称为自适应帧/场编码(PAFF)。在图像包含运动区和非运动区时，对非运动区图像采用帧模式，对运动区域采用场模式。这样，每个垂直宏块对可独立选择帧/场模式编码。这种编码选择称为宏块自适应帧/场编码(MBAFF)。

10.6　多视点视频编码

MVC 泛指对多视点视频进行编码。MVC 的应用场合很多，如 FVV(free viewpoint video)和 3D 电视。MVC 方法的关键是如何在满足各种应用需求的条件下减少视点间的冗余，从而提高视点间编码效率。就编码协议而言，MPEG-2、MPEG-4 和 H.264/MPEG-4 AVC 协议均支持或部分支持 MVC；2D 加深度格式标准化于 ISO/IEC 23002—3：2007，2D 加 Delta 格式标准化于一系列标准。MPEG-2 提供了 multiview profile 以支持两路视频的编码。multiview profile 基于块，并且使用了运动补偿预测和视差补偿预测来消除视点间冗余。MPEG-4 提供了 MAC(multiple auxiliary components)以支持多视点视频的编码。利用视差估计的 MPEG-4 多视点编码大致方案是：编码端先计算出视点 2 视频相对于视点 1 视频的视差，然后编码视点 1 视频和视差，并把视差信息放入 MAC；解码端先解码出视点 1 视频和视差，然后合成视点 2 的视频。在 H.264/MPEG-4 AVC 中，由于协议本身就提供了帧内预测编码和多参考帧等技术，该协议可以更充分地支持 MVC；MPEG 将 MVC 标准作为 H.264/MPEG-4 AVC 的一个扩展。目前的 MVC 可以基于小波变换或者基于 H.264/MPEG-4 AVC，但在主观测试中，相较于 JSVM(joint scalable video model，联合视频组 JVT 在 SVC(scalable video coding，可分级编码)项目的参考软件，其基本层与 H.264/MPEG-4 AVC 兼容。

另外，JMVM(joint multiview video model)是在 JSVM 基础上修改并支持 MVC)，在分级性上后者表现较好。本节将主要介绍基于 H.264/MPEG-4 AVC 的 MVC 标准和部分 MVC 的研究内容。

10.6.1 MVC 标准

MVC 标准的需求分为压缩相关和系统支持两个方面。在压缩相关方面，相较于每个视点帧图像的单独 H.264 编码，MVC 必须提供更高的压缩效率；必须提供视点间可分级性，以较小的解码代价实现视点间切换；必须提供自由视点可分级性，即可以产生虚拟视点的帧图像；具有空域/时域/质量可分级性，以适应不同的带宽和选择需求；具有向后兼容性，在码流格式上与 H.264/ MPEG-4 AVC 兼容；最好占用的资源较少，如内存、带宽、CPU 时间等；支持低延迟编码或低延迟解码，以适应实时应用；最好有较强的健壮性，以适应易于出错的网络，如无线网络；支持 QCIF 到 HD 的分辨率；支持 YUV 4∶2∶0 格式；支持视点间图像灵活的质量控制，如使各视点间图像质量相当；支持时域随机访问，如以尽可能小的解码代价访问给定时刻的某帧图像；支持视点间随机访问，如以尽可能小的解码代价访问给定视点的某帧图像；最好能支持空域随机访问，即访问某幅图像的一部分；支持解码端资源管理，如使同一时刻的各视点间图像同时解码输出；并行处理等。在系统支持方面，必须支持多视点图像的同步；最好能够支持多种拍摄方式和 3D 显示模式；最好能够支持拍摄参数的传输。在某些需求之间需要做出权衡，如在提高编码效率和提高随机访问的时间之间做出权衡。

在对其需求的实现上，MVC 标准在 H.264/MPEG-4AVC 基础上主要进行了一些高层语法扩展，而没有进行在 slice 层面以下的修改，旨在支持灵活的预测结构，同时又较容易与现有硬件兼容。编码工具方面，MVC 标准的 multiview high profile 采用 H.264/MPEG-4 AVC high profile 的编码工具。一些编码工具，如运动跳过模式、亮度补偿、自适应参考滤波和视点间同步预测等，虽然已经在 JMVM 中有一些采用，但考虑到兼容性和复杂度等因素，仍需要进一步评估以确定是否足以写入 MVC 标准。

MVC 标准为保持向后兼容性，采用某个视点作为基本视点(basic view)，并将其视点的图像做 H.264/MPEG-4 AVC 编码。其他视点的图像作为增强层图像使用。MVC 的预测结构可以是为了提高编码效率，也可以是基于某些特殊的应用需求，如快速随机访问的需求。最简单的预测结构是 simulcast 预测结构，特点是每个视点的图像独立进行编码，视点间不设定参考关系。该预测结构易于硬件实现。引进视点间参考关系可以消除视点间冗余度，提高编码效率。目前，JVT 采用的参考预测结构为基于分层 B 帧的视点间/时域混合预测结构。该结构由 HHI 提出，如图 10.13 所示。在预测结构方面，MVC 标准通过扩展序列参数集(sequence parameter set MVC extension,SPSE)来表明视点间预测结构,支持相当灵活的视点间预测结构。预测结构越复杂,对参考帧和解码缓冲区的管理越复杂。因此,MVC 标准在 H.264/MPEG-4 AVC 基础上定义了新的语法元素来增强参考图像列表管理能力,可支持视点内时域帧预测和视点间帧预测,以及在参考帧列表中加入、排序和移除参考帧。同时,MVC 标准利用视点间预测关系优化解码缓冲区的大小。

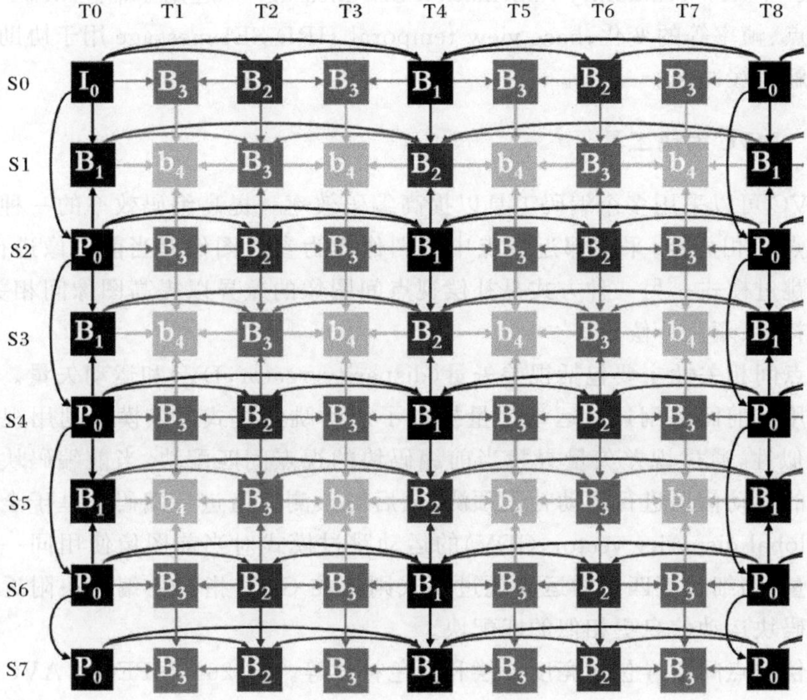

图 10.13　基于分层 B 帧的视点间/时域混合预测结构

为适应复杂的预测结构同时实现 H.264/MPEG-4 AVC 网络抽象层的功能,MVC 标准扩展了 NAL 头信息。扩展后的 NAL 头信息包含:non_idr_flag,值为 0 时表示当前单元是 IDR(instantaneous decoding refresh,即时解码刷新)单元;view_id,表示当前 NAL 单元的数据对应于哪个视点;temporal_id,表示时域上的序号;priority_id,标志当前 NAL 单元的重要性;inter_view_flag,值为 0 时表示当前数据不被用做视点间预测;anchor_pic_flag,标识 GOP 的最后一个帧;reserverd_one_bit,值为 1,用来预留给未来新的扩展使用。

MVC 标准定义了各种附加增强信息以实现各种需求,这些附加增强信息及其作用是:parallel decoding information SEI message 用于并行解码;MVC scalable nesting SEI message 用于指示嵌套附加增强信息的作用范围；view scalability information SEI message 用于视点间分级；multiview scene information SEI message 用于定义最大视差；multiview acquisition information SEI message用于存储摄像机参数和场景信息；non-required view component SEI message用于表示不参与视频某一部分解码的视频帧；view dependency change SEI message 用于描述视点间预测关系的变化；operation point not present SEI message 与 view scalability information SEI message 一起用于描述 MVC 码流中可用视点、帧率等的变化；base view temporal HRD SEI message 用于协助管理基视虚拟解码缓冲区。

10.6.2 MVC 编码工具

MVC 可以采用多个编码工具以提高编码效率。提高编码效率的一种方式是利用视点间相关性，采用邻近视点中的图像作为参考图像对当前图像进行预测，如运动跳过模式。另一种方式是补偿视点间图像的差异以提高图像间相关度，包括亮度补偿、颜色补偿等。

视点间相关性主要包括视差矢量(disparity vector，DV)和运动矢量。视差矢量的运用在前面已阐述。运动矢量提供了运动跳过模式。该模式利用视点间运动的相似性，通过视差矢量寻找当前编码块的视点间匹配块，当前编码块借用该匹配块的运动信息进行运动补偿预测，最后对预测差值进行编码。基于全局视差矢量(global disparity vector，GDV)的运动跳过模式对当前图像使用同一个全局视差矢量；精细粒度匹配的运动跳过模式则是在 GDV 指向的编码块附近搜索与当前编码块运动信息更相似的匹配块。

补偿视点间差异包括亮度补偿和颜色补偿等。H.264/MPEG-4 AVC 提供了加权预测技术，从全局上进行亮度补偿。对于局部变化的亮度差异，采用局部亮度补偿法。MVC 还可采用自适应局部亮度补偿法。该方法假定视点间的亮度差异主要反映在直流分量上，因此，进行视差估计时采用平均绝对误差(mean removed sum of absolute differences，MRSAD)，即

$$\mathrm{MRSAD}(x,y)=\sum_{b}\left|\left[f(i,j)-M_{\mathrm{cur}}\right]-\left[r(i+x,j+y)-M_{\mathrm{ref}}\right]\right| \tag{10.6}$$

式中，求和下标 b 表示在当前编码块内求和；$f(i,j)$表示当前编码块中(i,j)像素的亮度采样值；$r(x,y)$指视差矢量指向的参考块对应坐标的像素值；M_{cur} 和 M_{ref}分别代表当前块和参考块的直流分量，即亮度平均值。

在 3D 显示应用中，可能需要传输深度信息以全部实现多视点视频加深度信息编码。其中，在处理深度信息时，需要新的深度估计工具、深度编码方法和视点同步算法等。另外，面向对象的思想也已经成功扩展到多视点视频，这相比于基

于块的与 H.264/MPEG-4 AVC 兼容的 MVC 有望提供更高的编码效率。为保证码流在信道的正确传输，特别是在容易出错的网络，如无线网络中的正确传输，MDC(multiple description coding)正在发展中。

参考文献

霍俊彦. 2008. 提高多视点视频编码效率的技术研究[博士学位论文]. 西安：西安电子科技大学.

蒋刚毅，张云，郁梅. 2007. 基于相关性分析的多模式多视点视频编码. 计算机学报，30(12)：2205－2211.

李大海，王琼华，张际，等. 2010-05-19. 一种立体图像编码方法：中国，ZL200710048222.0.

刘苏醒. 2009. 基于多视点三维视频系统的若干关键技术研究[博士学位论文]. 上海：上海大学.

王强，郭晓强，解伟. 2010. 多视视频编码标准 MVC. 广播与电视技术，10：84－91.

王世刚，林青，付庆兴，等. 2009. 基于视差和帧差运动检测的立体视频对象提取与压缩编码. 中国体视学与图像分析，14(1)：67－72.

姚庆栋，毕厚杰，王兆华，等. 2006. 图像编码基础. 第三版. 北京：清华大学出版社.

张兆杨，安平，张之江，等. 2010. 二维和三维视频处理及立体显示技术. 北京：科学出版社.

Barnsley M F，Hurd L P. 1993. Fractal Image Compression. Wellesley：AK Petters，Ltd.

Blake A，Isard M. 1998. Active Contours. London：Springer.

Cao X，Liu Y B，Dai Q H. 2009. A flexible client-driven 3DTV system for real-time acquisition transmission，and display of dynamic scenes. EURASIP Journal on Advances in Signal Processing，15：452－467.

http：//www. 3dtv-research. org/publicDocs/techReports08/D30. 3_Public. pdf.

http：//www. business-sites. philips. com/shared/assets/global/Downloadablefile/Philips-3D-Interface-White-Paper-13725. pdf.

http：//www. microsoft. com/windows/windowsmedia/howto/articles/vcltechoverview. aspx # Conclusion.

ISO/IEC JTC 1/SC 29/WG 11. 1993. MPEG-2 Committee Draft. CD13818：Information Technology.

ISO/IEC JTC 1/SC 29/WG 11. 2008. Introduction to Multiview Coding.

ISO/IEC/SC29/WH11 N3312. 2001. MPEG Video Group. MPEG-4 Video Verification Model Version 16. 0.

Jacquin A E. 1992. Image coding based on a fractal theory of iterated contractive image transformations. IEEE Transactions on Image Processing，1(1)：18－30.

JVT of ISO/IEC MPEG and ITU-T VCEG. 2003. Draft ITU-T Recommendation and Final Draft International Standard of Joint Video Specification (ITU-T Rec. H. 264/ISO/IEC 14496-10AVC)，JVT-G050.

Luo Y，Zhang Z Y，An P. 2003. Stereo video coding based on frame estimation and interpolation. IEEE Transactions on Broadcasting，9(1)：14－21.

Mandelrot B B. 1967. How long is the coast of Britain-statistical self-similarity and fractal dimension. Science, 156(3775): 636—638.

Sarkar N, Chaudhuri B B. 1994. An efficient differential box-counting approach to compute fractal dimension of Image. IEEE Transactions on Systems, Man, and Cybernetics, 24(1): 115—120.

Sun H F. 2008. Multiview video coding. Mitsubishi Electric Research Laboratories.

Telecommunication Standardization Sector of ITU. 2009. ITU-T H-Series-Recommendations: Advanced Video Coding for Generic Audiovisual Services.

Telecommunication Standardization Sector of ITU. 2010. Recommendation ITU-T H. 264.

Wiegand T, Sullivan G J. 2003. Overview of the H. 264/AVC video coding standard. IEEE Transactions on Circuits and Systems for Video Technology, 13(7): 560—576.

第 11 章　立体观看视疲劳

如第 1 章所述，根据显示机理和人眼视觉生理之间是否存在矛盾，3D 显示分为助视/光栅 3D 显示和真 3D 显示两大类。相对于真 3D 显示，助视/光栅 3D 显示因具有结构简单和性能良好等优点而备受关注，但它同时也存在使观看者产生立体观看视疲劳等问题，从而大大限制了其广泛应用。本章将主要介绍助视/光栅 3D 显示的立体观看视疲劳的概念、评价方法，以及引起立体观看视疲劳的各种因素和相应的改善方法。

11.1　立体观看视疲劳概述

助视/光栅 3D 显示所提供的立体图像在给观看者带来 2D 显示所得不到的沉浸感、纵深感和实在感的同时，也给观看者带来了立体观看视疲劳的烦恼。本节将对助视/光栅 3D 显示的立体观看视疲劳进行概述性介绍。

11.1.1　立体观看视疲劳概念

观看过助视/光栅 3D 显示图像的人们所诉说的人体不适症状一般有生理和心理两个方面。例如，当观看者说到眼皮沉重、眼睛不舒适时，那是指心理上的感受。而在生理上，多为伴随着视力和调节力下降等其他知觉性症状。我们把观看者在观看助视/光栅 3D 显示图像时所产生的视疲劳称为立体观看视疲劳。

助视/光栅 3D 显示图像对观看者的影响主要有图 11.1 所列举的症状，这些症状不仅包括视疲劳，还有局部疲劳、植物神经系统症状及眩晕等。这些症状与其产生原因之间的因果关系存在不确定性，如头痛，既可以认为它是不同原因引起的症状，又可以认为它是引起不同症状的原因。另外，由于当前助视/光栅 3D 显示器的性能还不够完善，也导致了立体观看视疲劳的产生。例如，在分析头盔 3D 显示器产生立体观看视疲劳的原因时，应该考虑以下因素：头盔 3D 显示器的清晰度和对比度不足等这种与普通 2D 显示器共有的因素、两眼集合和焦点调节的不一致这种 3D 显示器特有的因素、头盔 3D 显示器的重量和佩戴性方面的因素、图像跟踪速度比头部运动速度慢的视觉与其他感觉之间的匹配性的因素等。立体观看视疲劳是在这许多因素共同作用下产生的。

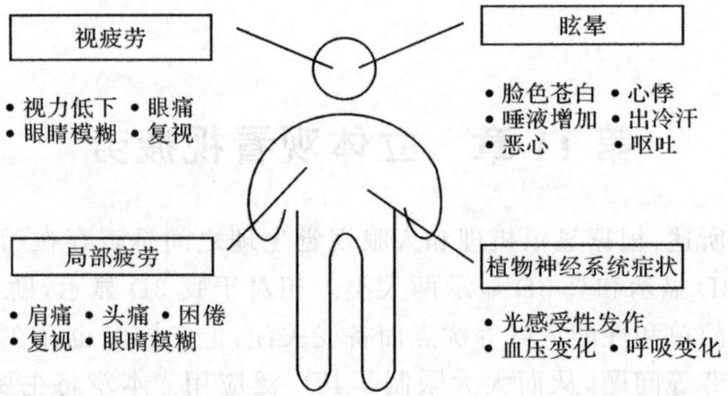

图 11.1 助视/光栅 3D 显示器使用中的人体不适症状

11.1.2 立体观看视疲劳的产生原因

立体感知受很多因素影响，如初始数据的准确性、可视环境和 3D 显示器的特性等。如果 3D 显示器出现任何缺陷，以及制作的立体场景不同于现实世界的环境时，都可能造成一些扭曲失真，从而产生立体观看视疲劳。通常，把引起立体观看视疲劳的主要因素分为 4 类，下面逐一对它们进行简单介绍。

1. 显示机理和人眼视觉生理之间的矛盾

观看现实世界的物体及真 3D 显示器上的立体图像时，两眼集合和焦点调节是一致的，而在观看助视/光栅 3D 显示器上的立体图像时，两眼集合在立体图像上，而焦点调节则在 2D 显示屏上，两眼集合和焦点调节之间是不一致的，这是产生立体观看视疲劳的根本原因。

2. 3D 显示器性能的不完善

3D 显示器性能的不完善也是引起立体观看视疲劳的一个主要原因，如助视/光栅 3D 显示器中的立体眼镜/光栅等分光元件的分光效果不佳等便会引入串扰现象。

3. 视差图像的制作

(1) 不合理的视差取值。视差包括水平视差和垂直视差。其中，水平视差是实现 3D 显示的主要因素，但过大的水平视差取值是引起立体观看视疲劳的一个主要原因。此外，垂直视差对于助视/光栅 3D 显示是不起作用的，反而极易引起观看者的立体观看视疲劳。

(2) 有缺陷的左右视差图像。观看者观看助视/光栅 3D 显示器时，两眼分别看到左右视差图像，在大脑中将其融合为立体图像。当左右视差图像出现亮度、颜色、对比度差异及几何畸变等缺陷时，观看者有可能会产生视疲劳或者精神紧张等症状。在长时间观看助视/光栅 3D 显示器时，有缺陷的左右视差图像也是引起立体观看视疲劳的一个主要原因。

(3) 立体图像深度的跳跃性变化。观看立体视频时，较之立体深度跳跃性变化的图像，立体深度连续变化的图像使观看者观看更舒适。因此，制作立体视频的时候，合理安排图像的立体深度变化有益于减轻立体观看视疲劳。

(4) 立体图像纵深方向的运动速度。如果纵深方向的运动速度过快，观看者的两眼集合就会跟不上，立体视觉也就得不到，从而无法得到正确的纵深感，而且有可能看到重影，导致立体观看视疲劳。

(5) 过多的运动图像。不管是在 3D 显示还是 2D 显示中，过多的运动图像会增加观看者的视疲劳。

(6) 盆景效应和布景效应的现象。所谓盆景效应，也称为木偶剧效应，是指 3D 显示的物体或者人物看上去就像盆景或者洋娃娃那样变小了的一种现象；而布景效应，也称为纸板效应，是指看到的立体图像就像舞台背景所用的布景一样，是一种平板式的立体图像。这两种现象都会使观看者产生不自然的立体视觉，从而引起立体观看视疲劳。

4. 与观看者及观看环境有关的因素

(1) 观看者。观看者的身体状况及观看 3D 显示时的状态等都是引起立体观看视疲劳的因素。

(2) 观看环境。3D 显示使用场所的观看条件也是引起立体观看视疲劳的因素，如观看距离、屏幕大小和屋内的光线等。

以上对引起立体观看视疲劳的各种因素进行了简单介绍，本章后续小节将对其中一些主要因素进行详细阐述。

11.1.3　立体观看视疲劳的评价方法

立体观看视疲劳的评价方法是进行立体观看视疲劳研究的保障，只有正确的评价方法才能得到合理的结果。立体观看视疲劳的评价方法分为主观和客观两种。

1. 主观评价方法

观看者在观看助视/光栅 3D 显示器上的立体图像后往往有眼疲劳、复视、眼困倦，甚至头痛等症状，这些主观感觉可以让观看者主观表述。先将立体观看视疲劳分为几个等级，并列出各等级的表现特征，然后让观看者说出观看助视/光栅

3D显示器上的立体图像后立体观看视疲劳的程度，这是目前常用的立体观看视疲劳评价方法。例如，当立体观看视疲劳分为5个等级：1-没有视疲劳，2-轻微的视疲劳，3-中度视疲劳，4-明显的视疲劳，5-很严重的视疲劳，其各等级对应的表现特征如表11.1所示。

表11.1　立体观看视疲劳5个等级对应的表现特征

等级	表现特征
1-没有视疲劳	没有不舒适的感觉，等同于观看2D显示的感觉
2-轻微的视疲劳	出现眼疲劳、困倦等症状
3-中度视疲劳	出现复视、眼疼等症状
4-明显的视疲劳	眼疼，并伴随着头晕等其他生理状态的下降
5-很严重的视疲劳	极度不舒适，有排斥观看3D显示的强烈要求

由于主观表述往往因人而异，没有一个统一的量化标准，而且让小孩等表述不清楚的观看者来主观表述立体观看视疲劳的程度，会很难得到正确的评价结果。因此，在立体观看视疲劳的主观评价方法中，需与客观的评价方法相结合，以便获得合理的评价结果。

2. 客观评价方法

立体观看视疲劳的客观评价方法可以排除观看者的主观因素，获取的结果更可靠，但目前尚无统一的立体观看视疲劳的客观评价方法。由于视疲劳状态下人的视觉功能会发生细微的变化，通常采取测试人眼的某些生理指标的变化来客观反映立体观看视疲劳的程度，如对比敏感度函数、瞳孔直径和焦点调节响应等。图11.2是观看立体图像前后焦点调节响应屈光度曲线变化图。从该图可以看出，在观看立体图像前后，焦点调节响应有明显变化，其客观反映了立体观看视疲劳的程度。

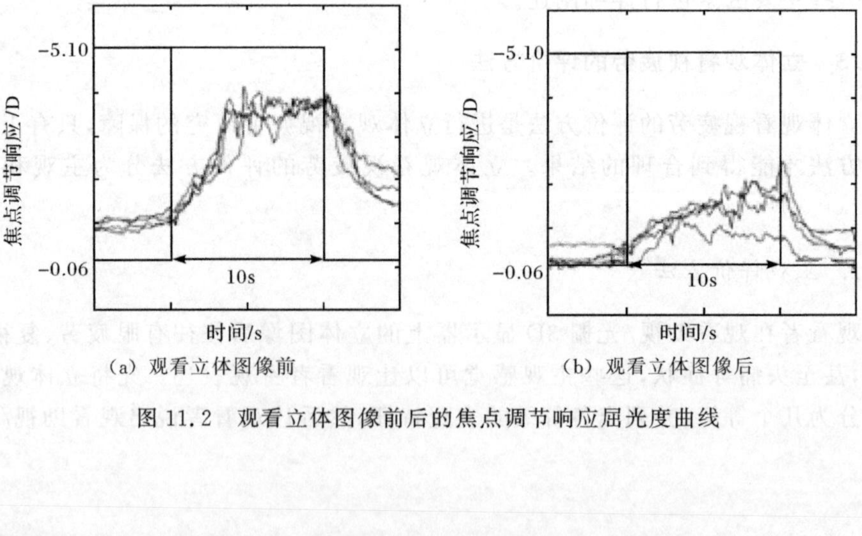

(a) 观看立体图像前　　(b) 观看立体图像后

图11.2　观看立体图像前后的焦点调节响应屈光度曲线

11.2 两眼集合与焦点调节

如前所述，助视/光栅 3D 显示的显示机理和人眼视觉生理之间的矛盾是产生立体观看视疲劳的主要原因。本节将较为详细地介绍这方面的情况。

现实世界和真 3D 显示中，人眼观看近距离物体时，双眼的睫状肌收缩，晶状体悬韧带松弛，晶状体变凸增加其屈光力，从而使近距离物体发出的光线能落到视网膜上，这一过程叫焦点调节；与此同时，为了维持双眼单视，两眼的视轴也要转向内侧，使两眼的视轴均朝向被注视的物体，这一过程叫两眼集合。正常情况下，焦点调节与两眼集合是互相协同联合运动的，焦点调节始终跟随着两眼集合的变化，即两眼集合与焦点调节是一致的，如图 11.3 所示。

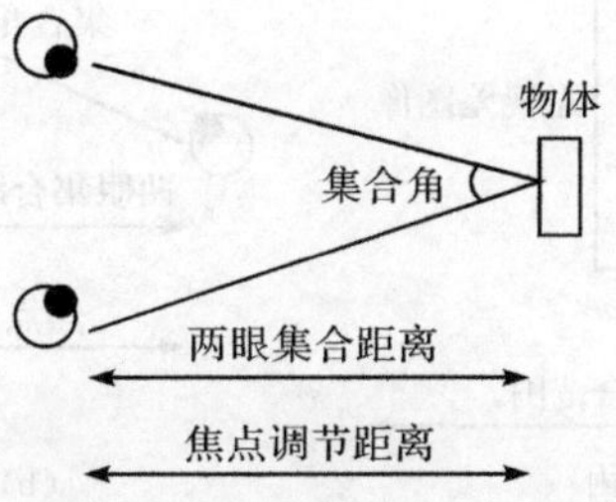

图 11.3 现实和真 3D 显示中两眼集合与焦点调节的一致性

在助视/光栅 3D 显示中，两眼集合是在立体图像上，而焦点调节则在 2D 显示屏上，两眼集合和焦点调节不一致，如图 11.4 所示。这种与现实世界和真 3D 显示的不一致，就是助视/光栅 3D 显示引起观看者立体观看视疲劳的根本原因。现阶段，其定量关系还不明确，它是助视/光栅 3D 显示不同于现实世界和真 3D 显示的原理性课题。

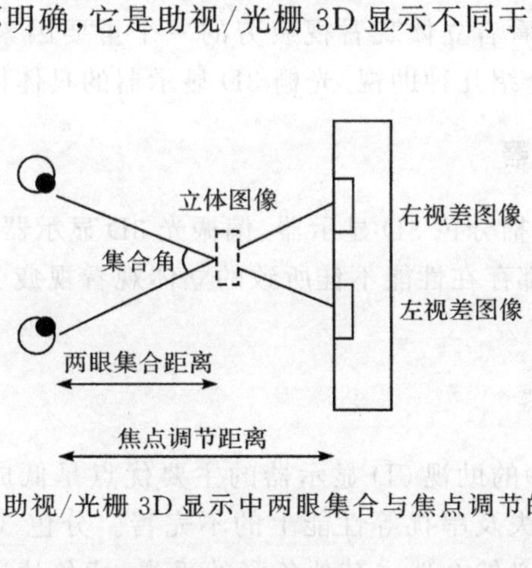

图 11.4 助视/光栅 3D 显示中两眼集合与焦点调节的不一致性

研究表明，在观看立体图像时，若左右视差图像的视差大小在融合范围内，两眼集合和焦点调节虽然不一致，但仍可以把左右视差图像融合成一幅立体图像，因此，观看者在助视/光栅 3D 显示器上看到的是一幅具有纵深感的立体图像，如图 11.5(a)所示；若左右视差图像的视差大小在融合范围之外，观看者无法将左右视差图像融合成一幅立体图像，如图 11.5(b)所示，观看者看到的是一幅不清晰的串扰图像，从而产生严重的立体观看视疲劳。因此，制作视差图像时，一定要设置好它们的视差大小。当然，即使左右视差图像在融合范围内，由于存在两眼集合和焦点调节不一致及其他一些引起立体观看视疲劳的因素，立体观看视疲劳仍然存在。

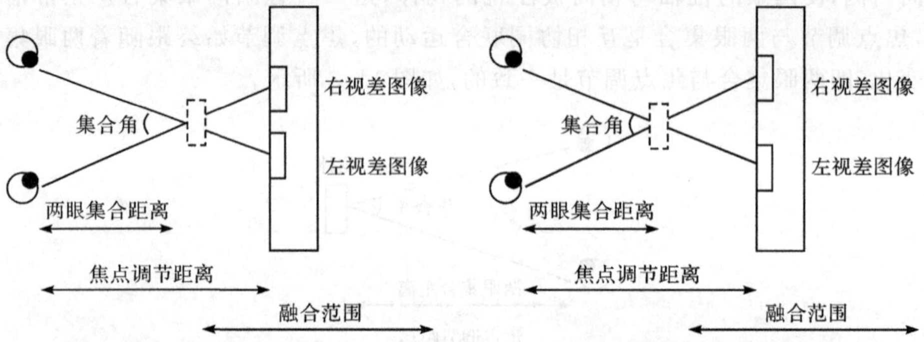

(a) 视差在融合范围内　　(b) 视差不在融合范围内

图 11.5　两眼集合和焦点调节不一致时的两种情况

11.3　引起立体观看视疲劳的器件因素

如前所述，引起观看者立体观看视疲劳的一个重要因素在于 3D 显示器的性能不完善。下面分别介绍几种助视/光栅 3D 显示器的具体情况。

11.3.1　助视 3D 显示器

助视 3D 显示器包括分色 3D 显示器、偏振光 3D 显示器、快门 3D 显示器和头盔 3D 显示器等，它们都存在性能不佳所致的立体观看视疲劳，其相应的改善方法各异。

1. 分色 3D 显示器

这种利用分色原理的助视 3D 显示器的主要优点是低成本和易于使用，但它存在色彩丢失、亮度损失及串扰等性能上的不完善。分色 3D 显示只采用两种互补色或光谱分离，这样必然会造成其他色彩的丢失；滤色片透光率低，会导致画面亮度的降低；若滤色片本身的光谱特性不理想，将会造成左右视差图像的串扰。串扰将引起立体观看视疲劳，因此，应尽量减少或消除串扰，最常用的是通过制作更好的滤色片或者使用软件的方法来减少串扰。

2. 偏振光 3D 显示器

由于只有与偏振方向相同的光线才能透过偏振光眼镜，而其他方向的光被偏振光眼镜吸收，因此，整体亮度下降。对于采用线性偏振原理的 3D 显示器，观看者的头部需垂直注视显示屏，否则，会产生左右视差图像的混叠，从而产生立体观看视疲劳。用反方向旋转的圆极化偏振光可用于解决这个问题。

对于采用两台投影机的偏振光 3D 显示系统，两台投影机投射于显示屏上的左右视差图像的大小和形状往往不完全重叠，从而造成立体观看视疲劳。为此，常采用将左右视差图像中的一幅视差图像作为基准，对另一幅视差图像进行校正，从而使它们完全重叠。

3. 快门 3D 显示器

快门 3D 显示器主要存在三个易引起立体观看视疲劳的因素：一是开关快门的不同步，同步信号的误差会造成所谓的“鬼影”现象，右眼看到一些左视差图像，而左眼看到一些右视差图像，从而造成串扰；二是因快门的开关速度不够快造成忽隐忽现的闪烁，在标准的场扫描频率(60Hz)下也会出现；三是左右视差图像分别只有奇数或偶数行组成，这导致图像亮度和分辨率的下降。

左右视差图像的切换延迟时间限制在 50ms 以内，可以减少由于开关快门不同步造成的串扰。通常，把刷新频率设为 120Hz 或 240Hz 来解决闪烁问题，这个频率是在硬件限制和舒适的立体视频输出之间的一个合理折中。

4. 头盔 3D 显示器

头盔 3D 显示器采用虚像光学系统把头上所戴微显示屏上的图像以虚像放大的方式显示在观看者的眼前，无论是在 3D 显示方式还是 2D 显示方式中，如果没有与眼睛的两眼集合功能、焦点调节功能和瞳孔间距等相适应的光学系统，就有导致视疲劳的可能性。此外，也有采取附加瞳孔间距调整机构和焦点调整机构的方法，但这会导致当观看者不能正确调整时反而更增加负担的问题。

其次，由于观看者要佩戴头盔 3D 显示器，就会有重量和平衡等所带来佩戴性问题。在头盔 3D 显示器的研究实例中，总重量增加及重量不平衡的情况下，一个小时左右就可能使观看者感到疼痛或者不舒服，因而不仅要十分注意轻量化，而且要注意重量的均衡。最近，头盔 3D 显示器的轻量化技术已有进步，它的总重量已减轻到 100g，重量问题正在得到解决。

11.3.2 光栅 3D 显示器

光栅 3D 显示器包括狭缝光栅 3D 显示器和柱透镜光栅 3D 显示器，下面将分别介绍这两种光栅 3D 显示器有可能存在的性能不完善对立体观看视疲劳产生的影响及相应的改善方法。

1. 狭缝光栅 3D 显示器

狭缝光栅 3D 显示器是通过狭缝光栅的黑条的遮挡作用和白条的透光作用实现左右视差图像的分离，这种方式的缺点是黑条的遮挡作用使图像变暗了，降低了图像的亮度。然而，狭缝光栅 3D 显示器具有成本低的特点，加之采用液晶狭缝光栅易于实现 2D/3D 兼容，目前仍受到大家的青睐。

对于狭缝光栅 3D 显示器的亮度增强，可通过增加 2D 显示屏的亮度来实现，但该方法增加了功耗。对于采用背光源的液晶 2D 显示屏，可以采用反光式而不是吸光式的狭缝光栅来增加亮度。由于狭缝光栅的不透光部分反射背光源的光，这部分光又被背光源板反射，其中一部分光就透过狭缝光栅的透光部分而得到利用。

由于狭缝光栅一般很难将视差图像完全分离，进而导致不同的视差图像光线在空间中有不同程度的串扰，从而加重了该 3D 显示器的立体观看视疲劳。一种双狭缝光栅 3D 显示器可以很好地消除该串扰，其解决方法详见第 7 章相关内容。

2. 柱透镜光栅 3D 显示器

柱透镜光栅 3D 显示器是一种重要的裸视 3D 显示器，它由 2D 显示器和柱透镜光栅构成。为了避免莫尔条纹产生，并使 3D 显示器的水平和垂直分辨率合理下降，柱透镜光栅一般倾斜放置；但由此造成相邻视区之间的串扰，特别是当柱透镜光栅有加工误差，或者 2D 显示器和柱透镜光栅的实际装配过程中出现装配误差，都会使串扰更加严重，造成观看者的立体观看视疲劳更突出。相关的解决方法已在第 7 章给予阐述。

11.4 引起立体观看视疲劳的其他因素

上两节阐述了引起立体观看视疲劳的生理和器件因素，本节将介绍引起立体观看视疲劳的其他因素，如过大的水平视差、垂直视差、有缺陷的左右视差图像、观看者和观看环境等，以及相应的解决办法。

11.4.1 水平视差和垂直视差

由 2.6 节可知，左右视差图像为人的双眼提供双目视差信息。空间场景中，同一物点在左右视差图像中所成的像点称为同源像点，而同源像点的位置差异定义为视差。同源像点在竖直方向的差异称为垂直视差，在水平方向的差异称为水平视差。其中，水平视差是实现助视/光栅 3D 显示的主要因素，但过大的水平视差是引起立体观看视疲劳的一个主要原因。此外，垂直视差对于 3D 显示是不起作用的，反而极易引起观看者的立体观看视觉疲劳。

1. 水平视差的范围

立体图像的深度感知取决于视差的大小。而由图 11.5 可知，立体图像的纵深感越强，两眼集合和焦点调节的不一致程度越严重。因此，过大的视差将加重两眼集合和焦点调节的不一致程度，从而引起严重的立体观看视疲劳。

目前，视差图像的视差大小范围主要依赖于主观评价和经验值。视差图像是通过多个镜头在不同的位置同时拍摄同一场景得到的具有一定差异的系列图像。因此，视差的大小范围取决于拍摄场景时左右两个摄像机在成像平面上对应同一空间物点的水平像素差的理论限制和人眼视觉功能中的融合范围的生理限制。

2. 垂直视差的消除

除了水平视差必须控制在一个双眼能够融合的范围内，垂直视差也应尽量避免。由于人眼只是分布在水平方向上，正常观看时，同一物点在视网膜中的高度应相等，所以，合理的视差图像中不应该有垂直视差出现。若视差图像中存在垂直视差，将产生立体观看视疲劳，因此，应尽量消除垂直视差。目前，视差图像的获取一般采用会聚式立体相机或平行式立体相机，前者拍摄的图像存在垂直视差，后者拍摄的图像不存在垂直视差。图 11.6 为采用这两种方式拍摄的一个正方体场景的合成图像。图 11.6(a)中由于存在垂直视差，其图像边缘出现畸形形变，

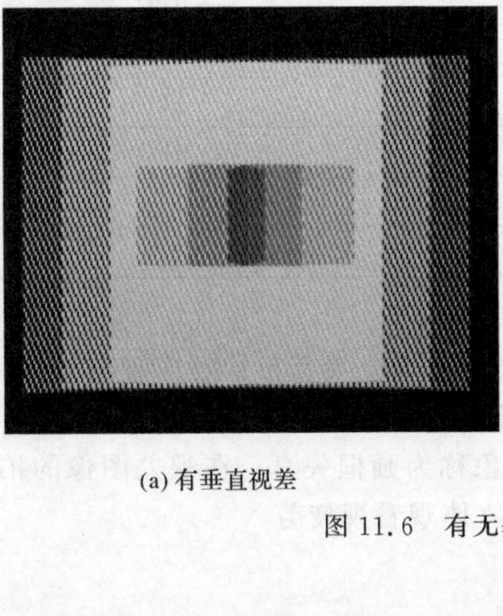

(a) 有垂直视差

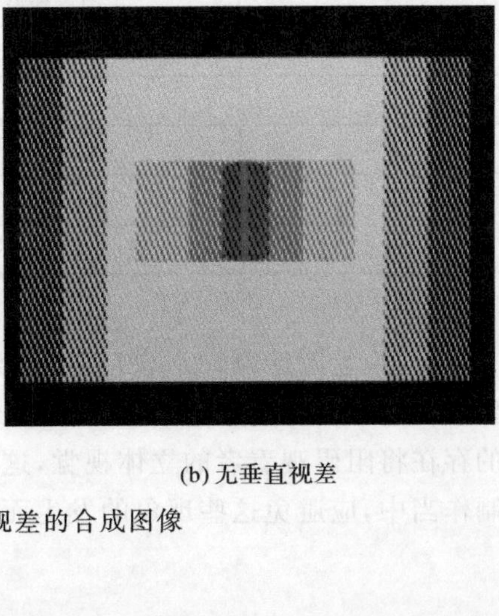

(b) 无垂直视差

图 11.6　有无垂直视差的合成图像

这必然加剧观看者观看该图像时的立体观看视疲劳程度；而图 11.6(b)中由于没有垂直视差，观看者观看该图像时的立体观看视疲劳程度明显减轻。因此，为了减轻立体观看视疲劳，最好采用平行式立体相机来获取视差图像或对会聚式立体相机拍摄得到的视差图像进行垂直视差消除处理，相关的详细方法请参考本书 8.4 节。

11.4.2 有缺陷的左右视差图像

由于左右眼各自观看左右视差图像，所以，当这两幅视差图像的显示时间、亮度、颜色等状态存在偏差(即不一致)时，就可能引起观看者的立体观看视疲劳。

左右视差图像显示时间不一致意味着它们的异步播放，一般认为，只要左右视差图像的延迟时间不超过 50ms 就可以避免出现立体观看视疲劳的问题。研究表明，当左右视差图像的亮度偏差小于 25%时，就不会严重影响立体沉浸感；当色度的波长偏差小于 10～100nm，就不会发生双眼竞争而导致的严重立体观看视疲劳。

此外，左右视差图像的几何位置不对称也是引起立体观看视疲劳的主要原因。表 11.2 是在不影响观看视疲劳情况下的左右视差图像各类参数的差异阈值。需要指出的是，所有实验值是在偏振光 3D 显示器上测试得到的，针对不同方式的助视/光栅 3D 显示器，左右视差图像各种参数的差异阈值会有所不同。

表 11.2 左右视差图像各类参数的差异阈值

序号	参数	阈值
1	图像旋转角度	1°
2	图像放大率	＜2.5%
3	图像梯形失真	＜1PD
4	垂直扭曲失真	＜3%
5	水平方向偏移	＜3PD
6	垂直方向偏移	＜1PD
7	视差小时的串扰	5%
8	视差大时的串扰	＜5%

注：PD 表示棱镜度，1PD＝0.57°。

最后，视差图像制作不合理经常会导致盆景效应或者布景效应现象，这两种现象使立体图像看上去很不自然。此外，当立体图像凸出显示屏幕时，显示屏边框的存在将阻碍观看者的立体视觉，这种现象称为画框失真。在视差图像的拍摄和制作当中，应避免这些现象的发生而导致立体观看视疲劳。

11.4.3　观看者和观看环境

上述两眼集合和焦点调节的不一致、3D 显示器性能不佳及制作的视差图像与现实场景存在差异等都可能引起观看者的不舒适或观看内容的扭曲失真，造成立体观看视疲劳。另外，立体观看视疲劳也与观看者和观看环境有关，下面将介绍这方面的内容。

1. 观看者

与 3D 显示器观看者有关的因素主要包括观看者的特征及观看时的状态等。例如，观看者的年龄、性别等生物性特征、视觉功能和植物神经功能等生理性特征、性格等心理性特征、既往病史和疲劳度等生理状态、集中度和迫切度等心理状态、姿势和位置等物理状态及经验和习惯等都是应该考虑的因素。表 11.3 列举出了与观看者有关的立体观看视疲劳因素。

表 11.3　与观看者有关的立体观看视疲劳因素

特性	因素	考虑事项
生物性特征	年龄	视觉功能发育未成熟者及老年人容易产生立体观看视疲劳
	性别	较之男性，女性更容易产生立体观看视疲劳
生理性特征	视觉功能	立体视锐度≤60″才有正确的立体视觉功能，眼位（斜视、斜位）可能会加重负担
	姿势维持能力	姿势保持能力低者易产生立体观看视疲劳
	眩晕感受性	眩晕感受性高者易产生晕图像，从而产生立体观看视疲劳
	光感受性	光感受性高的情况下易受闪烁影响，从而产生立体观看视疲劳
心理性特征	心旋能力	心旋能力高的人不易产生空间眩晕等立体观看视疲劳症状
	场所依赖能力	对周围的依赖程度与立体观看视疲劳有关
生理状态	既往病史	生病期易受影响
	疲劳度	睡眠不足和疲劳时易受影响
心理状态	集中度、沉醉度	注意力越集中越沉醉，越容易受影响
物理状态	姿势、位置	坐位和站位等姿势的稳定性与立体观看视疲劳有关
经验、习惯	经验、习惯	经历仿真试验越多，立体观看视疲劳症状越轻

此外，研究结果证明，通过给观看者的听觉提供舒缓的音乐可以减低图像所诱发的自身运动感觉，通过向观看者的嗅觉提供能使心情平静下来的香味可以抑制因观看立体图像而产生的紧张和兴奋，这样，就有望通过除视觉以外的多感觉来达到减轻立体观看视疲劳的目的。

2. 观看环境

与观看环境有关的因素包括显示屏大小、观看距离和环境光线等因素。

(1) 显示屏大小。显示屏的大小是影响整个观看感觉的一个重要参数。一般来讲,显示屏占据观看者的视域(水平方向的和垂直方向的)越多越好,因为显示屏边缘常常是分散注意力的因素。特别是,有相当多运动的明亮场景边缘刺激眼睛外围的感受器,分散观看者的聚焦活动,从而引起立体观看视疲劳。因此,在满足立体片源与3D显示器良好匹配的前提下,实际应用中,越大的显示屏越适合用于3D显示,它能更多地填满观看者的视域,从而减轻立体观看视疲劳。

(2) 观看距离。研究表明,若显示的立体图像包含大量的运动内容,则观看者距离显示屏越远,观看越舒适。例如,在电影院观看3D电影,观看位置靠前的观看者很容易产生立体观看视疲劳,而在观看位置靠后的观看者感觉最舒适。通常,3倍显示屏高度的观看距离被认为是最佳的。

(3) 环境光线。使用场所周围的照明等光环境条件、声音及温度等其他物理环境条件也是产生立体观看视疲劳的因素。从光感受性发病研究实例中得出的结论为:在黑暗的屋子里看电视相对于在明亮的屋子里看电视的发病率高。这是因为,在黑暗的屋子里看电视,周围环境不会分散观看者的注意力,观看者的注意力高度集中于图像上。

总之,立体观看视疲劳的产生原因及其解决方法目前尚处于探索阶段,更多的立体观看视疲劳规律有待我们去寻找,更好地消除立体观看视疲劳的办法有待我们去完善。

参考文献

谷千束.2003.高临场感显示.薛培鼎译.北京:人民出版社:145.

侯春萍,阿陆南,俞斯乐.2005.立体成像系统数学模型和视差控制方法.天津大学学报,38(5):455－460.

李凤鸣.2002.眼科全书.北京:人民卫生出版社:369.

李小方,王琼华,李大海,等.2008.自由立体显示器的观看视疲劳的研究.液晶与显示,23(4):464－467.

潘冬冬.2010.双目视差式立体显示器性能的研究[硕士学位论文].成都:四川大学.

潘冬冬,王琼华,李大海,等.2009.偏振眼镜立体显示的立体串扰度及其影响因素.光学技术,35(4):517－518.

潘冬冬,王琼华,李大海,等.2010.自由立体显示器观看者瞳孔直径与视疲劳关系的研究//立体图像技术国际学术研讨会,沈阳:82－86.

王琼华,潘冬冬,李大海,等.2010.狭缝光栅自由立体显示器的立体图像串扰度.光电子.激光,21(7):1058－1061.

吴夕,刘玉华,颜少明. 1999. 正常人双眼视觉的 Panum 融合区. 眼科新进展,19(5):375－376.

周磊,王琼华,李大海,等. 2009. 立体显示用柱面透镜光栅的设计. 光子学报,38(1):30－33.

Andrews T J, Purves D. 1997. Similarities in normal and binocular rivalrous viewing. Proceeding of National Academy Society, 94(18):9905－9908.

Frank L K, Alexander T. 2004. Visual comfort of binocular and 3D displays. Displays, 25: 99－108.

Hoffman D M, Girshick A R, Akeley K, et al. 2008. Vergence-accommodation conflicts hinder visual performance and cause visual fatigue. Journal of Vision, 8(3):1－30.

Kuze J, Ukai K. 2005. Perceptual attributes of crosstalk in 3D images. Displays, 26:177－183.

Lambooij M, Fortuin M, Ijsselsteijn W A, et al. 2009. Measuring visual discomfort associated with 3D displays//Proceeding of SPIE, San Jose, 7237:1－11.

Luo J Y, Wang Q H, Zhao W X, et al. 2010. Autostereoscopic three dimensional display based on two parallax barriers//Proceeding of the International Symposium on Photonics and Optoelectronics, Chengdu, 504434:1－3.

Mikšíček F. 2006. Causes of visual fatigue and its improvements in stereoscopy. Pilsen: Technical Report, No. DCSE/TR-2006-04.

Miyashita T, Uchida T. 1990. Cause of fatigue and its improvement in stereoscopic displays//Proceedings of Society for Information Display, Tokyo, 31(3):249－254.

Nielsen K, Poggio T. 1984. Vertical image registration in stereopsis. Vision Research, 24(10): 1133－1140.

Patoor S. 1991. A survey of recent research results on subjective requirements. Signal Processing: Image Communication, 4(1):21－32.

Perrin J, Fuchs P, Roumes C, et al. 1998. Improvement of stereoscopic comfort through control of the disparity and of the spatial frequency content//Proceeding of SPIE, Santa Clara, 3387: 124－134.

Tao Y H, Wang Q H, Li D H, et al. 2009. Autostereoscopic three-dimensional projector based on two parallax barriers. Optics Letters, 34(20):3220－3222.

Ukai K, Howarth P A. 2008. Visual fatigue caused by viewing stereoscopic motion images: Background, theories, and observations. Displays, 29:106－116.

Yano S, Ide S, Mitsuhashi T, et al. 2002. A study of visual fatigue and visual comfort for 3D HDTV/HDTV images. Displays, 23:191－201.

Yoshida S, Masaki E, Mitsuhashi T. 2004. Two factors in visual fatigue caused by stereoscopic HDTV images. Displays, 25:141－150.

第 12 章　集成成像 3D 显示技术与系统

较之助视/光栅 3D 显示，基于集成成像的 3D 显示，简称集成成像 3D 显示，具有无立体观看视疲劳等显著优点，是一种真 3D 显示。较之全息 3D 显示，它具有相对较小的数据量、无需相干光源并且无苛刻的环境要求等优点，已成为目前国际上的前沿 3D 显示方式之一，也是最有希望实现 3D 电视的一种裸视真 3D 显示方式。本章将主要介绍集成成像的基本原理、显示特性和相关技术。

12.1　集成成像概述

集成成像技术是利用微透镜阵列对物空间场景进行记录，并再现出空间场景 3D 图像的技术，它源于 1908 年诺贝尔奖获得者 Lippmann 提出的集成摄影术(integral photography，IP)。目前，它已取得了很大的进步，采用它不仅可以显示静态图像，而且还可进行动态图像的实时记录与显示，因此，集成成像技术又被称为集成视频术(integral videography，IV)。本节将概述集成成像的原理、特点、分类和发展历史。

12.1.1　集成成像的原理

如图 12.1 所示，Lippmann 提出的集成成像包括记录和再现两个过程。图 12.1(a)所示为记录过程，该过程利用一个记录微透镜阵列对物空间场景成像，并把像记录到位于微透镜阵列焦平面处的胶片上。由于构成记录微透镜阵列的每个透镜元从不同的方向记录一部分场景信息，因此，每个透镜元下对应生成了一幅不同方位视角的微小图片，即图像元。显然，根据这一过程，物空间任意一点的立体信息就被与透镜元个数相同的图像元扩散记录于整个胶片上，而胶片上所记录到的像称为图像阵列。图 12.1(b)所示为再现过程，该过程利用与记录微透镜阵列具有同样参数的再现微透镜阵列，并把记录有图像阵列的胶片放在再现微透镜阵列后方的焦平面处，则根据光路可逆原理，再现微透镜阵列把许许多多图像元透射出来的光线聚集还原，从而在再现微透镜阵列的前方重建出物空间场景的 3D 图像。由集成成像技术再现的 3D 图像包含全真色彩及连续的视差信息，观看者可获得观看真实景物的感觉。当然，微透镜阵列可以用针孔阵列代替。

由于 CCD 记录器件和 LCD 等再现器件的发展成熟，图 12.1 所示的集成成像中的记录端胶片可由 CCD 代替，再现端的胶片可由显示屏代替，由此构成可拍摄和显示 3D 图像和视频的集成成像系统，其对应的两个过程分别称为拍摄和显示过程。

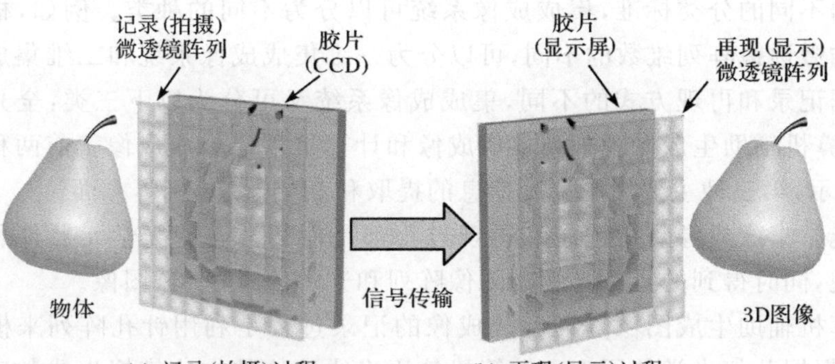

(a) 记录(拍摄)过程　(b) 再现(显示)过程

图 12.1　集成成像的原理图

12.1.2　集成成像的特点

较之其他 3D 显示，集成成像 3D 显示具有以下优点：①观看者无需佩戴任何特制的眼镜、头盔等助视设备；②拍摄和显示过程比较简单，无需相干光源，对记录环境没有特殊要求，系统结构紧凑，易实现；③在拍摄和显示过程中，都是 3D 场景点到点的立体空间信息对应，可以产生包含全真色彩的逼真 3D 图像；④在一定的视角范围内具有连续的视点，可供多人同时自由观看；⑤既适于静态 3D 场景的记录和再现，又可用于 3D 视频的拍摄和显示；⑥图像元的传输和处理比较容易，无论是最早的胶片记录，还是目前的 CCD 数字拍摄方法，其记录(拍摄)和再现(显示)的图像元都是以 2D 图像的形式存在，即以 2D 图像的形式来记录 3D 空间的立体信息，这就比较容易用现有的 2D 图像数据处理和传输的相关理论和技术对图像元进行处理。

正是由于这些优点，集成成像在 3D 电视的研制和开发中有着非常诱人的前景，并引起 3D 显示领域内不少科研机构和国际大公司的关注和重视。例如，自 2002 年起，SPIE 会议的 Stereoscopic Display and Application 会议已将集成成像技术列入专题讨论的范围。

但是，由于微透镜阵列或针孔阵列的使用，以及拍摄器件和显示器件的分辨率有限等因素，导致系统显示出的 3D 图像还存在一些不足：①3D 图像发生深度反转现象；②观看视角较窄，只有几度到十几度；③3D 图像的深度范围非常小；④3D图像的分辨率较低，目前，国际上展出的高水平实时集成成像系统显示的图像分辨率仅为 400(H)×250(V)。当然，这些不足在不断得到改善，后续小节将有相关内容的介绍。

12.1.3 集成成像的种类

根据不同的分类标准,集成成像系统可以分为不同的种类。例如,根据系统所使用的微透镜阵列维数的不同,可以分为一维集成成像系统和二维集成成像系统。根据记录和再现方式的不同,集成成像系统又可分为以下三类:全光学集成成像、计算机辅助生成图像阵列集成成像和计算机重建集成成像。前两种主要用于3D显示,第三种主要用于深度信息的提取和3D模式识别等方面。

全光学集成成像是指记录和再现过程都是使用真实的光学元器件和光学方法来实现,同时得到的也是光学的图像阵列和光学的重建3D图像。

计算机辅助生成图像阵列集成成像的记录过程是利用针孔阵列来模拟微透镜阵列,根据几何光学的原理由计算机使用光线追迹的方法模拟生成数字图像阵列,然后把该图像阵列通过一个真实的显示屏和真实的再现微透镜阵列重建出3D场景的立体像。类似于全光学集成成像,此系统仍然无法避免深度反转问题,但其可以很容易地通过数字图像处理的方法,把具有深度反转关系的图像阵列转换为具有正确深度关系的图像阵列,进而重建出正确的3D图像。

计算机重建集成成像是用真实的微透镜阵列和CCD等光电器件进行信息的采集和记录,得到数字的图像阵列;而显示过程则是使用计算机沿着物体的深度方向数字重建出依赖于深度的一系列平面像。由于计算机重建不受透镜衍射的影响,而且不存在系统对准的问题,所以,得到的图像质量比使用全光学集成成像得到的图像质量要好很多;而且计算机重建的图像还具有正确深度关系的固有属性,能有效避免全光学集成成像再现中所存在的深度反转问题。

12.1.4 集成成像的发展史

集成成像至今已有一百多年的发展历史。1908年3月,法国物理学家Lippmann在题名为La photographie integral的文章里最早提出了集成摄影术的概念,即运用一个微透镜阵列仅需对3D场景进行一次记录,根据光路可逆原理便可重建出具有全视差的完整空间图像。1911年,莫斯科国立大学的Sokolov教授采用针孔阵列代替微透镜阵列,第一次用实验证实了Lippmann的集成摄影术想法,尽管实验重建出的是一个相对较暗的像,但看起来图像的确浮出了屏幕。1931年,Ives通过实验第一个发现集成摄影系统所再现出的是一个与原物空间存在深度反转的3D幻视像,即赝像。为此,他提出了用二次记录法来反转深度,即把集成摄影系统重建出来的3D图像作为物,再利用一个记录微透镜阵列进行第二次记录,通过再现过程便能重建出具有正确深度关系的3D图像。由于制造微透镜阵列的材料缺乏和制造工艺困难,前期的研究较多是用针孔阵列来代替微透镜阵列,直到1948年苏联的Ivanov和Akimakina才第一次用较合适的微透镜阵列进行了集成摄影术实验。随后在 60～70 年代尽管也有一些集成摄影术方面的研究,但研究进展不大。

随着微透镜阵列制造技术的进步,数字技术的成熟,许多高分辨率摄像和显示器件的涌现及计算机图像存储和处理能力的不断增强。1997 年,Okano 等把 CCD、LCD 等数字拍摄和显示器件引入系统中并代替感光底片,对传统的集成摄影系统进行了改进。正是由于这些光电实时接口器件的使用,将光学系统和数字电子系统相结合构成光电混合处理系统,使得利用集成摄影术来拍摄运动视频并对其进行实时处理、存储和显示成为了可能,给原本只能记录和再现静止图像的集成摄影术带来了新的活力和更加广阔的应用前景。为了反映这一巨大的变化和突出现代应用中实时成像和图像处理的本质,集成摄影也更名为集成成像。至此,集成成像受到了越来越多的关注,许多重要的理论和实验也至此相继被报道。计算机重建集成成像和计算机辅助生成图像阵列集成成像技术也随之应运而生。

目前,集成成像已成为裸视 3D 显示领域的研究热点。许多国家都致力于研制集成成像 3D 显示技术与器件。国际上已研制出 3D 分辨率为 400(H)×250(V)的集成成像 3D 电视。随着超高分辨率的显示屏、高性能的微透镜阵列及具有快速处理能力的计算机等的发展,高性能集成成像 3D 显示器件将研制成功,并在广播电视等领域得到广泛使用。

12.2　显示模式和观看特性参数

根据显示微透镜阵列到显示屏的距离与透镜焦距间的关系,集成成像有不同的显示模式。在不同的显示模式下,不仅显示的 3D 图像相对于显示微透镜阵列的位置不同,而且观看视角、3D 图像的分辨率和深度等观看特性参数都不同。本节将主要介绍集成成像的三种显示模式和重要的观看特性参数。

12.2.1　显示模式

尽管至今已经有许多不同的集成成像系统,但根据微透镜阵列与显示屏间的距离与透镜焦距间的关系,其显示模式基本上可以分为实模式、虚模式和聚焦模式三类,如图 12.2 所示。显示屏上的像素发出的光线经过微透镜阵列折射后聚焦形成一个个交点,这些交点所在的平面称为中心深度平面,在该平面上能显示最高分辨率的图像。中心深度平面到微透镜阵列的距离 l 由高斯成像公式给出:

$$\frac{1}{f}=\frac{1}{g}+\frac{1}{l} \tag{12.1}$$

式中,f 为微透镜阵列的焦距;g 为微透镜阵列到显示屏的距离。

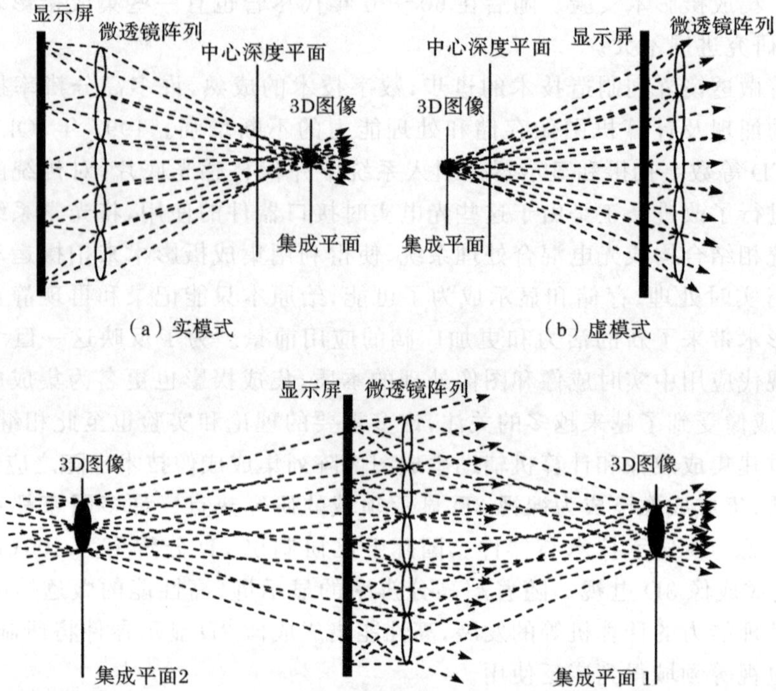

(a) 实模式　　(b) 虚模式

(c) 聚焦模式

图 12.2　集成成像的三种显示模式原理图

位于显示屏上的图像阵列通过微透镜阵列显示的 3D 图像位于不同的平面上，这些平面称为集成平面，故一个 3D 图像在空间中有不同的集成平面，为简单起见，图 12.2 中只展示了一个集成平面。当集成平面和中心深度平面间的距离超出某个阈值，3D 图像的像点就扩散得很大，图像会变得很模糊，以致看不清楚。因此，集成平面不能离中心深度平面太远，此时，3D 图像就被限制在两临界集成平面间的范围内。

当 $g>f$ 时，集成成像的显示模式称为实模式，如图 12.2(a)所示。在此模式下，由式(12.1)推出 $l>0$，表明其中心深度平面和 3D 图像位于微透镜阵列之前。故在实模式下，显示出的是一个位于显示微透镜阵列前方的 3D 图像。当 $g<f$ 时，集成成像的显示模式为虚模式，如图 12.2(b)所示。在此模式下，中心深度平面和集成平面位于微透镜阵列之后，故显示出的 3D 图像位于显示微透镜阵列的后方。当 $g=f$ 时，集成成像的显示模式称为聚焦模式，其原理如图 12.2(c)所示。在此模式下，中心深度平面位于无穷远处，即显示屏上的像素发出的光线经过透镜元折射后是互相平行的，这样，可在微透镜阵列的前后同时显示出 3D 图像，该 3D 图像是由一个个尺寸等于透镜元节距的像点组成。

集成成像系统在不同的显示模式下,其观看特性是不同的。当系统的硬件参数相同时,实模式下的观看视角比虚模式的窄。然而,由于实模式下 3D 图像离观看者更近,因此,其深度感明显优于虚模式。在聚焦模式中,3D 图像能同时凸出和凹进屏幕,其深度能比其他模式表现得更深,但由于集成的像点尺寸等于透镜元的节距,将会导致 3D 图像的分辨率下降。因此,应根据系统的目的来选择不同的显示模式。

12.2.2 观看特性参数

因为显示的 3D 图像必须通过微透镜阵列来观看,因此,集成成像系统有着独特的观看特性。通常,用 3D 图像分辨率、观看视角和 3D 图像深度三个参数来分析和表征。图 12.3 所示为定义集成成像显示系统观看参数的示意图。

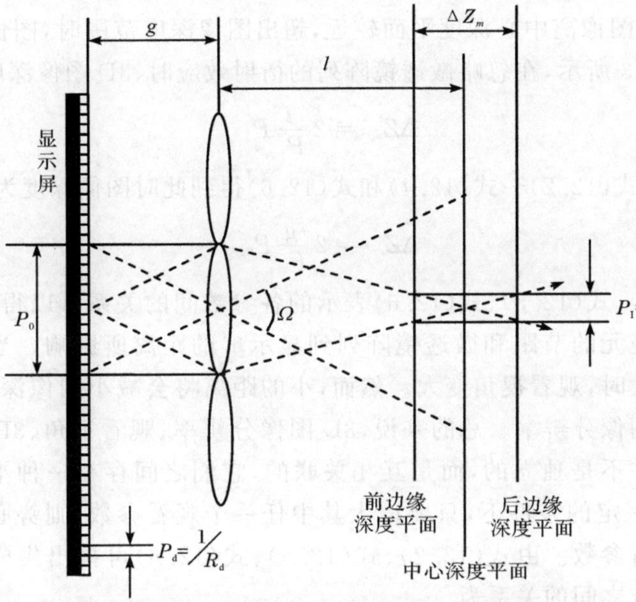

图 12.3 集成成像 3D 显示系统的观看参数示意图

在显示屏尺寸确定的前提下(假设为"1"),3D 图像分辨率 R_I、3D 图像的像素尺寸 P_I、显示屏的像素尺寸 P_d、显示屏的分辨率 R_d、中心深度平面到微透镜阵列的距离 l 及微透镜阵列到显示屏的距离 g 之间存在如下关系:

$$R_I = \frac{1}{P_I} = \frac{g}{lP_d} = \frac{gR_d}{l} \tag{12.2}$$

聚焦模式时有

$$P_I = P_0 \tag{12.3}$$

式中，P_0是透镜元和图像元的节距。由式(12.2)和式(12.3)得到

$$R_{\mathrm{I}} = \frac{1}{P_0} \tag{12.4}$$

观看视角 Ω 是指能看到无裂纹、无跳变、完整的 3D 图像的角状区域，它的值可表示为

$$\tan\left(\frac{\Omega}{2}\right) = \frac{P_0}{2g} \tag{12.5}$$

由式(12.5)可知，当透镜元节距 P_0 增大或微透镜阵列到显示屏的距离 g 减小时，观看视角 Ω 将增大。但因式(12.5)是在假设 3D 图像是一个点且用一个透镜元代替微透镜阵列的情况下推导出来的，因此，实际上的观看视角要比由式(12.5)计算出的值要小。

3D 图像深度是指中心深度平面附近的 3D 图像的厚度，即 3D 图像前后边缘的间距。当 3D 图像离中心深度平面较远，超出图像深度范围时，图像就变得模糊不清。如图 12.3 所示，在忽略微透镜阵列的衍射效应时，3D 图像深度为

$$\Delta Z_m = 2\frac{l}{P_0}P_{\mathrm{I}} \tag{12.6}$$

聚焦模式时，由式(12.2)～式(12.4)和式(12.6)得到此时图像深度为

$$\Delta Z_m = 2\frac{g}{P_{\mathrm{d}}}P_0 \tag{12.7}$$

由式(12.2)、式(12.5)、式(12.6)表示的各参数间的关系可以得出以下分析，观看视角受透镜元的节距和微透镜阵列到显示屏的距离所影响。当距离减小或透镜元节距增大时，观看视角变大。然而，小的距离将会减小图像深度，大的透镜元节距会降低图像分辨率。总的来说，3D 图像分辨率、观看视角、3D 图像深度这三个观看参数并不是独立的，而是互相关联的，它们之间存在一种平衡关系。在系统信息容量一定的条件下，只要增大其中任一个观看参数，则势必就会减小或降低另外的观看参数。由式(12.2)、式(12.5)、式(12.6)可推出集成成像显示系统的各观看参数之间的关系为

$$R_{\mathrm{I}}^2\Delta Z_m\tan\left(\frac{\Omega}{2}\right) = R_{\mathrm{d}} \tag{12.8}$$

式(12.8)称为集成成像 3D 显示系统的特征公式，其不仅适用于实、虚模式，也适用于聚焦模式。该特征公式表明，图像分辨率的平方与图像深度及视角大小一半的正切值的乘积等于显示屏的分辨率。特征公式证实了各观看参数之间的平衡关系，并揭示出：当显示屏的分辨率不变时，所有观看性质无法同时提高。但同时提高观看参数是可以实现的，如通过改进系统结构以便能以更有效的方式来利用有限的信息，或者通过减小像素尺寸、增加显示屏像素数目等来增加在显示屏上的信息带宽，或者通过运用时分/空分复用方法等增加信息的总容量。

目前，集成成像产品还没有真正走入市场，这主要由于集成成像技术显示的 3D 图像所存在的空间深度反转、分辨率低、深度范围较小和视角太窄等几个关键问题还没有得到很好解决。要实现大规模生产和满足实际需求的集成成像 3D 显示系统，还需要显示器、微透镜阵列及其他相关器件和技术的同步发展。

当然，从 20 世纪 90 年代至今的二十余年的时间里，国内外许多研究机构和专家学者对集成成像技术开展了广泛和深入的研究工作，取得了很多非常有益的研究成果，现在的集成成像 3D 显示系统在视角、分辨率和深度范围等观看参数方面较以前的系统已有了很大的提高。相关技术细节在本章后续部分将有较为详细的介绍。

12.3　深度反转及其解决方法

由于集成成像拍摄场景的方向与显示时观看者的观看方向相反，所以，显示的场景相对于原来的场景存在空间上的深度反转。例如，拍摄的本是一个凸的物体，但观看者看到的却是一个凹的 3D 图像，反之亦然。本节将对集成成像的深度反转的成因进行简要分析，并介绍一些解决深度反转问题的方法。

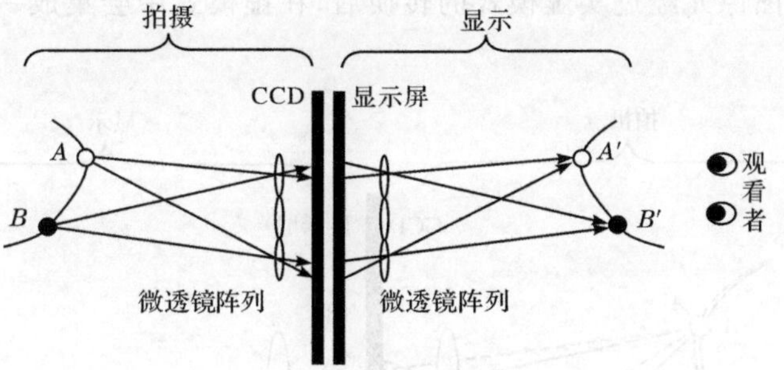

图 12.4　集成成像深度反转的成因示意图

12.3.1　深度反转的成因

图 12.4 所示为集成成像深度反转的成因示意图。相对于微透镜阵列而言，拍摄的是一个凸的物体，其上白色物点 A 位于黑色物点 B 之前，拍摄得到的白色物点 A 在相邻图像元上所成像点的间距大于黑色物点 B 的间距，如图 12.5 所示。显示过程是拍摄过程的逆过程，根据光路可逆原

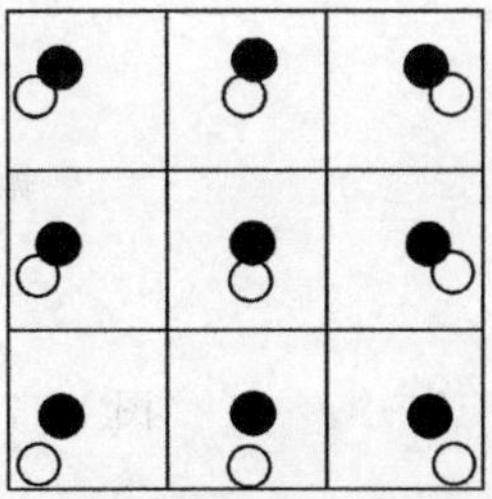

图 12.5　拍摄到的实模式的图像阵列

理,像点 A' 离微透镜阵列的距离较像点 B' 离微透镜阵列的距离近。但是,由于观看者在相反的方向观看 3D 图像,对于观看者来说,看到的是一个凹的物体,即像点 B' 更近,这样,就导致了观看者看到的 3D 图像具有反转的深度感。假设拍摄的是一个人的面孔,在显示时看到的就像从着了面孔颜色的假面具后表面所看到的人脸一样,这就是集成成像本身所带来的深度反转问题。

12.3.2 实现无深度反转的实虚模式转换法

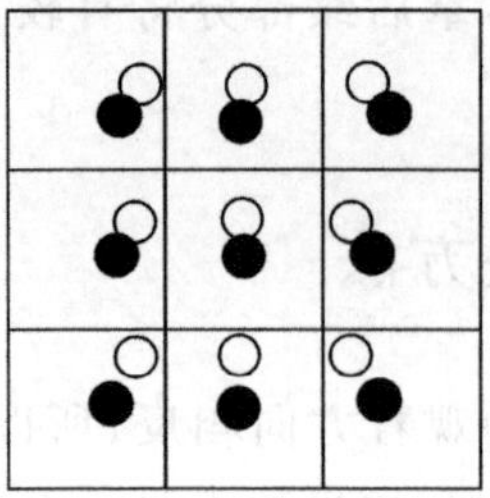

图 12.6　反转后虚模式图像阵列

深度反转问题能够通过旋转图像元来解决,如图 12.6 所示,即将每个图像元都绕其中心旋转 180°,其本质就是将显示模式从实模式改变到虚模式。图 12.7 所示为将图像元旋转 180°之后的虚模式显示情况。集成像点 A' 和 B' 都显示在再现微透镜阵列的后面,且与原来的物点 A、B 重合,这样,观看者看到的 3D 图像仍然是凸的物体,且 B' 点位于 A' 点的后面,具有正确的深度关系。这说明在实模式中导致深度反转问题的图像元经过实虚模式的转换后,在虚模式中会集成一个无深度反转的 3D 图像。

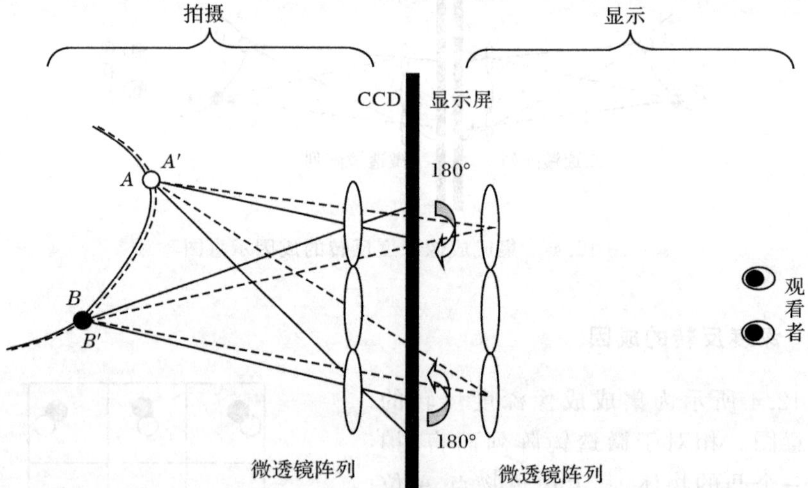

图 12.7　旋转 180°后虚模式的显示情况

旋转图像元的方法虽然可以解决深度反转问题,但该方法将凸出于微透镜阵列的实模式的图像变换成凹进微透镜阵列的虚模式的图像，因而其集成成像的立体效果没有实模式的好。

12.3.3　实现无深度反转的两步拍摄法

Ives 提出的光学两步拍摄法解决了深度反转问题，他指出通过第二次拍摄过程可以纠正空间感，这是因为一个深度反转图像的深度反转的副本是深度无反转的图像。因此，这个方法是获得原始场景的正确深度的好办法。但是，由于光在多次拍摄过程中的衍射效应、能量损失等原因，不可避免地会导致图像质量的下降。随着计算机技术的快速发展，用计算机通过像素映射过程来实现第二次拍摄过程便能有效避免图像质量下降。

两步拍摄法的第一次拍摄过程如图 12.8(a)所示，两个箭头表示待拍摄的 3D 场景，这里采用焦距为 f、节距为 P_0、$m\times n$(m 为水平方向上的透镜元个数，n 为垂直方向上的透镜元个数)的微透镜阵列 1 对两个箭头进行第一次拍摄，生成的图像阵列 1 位于微透镜阵列 1 的焦距 f 处。图 12.8(b)所示为第二次拍摄过程中，首先，图像阵列 1 通过其对应的微透镜阵列 1 在空间中显示出 3D 场景的深度反转的 3D 图像，该 3D 图像用虚线箭头表示。接着，在距微透镜阵列 1 距离为 D 的位置处放置一个相同参数的微透镜阵列 2，然后用微透镜阵列 2 对该深度反转的 3D 图像进行第二次拍摄，在微透镜阵列 2 的焦平面上拍摄下图像阵列 2。将图像阵列 2 进行显示，则将在微透镜阵列的前后显示出无深度反转的、凹凸有致的全真 3D 图像。

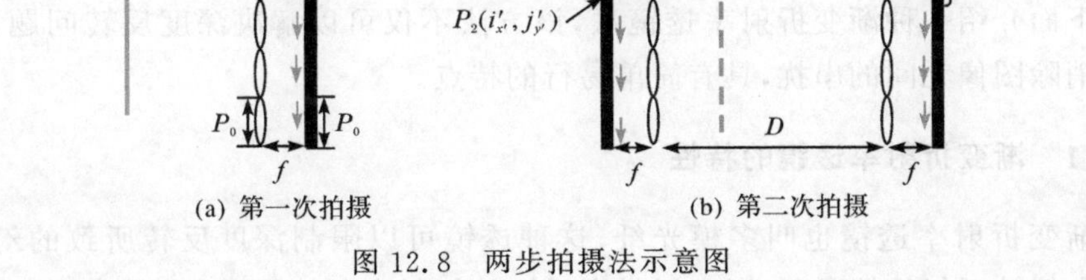

图 12.8　两步拍摄法示意图

在第一次拍摄过程中，将微透镜阵列 1 上第 i 行第 j 列的透镜元记作 $M_1(i,j)$，在图像阵列 1 上与 $M_1(i,j)$对应的图像元记作 $E_1(i,j)$，在该图像元上第 x 行第 y 列的像素记作 $P_1(i_x,j_y)$；在第二次拍摄过程中，将微透镜阵列 2 上第 i'行第

j'列微透元记作 $M_2(i',j')$，在图像阵列 2 上与 $M_2(i',j')$ 对应的图像元记作 $E_2(i',j')$，在该图像元上第 x'行第 y'列的像素记作 $P_2(i'_{x'},j'_{y'})$。

如图 12.8(b)所示，图像阵列 1 中，图像元 $E_1(i,j)$上的像素点 $P_1(i_x,j_y)$通过透镜元 $M_1(i,j)$和 $M_2(i',j')$折射，成像于图像阵列 2 上图像元 $E_2(i',j')$中的像素点 $P_2(i'_{x'},j'_{y'})$。设图像元的分辨率为 $k\times k$，由图 12.8(b)的几何关系可推出

$$\begin{cases} i' = i + \mathrm{round}\left(\dfrac{D(k/2-i)}{fk}\right) \\ j' = j + \mathrm{round}\left(\dfrac{D(k/2-j)}{fk}\right) \end{cases} \tag{12.9}$$

式中，round()表示四舍五入取整数。

$$\begin{cases} x' = k - x \\ y' = k - y \end{cases} \tag{12.10}$$

式(12.9)和式(12.10)是第二次拍摄过程的数学模型，利用该数学模型将图像阵列 1 上每一个像素点投影到图像阵列 2 上对应的像素位置，生成的图像阵列 2 即可用于显示。通过改变两个微透镜阵列的间距 D，可以调节显示的 3D 图像凹进和凸出的立体效果。

12.4 消串扰和深度反转的渐变折射率透镜法

在由微透镜阵列对场景进行拍摄的过程中，每个透镜元在成像面(如 CCD)上都有一个区域来记录场景所成的图像，在不加限定的情况下，相邻透镜元下的成像区域会有相互重叠的地方。在显示时，光线将无法正确地分离，从而引起串扰和混淆，观看者将会看到跳变的图像。故为了避免图像跳变，系统要求每个透镜元在成像面和显示屏上都有限定的区域，而超出限定区域的图像元部分则应予以舍弃。在微透镜阵列和图像阵列中间采用光学栅栏，将每个图像元隔离起来，能有效避免串扰。

下面介绍一种渐变折射率透镜法，该方法不仅可以解决深度反转问题，而且可以消除图像元间的串扰，具有简单易行的特点。

12.4.1 渐变折射率透镜的特性

渐变折射率透镜也叫多模光纤，这种透镜可以限制深度反转所致的幻视问题。在傍轴近似的情况下，渐变折射率透镜的折射率服从平方率分布规律，即

$$n(r) = n_0\left(1 - \frac{1}{2}Ar^2\right) \tag{12.11}$$

式中，r 为离光轴的距离；$n(r)$ 为沿着方向 r 的折射率；n_0 为光轴上的折射率；$\sqrt{A}$

为渐变常数。

图 12.9 所示为渐变折射率透镜的入射光线和出射光线的几何关系图，满足下式：

$$\begin{bmatrix} r_2 \\ r'_2 \end{bmatrix} = \begin{bmatrix} \cos\theta & \frac{1}{n_0\sqrt{A}}\sin\theta \\ -n_0\sqrt{A}\sin\theta & \cos\theta \end{bmatrix} \begin{bmatrix} r_1 \\ r'_1 \end{bmatrix} \tag{12.12}$$

$$f = \frac{1}{n_0\sqrt{A}}\sin\theta \tag{12.13}$$

$$h = \frac{1}{n_0\sqrt{A}}\tan\frac{\theta}{2} \tag{12.14}$$

$$L_2 = \frac{n_0 L_1\sqrt{A}\cos\theta + \sin\theta}{n_0\sqrt{A}(n_0 L_1\sqrt{A}\sin\theta - \cos\theta)} \tag{12.15}$$

$$M = \frac{-1}{n_0\sqrt{A}\sin\theta\left(L_1 - \frac{\cos\theta}{n_0\sqrt{A}}\right)} \tag{12.16}$$

$$\theta = \sqrt{A}Z \tag{12.17}$$

式中，r_1 为入射光线在入射平面上的入射位置；r'_1 为入射光线在入射平面上的倾斜度；r_2 为出射光线在出射平面上的出射位置；r'_2 为出射光线在出射平面上的倾斜度；f 为渐变折射率透镜的焦距；h 为透镜表面到主点的距离；L_1 为物体与入射平面间的距离；L_2 为图像与出射平面间的距离；M 为横向放大率；Z 为渐变折射率透镜的长度。

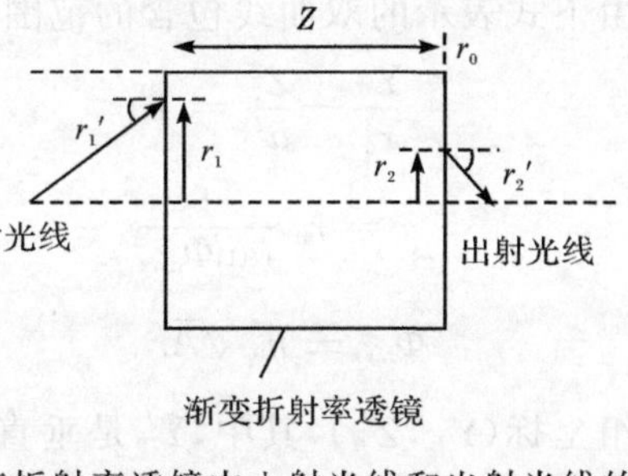

图 12.9　渐变折射率透镜中入射光线和出射光线的几何关系

12.4.2 消串扰和深度反转的原理

在式(12.16)中，横向放大率 M 说明了物体大小与像大小的比值。如果 M 是正值，图像就是正立的，计算$(2k-1)\pi \leqslant \theta < 2k\pi$（$k$ 为自然数），获得的 M 为正数，也就是说，当设置 L_1 适当时，图像是正立的，尤其是当 $k=1$ 时，$\pi \leqslant \theta < 2\pi$。

集成成像需要等效的、正立的图像来避免幻视问题，有两种方法：①用渐变折射率透镜，在拍摄时，$0<\theta<\pi$，显示时，$\pi\leqslant\theta<2\pi$；②用渐变折射率透镜，在拍摄时，$\pi\leqslant\theta<2\pi$，显示时，$0<\theta<\pi$。在第一种情况下，得到的图像元是颠倒的，在显示时，反转成正立的图像。在第二种情况下，得到的图像元是正立的，这就允许用普通的负透镜或针孔板代替渐变折射率透镜来显示图像。

渐变折射率透镜还可以解决图像元间的串扰问题。式(12.15)表明，对于$\theta=1.5\pi$的渐变折射率透镜，L_2变为0，L_1为无限大。这就说明，用该透镜来拍摄，能在无穷远位置的输出平面上获得正立的图像元。在这种情况下，由于图像元在渐变折射率透镜的直径范围内，所以，即使透镜元之间彼此临近排列，图像元间也没有串扰。当物体相对于微透镜阵列在无限远的距离处时，会聚的图像则会在输出平面稍微较后面的地方(沿着光传输的方向)，在这种情况下，图像元的大小就稍大于透镜单元的直径，这样，就必须有如下考虑。

式(12.12)表示入射和出射光线的关系，从这个关系中，可以看到光的传播依赖于入射光线r'_1的容许渐变。如果所有的光线都入射到入射平面r_1上，且没有任何能量损失，则r'_1由下式限制：

$$\sin r'_1\leqslant [n(r_1)^2-n(r_0)^2]^{1/2} \tag{12.18}$$

如果r'_1入射光的渐变满足式(12.18)，光线通过透镜在整个内部重复反射传播，如图12.10所示。如果r'_1大于式(12.18)所示的渐变限制，入射光线通过透镜端在输出平面之前传输，也就是说，在透镜的输出平面上不存在光线。设置坐标(Y_0,Z_0)，其中，Y_0是垂直于光轴且从入射平面的中心延伸，而Z_0是沿着透镜的光线，从入射平面到出射平面，该坐标平面的中心是入射平面的中心。在这种情况下，入射光线被限制在由下式表示的双曲线包含的范围内：

$$\frac{Y_0^2}{r_0^2}-\frac{Z_0^2}{a^2}=1 \tag{12.19}$$

$$a=r_0\,\frac{1}{\tan\Phi_{\max}} \tag{12.20}$$

$$\Phi_{\max}\cong n_0\sqrt{A}r_0 \tag{12.21}$$

这里，定义另外一组坐标(Y'_0,Z'_0)，其中，Y'_0是垂直于光轴且沿着输出平面的中心，Z'_0沿着透镜的光轴，从入射平面到输出平面，该坐标系的中心是输出平面的中心。式(12.12)可以将被式(12.19)限制的入射光线的区域应用到输出光线上。结果显示，输出光线被限制在由式(12.22)表示的双曲线包围的范围内。图12.11表示在距离入射面L_1处的物体在距离出射面L_2处成像，其串扰区Δ和图像区的分布。

$$\frac{Y_0'^2}{r_0^2}-\frac{Z_0'^2}{a^2}=1 \tag{12.22}$$

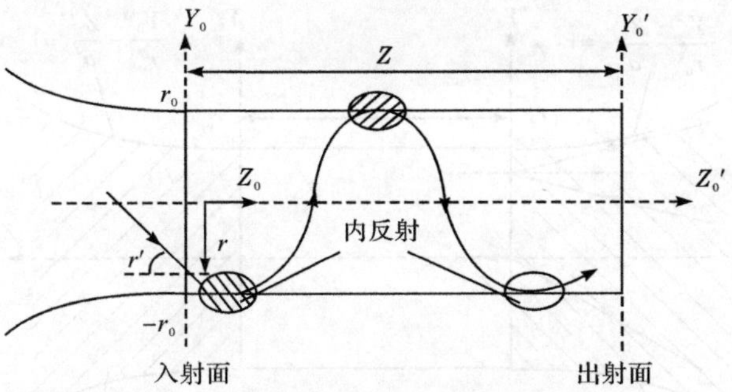

图 12.10　渐变折射率透镜内反射示意图

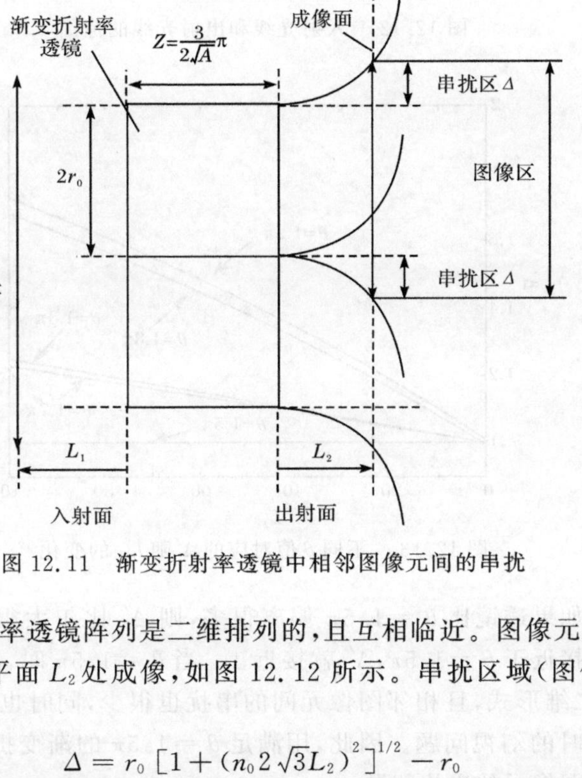

图 12.11　渐变折射率透镜中相邻图像元间的串扰

假设渐变折射率透镜阵列是二维排列的，且互相临近。图像元距离入射平面 L_1，并在距离出射平面 L_2 处成像，如图 12.12 所示。串扰区域（图像元交叠的区域）大小为

$$\Delta = r_0 \left[1 + (n_0 2\sqrt{3} L_2)^2\right]^{1/2} - r_0 \tag{12.23}$$

显然，串扰区域 Δ 依赖于 L_2，由式(12.15)可看出，L_2 又依赖于 L_1。L_1 和 L_2 的关系依赖于 θ，而 θ 对应透镜的长度，该长度会影响 Δ。

图像扩散率 Δ' 等于图像扩散区域 $2(r_0+\Delta)$ 与透镜直径 $2r_0$ 的比值，即

$$\Delta' = \frac{\Delta}{r_0} + 1 \tag{12.24}$$

如果 $\Delta'=1$，就没有图像元间的串扰。图 12.13 所示为每个 θ 对应的 Δ' 随 L_2

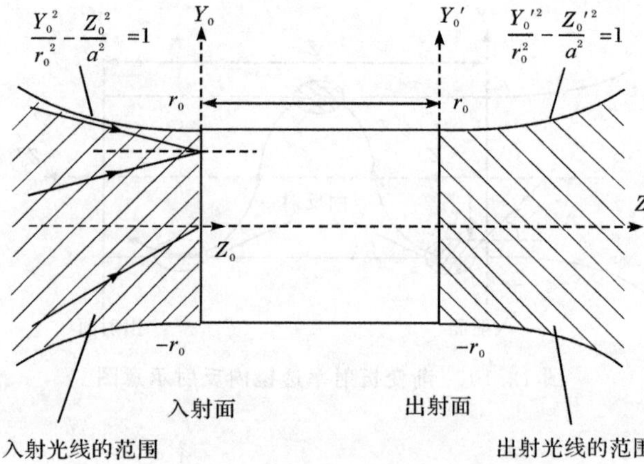

图 12.12　入射光线和出射光线的范围

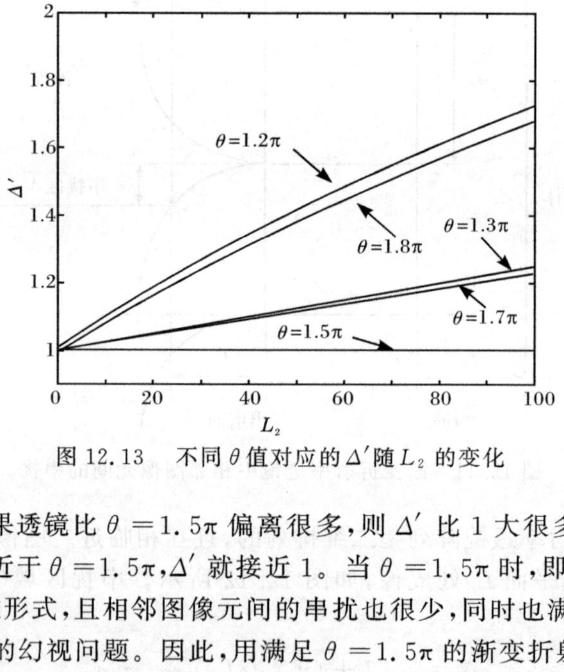

图 12.13　不同 θ 值对应的 Δ' 随 L_2 的变化

的变化曲线。如果透镜比 $\theta=1.5\pi$ 偏离很多，则 Δ' 比 1 大很多，串扰就不能忽视。如果透镜接近于 $\theta=1.5\pi$，Δ' 就接近 1。当 $\theta=1.5\pi$ 时，即使透镜单元互相靠近，排列成二维形式，且相邻图像元间的串扰也很少，同时也满足 $\pi\leqslant\theta<2\pi$，则可以避免拍摄时的幻视问题。因此，用满足 $\theta=1.5\pi$ 的渐变折射率透镜，可以同时解决幻视和图像元的串扰问题。

12.5　图像分辨率和观看视角的改进技术

在传统的集成成像 3D 显示方法中，3D 图像的分辨率依赖于透镜元的节距，为了增大分辨率，需要减小透镜元的节距。当透镜元的节距减小时，显示屏上每个透镜元下的像素数量就减少，这样，来自透镜元的可控光线数量减少，因此，3D图像的质量也会下降，同时，观看视角也会相应减小。基于显示屏的集成成像 3D显示需要更高分辨率的显示屏来弥补小节距透镜元的影响，但更高分辨率的 2D显示屏目前还比较难以得到。为此，研究者较多致力于提高图像分辨率和观看视角的研究，同时也提出了很多有效的解决方案。

12.5.1　提高图像分辨率的技术

多投影机技术可以提高集成成像 3D 显示的分辨率。图 12.14 所示为采用多投影机的集成成像 3D 显示系统，该系统由多台投影机和微透镜阵列组成，如图12.14(a)所示。图 12.14(b)中，A、B、C 分别代表经过透镜元折射后的三个方向的光束。多台投影机在微透镜阵列上交叉投影多个图像，光线通过透镜元折射，在其焦平面上聚焦形成光点，每个透镜元下光点的数量等于投影机的数量。这种方法不需要减小透镜元的节距，只需要增加投影机的数量，就可以增加每个透镜元对应的光点数量，从而提高 3D 图像的分辨率。

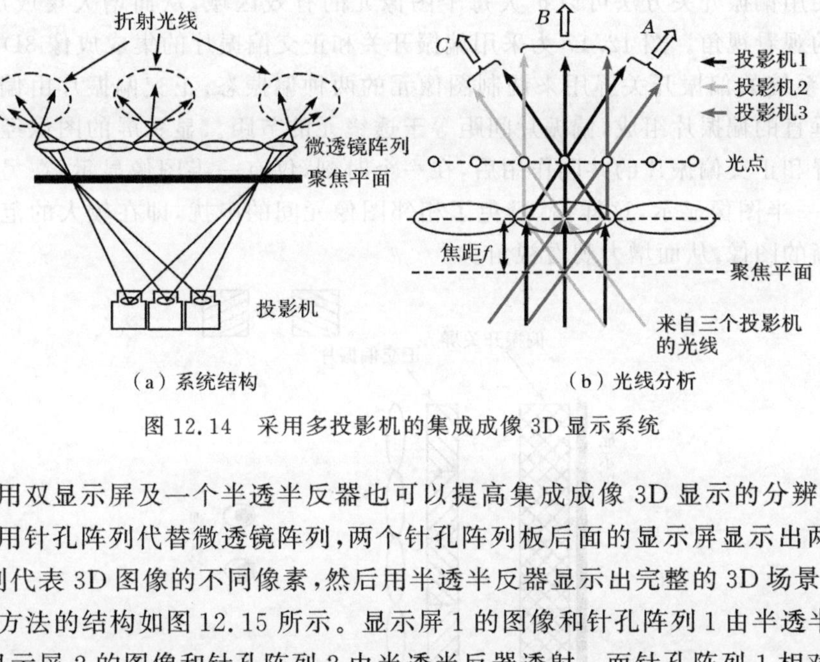

图 12.14　采用多投影机的集成成像 3D 显示系统

采用双显示屏及一个半透半反器也可以提高集成成像 3D 显示的分辨率，该方法采用针孔阵列代替微透镜阵列，两个针孔阵列板后面的显示屏显示出两张图像，分别代表 3D 图像的不同像素，然后用半透半反器显示出完整的 3D 场景。

该方法的结构如图 12.15 所示。显示屏 1 的图像和针孔阵列 1 由半透半反器反射，显示屏 2 的图像和针孔阵列 2 由半透半反器透射。而针孔阵列 1 相对于针孔阵列 2 沿着对角线方向移动 1/2 像素周期，图 12.16 所示为由半透半反器合并成的针孔阵列。

为了显示相同的 3D 图像，对应于针孔阵列 1 的图像元在显示屏 1 上显示，对应于针孔阵列 2 的图像元在显示屏 2 上显示。两个显示系统各自显示的图像是相同的 3D 图像的不同像素，然后用半透半反器将它们合并，显示出完整的 3D 图像。该 3D 图像的分辨率是传统集成成像 3D 显示系统分辨率的 2 倍。

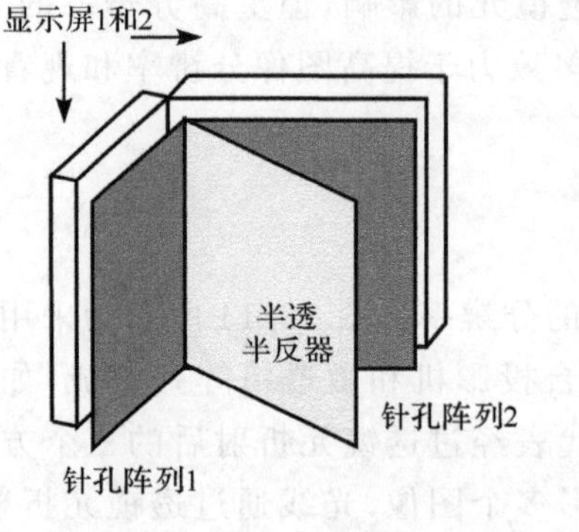

图 12.15　双显示屏的集成成像 3D 显示系统

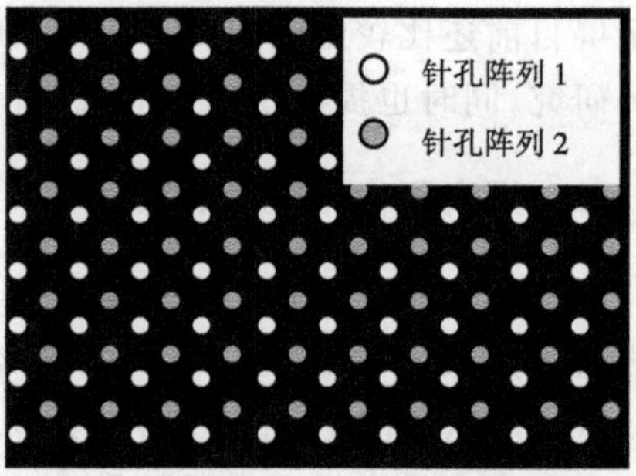

图 12.16　半透半反器合并的针孔阵列

12.5.2　增大观看视角的技术

使用偏振开关方法可以扩大每个图像元的有效区域，从而增大集成成像 3D 显示的观看视角。图 12.17 为采用偏振开关和正交偏振片的集成成像 3D 显示系统，该系统的偏振开关屏用来调制图像元的两种偏振态；正交偏振片由偏振方向互相垂直的偏振片组成，偏振片间距等于透镜元的节距。显示屏的图像经过偏振开关屏和正交偏振片的共同作用后，在一个时刻，仅有一半图像显示，在另一个时刻，另一半图像显示，这样，就避免了相邻图像元间的串扰，即在较大的范围能看到清晰的图像，从而增大观看视角。

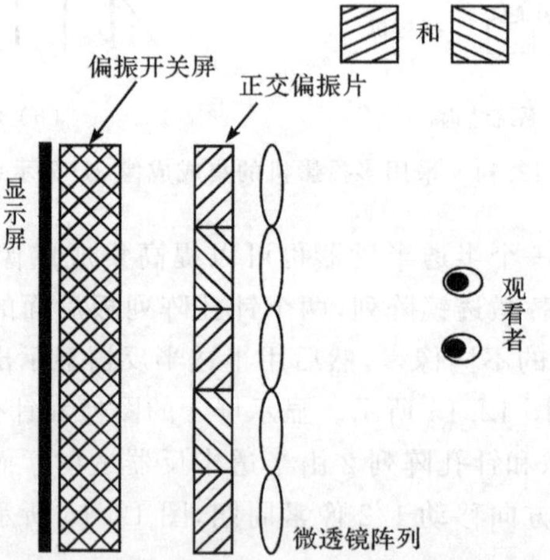

图 12.17　采用偏振开关和正交偏振片的集成成像 3D 显示系统

另外，也有很多扩展每个图像元的有效观看区域的方法，如使用弯曲微透镜阵列等。图 12.18 所示为采用弯曲透镜阵列和投影屏的集成成像 3D 显示系统，该系统可以使用多个投影机，这样，既可以增加显示图像的信息量，从而提高图像分辨率，又可与弯曲屏和透镜阵列匹配。该系统的观看视角较大是显而易见的。将来有可能采用易弯曲的柔性显示屏代替该系统中的投影机和投影屏。

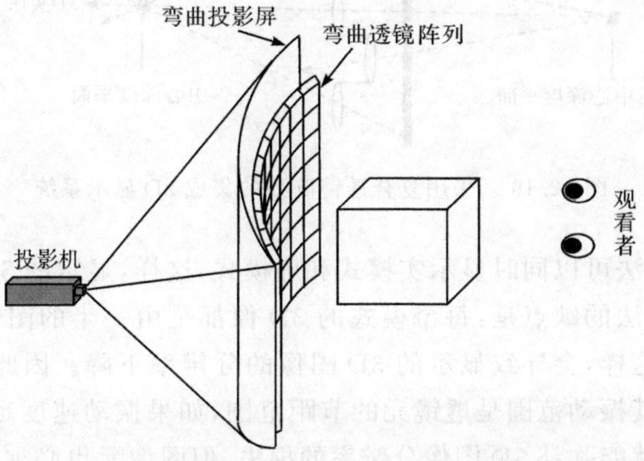

图 12.18　采用弯曲透镜阵列和投影屏的集成成像 3D 显示系统

12.6　增强图像深度的技术

传统的集成成像 3D 显示系统都只有一个中心深度平面，只有在该中心深度平面附近较小的范围内，显示的 3D 图像才是清晰的。因此，3D 图像的深度被限制在该中心深度平面附近，故增强图像深度范围是当前亟待解决的问题之一。下面将介绍一些相关的典型技术。

12.6.1　复合透镜阵列法

为了增大 3D 图像的深度，Choi 等提出一种复合透镜阵列来产生两个中心深度平面，图 12.19 所示为该方法的系统结构原理图。该复合透镜阵列有两个透镜平面，其中，透镜平面 1 距离显示屏较远（间距大于焦距），其显示模式为实模式，中心深度平面位于微透镜阵列前面；透镜平面 2 距离显示屏较近（间距小于焦距），其显示模式为虚模式，中心深度平面位于透镜阵列后面。这样，该系统就具有两个中心深度平面，它们之间的距离为

$$D_S = b - b' - d = \frac{d(2af + df - a^2 - ad)}{(a-f)(a+d-f)} \tag{12.25}$$

式中，b、b' 分别为每个中心深度平面与其对应的透镜平面的距离；d 为两透镜平面的间距；a 为显示屏与第一个透镜平面的距离。

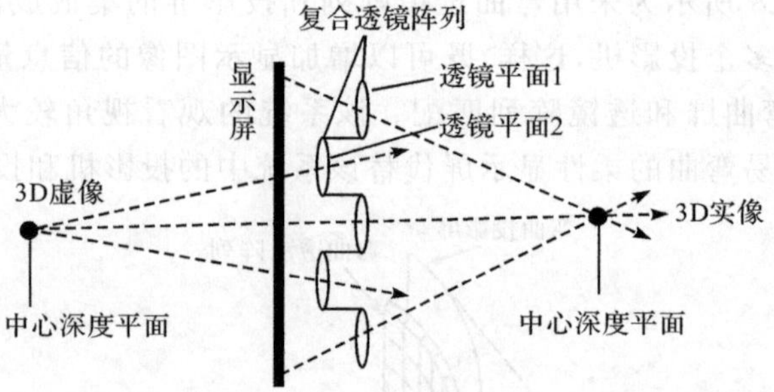

图 12.19　采用复合透镜阵列的集成 3D 显示系统

采用上述方法可以同时显示实模式和虚模式，这样，显示的 3D 场景的深度就增大了。但该方法的缺点是：每个模式的 3D 像都是由一半的图像元通过对应的透镜元产生的，这样，会导致显示的 3D 图像的分辨率下降。因此，需要采用振动透镜阵列技术，其振动范围是透镜元的节距范围，如果振动速度足够快，能实现图像的暂留效应，就能弥补 3D 图像分辨率的损失，但图像元也必须与复合透镜阵列同步振动。

12.6.2　可变焦透镜阵列法

可变焦透镜阵列的集成成像显示系统的基本原理如图 12.20 所示。可变焦透

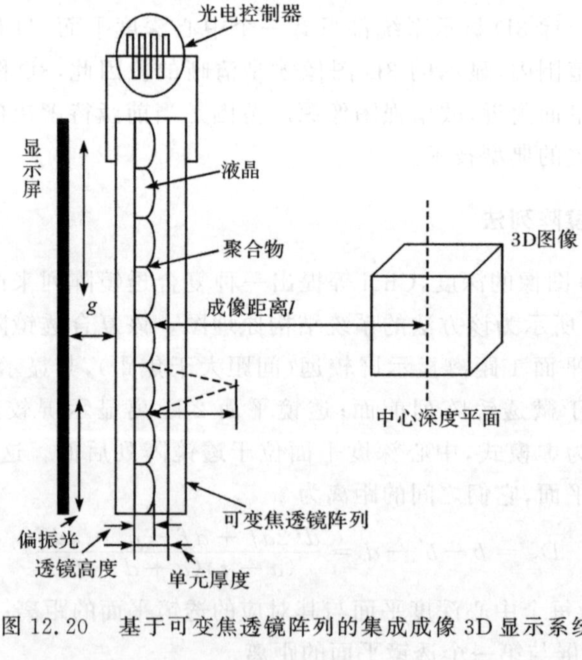

图 12.20　基于可变焦透镜阵列的集成成像 3D 显示系统

镜由液晶和聚合物构成，透镜焦距 f 和透镜阵列与 3D 图像的中心深度平面的间距 l 满足式(12.1)的关系。

如果显示屏与透镜阵列的间距 g 和透镜元焦距 f 固定，3D 图像的分辨率会随着聚焦误差的增加而减小。通过调整 g 或 f，可以消除聚焦误差，为此，可选择通过改变透镜阵列的焦距来实现。可变焦透镜阵列的焦距为

$$f=\frac{1}{(n_1-n_p)C} \tag{12.26}$$

式中，n_1 为液晶的有效折射率；n_p 为聚合物的折射率；C 为透镜元的曲率。

通过改变电压来改变液晶的有效折射率，可以改变透镜元的焦距。图 12.20 所示为采用可变焦透镜阵列在不同深度位置上产生 3D 图像的原理图。为使不同深度位置上的 3D 图像在人眼中融合，需要快速变焦来产生余像。

图 12.21 所示的采用多焦距透镜阵列的集成成像 3D 显示系统不需要快速的聚焦变换，只需通过对每个透镜元施加不同的电压来实现不同的焦距，便能在不同的深度位置上同时集成两个图像。

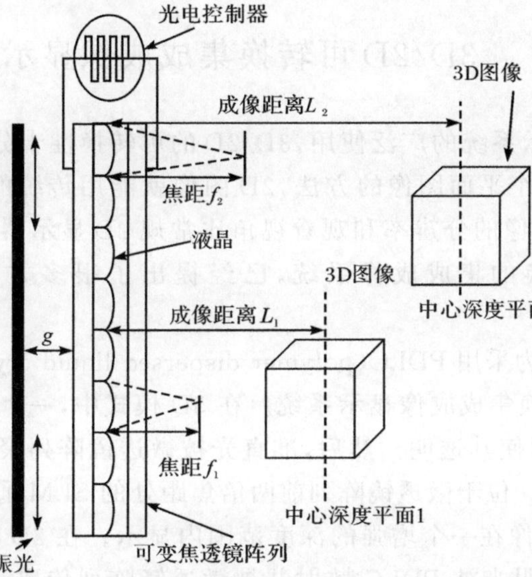

图 12.21　采用多焦距透镜阵列的集成成像 3D 显示系统

12.6.3　双显示屏法

图 12.22 所示为采用双显示屏的集成成像 3D 显示系统示意图。该系统的一个显示屏是发射型的，另外一个显示屏是透射型的，起空间光调制器(spatial light modulator，SLM)的作用。每个显示屏通过前方的微透镜阵列都能产生一个中心

深度平面，这样，便能产生两个中心深度平面，从而增强图像深度。

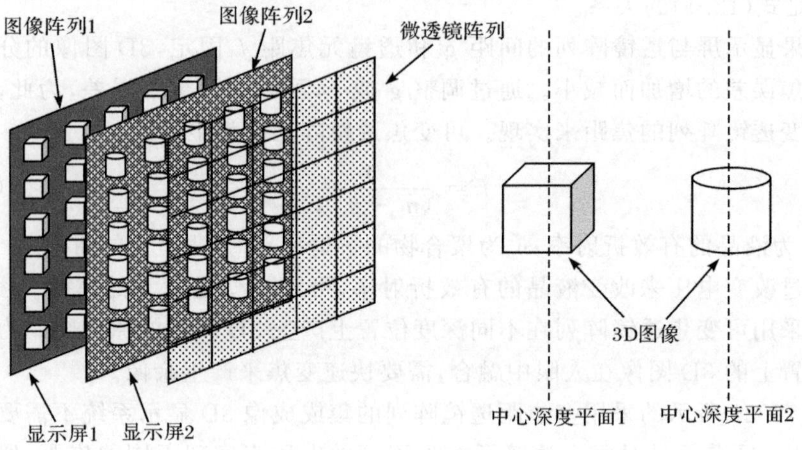

图 12.22　采用双显示屏的集成成像 3D 显示系统

12.7　3D/2D 可转换集成成像显示系统

要实现 3D 显示系统的广泛使用，3D/2D 的可转换性十分关键。通过在中心深度平面上集成一个平面图像的方法，2D 图像就能用传统的集成成像法显示。当然，这样的 2D 图像的分辨率和观看视角比常规 2D 显示器显示的 2D 图像差。对于 3D/2D 可转换的集成成像系统，已经提出了很多方法，以下主要介绍两种。

图 12.23 所示为采用 PDLC(polymer dispersed liquid crystal，聚合物分散液晶)的 3D/2D 可转换集成成像显示系统。在 3D 模式中，一个 PDLC 位于微透镜阵列后，被电动控制使其透明。然后，准直光被微透镜阵列聚焦在其焦平面上形成一个点光源阵列。位于微透镜阵列前两倍焦距处的 SLM 通过适当地调制光线强度，从而使 3D 图像在一个增强的深度范围内显示。在 2D 模式中，PDLC 被设置为漫射模式。照明光被 PDLC 散射并被微透镜阵列传递，用其漫射场来照射 SLM。由于 SLM 上的每个像素都被从所有方向充分照明，观看者看到在 SLM 上的 2D 图像。虽然 PDLC 可以位于其他位置，包括 SLM 前表面或者在微透镜阵列和 SLM 的间隙之间，但考虑到漫射效应，其位于微透镜阵列后更佳。

这种 3D/2D 可转换的集成成像显示系统的主要特性是微透镜阵列位于 SLM 之后，而不像传统的集成成像显示系统，微透镜阵列位于 SLM 之前，这种特性增强了系统可表现的深度范围，并引入 PDLC 以实现 3D/2D 转换。

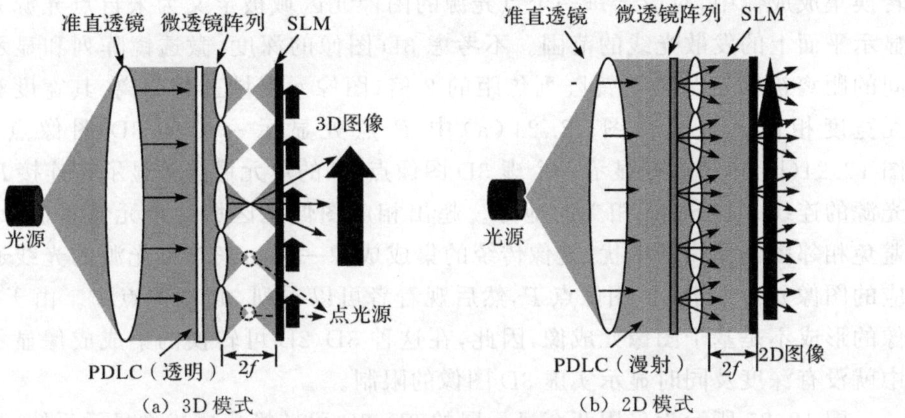

(a) 3D 模式　　(b) 2D 模式

图 12.23　采用 PDLC 的 3D/2D 可转换集成成像显示系统

由于微透镜阵列和 SLM 颠倒的顺序，显示一个 3D 图像的原理和传统的集成成像略有不同。在传统的集成成像中，每个图像元通过相应的透镜元在中心深度平面上成像，3D 图像也就在来自图像元的光线会聚形成的中心深度平面的附近集成。由于 3D 图像的集成是基于透镜元的成像性质，如前面所讨论的一样，大的离焦作用及大的放大率造成了 3D 图像深度增加，而使图像分辨率下降，因此，3D 图像不可能距离中心深度平面很远。传统的集成成像法可表现的深度范围也因此被明显地限制了。而且，显示平面和微透镜阵列间的距离应该由高斯公式按照所要求的中心深度来决定，这就使得传统的集成成像法不能以较高的分辨率同时显示实、虚 3D 图像。

图 12.24 所示的 3D/2D 可转换的集成成像显示系统克服了有限深度的限制，因为该系统中 3D 模式的形成不是基于透镜元成像。在图 12.24 所示的 3D/2D 可

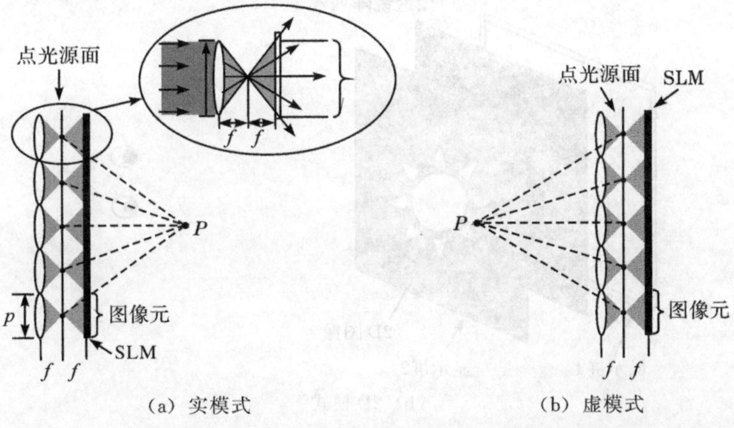

(a) 实模式　　(b) 虚模式

图 12.24　用点光源阵列和 SLM 的 3D/2D 可转换集成成像显示系统

转换集成成像中，对应于每一个点光源的图像元区域被定义为来自点光源并落在显示平面上的发散光线的范围。不考虑3D图像的深度，微透镜阵列和显示平面间的距离被固定为微透镜阵列焦距的2倍，图像元区域互相分离，其宽度和透镜元宽度相同。为了在图12.24(a)中P点处显示一个实3D图像点，或在图12.24(b)中P点处显示一个虚3D图像点，P的单元像点被显示在连接P和点光源的连线并与SLM相交的地方。超出相应图像元区域的单元像点被舍弃，以避免相邻图像元间的串扰，就像传统的集成成像一样。来自点光源的光线通过相应的图像元会聚于3D图像点P，然后观看者可以看到3D图像点P。由于3D图像的形成不是基于图像元成像，因此，在这种3D/2D可转换的集成成像显示系统中就没有深度及同时显示实虚3D图像的限制。

图12.25所示为采用两个显示屏的3D/2D可转换集成成像显示系统。在3D

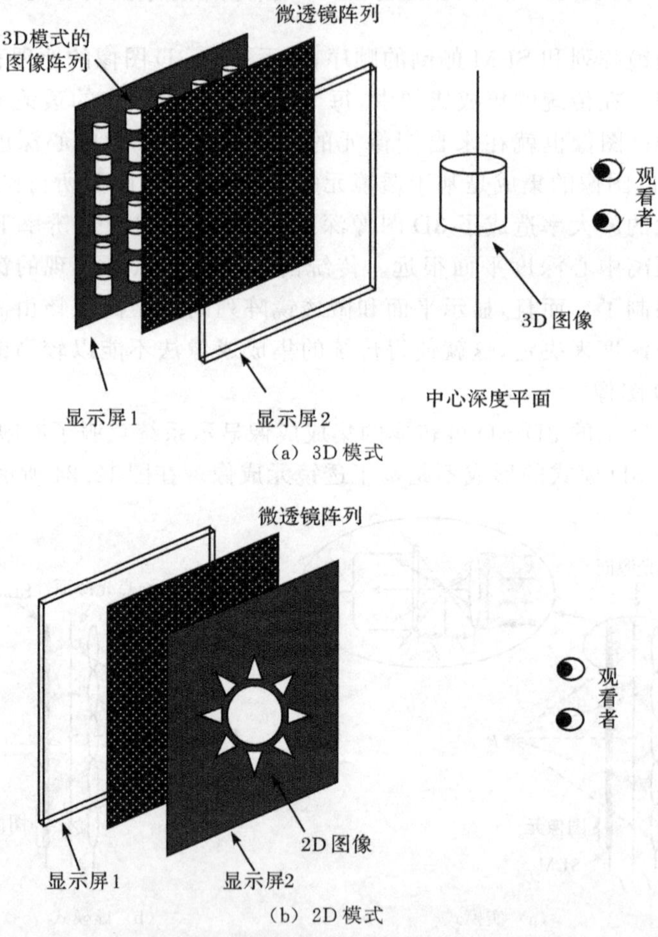

(a) 3D模式

(b) 2D模式

图12.25　采用两个显示屏的3D/2D可转换集成成像显示系统

模式中，显示屏 1 显示图像元，其通过微透镜阵列成像，显示屏 2 处于透射模式。在 2D 模式中，显示屏 1 为白模式，其功能是作为前面显示屏 2 的背光源，显示屏 2 的作用是显示 2D 图像。在该系统中，微透镜阵列不起作用，因为它位于显示屏 1（非准直白色光源）和显示屏 2 之间。

参 考 文 献

邓欢，王琼华，李大海. 2010. 基于两步记录法的计算机产生集成成像的实现//中国平板显示学术会议论文集，上海：251－254.

焦甜甜. 2009. 透镜阵列集成成像立体显示技术研究[硕士学位论文]. 成都：四川大学.

焦甜甜，王琼华，李大海，等. 2008. 基于 3DS MAX 的集成成像研究. 液晶与显示，23(5)：621－624.

伍春洪，杨扬，游福成. 2005. 三维全景图像生成技术//立体图象技术及其应用研讨会论文集，天津：23－26.

Arai J, Okano F, Kawakita M, et al. 2010. Integral three-dimensional television using a 33-megapixel imaging system. Journal of Display Technology, 6(10): 422－430.

Arai J, Okano F, Hoshino H, et al. 1998. Gradient-index lens-array method based on real-time integral photography for three-dimensional images. Applied Optics, 37(11): 2034－2045.

Choi H, Park J H, Hong J, et al. 2004. Depth-enhanced integral imaging with a stepped lens array or a composite lens array for three-dimensional display. Japanese Journal of Applied Physics, 43(8A): 5330－5336.

Choi H, Park J H, Kim J, et al. 2005. An improved 2D/3D convertible integral imaging with two parallel display devices//Proceedings of 2005 International Meeting on Information Display, Seoul, 1: 46－49.

Deng H, Wang Q H, Li D H. 2010. The realization of computer generated integral imaging based on two step pickup method//Proceedings of the International Symposium on Photonics and Optoelectronics, Chengdu: 1－3.

Hwang Y S, Yoon T H, Kim J C. 2003. Integral photography(IP) using variable focusing lens array(VFLA) for enhanced integral image depth//Proceedings of International Display Workshops, Fukuoka, 10: 1449－1452.

Hyun J, Hwang D C, Shin D H, et al. 2009. Curved projection integral imaging using an additional large-aperture convex lens for viewing angle improvement. Electronics and Telecommunications Research Institute Journal, 31(2): 105－110.

Ives H E. 1931. Optical properties of a Lippmann lenticuled sheet. Journal of the Optical Society of America A, 21: 171－176.

Jin F, Jang J S, Javidi B. 2003. Three-dimensional integral imaging with large depth of focus by use of real and virtual image fields. Optics Letters, 28(16): 1421－1423.

Jung S, Park J H, Choi H, et al. 2003. Wide-viewing integral three-dimensional imaging by use of orthogonal polarization switching. Applied Optics, 42(14): 2513－2520.

Kim Y, Hong K, Lee B. 2009. Recent research based on integral imaging display method. 3D Research, 1(1): 1—13.

Kim Y, Jung J H, Kang J M, et al. 2007. Resolution-enhanced three-dimensional integral imaging using double display devices//The 20th Annual Meeting of the IEEE(LEOS), Orlando: 356—357.

Kim Y, Park J H, Choi H, et al. 2004. Viewing-angle-enhanced integral imaging system using a curved lens array. Optics Express, 12(3): 421—429.

Kim Y, Park J H, Min S W, et al. 2005. Wide-viewing-angle integral three-dimensional imaging system by curving a screen and a lens array. Applied Optics, 44(4): 546—552.

Lee B, Park J H, Min S W. 2010. Digital Holography and Three-Dimensional Display. Berlin: Springer: 33—378.

Lippmann M G. 1908. Epreuves reversibles donnant la sensation du relief. Journal Physics, 7: 821—825.

Min S W, Kim J, Lee B. 2004. Wide-viewing projection-type integral imaging system using an embossed screen. Optics Letters, 29(20): 2420—2422.

Okano F, Arai J, Mitani K, et al. 2006. Real-time integral imaging based on extremely high resolution video system. Proceedings of the IEEE, 94(3): 490—501.

Okano F, Hoshino H, Arai J, et al. 1997. Real-time pickup method for a three-dimensional image based on integral photography. Applied Optics, 36(7): 1598—1603.

Park J H, Hong K, Lee B. 2009. Recent progress in three-dimensional information processing based on integral imaging. Applied Optics, 48(34): H77—H94.

Park J H, Kim H R, Kim Y, et al. 2004. Depth-enhanced three-dimensional-two-dimensional convertible display based on modified integral imaging. Optics Letters, 29(23): 2734—2736.

Park J H, Shin M, Kim N. 2009. Viewing direction controllable three-dimensional display based on integral imaging. Journal of the Society for Information Display, 40: 607—610.

Sakai H, Yamasaki M, Koike T, et al. 2009. Autostereoscopic display based on enhanced integral photography using overlaid multiple projectors. The Society for Information Display Symposium Digest 40: 611—614.

Seo J, Park S, Jang J, et al. 2003. Orthoscopic integral imaging 3D display by use of negative lens array//Photonics Conference 2003, Jeju: 797—798.

Sokolov A P. 1911. Autostereoscopy and Integral Photography by Professor Lippmann's Method. Moscow: Moscow State University Press.

Stern A, Javidi B. 2006. Three-dimensional image sensing, visualization, and processing using integral imaging. Proceedings of the IEEE, 94(3): 591—607.

Valyus N A. 1966. Stereoscopy. London: Focal Press.

Wang Q H, Deng H, Jiao T T, et al. 2010. Imitating micro-lens array for integral imaging. Chinese Optics Letters, 8(5): 512—514.

第 13 章　体 3D 显示技术与系统

体 3D 显示技术是一种能够在真正具有高度、宽度和深度的真实 3D 空间内进行图像信息再现的技术。体 3D 显示技术通过特殊方式来激励位于透明显示空间内的物质，利用光的产生、吸收或散射形成体素，并由许多分散体素构成 3D 图像，或采用 2D 显示屏旋转或层叠而形成 3D 图像。此 3D 图像如同现实的 3D 物体，几乎能满足人的所有生理和心理深度暗示，可供多人多角度裸眼观看，符合人们在视觉观看及深度感知方面的生理习惯，是一种真 3D 显示。

体 3D 显示概念的出现是在 20 世纪 40 年代，由于受到当时科学技术及经济水平的限制，早期的体 3D 显示仅仅停留在原理或概念的探讨上。20 世纪 70 年代中期，低成本计算系统的出现使大量 3D 数据的处理问题得到了部分解决，但因缺乏高质量的电子芯片和机械器件，系统精度仍受到限制，所以，数据输出与图像显示很难同步。20 世纪 90 年代中后期，计算机软硬件技术的快速发展为体 3D 显示研究创造了新的机会，经过近年来的研究，该领域有了较大进展，陆续出现了一些实验性的原理装置和商业化的显示系统。下面介绍几种主要的体 3D 显示技术与系统。

13.1　基于动态屏的体 3D 显示技术与系统

基于动态屏的体 3D 显示是目前较为成熟和实用的重要体 3D 显示方式。大多数体 3D 显示都以动态屏技术为基础，因为运用现今的软硬件条件来实现动态屏体 3D 显示技术相对简单，其性能也较好。

13.1.1　显示系统结构

基于动态屏的体 3D 显示是依靠机械装置旋转或移动 2D 显示屏，利用人眼的视觉暂留效应实现空间立体显示效果。用于显示 2D 平面图像的动态屏既可以是直视显示屏，又可以是投影显示屏。当各种形状的动态屏随 2D 图像的周期对应地垂直摆动或旋转时，图像深度就体现出来了。

如图 13.1 所示，典型的动态屏 3D 显示系统主要由动态屏、成像装置、电机、3D 数据接口及计算机组成。若动态屏是直视显示屏，就不需成像装置。

基于动态屏的体 3D 显示系统具有很直观的结构框架。当系统运行时，3D 数据接口将计算机中的 3D 图像信息及控制信号传送至成像装置和电机，电机带动

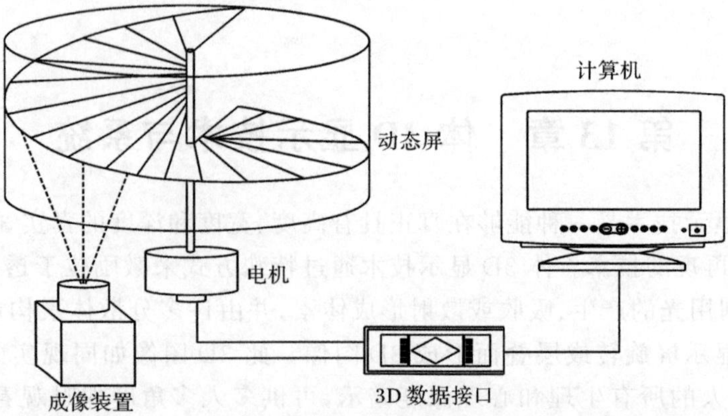

图 13.1　基于动态屏的体 3D 显示系统结构示意图

显示屏高速运转，成像装置使显示屏发光成像。在系统的各个组成部分中，动态屏及其成像装置的研究与制作最为关键，它决定了整个显示系统的最终性能。

13.1.2　动态屏的特性

动态屏体 3D 显示系统的核心部分是动态屏。动态屏的形状和物理特性极大地影响了显示系统的性能和图像质量，是整个显示系统设计的重点。

1. 动态屏的形状

动态屏的形状在理论上提出过多种，但一般采用平面型和螺旋型两种，同时，根据采用叶片的不同可分为双叶和单叶，如图 13.2 所示。

两者比较来说，平面屏因为风阻系数很大而较少采用。在快速的运动过程中，平面屏容易产生较大的噪声及受到较大的阻力，影响了整个系统的性能。虽然采用螺旋屏增加了设计上的难度，但其较小的空气阻力能有效降低噪声。

2. 动态屏的运动方式

动态屏的运动方式主要有平移运动和旋转运动两种。为了保证成像质量，体 3D 显示要求成像空间必须是均匀一致的。事实上，不管平移运动，还是旋转运动，都不可能实现一个完全均匀的成像空间，两者只存在非均匀程度的大小差别。因此，以下提到的均匀都是指相对均匀。

平移运动方式只适用于平面动态屏，它在水平方向上作反复运动建立了一个长方体的成像空间。均匀成像空间的要求意味着平面动态屏必须保持匀速运动，即加速度为零。但由于左右来回往复，平移运动方式很难保证显示屏始终做匀速运动，特别是方向变换的瞬间，速度由 v 急速降为 0 再变为 $-v$ 时的加速度不为零，

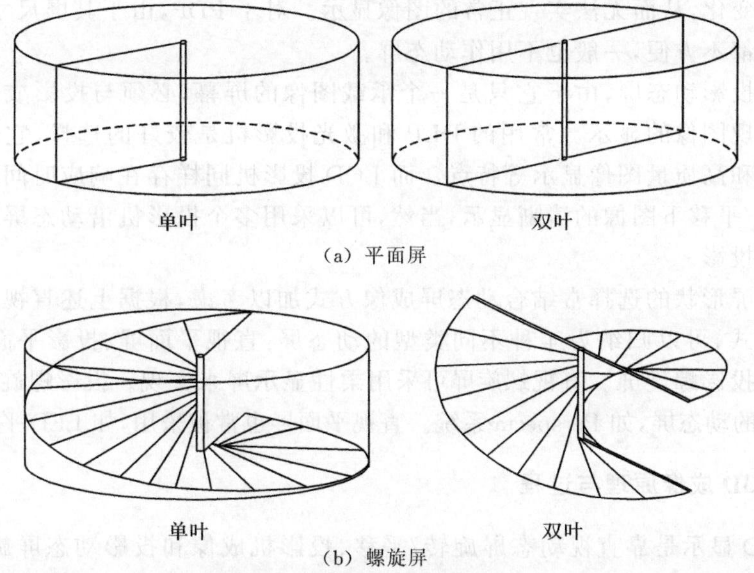

图 13.2　动态屏的各种形状

平面动态屏开始作变速运动,恶化了成像空间的非均匀程度。而旋转运动的优势在于运动中不用改变方向,便于保持匀速运动,使得空间均匀性更好。同时,由于空气阻力与迎风面积呈正比关系,随着动态屏尺寸的增加,平移运动方式为克服风阻付出的功耗代价太大,而利用旋转方式则有助于减少阻力。

旋转运动方式常用于平面屏和螺旋屏显示。当动态屏采用旋转的运动方式时,对于平面屏旋转来说,不论是双叶还是单叶(即使是单叶,为了平衡旋转产生的离心力,往往会加上一个平衡面,也就成了双叶),其优点是容易定位,在整个圆柱体空间里,体素的寻址和定位容易确定。但是,它的缺点同样明显:运动时的离心力不易平衡,并且在高速旋转时容易产生较大的噪声。而螺旋屏旋转时,与空气接触面很小,因此,噪声较小。所以,在旋转成像中,绝大部分采用的是螺旋屏。

3. 动态屏的成像方式

如前所述,动态屏分为直视和投影两种,其成像方式即这两种。

从理论上讲,直视动态屏可以是各种图像显示屏,如 LED 显示屏、OLED、LCD 和 PDP 等,但实际使用中,目前多采用 LED 显示屏,主要因为它的响应时间快,高速旋转/平移后不出现图像拖尾。OLED 也将是较好的动态屏候选者,只是近年其产品才逐步研发和推出。LCD 目前的响应时间还无法满足高速旋转/平移时不出现拖尾,还需要考虑液晶在高速旋转/平移过程中分子取向发生与图像信号无关的变化,从而无法实现正常的图像显示。对于 PDP,由于其屏尺寸较大,旋转和平移都不方便,一般也不用作动态屏。

对于投影动态屏,由于它只是一个承载图像的屏幕,必须与投影成像装置一起才能实现图像的显示。常用的 DLP 和激光投影机是较好的选择,它们具有较快的响应和高质量图像显示等特点。而 LCD 投影机同样存在响应时间满足不了高速旋转/平移下图像的清晰显示,当然,可以采用多个投影机沿动态屏旋转方向分时进行投影。

动态屏形状的选择常结合动态屏成像方式加以考虑,根据上述直视和投影两种成像方式,可以归纳为 4 种不同类型的动态屏:直视平面屏、投影平面屏、直视螺旋屏和投影螺旋屏。直视螺旋屏可采用柔性显示屏来实现。投影螺旋屏是目前广泛采用的动态屏,如 Perspecta 系统。直视平面屏也常被采用,如 LED 平面屏。

13.1.3 3D 成像原理与过程

体 3D 显示是靠直视动态屏旋转/平移、投影机成像和投影动态屏旋转/平移来实现 3D 成像的。如图 13.3 所示为采用 LED 平面屏旋转完成 3D 成像的原理示意图。在该图中,(a)、(b)、(c)和(d)分别表示连续 4 个单位时间间隔内 LED 动态屏显示的 2D 图像信息,图中,黑点表示该处的 LED 处于发光状态。由此可以看出,在不同时刻,位于 LED 动态屏不同位置的 LED 被点亮,由于视觉暂留特性,观看者所感知的不是图 13.3(a)～(d)中的离散 2D 图像序列,而是复合后的空间 3D 图像,如图 13.3(e)所示。旋转 LED 动态屏的体 3D 显示系统结构简单,但目前 LED 的开关速度还达不到实现正常视频的体 3D 显示的要求,且图像体素较大、有颗粒感,尚待进一步研究及完善。

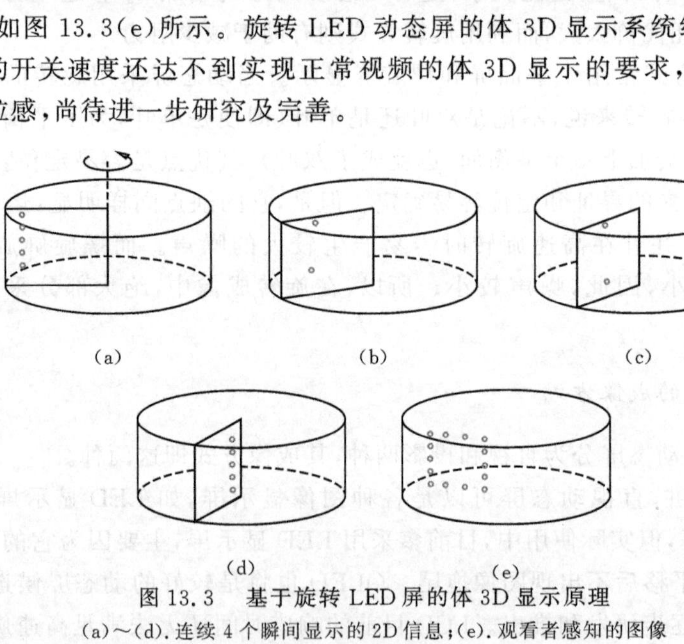

图 13.3 基于旋转 LED 屏的体 3D 显示原理

(a)～(d). 连续 4 个瞬间显示的 2D 信息;(e). 观看者感知的图像

图 13.4 所示为采用激光投影机和螺旋动态屏实现 3D 成像的原理示意图。激光投影机采用振镜扫描方式进行图像投影，三束基色激光由调制器和扫描器分别控制强度和偏转角度，会聚成一束色度光线投射在螺旋动态屏上，在螺旋动态屏表面产生瞬时光点。随着激光器的偏转和螺旋动态屏的旋转，就能在圆柱状的真实 3D 空间内产生许多光点。多个这样的光点便能构成直线、体面，直到构成一个 3D 物体，观看者由于视觉暂留而感知到一幅 3D 图像。振镜扫描技术的缺点是激光扫描器的速度有限，系统只能以串行方式传输数据流，每次只能产生单个体素，这对于海量数据的 3D 图像显示来说是远远不够的。

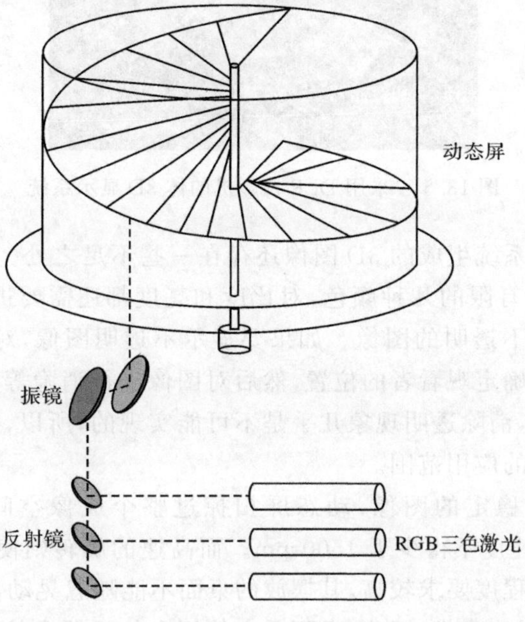

图 13.4　激光投影实现体 3D 显示的原理示意图

采用 DLP 投影机是另外一种重要的动态屏体 3D 显示方案，如图 13.5 所示。DLP 投影机具有高速响应的特点，用它将图像投影到一个旋转动态屏上，该动态屏同光学投影器件和三组具有转向投影作用的平面镜一起高速旋转。被投影的图像实际上是呈放射状的“图像切片”，由于视觉暂留，这些图像切片连续快速地投影到 3D 空间，从而在人眼中形成有真实立体感的 3D 图像。该体 3D 显示系统的体素总数可达 1 亿以上，其产生的 3D 图像的分辨率和清晰度都很高。

13.1.4　性能提升的技术问题

由于目前软硬件条件来实现基于动态屏的体 3D 显示相对简单，所以，利用动态屏技术来实现体 3D 显示的研究较为广泛。但是，由于体 3D 显示巨大的技术实

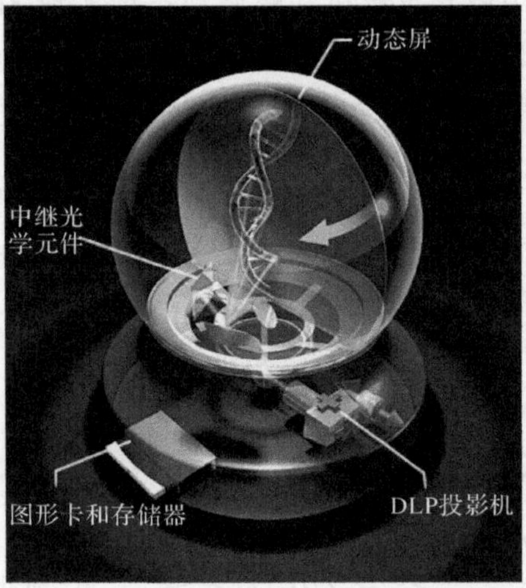

图 13.5　采用 DLP 投影机的体 3D 显示系统

现难度,因此,该类系统生成的 3D 图像还存在一些不足之处。动态屏体 3D 显示系统目前只能显示有限的几种颜色,对比度和亮度都还需要进一步提高,而且目前还无法显示完全不透明的图像。如果要显示不透明图像,对于单个使用者,要使用头部跟踪器来确定观看者的位置,然后对图像进行消隐等处理。而对于多个使用者同时观看时,消除透明现象几乎是不可能实现的,所以,这种半透明的显示方式限制了该系统的应用范围。

为了获得比较稳定的图像,动态屏扫掠过整个成像空间的频率不能低于 25Hz,相当于旋转速度不得少于 1500rpm。而高速的旋转则使得体 3D 显示系统对安置平台的平稳程度要求较高,其摆放的桌面不能随意晃动,否则将导致 3D 图像显示模糊,甚至无法成像,因此,它不适宜使用在航天器及航海船舶等场合。为了在成像空间内准确地定位体素,需要保证动态屏能避免各种由于机械运动产生的图像变形,这也是决定 3D 显示系统尺寸大小的重要因素。

13.2　基于上转换发光的体 3D 显示技术与系统

1912 年,Luzy 预测了可以通过使用两个不同波长的光束来激励位于透明体积内的光学活性介质,以便在两光束的交汇处产生双频两步上转换效应而形成荧光。此后,这种效应在汞蒸汽中被证实,并于 1952 年试用于成像领域。进一步研究表明,对于一种掺杂了稀土族光学活性离子的透明晶体,当其中的活性离子受到两束交叉激光束照射时会处于激发状态,并发出可见光。因此,采用双光束扫描空间发光物质,实现空间立体的 3D 图像显示就是自然的事了。本节将阐述基于上转换发光的体 3D 显示技术与系统。

13.2.1　上转换发光原理

概括地说,上转换是通过多光子机制将长波辐射转换为短波辐射。上转换发光原理的研究主要集中在稀土离子的能级跃迁。若选用的基质材料和激活离子不同,跃迁机制也有所不同,因此,上转换发光原理的解释是伴随着新材料的出现而发展的。不同的文献对上转换发光原理有不同的归纳方法,比较典型的主要有基态吸收/激发态吸收、能量转移和光子雪崩。下面以基态吸收/激发态吸收为例介绍其基本理论。

基态吸收/激发态吸收原理是 1959 年由 Bloembergen 等提出,其原理是:同一个离子从基态能级通过连续的多光子吸收到达能量较高的激发态能级的一个过程,这是上转换发光的最基本过程。如图 13.6 所示,基态吸收/激发态吸收过程为:首先,发光中心处于基态能级 E_1 上的离子吸收一个能量为 Φ_1 的光子跃迁至中间亚稳态 E_2 能级,此即基态吸收;如果能量为 Φ_2 的光子的振动能量正好与 E_2 能级和更高激发态能级 E_3 的能量间隔匹配,则 E_2 能级上的该离子通过吸收该光子能量而跃迁至 E_3 能级,如果满足能量匹配的要求,E_3 能级上的该离子还有可能再吸收光子能量而向更高的激发态能级跃迁,依此类推,这就是激发态吸收。只要该高能级上粒子数足够多,形成粒子数反转,就可实现较高频率的光发射,出现上转换发光。若主显示材料中采用特定的几种稀土离子掺杂,则可以得到红、绿、蓝三基色光,从而实现彩色显示。

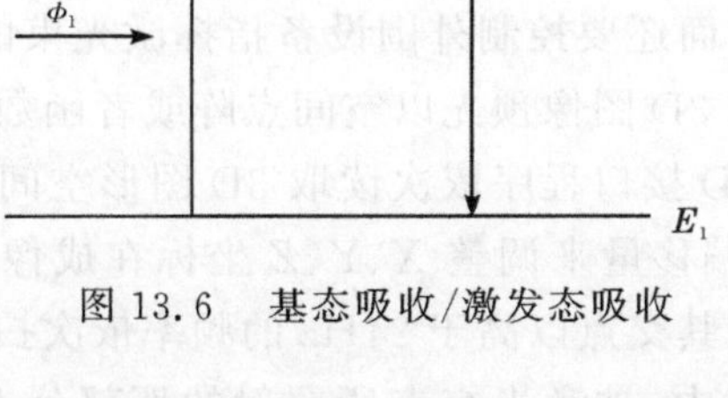

图 13.6　基态吸收/激发态吸收

在连续光激发下,上转换发光的强度通常正比于 I_1I_2,其中,I_1、I_2 分别表示第 1 次和第 2 次吸收过程中的激发光光强。当 $\Phi_1=\Phi_2$ 时,只需要一种激发光就可以了,这就是所谓的同步双光子吸收过程,将该激发光光强记为 I,则其发光强度通常正比于 I^2。更一般地,如果需要发生 n 次吸收,且每次激发光光强均为 I,则上转换发光强度将正比于 I^n。

通常情况下，体 3D 显示生成 3D 图像最常用的方法是双频两步上转换技术。该技术就是上述基态吸收/激发态吸收理论中 $\Phi_1 \neq \Phi_2$ 且只发生 2 次吸收时的特殊情况，发光的强度正比于 $I_1 I_2$。在实际应用中，由计算机控制两激励激光束的交叉点在介质成像空间内按照指定的轨迹作寻址扫描，就可以产生 3D 图像。图 13.7所示即为在双频两步上转换原理的基础上通过两束激光在显示体内部交叉扫描而实现体 3D 显示的示意图。

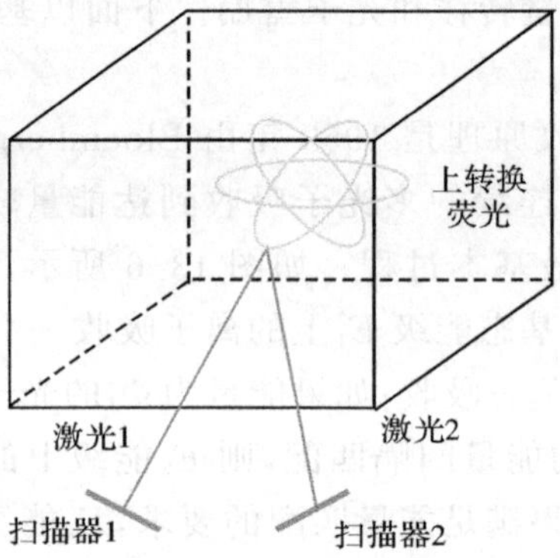

图 13.7　利用双频两步上转换原理实现体 3D 显示的示意图

13.2.2　系统结构与原理

由上面的介绍可知，利用具有上转换发光特性的材料作为主显示材料构成显示系统的成像空间，再结合相关外围设备，即可成功建立一个完整的体 3D 显示系统，如图 13.8 所示。该显示系统主要由计算机、3D 接口、两个投影单元及介质成像空间组成。其中，每个投影单元又分别由一个光电调节器和 XZ 方向或 YZ 方向的 2D 扫描器构成，并由计算机通过 3D 接口与 3D 软件实现同步控制。

基于上转换发光的体 3D 显示系统的关键在于：一方面要提供所要显示的 3D 图像的空间形状，另一方面还要控制外围设备指挥激光束的运动及光门开关的闭合。工作时，所要显示的 3D 图像预先以空间点阵或者函数的形式输入电脑中；在执行显示过程时，通过 3D 接口程序依次读取 3D 图形空间各点的位置，计算机通过控制激光束交叉点的偏移量来调整 X、Y、Z 坐标在成像空间的位置，然后控制两束激光在空间运动，使其交点以高于 24Hz 的频率依次扫描 3D 图像在空间中的各点；在高速的扫描过程中，被激光交点所照射的那部分上转换材料发射红、绿、蓝三基色荧光，3D 图像以发光点的形式显现出来；随着发光点的不断增多，整个上转换空间就出现连续稳定不闪烁的彩色 3D 图像。

现在，常用的激光束扫描技术有两种：一是 3D 矢量图像扫描，它是通过旋转

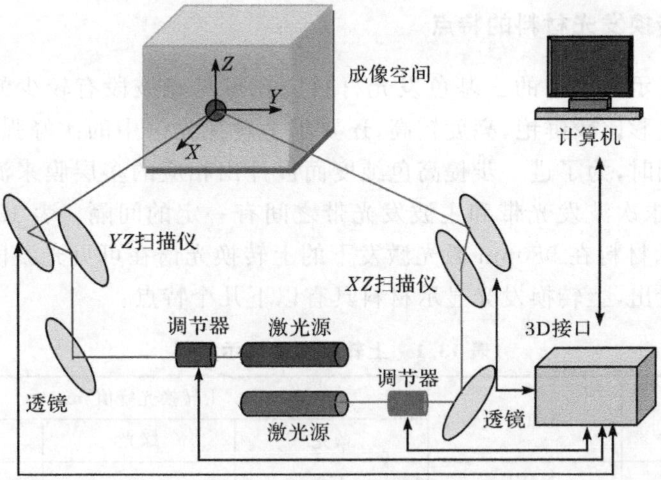

图 13.8　一种基于上转换发光的体 3D 显示系统结构原理图

检流计扫描仪控制 *XZ* 和 *YZ* 在图像空间扫描成像，所成的图像由多边形线条组成而不是单个的体素，缺点是显示的线条受到限制，图像清晰度不够，但价格相对低廉，携带方便，易于操作；另一种是 3D 光栅图像扫描，每对扫描仪通过 D/A 转换器来驱动，扫描仪和空间图像的产生都是由软件来控制，这种扫描方式图像清晰度高，但成本昂贵，实现困难，现在科学界都趋向通过产生空间体素矩阵的方式来生成 3D 图像。

目前，基于上转换发光的体 3D 显示系统的典型代表主要有德国施塔德一个研究中心推出的 Solid Felix 3D 显示器和美国斯坦福大学采用三对高功率红外激光束激励上转换显示材料而实现彩色体 3D 显示的样机。图 13.9 所示即为基于上转换发光的体 3D 显示效果图，从图中可以看出，基于该原理实现的体 3D 显示是一种真正意义上的具有 360°可视角度的真 3D 显示。

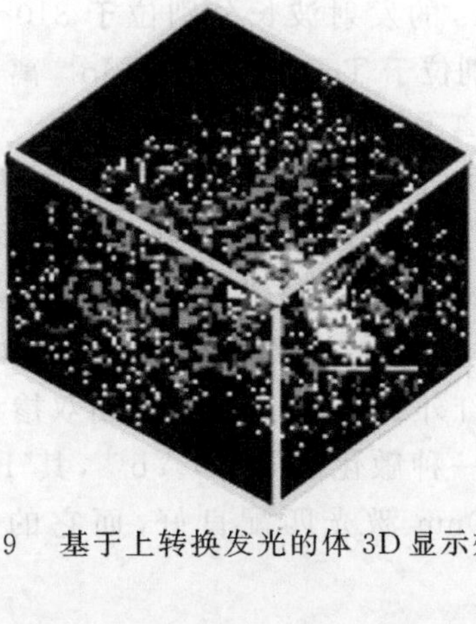

图 13.9　基于上转换发光的体 3D 显示效果图

13.2.3 上转换发光材料的特点

上转换显示所要求的三基色发光材料应在可见光波段有较少的发光带。为了使显示的色彩比较鲜艳，亮度较高，还要求上转换光谱中的次峰强度较弱，主峰强度较强。同时，为了进一步提高色纯度而设计出相应的多层膜来滤除不需要的色光，这就要求次波发光带和主波发光带之间有一定的间隔。表13.1列出了几种上转换显示材料在980nm激光激发下的上转换光谱在可见光波段的峰值。从该表中可以看出，上转换发光显示材料具有以下几个特点：

表13.1 上转换发光显示材料

掺杂离子	基质材料	上转换光峰值/nm		
		蓝光	绿光	红光
Yb^{3+},Tm^{3+}	$NaYF_4$	450		647,698
	KYF	481		652
	YLF	483		648
Yb^{3+},Er^{3+}	$NaYF_4$	411	540	660
	KYF		550	654,670
	YLF		541,549	654,668
Yb^{3+},Ho^{3+}	$NaYF_4$		540	648
	KYF		544	658

(1) 作为发光的激活离子主要是Tm^{3+}、Er^{3+}和Ho^{3+}。目前，已发现的具有上转换功能的激活离子主要有Ce、Pr、Nd、Sm、Eu、Tb、Dy、Ho、Er、Tm、Yb等三价稀土离子和Ti^{2+}、Ni^{2+}、Mo^{3+}、Re^{4+}、Os^{4+}、Mn^{2+}、Cr^{3+}等过渡金属离子。得到的波段已覆盖了168～4034nm波段范围中600多个激光波长。通常，采用Tm^{3+}、Er^{3+}和Ho^{3+}作为激活离子，这主要是因为：目前，作为较成熟泵浦源的GaAlAs、AlGaIn和InGaAs的发射波长分别位于810～979nm、670～690nm和940～990nm，这些波长分别位于Tm^{3+}、Er^{3+}和Ho^{3+}离子的主吸收带上，因此，研究人员通常给予这些激活离子较多关注。

(2) 上转换材料掺杂方式采用双掺稀土离子的方法，且以Yb^{3+}作为敏化剂。上转换材料掺杂方式分为单掺和双掺两种。在单掺材料中，由于利用的是稀土离子f-f禁戒跃迁窄线中振子强度小的光谱，这限制了对红外线的吸收，因此，这类材料的效率不高。如果通过加大掺杂离子的浓度来增加吸收，又会发生荧光的浓度猝灭。为了提高材料的红外吸收能力，往往采用双掺稀土离子的方法。双掺的上转换材料以高浓度掺入一种敏化离子，如Yb^{3+}，其$^2F_{7/2}\rightarrow{}^2F_{5/2}$跃迁吸收很强，且吸收波长与950～1000nm激光匹配良好，而它的激发态又高于激活离子

Ho^{3+}($^4I_{11/2}$)、Er^{3+}($^5I_6$)、Tm^{3+}($^3H_5$)的激发亚稳态,因此,可将吸收的红外光子能量传递给这些激活离子,发生双光子或多光子加和,从而实现上转换过程,发射出短波长的光,使得上转换荧光明显增强。Yb^{3+} 的掺杂浓度相对较高,这使得离子之间的交叉弛豫效率很高,因此,以 Yb^{3+} 作为敏化剂是提高上转换效率的重要途径之一,上转换敏化是上转换发光有效的增强机制。Yb^{3+}/Ho^{3+}、Yb^{3+}/Er^{3+}、Yb^{3+}/Tm^{3+} 双掺杂材料是目前研究的热点。

(3) 基质材料都是氟化物材料。人们广泛地研究了掺杂不同稀土离子的晶体、玻璃、气体介质乃至陶瓷的红外到可见光的上转换现象。但对于基质材料,不仅要求光学性能好,而且一般还要求具有一定的机械强度和化学稳定性。基质材料一般不构成发射能级,但能为激活离子提供适宜的晶体场,使其产生特定的发射。寻找合适的基质,以减小材料的声子能量,有利于提高上转换效率。此外,基质材料对阈值功率和输出水平也有很大影响。根据所选用基质的不同,可将上转换发光材料分为氟化物系列、氧化物系列、氟氧化物系列、卤化物系列和含硫化合物材料系列 5 类。

在这 5 类材料中,相对而言,氟化物基质材料具有很多优点:氟化物玻璃从紫外到红外(0.3～7μm)都是透明的;作为激活剂的稀土离子能很容易地掺杂到氟化物基质中去;与石英相比,氟化物具有更低的声子能量(约 $500cm^{-1}$)。在石英中,由于基质具有高的声子能量,使稀土离子发生无辐射跃迁的几率增大,能级寿命减小,所以,要发生辐射跃迁,能级间距一般不小于 $4000cm^{-1}$,然而,在氟化物中,这一间距减小到 $2500\sim3000cm^{-1}$。因此,稀土离子的能级在氟化物中具有较长的寿命,形成更多的亚稳能级,有丰富的激光跃迁。虽然氟化物的上转换效率较高,但其化学稳定性和机械强度差,抗激光损伤阈值低,制备条件要求很高,制备工艺复杂,需要在气氛保护的条件下进行制备,因而材料成本较高。正是因为氟化物具有更低的声子能量,上转换效率较高,所以,上转换显示的亮度相比其他基质更高,因此,表 13.1 中基质材料都是氟化物材料。

本节主要介绍了基于上转换发光的体 3D 显示技术的实现原理与相关系统结构,并对成像空间所采用的显示材料进行了简要分析。从中可以看出,由于这类系统无需采用任何用于旋转的移动部件,因而大大提高了系统的稳定性,降低了工作噪声,因此,具有相当大的发展潜力。其缺点在于:尚无合适的激励源和具有充分光转换效率的发光介质;体素被串行激活,体素总数不够多,无法表述复杂的图像信息或活动的光点信息;诸多的物理和技术限制使建成的实验装置显示范围小、分辨率低、局限于简单的字母或图形静态显示。因此,短期内不易实现大尺寸、高分辨率和高亮度的真 3D 显示。

13.3 基于层屏的体 3D 显示技术与系统

本节将介绍基于层屏的体 3D 显示系统,该系统使用高速投影机将待显示的 3D 物体的 2D 等深度截面连续投射到由距离观看者远近不同的层屏组成的显示体相对应的深度位置上,且保证在较短时间(如 1/24s)内完成在显示体上的一次投影成像,利用人眼的视觉暂留效应,从而获得高度连续的 3D 图像。由于这种显示方式是对待显示 3D 物体的空间立体成像,因而可在显示体前方任意位置实现立体观看,是一种真 3D 显示。

13.3.1 系统结构与原理

如图 13.10 所示,基于层屏的体 3D 显示系统由高速投影机、层屏和控制系统构成。高速投影机采用背投方式,且要求其帧频达到 1500Hz,一般采用 DLP 投影机。层屏即层叠显示屏,一般采用液晶散射屏制成。控制系统包括层屏驱动器、计算机和缓冲设备。

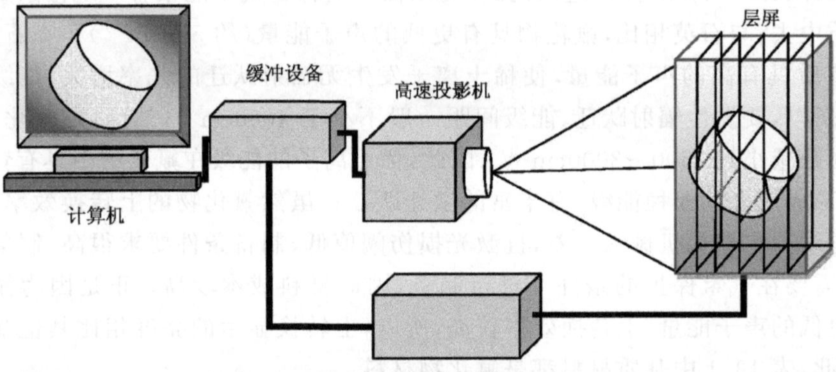

图 13.10 基于层屏的体 3D 显示系统原理图

液晶散射屏具有光开关特性,能够根据施加电压与否在透明与不透明两种状态之间快速切换。投影机将一系列彩色 3D 图像的 2D 等深度截面连续投射到层屏上,其中,每帧图像切片都停留在相应深度的层屏处,从而得到均匀有序且正交分布的 3D 体素阵列,实现真 3D 显示。

以包含 20 层液晶散射屏的层屏构成的体 3D 显示系统为例,在任一时刻,有 19 个液晶散射屏是透明的,只有 1 个屏呈白色的漫反射状态,该系统通过以高于人眼刷新频率的速度在这 20 个屏上快速地切换显示 3D 物体截面,从而产生 3D 纵深感。一般情况下,当液晶散射屏的分辨率为 1024×748,每层厚度加间隙共为

50mm 时，该体 3D 显示系统就可以呈现出较好的 3D 显示效果。

13.3.2　层屏的设计与工作原理

构成层屏的液晶散射屏通常采用 PDLC 来制备。所谓 PDLC，是将低分子液晶与预聚物相混合，在一定条件下经聚合反应，形成微米级的液晶微滴并均匀地分散在高分子网络中，再利用液晶分子的介电各向异性获得具有电光响应特性的材料，它主要工作在散射态和透明态之间，并具有一定的灰度。PDLC 的制备方法大体可分为相分离法和微胶囊封装法，现在应用较多的是相分离法。相分离法主要包括聚合引发相分离、热引发相分离和溶剂引发相分离三种。

由于 PDLC 是集光电薄膜和液晶为一体的合成材料，而液晶又具有很强的光学各向异性和介电各向异性，因此，PDLC 表现出的电光特性尤为显著。在无外加电压的情形下，膜间不能形成有规律的电场，液晶微粒的光轴取向随机分布，呈现无序状态，其有效折射率 n_o 与聚合物的折射率 n_p 不匹配，入射光线被强烈散射，薄膜呈不透明状；当施加外电压时，液晶微粒的光轴垂直于薄膜表面排列，即与电场方向一致，液晶微粒的寻常光折射率与聚合物的折射率基本匹配，使得两者之间无明显界面，整体表现为较为均匀的介质，所以，入射光不会发生散射，薄膜呈透明状。因此，在适当的外加电场驱动下，PDLC 将具备光开关特性。

基于层屏的体 3D 显示系统的层屏设计正是利用了 PDLC 的这一光开关特性。将多层由 PDLC 制备的液晶散射屏合理堆叠在一起，当对其中某层加电压时，该层的液晶微粒将像百叶窗叶面一样平行于光束传播方向，从而令照射该点的光束透明地穿过；不加电压时，该层液晶微粒将呈白色的漫反射状态，从而对照射光束进行漫反射，形成一个存在于液晶屏层叠体中的体素。在层屏驱动器的驱动下，显示系统以高于人眼刷新频率的速度在各散射屏上快速地切换显示 3D 物体截面，从而实现逼真的 3D 显示。

13.3.3　投影机镜头的设计

与普通投影镜头相比较，基于层屏的体 3D 显示系统的投影机要求投影的画面尺寸在一定的纵深范围内变化很小，即要求发散角要小于一定角度。为了在总体上获得更好的立体视觉效果，则对成像质量要求更高，像差需要减小到更小的范围内。

图 13.11 所示为基于层屏的体 3D 显示系统的投影机镜头光学参数设计示意图。设 2α 为投影镜头中心光线的最大张角，L 为投影镜头到层屏的距离，β 为放大率，l 为物距，f 为焦距，l' 为像距($l'\approx L$)，x 为物方焦点到投影图像面的距离，D 为镜头的有效直径。

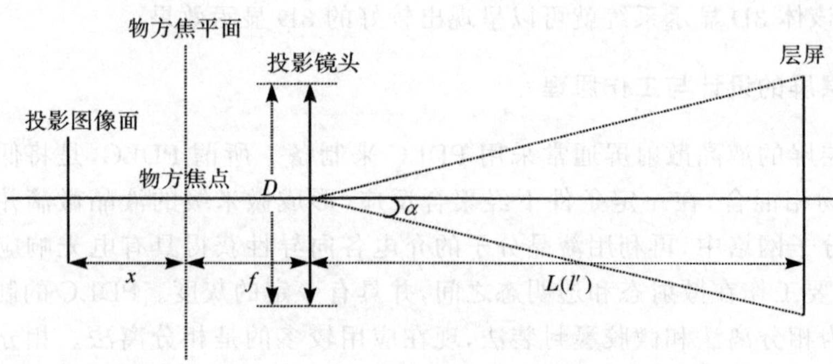

图 13.11 投影镜头结构参数

由于投影镜头具有一定的发散角，因此，投影到层屏的第一层和最后一层的图像截面大小存在差异 δ。一般，当 δ 低于 10% 时，人眼可以接受。由此可以得出，第一层和最后一层图像对角线允许的最大差异 e 为

$$e = 1 - \sqrt{1-\delta} \tag{13.1}$$

则投影镜头中心光线的最大张角为

$$2\alpha \approx 2\arctan\left(\frac{ce}{2d}\right) \tag{13.2}$$

式中，c 为层屏的对角线长度；d 为层屏总厚度。以层屏的对角线为 10 英寸(254 mm)、层屏数量为 20 层、总厚度为 50mm 为例，根据式(13.1)可以得出第 1 层和第 20 层图像对角线允许的最大差异为 5%，根据式(13.2)可以得出投影镜头中心光线的最大张角，即投影镜头的发散角不能超过 14.5°。

根据投影镜头的发散角的要求，镜头设计的参数要求为

$$\beta = -\frac{h'}{h} \tag{13.3}$$

$$f = \frac{l'}{\beta - 1} \tag{13.4}$$

$$x = -\frac{f}{\beta} \tag{13.5}$$

$$l = x + f \tag{13.6}$$

式中，h 和 h' 分别为物和像的对角线高度。

当镜头的已知参数 L、h、h' 确定后，设计参数 β、f、x、l 可由式(13.3)～式(13.6)得到。

13.3.4 图形失真及其解决方法

下面以 2D 计算机图形为例说明图形失真的产生原因。2D 计算机图形是以像素为基本单位的，而像素本身具有一定的几何尺寸，如图 13.12 所示。图 13.12(a)

中有一个类似“山”的形状的图形，而用一个网格来描绘此图形，网格中的每一个小方格代表一个像素，现在对这些像素做上色的动作，若图形通过像素的中心部分，称该像素被取样，并以黑色表示，反之则以白色表示。按照这样的规则，将上完色的图形显示在图 13.12(b)中。在图 13.12(b)中，我们发现图形的边缘部分由原先平滑的边缘变成阶梯状边缘，这样的结果就是由取样造成的，称这种阶梯状的边缘为“锯齿”，由此产生的图形失真称为锯齿状图形失真。

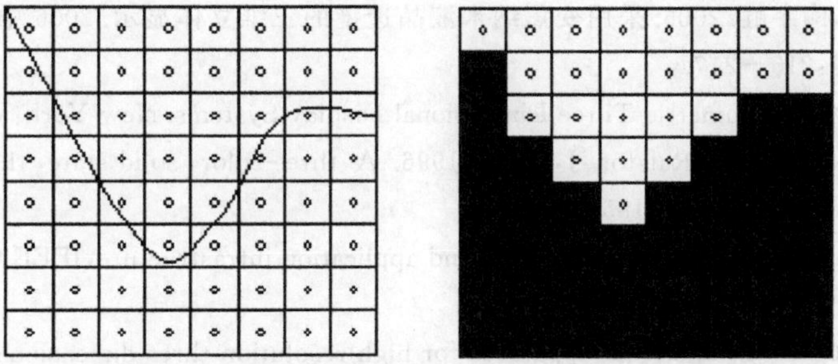

(a) 取样前的图形　　(b) 取样后的图形

图 13.12　由取样而形成的锯齿状图形后失真图例

与此类似，体 3D 显示图形是以体素为基本单位的，而体素也具有一定的几何尺寸，尤其对于本节所讲的基于层屏的体 3D 显示系统，层屏的不同散射屏之间在深度方向上的不连续使得所显示的 3D 图形边缘存在明显的锯齿状跳变，由此将产生严重的图形失真。如果不采取相应措施来减少或消除失真，则所得到的 3D 图像看上去就像是大量 2D 图像切片的简单堆叠，缺乏真实立体感。

针对这一问题，在实际应用中引入了 3D 深度图形保真技术。图形保真的概念来自于计算机辅助设计与图形学，在一些领域也称为抗锯齿或边缘柔化。

该技术首先对层屏中邻近的多个体素进行多次取样，然后把这些取样颜色混合起来，生成新的具有混合特性的体素，再用新生成的体素来替换原来位置上的体素。通过如此处理之后，每个体素都具有其邻近体素的特征，体素与体素之间的过渡颜色变得近似，图形的边缘颜色过渡也趋于光滑。整个过程相当于使用调色技术在系统的物理显示面之间构造合成感知面，使得图形边缘的“锯齿”得到缓和，呈现的图像切片堆外表面也变得更加平滑，更加接近于真实的 3D 物体。

参考文献

陈拥军，王惠南．2006．真三维立体显示静态成像技术研究．激光杂志，27(6)：18－19．

高伟清，冯奇斌，吕国强，等．2010．固态体积式真三维显示器高速投影镜头设计．激光与光电子学进展，47(1)：11204．

姜太平．2007．真三维立体显示技术研究[博士学位论文]．南京：南京航空航天大学．

姜文锋. 2008. LED彩色体三维显示系统机械性能对显示效果的影响研究[硕士学位论文]. 杭州:浙江大学.

林逢春. 2006. 基于面阵发光板的体三维显示系统结构研究[硕士学位论文]. 杭州:浙江大学.

林远芳,刘旭,刘向东,等. 2003. 基于旋转二维发光二极管阵列的体三维显示系统. 光学学报, 23(10):1158－1162.

王琼华,彭宝剑,李大海,等. 2008. 显示用上转换绿色发光材料 NaYF4:Er,Yb 及其特性. 光子学报,37(12):2508－2510.

王琼华,赵悟翔,陶宇虹. 2006. 采用变焦纳米液晶透镜的三维立体显示. 2006 中国平板显示学术会议论文集:215－217.

Blundell B G. 2000. Volumetric Three Dimensional Display Systems. New York:Wiley:4－10.

Downing E, Hesselink L, Ralston J, et al. 1996. A three-color, solid-state, three-dimensional display. Science,273(5279):1185－1189.

Favalora G E. 2005. Volumetric 3D displays and application infrastructure, IEEE Computer:37－44.

Geng Z J. 2000-05-16. Method and apparatus for high resolution three dimensional display:United States,6064423.

Langhans K. 1998. New portable FELIX 3D display. Proceeding of SPIE,3296:204－216.

Wang Q H,Bass M. 2004. Photo-luminescent screens for optically written displays based on up-conversion of near infrared light. Electronics Letters,16(40):987－989.

Wang Q H,Li D H,Peng B J,et al. 2008. Multilayer dielectric color filters for optically written display using up-conversion of near infrared light. Journal of Display Technology,4(2):250－253.

第 14 章　全息 3D 显示技术

全息是指光波的全部信息，在这里即指光波的振幅和相位信息。我们观看普通的照片时，实际上并没有立体感。这是因为普通照相仅记录下光波的强度（即振幅）信息，而丢失了光波的相位信息。全息照相术利用干涉原理，将光波的振幅和相位信息都记录下来，使物光波的全部信息都存储在记录介质中。当用光波照射记录介质时，根据衍射原理，就能重现出原始物光波，从而能够实现逼真的立体像再现。基于全息技术的 3D 显示被认为是理想的 3D 显示方式，越来越受到人们的关注。

14.1　全息技术概述

全息照相术是英籍匈牙利物理学家 Gabor 发明的，他也因此获得了 1971 年的诺贝尔物理学奖。1947 年，Gabor 工作于英国的汤姆森休斯顿公司，从事提高电子显微镜分辨率的研究。当时，电子显微镜的理论分辨率极限是 0.4nm，由于丢失了光波的相位信息，实际上只能达到 1.2nm，与分辨原子晶格所要求的分辨率 0.2nm 相差很多。为了解决这个分辨率不够的问题，Gabor 在 1948 年提出了全息照相术的思想，即用参考光波同时记录物光波的振幅和相位，并用实验验证了这个思想，从此，在光学中开辟了一个崭新的领域。从这时候开始到 20 世纪 50 年代末，全息图的制作都有一些共同特点：采用汞灯作为光源，且都是同轴全息图，即物光和参考光在一条光路上。这是第一代全息图，标志着全息术的萌芽。但是，第一代全息图存在两个严重问题：一个是再现的原始像和共轭像分不开；另一个是光源的相干性太差。

虽然随后全息照相术在电子显微领域仍然得到广泛使用，但作为光学照相技术，它的发展十分缓慢，直到 1960 年激光的出现。激光提供了一种高相干性的光源，为全息技术发展提供了可能。针对第一代全息技术出现的原始像和共轭像问题，1962 年，美国科学家埃米特·利思和朱瑞斯·乌帕特尼克斯将通信理论中的载频概念推广到空域中，用离轴的参考光与物光干涉形成全息图，再利用离轴的参考光照射全息图，使全息图产生空间互相分离的正负一级和零级三个衍射分量，其中一个复制出原始物光，该方法被称为离轴全息术。这样，第一代全息图的两个重要难题宣告解决，产生了第二代全息图，使缓慢发展的全息照相术进入了迅速发展的年代，相继出现了多种全息方法，并在信息处理、全息干涉计量、全息光学元件和全息3D显示等领域得到广泛应用。

由于激光的单色性，全息图失去了颜色信息，再现像的颜色与激光的颜色相同，于是人们开始致力于研究第三代全息图。第三代全息图是利用激光记录和白光再现的全息图，如反射全息、像全息、彩虹全息及模压全息等，在一定的条件下赋予全息图以鲜艳的色彩。

激光的高度相干性要求全息拍摄过程中各个元件、光源和记录介质的相对位置严格保持不变，并且相干噪声也很严重，这也给全息技术的实际使用带来了种种不便。于是，科学家们又回过头来继续探讨白光记录的可能性。第四代全息图可能是白光记录和白光再现的全息图，它将使全息术最终走出实验室，进入广泛的实用领域。

14.2　全息技术理论

当人眼接收到不失真的物光波的全部信息，双眼就会产生视差，便看到了立体的物体。如果物体本身并不存在，则眼睛看到的“物光波”就称为“像”。许多光学系统成像虽具有3D立体性，却是“实时器件”，不能称为“照片”。只有那些没有实物存在时仍能显示出与实物一样的3D立体像的东西，才能称为“立体照片”。“立体照片”能将实物发出的物光波的全部信息（振幅和相位）“冻结”其上，然后又能在特定的光照条件下将物光波“复活”，使其继续向前传播，人眼接收到这种“复活”了的物光波，便看到了物体的像。如果不考虑记录过程和再现过程在时间上的间隔和空间上存在的差异，再现光波和原始光波毫无区别。在全息术中，把这种“立体照片”称为“全息图”。把“冻结”物光波的过程称为“波前记录”，而把“复活”物光波的过程信息称为“波前再现”。

由于在全息术中通常使用的波为光波，因此一般称为光学全息术。根据所使用波的不同，又有微波全息术、声波全息术等。波前记录与波前再现是全息术的核心。

14.2.1　全息波前记录

1. 用干涉法记录物光波波前

物光波波前信息包括光波的振幅和相位，然而，现有的所有记录介质仅能记录光强信息，因此，必须设法把相位信息转换成强度的变化才能记录下来。干涉法是将空间相位调制转换为空间强度调制的标准方法。

全息照片之所以在记录波振幅的同时还能将相位信息记录下来，原因是当物光波到达感光板的同时，将另一束称为“参考光”的相干光波照射感光板，如

图 14.1所示。图中，$\widetilde{O}$ 和 $\widetilde{R}$ 分别表示物光波和参考光波，$\widetilde{H}$是全息干板，其上涂有一层感光材料。这样，干板上记录的实际上是物光和参考光相干而成的干涉条纹，并非是物体的几何像。物光波的振幅和相位信息便以干涉条纹的形式"冻结"在感光的全息干板上。根据光的干涉原理可知，干涉条纹的分布规律，包括条纹的形状、疏密及明暗分布完全取决于物光相位分布，也就是说，干涉场的强度分布与物光波面相位可以认为是一一对应的。因此，物光波的相位信息被参考光波"锁定"。原本只能记录振幅信息的记录介质，之所以能把相位信息记录下来，完全依赖于参考光与物光波的干涉，使得物光波的相位信息转换为干涉条纹的光强信息被记录而实现的。常用的记录介质是银盐感光干板，对两个波前的干涉图样曝光后，经显影、定影处理得到全息照片，由于上面看不到像，而仅有密密麻麻、明暗相间的条纹，所以，全息图实际上就是一幅干涉图。

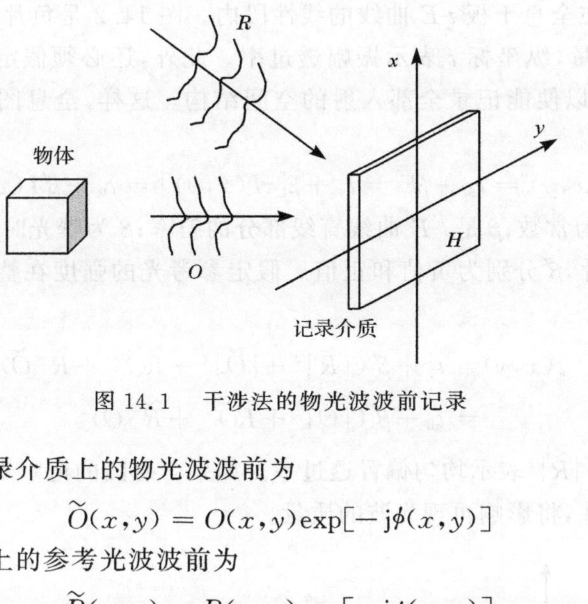

图 14.1　干涉法的物光波波前记录

设传播到记录介质上的物光波波前为

$$\widetilde{O}(x,y)=O(x,y)\exp[-\mathrm{j}\phi(x,y)] \tag{14.1}$$

传播到记录介质上的参考光波波前为

$$\widetilde{R}(x,y)=R(x,y)\exp[-\mathrm{j}\psi(x,y)] \tag{14.2}$$

则被记录的总光强为

$$\begin{aligned}I(x,y)&=|\widetilde{R}(x,y)+\widetilde{O}(x,y)|^2\\&=|\widetilde{R}(x,y)|^2+|\widetilde{O}(x,y)|^2+\widetilde{R}(x,y)\widetilde{O}^*(x,y)+\widetilde{R}^*(x,y)\widetilde{O}(x,y)\end{aligned} \tag{14.3}$$

或者

$$\begin{aligned}I(x,y)=&|\widetilde{R}(x,y)|^2+|\widetilde{O}(x,y)|^2\\&+2R(x,y)O(x,y)\cos[\psi(x,y)-\phi(x,y)]\end{aligned} \tag{14.4}$$

式(14.4)中的前两项是物光和参考光的强度分布，其中，参考光波一般都选

用比较简单的平面波或球面波，因而$|\widetilde{R}(x,y)|$是常数或近似于常数，而$|\widetilde{O}(x,y)|$是物光波在底片上的强度分布，它是不均匀的，但实验中一般都让它比参考光波弱得多。前两项基本上都是常数，作为偏置项；第三项是干涉项，包含有物光波的振幅和相位信息。参考光波作为一种高频载波，其振幅和相位都受到物光波的调制（调幅和调相）。参考光波的作用正好完成使物光波波前的相位分布转换成干涉条纹的强度分布的任务。

2. 记录过程的线性条件

作为全息记录的感光材料很多，最常用的是由细微粒卤化银乳胶涂敷的超微粒干板，简称全息干板。假定全息干板的作用相当于一个线性变换器，它把曝光期间的入射光强线性地变换为显影后负片的振幅的透过率，为此，必须将曝光量变化范围控制在全息干板 t-E 曲线的线性段内。图 14.2 是负片的 t-E 曲线，横坐标 E 表示曝光量，纵坐标 t 表示振幅透过率。此外，还必须假定全息干板具有足够高的分辨率，以便能记录全部入射的空间结构。这样，全息图的振幅透过率就可记为

$$t(x,y) = t_0 + \beta E = t_0 + \beta[\tau I(x,y)] = t_0 + \beta' I(x,y) \tag{14.5}$$

式中，t_0和β均为常数；β是t-E曲线直线部分的斜率；β'为曝光时间τ和β之乘积。对于负片和正片，β'分别为负值和正值。假定参考光的强度在整个记录表面是均匀的，则

$$\begin{aligned} t(x,y) &= t_0 + \beta'(|\widetilde{R}|^2 + |\widetilde{O}|^2 + \widetilde{R}\widetilde{O}^* + \widetilde{R}^*\widetilde{O}) \\ &= t_b + \beta'(|\widetilde{O}|^2 + \widetilde{R}\widetilde{O}^* + \widetilde{R}^*\widetilde{O}) \end{aligned} \tag{14.6}$$

式中，$t_b = t_0 + \beta'|\widetilde{R}|^2$表示均匀偏置透过率。如果全息图的记录未能满足上面指出的线性记录条件，将影响再现光波的质量。

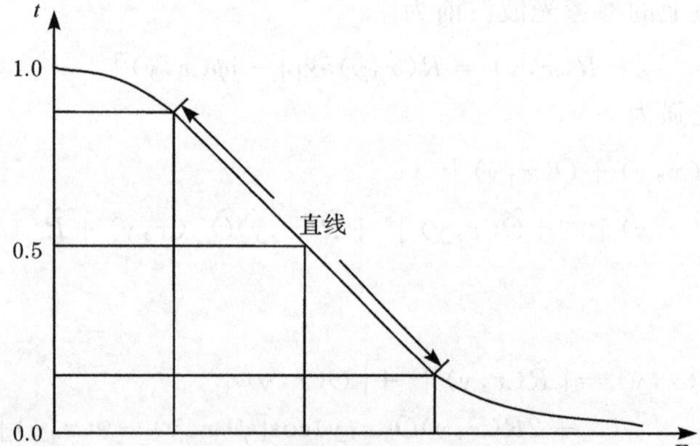

图 14.2　负片的 t-E 曲线

14.2.2 全息波前再现

1. 衍射效应再现物光波波前

全息波前再现是使记录时被“冻结”在全息干板上的物光波前在特定条件下“复活”的过程。当用照明光波照射全息图时,分布在全息图上的细密条纹将使其发生衍射,部分衍射光波将会构成与原物光波前完全相同的新的波前继续向前传播,形成立体像。需要说明的是,不是任意的照明光都能使物光波前再现,只有当该照明光波满足一定条件时才有可能再现原物的波前而获得立体的再现像。

用一束相干光波照射全息图,假定它在全息图平面上的复振幅分布为 $\tilde{C}(x,y)$,则透过全息图的光场为

$$\begin{aligned}\tilde{U}(x,y)&=\tilde{C}(x,y)t(x,y)=t_b\tilde{C}+\beta'\tilde{O}\tilde{O}^*\tilde{C}+\beta'\tilde{R}^*\tilde{C}\tilde{O}+\beta'\tilde{R}\tilde{C}\tilde{O}^*\\&=\tilde{U}_1+\tilde{U}_2+\tilde{U}_3+\tilde{U}_4\end{aligned}\tag{14.7}$$

式(14.7)称为全息学基本方程,它表达了全息记录与全息再现的全过程。将 $\tilde{C}$,$\tilde{O}$,$\tilde{O}^*$ 看做波前函数,它们分别代表照明光波的直接透射波、物光波及其共轭波,而将它们各自系数分别看做一种波前变换或一种运算操作。一般而言,如果它们各自的系数中含有二次相位因子,则说明被作用的波前相当于经过了一个透镜的聚散。如果系数中出现了线性因子,则说明被作用的波前经过了一个棱镜的偏转;如果系数中既含有二次相位因子又含有线性相位因子,则说明被作用的波前相继经过透镜的聚散和棱镜的偏转。究竟是哪一种情况,这要看全息记录时的参考波与再现时的再现波(照明波)之间的关系。先看 $\tilde{U}_1$ 的系数 $t_b=t_0+\beta'\tilde{R}^2$,其中,$t_0$ 为常数。由于参考波通常采用简单的球面波或平面波,故 $\tilde{R}$ 近似为常数,于是 $\tilde{U}_1$ 中两项系数的作用仅仅改变照明光波 $\tilde{C}$ 的振幅,并不改变 $\tilde{C}$ 的特性。$\tilde{U}_2$ 的系数中含有 $\tilde{O}^2$,是物光波单独存在时在底片上造成的强度分布,它是不均匀的,故 $\tilde{U}_2=\beta'\tilde{O}^2\tilde{C}$ 代表振幅受到调制的照明波前,这实际上是 $\tilde{C}$ 波经历 $\tilde{O}^2(x,y)$ 分布的一张底片的衍射,使照明波多少有些离散而出现杂光,是一种“噪声”信息。这是一个麻烦问题,但可通过实验适当调整照明度使 $\tilde{O}^2$ 与 $\tilde{R}^2$ 相比而成为次要因素等方法予以解决。总之,$\tilde{U}_1$ 和 $\tilde{U}_2$ 保留了照明光波的特性,它们成为全息图衍射场中的 0 级波。

再看 $\tilde{U}_3$ 项,当照明光波是与参考光波完全相同的平面波或球面波时(即 $\tilde{C}=\tilde{R}$),透射光波中的第三项为

$$\tilde{U}_3(x,y)=\beta'\tilde{R}^2\tilde{O}(x,y)\tag{14.8}$$

因为 $\widetilde{R}^2$ 是均匀的参考光强度,所以,除了相差一个常数因子外,$\widetilde{U}_3$ 是原来物光波波前的准确再现,它与在波前记录时原始物体发出的光波的作用完全相同。当这一光波传播到观看者眼睛里时,可以看到原物的形象。由于原始物光波是发散的,所以,观看到的是物体的虚像,如图 14.3(a)所示,这一项称为全息图衍射场的+1 级波。

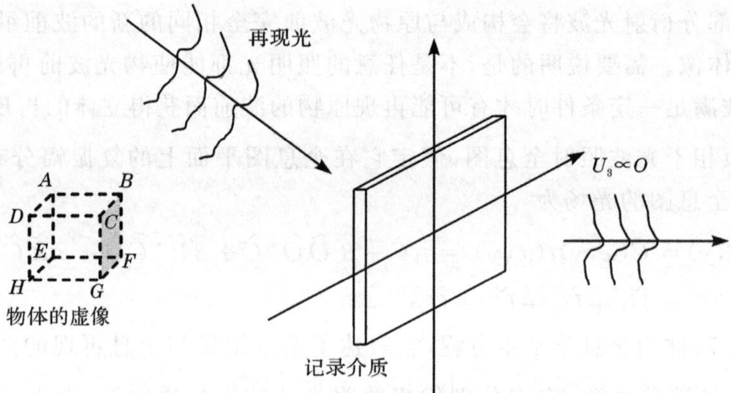

(a) 用原始参考光波照明

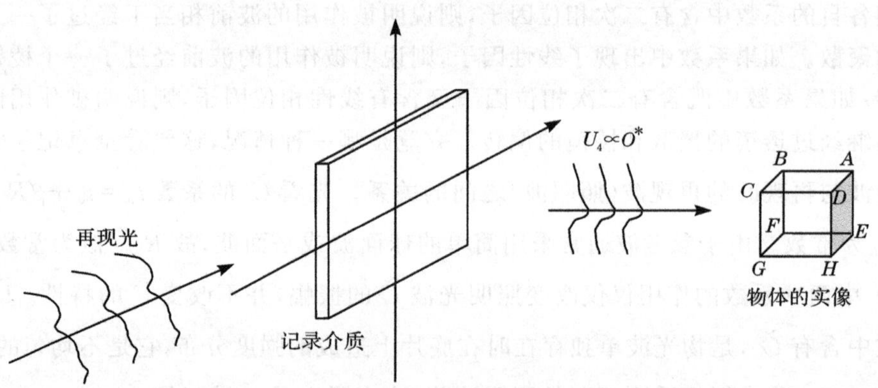

(b) 用共轭参考光波照明

图 14.3 物光波波前再现

透射光波中的第四项为

$$\widetilde{U}_4(x,y) = \beta' \widetilde{R}^2 \widetilde{O}^*(x,y) \tag{14.9}$$

当照明光波与参考光波完全相同时,$\widetilde{R}^2$ 中的相位因子一般无法消除。如果两者都是平面波,则其相位因子是一个线性相位因子,使 $\widetilde{U}_4$ 波成为并不严格与原物镜像对称的会聚波,人们在偏离镜像对称位置的某处仍然可以接收到一个原物的实像。如果照明光波与参考光波是球面波，则 $\widetilde{R}^2$ 中有二次相位因子使 $\widetilde{O}^*$ 波发生聚散，随之发生位移和缩放，人们在偏离镜像对称位置的某处可能接收到一个与原物大小不同的实像。我们称 $\widetilde{U}_4$ 项为全息图衍射场的 −1 级波。

只有当照明光波与参考光波均为正入射的平面波时，入射到全息上的相位才可取为零。这时，$\widetilde{U}_3$ 和 $\widetilde{U}_4$ 中的系数均为实数，无附加相位因子，全息图衍射场中的 ±1 级光波才严格镜像对称。对观看者而言，由共轭光波 $\widetilde{U}_4$ 所产生的实像，该实像的凸凹与原物体正好相反，因而给人以某种特殊感觉，这种像称为赝像。

若照明光波 $\widetilde{C}(x,y)$ 恰好是参考光波的共轭波 $\widetilde{R}^*(x,y)$，则再现波场的第三项和第四项为

$$\widetilde{U}_3(x,y)=\beta'\widetilde{R}^*\widetilde{R}^*\widetilde{O}(x,y) \tag{14.10}$$

$$\widetilde{U}_4(x,y)=\beta'\widetilde{R}^2\widetilde{O}^*(x,y) \tag{14.11}$$

这时，$\widetilde{U}_4$ 再现了物光波前的共轭波，给出原始物体的一个实像，如图 14.3(b)所示。$\widetilde{U}_3$ 再现的是物光波前，故给出原始物体的一个虚像，由于受 $\widetilde{R}^*\widetilde{R}^*$ 的调制，虚像也会产生变形。

波前记录是物光波波前与参考波前的干涉记录，它使振幅和相位调制的信息变成干涉图的强度调制信息。这种全息图被再现光波照射时，它又起一个衍射屏的作用，正是由于光波通过这种衍射屏而产生的衍射效应，使全息图上的强度调制信息还原为波前的振幅和相位信息，再现了物光波前。因此，波前记录和波前再现的过程，实质上是光波的干涉和衍射的结果。

2. 波前再现过程的线性性质

无论选择哪一种再现方式，除了我们感兴趣的那个特定场分量(即当 $\widetilde{C}=\widetilde{R}$ 时的 $\widetilde{U}_3$ 项及 $\widetilde{C}=\widetilde{R}^*$ 时的 $\widetilde{U}_4$ 项)外，总是伴随三项附加的场分量。因此，将波前记录和波前再现的过程看作是一个系统变换。以记录的物光波场为输入，以再现的再现波场为输出，这个系统所实现的变换是高度非线性的。但是，若把记录时的物光波前作为输入，再现时的透射光场的单项分量 $\widetilde{U}_3$[式(14.10)]或 $\widetilde{U}_4$[式(14.11)]作为输出，则这样定义的系统就是一个线性系统。采用线性系统的概念将有助于简化对全息成像过程的分析。下面将要介绍的离轴全息为透射光场中满足线性变换关系的那个特定场分量的分离提供了有效手段。

14.3　光 学 全 息

光学全息是利用光学的方法来实现波前记录和波前再现。因此，在制作光学

全息图的过程中有几点要求。

(1) 光源必须是相干光源。全息图的制作通常使用激光作为光源，这是因为激光具有很好的空间相干性和时间相干性。

(2) 全息照相系统要具有稳定性。由于全息底片上记录的是干涉条纹，而且是又细又密的干涉条纹，因此，在照相过程中，一个极小的干扰都会引起干涉条纹的模糊，甚至使干涉条纹无法记录。例如，拍摄过程中，若底片位移 1μm，则记录的条纹就分辨不清。因此，要求全息实验台是防震的，并且台上的所有光学器件都用磁性材料牢固地吸在工作台面的钢板上。另外，气流、声波等干扰都会对全息图的质量产生不良影响，所以，应避免开窗、说话等。

(3) 物光和参考光应满足光程差尽量小。物光和参考光的光程差应尽量小，两束光的光程最好相等，但对于 He-Ne 激光，则不需要这个条件。两束光之间的夹角应在 30°～60°，因为夹角小，干涉条纹就稀疏，这样，对系统的稳定性和感光材料分辨率的要求就相对较低。

(4) 物参比合适。物光和参考光照射到记录介质表面的光强之比一般控制在 1∶2 至 1∶10 以内，否则，将降低干涉条纹的对比度，降低衍射效率。

(5) 使用高分辨率的全息底片。因为全息底片上记录的是又细又密的干涉条纹，所以，需要高分辨率的感光材料。

(6) 全息照片的冲洗过程要严密。全息照片的冲洗过程也是十分关键的。按照配方要求配出显影液、停影液、定影液和漂白液。上述几种配方都要求用蒸馏水或纯净的自来水配制。冲洗过程要在暗室进行，药液不能见光，保持在室温 20℃ 左右进行冲洗。

随着光学全息技术的发展，出现了多种类型的全息图，从不同的角度考虑，全息图可以有不同的分类方法。从物光与参考光是否同轴考虑，可以分为同轴全息和离轴全息；从记录时物体与全息底片的相对位置考虑，可以分为菲涅耳全息图和夫琅禾费全息图；从记录介质的厚度考虑，可以分为平面全息图和体积全息图。事实上，各类全息图的名称不是单一的，而是相互穿插渗透的。

14.3.1 同轴全息和离轴全息

1. 同轴全息

Gabor 最初所提出并实现的全息图就是一种同轴全息，这种全息图记录和再现的光路图如图 14.4 所示。

设照明的物体高度透明，则平面波的透射光场可以表示为

$$t(x_0, y_0) = t_0 + \Delta t(x_0, y_0) \tag{14.12}$$

式中，t_0 是一个高平均透射率；Δt 表示围绕平均值的变化。在距离物体 z_0 处放置

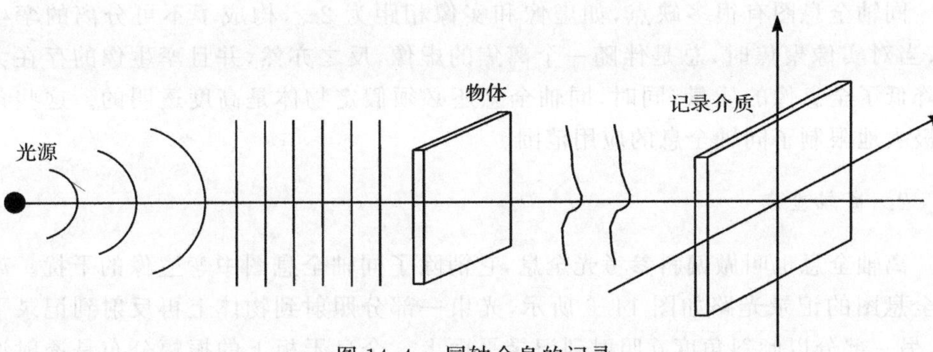

图 14.4　同轴全息的记录

全息图干板时的曝光光强为

$$I(x,y)=|\widetilde{R}+\widetilde{O}(x,y)|^2$$
$$=\widetilde{R}^2+|\widetilde{O}(x,y)|^2+\widetilde{R}^*\widetilde{O}(x,y)+\widetilde{R}\widetilde{O}^*(x,y) \tag{14.13}$$

在线性记录条件下，所得到的全息图的振幅透过率正比于曝光光强，即

$$t(x,y)=t_b+\beta'(|\widetilde{O}|^2+\widetilde{R}^*\widetilde{O}+\widetilde{R}\widetilde{O}^*) \tag{14.14}$$

如果用振幅为 C 的平面波垂直照明全息图，则透射光场可以用下式表示：

$$\widetilde{U}(x,y)=Ct(x,y)$$
$$=Ct_b+\beta'C|\widetilde{O}(x,y)|^2+\beta'\widetilde{R}^*C\widetilde{O}(x,y)+\beta'\widetilde{R}C\widetilde{O}^*(x,y) \tag{14.15}$$

第一项是透过全息图并受到均匀衰减的平面波；第二项正比于弱的散射光的光强，可以忽略不计；第三项正比于 $\widetilde{O}(x,y)$，再现了原始物光波前，产生原始物体的一个虚像；第四项正比于 $\widetilde{O}^*(x,y)$，将在全息图另一侧与虚像对称的位置产生物体的实像，如图 14.5 所示。

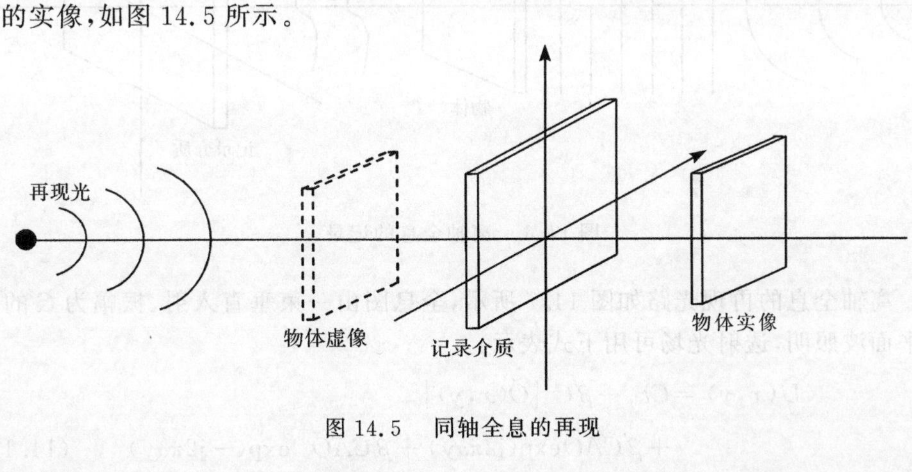

图 14.5　同轴全息的再现

同轴全息图有很多缺点，如虚像和实像相距为 $2z_0$，构成了不可分离的孪生像，当对实像聚焦时，总是伴随一个离焦的虚像，反之亦然，并且孪生像的存在大大降低了全息像的质量；同时，同轴全息还必须假定物体是高度透明的。这些条件极大地限制了同轴全息的应用范围。

2. 离轴全息

离轴全息也叫做偏斜参考光全息，它消除了同轴全息图中孪生像的干扰。离轴全息图的记录光路如图 14.6 所示，光束一部分照射到物体上再反射到记录平面，另一部分以倾斜角度 θ 照射到记录平面上。全息干板上的振幅分布是透射波和参考波的叠加，即

$$\widetilde{U}(x,y) = A\exp(-\mathrm{j}2\pi\alpha y) + \widetilde{O}(x,y) \tag{14.16}$$

式中，参考波的空间频率 $\alpha=\sin\theta/\lambda$，则底片上的强度分布为

$$I(x,y) = A^2 + |\widetilde{O}(x,y)|^2 + A\widetilde{O}(x,y)\exp(\mathrm{j}2\pi\alpha y) + A\widetilde{O}^*(x,y)\exp(-\mathrm{j}2\pi\alpha y) \tag{14.17}$$

在满足线性记录的条件下，所得到的全息图的振幅透过率正比于曝光光强，即

$$t(x,y) = t_{\mathrm{b}} + \beta'[|\widetilde{O}|^2 + A\widetilde{O}\exp(\mathrm{j}2\pi\alpha y) + A\widetilde{O}^*\exp(-\mathrm{j}2\pi\alpha y)] \tag{14.18}$$

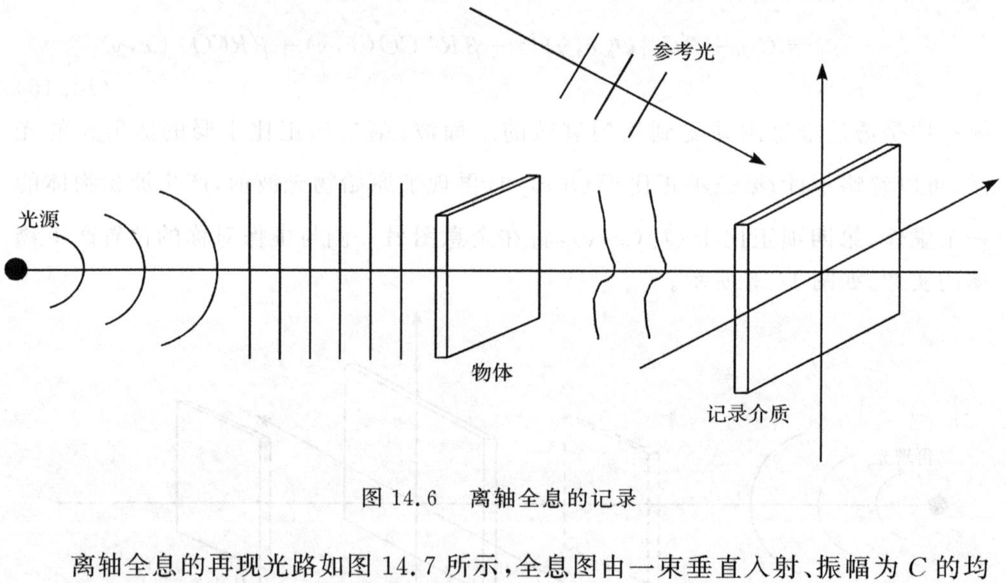

图 14.6　离轴全息的记录

离轴全息的再现光路如图 14.7 所示，全息图由一束垂直入射、振幅为 C 的均匀平面波照明，透射光场可用下式表示：

$$\widetilde{U}(x,y) = Ct_{\mathrm{b}} + \beta' C\,|\widetilde{O}(x,y)|^2 + \beta' CA\widetilde{O}\exp(\mathrm{j}2\pi\alpha y) + \beta' CA\widetilde{O}^*\exp(-\mathrm{j}2\pi\alpha y) \tag{14.19}$$

第一项是经过衰减的照明光波；第二项是一个发散的透射光锥，主要能量方向靠近底片轴线，光锥的扩展程序取决于 $\widetilde{O}(x,y)$ 的带宽；第三项表示在一侧距底片 z_0 处形成的一个虚像；第四项表示在底片的另一侧距底片 z_0 处形成的物体的一个实像。

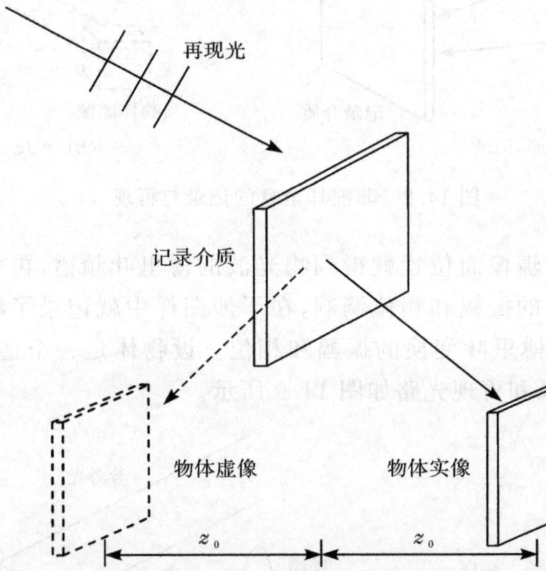

图 14.7　离轴全息的再现

14.3.2　菲涅耳全息和夫琅禾费全息

1. 菲涅耳全息

菲涅耳全息图的特点是记录平面位于物体衍射光场的菲涅耳衍射区，物光由物体直接照到底片上，图 14.8(a)所示就是一个菲涅耳全息图的记录光路。菲涅耳全息图的再现通常采用原参考光再现和共轭再现两种，图 14.8(b)就是采用了原参考光再现的光路图。在用原参考光照明全息图时，再现像位于原物体的位置，除了色彩呈单一波长以外，形状与物体完全相同，其 3D 视觉效果十分逼真。当采用参考光的共轭光照明全息图时(即共轭再现)，将得到无畸变的物体实像，这在实际应用中具有重要意义。

2. 夫琅禾费全息

夫琅禾费全息也称作傅里叶变换全息图，它不是记录物体光波本身，而是记录物体光波的傅里叶频谱。利用透镜的傅里叶变换性质，将物体置于透镜的前焦

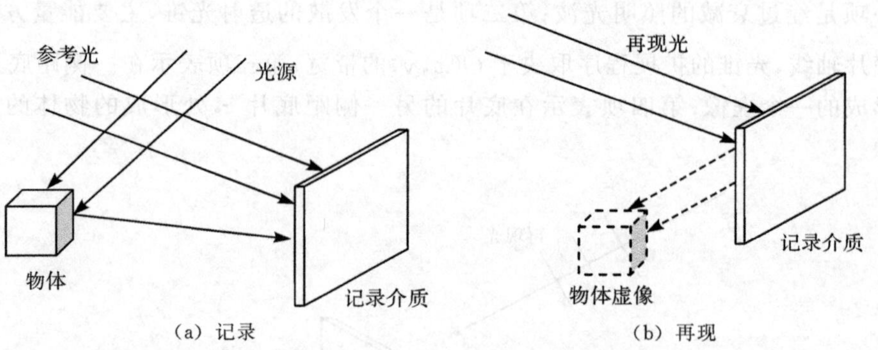

图 14.8　菲涅耳全息的记录与再现

面,在照明光源的共轭像面位置就得到物光波的傅里叶频谱,再引入参考光与之干涉,通过干涉条纹的振幅和相位调制,在干涉图样中就记录了物光波傅里叶变换的全部信息,包括傅里叶变换的振幅和相位。设物体是一个透明体,则夫琅禾费全息图的一种记录和再现光路如图 14.9 所示。

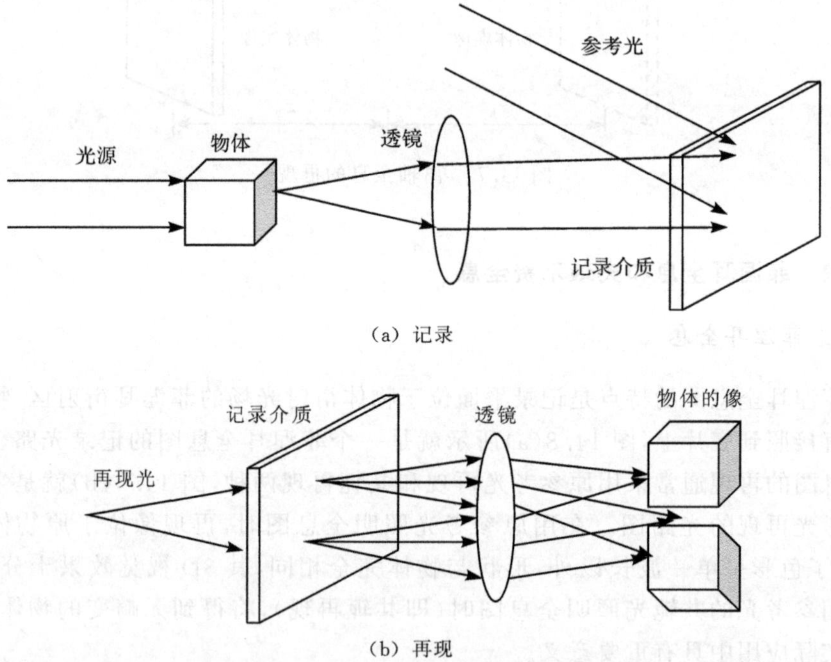

图 14.9　夫琅禾费全息的记录与再现

在图 14.9 所示的光路里,物体与透镜之间的距离及透镜与记录底片之间的距离都等于凸透镜的焦距 f。在这样的光学装置中,从记录底片看来,物体就好像是位于无穷远,反之,从物体来看,记录底片也位于无穷远,因此,它们满足夫琅禾费条件。

实现傅里叶变换可以采用平行光照明和点光源照明两种基本方式,还可以采用球面波照明方式。应该说明的是,记录和再现的方法都是独立的。例如,我们可以采用平行光入射记录,球面波照明再现,图 14.9 就采用了这种形式;同样亦可采用球面波入射记录,平行光照明再现。

14.3.3 体积全息

物光波和参考光波发生干涉时,是在空间中形成了 3D 条纹。之前的讨论中,并没有考虑记录材料厚度的影响,而是把全息图的记录完全作为一种 2D 图像来处理,这种类型的全息图就称为平面全息图。但是,当记录材料的厚度是条纹间距的若干倍时,则在记录材料体积内记录下干涉条纹的空间 3D 分布,这样,就形成了体积全息图。

按照物光和参考光入射方向和再现方式的不同,体积全息图可以分为两种:一种是物光和参考光在记录介质的同一侧入射,再现时由照明光的透射光成像,这种体积全息图称作透射全息图;另一种是物光和参考光从记录介质的两侧入射,再现时由照明光的反射光成像,这种体积全息图称作反射全息图。下面分别予以介绍。

1. 透射全息

图 14.10 是记录透射全息图的光路示意图。物光 $\widetilde{O}$ 和参考光 $\widetilde{R}$ 从记录介质的同侧射入,介质内部形成的干涉条纹垂直于 xz 平面。如图 14.11 所示,再现时表现为较强的角度选择性。当用白光照明时,只有满足 $2d\sin\alpha=\pm\lambda$ 的波长的光才能用于再现。然而,随着照明光入射角度的改变,该波长也会随之改变,因此,可以依次看到不同颜色的再现像。

2. 反射全息

如果记录全息图时,物光和参考光在记录介质的两侧,并且方向近似相反,如图 14.12(a)所示,则这两束光的相干叠加问题,可以当做驻波问题来解决。这时,条纹平面垂直于光波传播方向,相邻两平面的间距为 $\lambda/2$。显影后与干涉条纹对应的是一系列彼此平行相距 $\lambda/2$ 的银层平面,这些银层平面对波长为 λ 的光具有很强的反射能力,相当于干涉滤波器。由于这种全息图对波长具有很高的选择性,因此,可以用白光照明再现出单色像。若照明光与参考光方向相同,则反射光与物光传播方向相同,再现出原物体的一个虚像,如图 14.12(b)所示。若照明光与参考光共轭,即从反面照射全息图,则反射光与原始物光传播方向相反,再现出

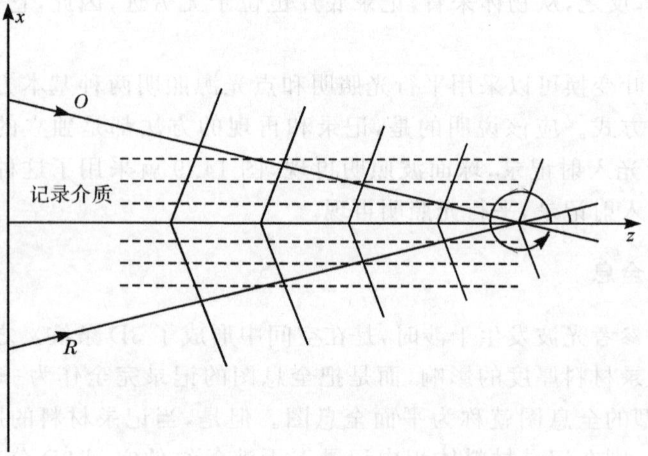

图 14.10　透射全息图的记录

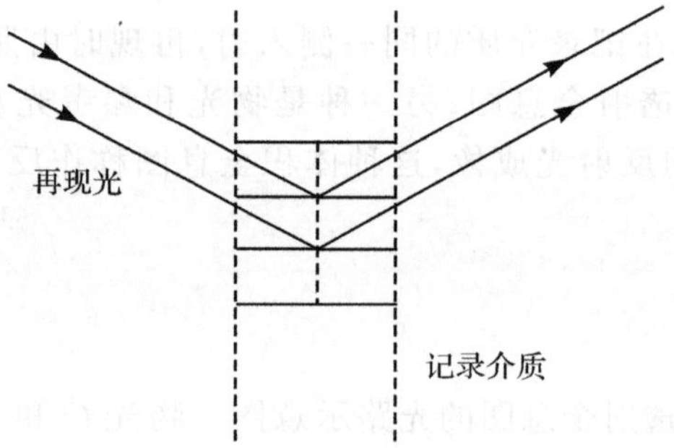

图 14.11　透射全息图的再现

原物体的一个实像，如图 14.12(c)所示。再现像的光波波长与记录时一样，照明白光中其余波长的光不满足 $2d\sin\alpha=\pm\lambda$，只能透过乳胶或被部分吸收。在实际显影和定影过程中，乳胶会发生收缩，银层平面间距减小，因而再现像的色彩会向短波方向移动。

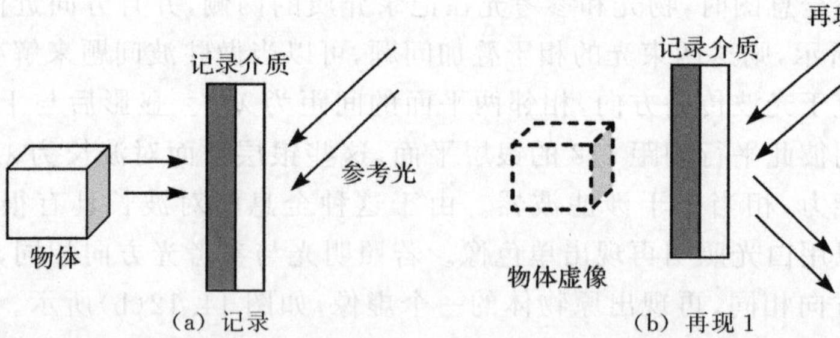

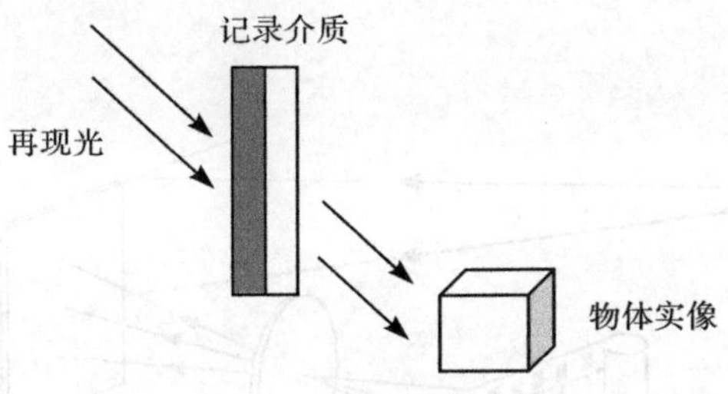

(c) 再现 2

图 14.12　反射全息图的记录与再现

14.4　全息 3D 显示技术

采用全息技术实现 3D 显示是人们的期待，目前，全息 3D 显示技术还很不成熟，尤其是动态全息 3D 显示亟待在记录速度、抗震性、真彩色方面有大的突破。下面简单介绍几种全息 3D 显示技术，相信这些技术将来会有很大的发展。

14.4.1　合成全息 3D 显示技术

用全息技术实现 3D 显示，目前较可行的处理方法是应用合成全息技术。用于记录合成全息图的视差图像可以通过第 8、9 章介绍的多视点视差图像获取方法得到，也可以通过计算机 3D 图像处理的方式获取。

首先，建立 3D 物体的描述方法，用数字计算机算出物体在不同观看方向的视差图像，然后，将这些视差图像依次记录在照相胶片上，再把此胶片置于图 14.13 所示的光路中。激光通过照明透镜 L_1 后照射在显示视差图像的照片 O_1 上，成像透镜 L_2 将视差图像成像于散射屏 P 上，通过散射屏 P 透过的光成为全息记录的物光波，此物光波与参考光波 R 通过一个狭缝 S 在全息干板 H 上干涉形成窄条全息图。每曝光一次，胶片变换到下一幅，此时，全息图也相应地移至下一位置。再继续曝光，直到全部胶片上记录的视差图像曝光完毕，H 面上就形成合成全息图。当合成全息图再现时，由于观看者两只眼睛看到的是原物在不同观看方向的视差图像，通过双眼视觉就可得到物体的立体像。当合成全息图在观看者前面运动时，观看者就能看到 3D 物体的不同侧面。

采用计算机制作合成全息图更加方便。当获取了各个观看方向的视差图像后，即可计算其傅里叶变换，应用计算全息的编码方式(如罗曼法)制作基元傅里叶变换计算全息图。如果所拍摄物体是漫射体，则在全息图平面上的振幅分布可考虑为均匀的，因此，只需进行位相编码。将每个基元全息图按观看点的空间位置顺序排列，就制成了合成全息图。当合成全息图由再现单色光源照射时，平面

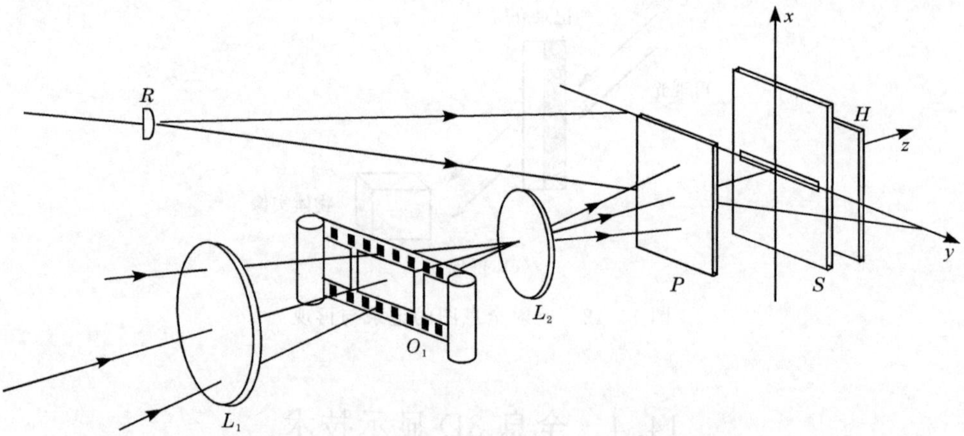

图 14.13　合成全息技术实现 3D 显示的记录光路

上就再现了每个基元全息图的图像。再现光路如图 14.14 所示。

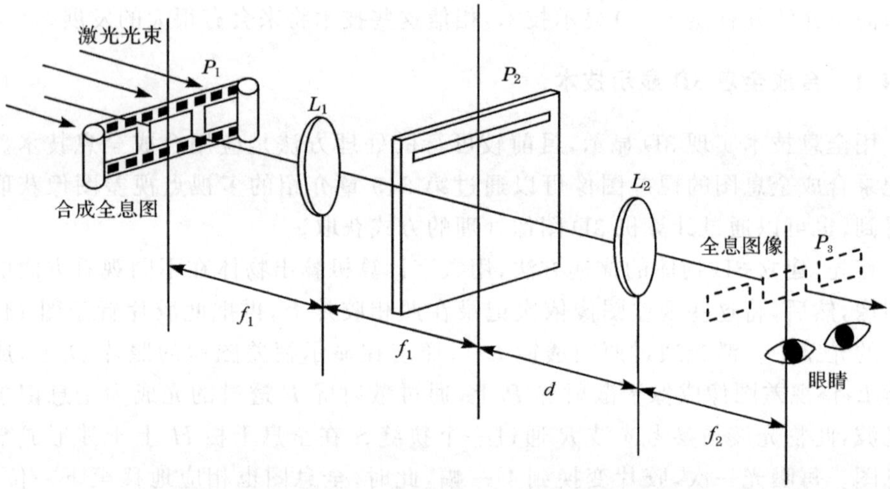

图 14.14　合成全息技术实现 3D 显示的再现光路

位于 P_1 面的合成全息图由准直激光束照射。L_1 透镜的后焦面 P_2 上放置空间滤波器，以选出合适的衍射级。透镜 L_2 位于离 P_2 平面图 d 处，使合成全息图的滤波像在 P_3 面上成像。透镜 L_1、L_2 的焦距分别为 f_1 和 f_2。观看者在 P_3 面上观看，当头部晃动时，就能相继地看到基元全息图的再现像，即看到 3D 物体的不同方向的视差图像。当用双眼观看时，由于有很好的视差效应，从而看到 3D 图像。

此再现装置中，合成全息滤波像的尺寸增大了 f_1/f_2 倍，而 3D 再现像的大小则取决于 d 值。当 $d<f_2$ 时，再现的 3D 像就被放大，且位于 L_2 透镜的前面。通过

改变 d 值的大小，我们就能控制 3D 像的位置，也可相应地改变视觉调节范围。

最后要指出，由于计算全息图制作时受绘图仪或者他显示装置分辨力的限制，应用计算全息图显示的 3D 图像的质量还不能达到光学全息图再现像的像质。但是，采用计算全息图不需要光学处理来获得合成全息图，故应用合适的显示装置，如 SLM，就有助于实现实时显示 3D 全息图像。

14.4.2　数字全息 3D 显示技术

传统全息技术是利用空间物理光学进行再现的，它使用银盐、明胶等化学介质和感光材料来记录全息图。随着计算机技术和数字传感技术的发展，特别是 CCD 等数字光敏元件的出现，并且随着分辨率的逐步提高，全息技术从需要化学介质感光材料记录及化学处理发展到数字记录及数字再现，形成了一门全新的全息技术——数字全息技术。

数字全息技术是 1967 年由顾得门提出的，其记录光路和普通全息完全相同，不同的是用 CCD 摄像机等电子元件代替普通照相干版来拍摄全息图，并将所记录的数字全息图存入计算机。数字全息图的光电再现是以 SLM 为核心来再现原物立体像。由 CCD 记录的数字全息图或者计算机计算生成的全息图通过 SLM 调制入射的参考光，能够再现原物的 3D 立体像。数字全息 3D 显示技术原理如图 14.15 所示。

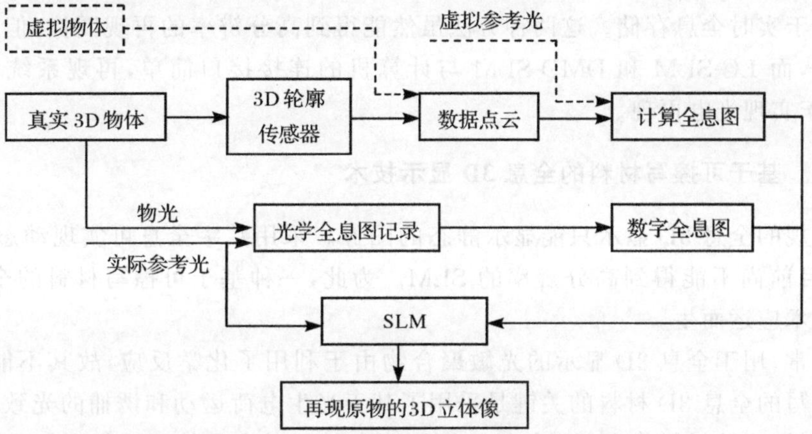

图 14.15　数字全息 3D 显示原理框图

SLM 是一种光电器件，在信源信号的控制下，它能对光波的某个参数进行调制，如通过吸收来调制振幅、通过折射率来调制相位、通过偏振面的旋转来调制偏振态等，从而将信源信号所荷载的信息写进入射光波之中。其输出信号是随控制信号变化的空间和时间的函数。目前,用于全息再现的 SLM 主要有 LC、DMD、PRC(photo-refractive crystal,光折变晶体)、AOM(acousto optical modulator,声光调制器)等几种。在全息光电再现中要求较高。

LC-SLM 是数字全息光电再现中使用最多的 SLM,其调制方式一般为相位调制。相位调制的光能利用率较高,同时,LC 具有多灰度级,可达 256 级灰度,并可生成较为复杂的图像。LC-SLM 具有和计算机直接通信的特点,显示光路只要加入缩小透镜,采用光串联系统就可用于全息显示。DMD-SLM 是一种利用微细加工和大规模集成电路技术制造而成的反射式电寻址 SLM,在数字投影机和高清晰电视上的应用比较广泛,与液晶 SLM 相比,DMD-SLM 在全息光电再现中要求较高的一些性能参数,如分辨率、灰度阶数和光能利用率等方面都有显著提高。虽然 DMD-SLM 的性能参数与 LC-SLM 相比有很大提高,但由于它是美国德州仪器公司的专利产品,价格相对昂贵。PRC-SLM 是用形成体积光栅的方式记录全息图,再现时利用参考光照射,就可以再现原物光波影像。AOM-SLM 利用声光效应来实现光的调制。所谓声光效应,是指声波在介质中的快速传播引起介质折射率的变化,从而在介质中形成光栅状的折射率轮廓,该光栅结构导致入射光束的衍射。

就应用来说,AOM-SLM 对设备硬件要求很高,需要将全息条纹转化成高频模拟信号,而且对于扫描式 AOM 图像的处理要求也较高,需要用到合成图像扫描技术;而 PRC-SLM 限于本身的技术原因造成实时性比较差,需要有个反应过程,更适用于实时全息存储。这两种方法虽然能得到高分辨率的再现图像,但系统过于复杂,而 LC-SLM 和 DMD-SLM 与计算机的连接接口简单,再现系统相对简洁,易于实现光电再现。

14.4.3 基于可擦写材料的全息 3D 显示技术

常规的全息 3D 显示只能显示静态的图像。采用数字全息可实现动态 3D 显示,但目前尚不能得到高分辨率的 SLM。为此,一种基于可擦写材料的全息 3D 显示技术应运而生。

通常,用于全息 3D 显示的光敏聚合物由于利用了化学反应,故其不能复原。而可擦写的全息 3D 材料的关键是采用了基于光生电荷运动和诱捕的光致折变聚合物材料,这种材料具有可逆特性。利用两束相干激光和外部施加电场在聚合物中形成复制了干涉图案的空间电荷场,空间电荷效应对局部折射率进行改变,使得全息图以折射率图案的形式编码。

美国研究人员已研究出基于可擦写材料的全息 3D 显示系统,该系统采用了脉冲激光全息记录装置和光致折变聚合物材料。一个脉冲激光用来写入一个全息单元。如果一个全息单元的尺寸为 1mm,则记录一个 4 英寸×4 英寸大小的全息图大约只需要 2s。这种全息图的再现是采用一束相干的有颜色的 LED 光源，再现像在室内正常环境光下清晰可见，如图 14.16 所示。

该系统采用的光致折变聚合物具有两个特点：①在有光照的情况下，全息记录介质上的干涉条纹的消退时间比无光照的情况下更短；②当在全息记录介质上重新写入一张新的图像时，新的干涉条纹会立即擦除掉旧的干涉条纹。由于这两个特点，使得这种全息图的更新能够达到一种类似于实时的速度。擦除旧的全息图和记录新的全息图所需要的时间大约为 2s，所以，这种基于可擦写材料的全息图的刷新频率大约为 2s。

图 14.16　基于可擦写材料的全息图的再现像

这种光致折变聚合物还具有一个特性，就是当采用两束正交的偏振光时，能够产生两幅互不干扰的全息图。所以，可以用两种不同颜色并且彼此正交的物光来同时记录物体，这样，就可以实现彩色全息显示。

当然，这种可更新的全息图仍然对震动很敏感，同时，它的更新速度也还没有完全达到实时的速度，所以，研究人员力求研制出更快速记录和低延迟时间的光折变聚合物，从而实现真正的动态 3D 全息显示。

参考文献

大越孝敬. 1982. 三维成像技术. 董太和译. 北京：机械工业出版社：149.

姜宏振，赵建林，邸江磊，等. 2008. 数字无透镜傅里叶变换全息术中非傍轴及离焦像差的校正. 光学学报，28(8)：1457－1462.

刘颂豪，李淳飞. 2006. 光子学技术与应用. 广州：广州科技出版社：658.

苏显渝，李继陶. 1999. 信息光学. 北京：科学出版社：111.

王大鹏，韦穗. 2008. 数字微镜器件在视频全息中的应用. 光学学报，28(1)：50－55.

虞祖良，金国藩. 1984. 计算机制全息图. 北京：清华大学出版社：31.

Blanche P A，Bablumian A，Voorakaranam R，et al. 2010. Holographic three-dimensional telepresence using large-area photorefractive polymer. Nature，468(4)：80－83.

Brown B R，Lohmann A W. 1966. Complex spatial filtering with binary masks. Applied Optics，5(6)：967－969.

Fratz M，Fischer P，Giel D M. 2009. Full phase and amplitude control in computer-generated holography. Optics Letters, 34(23): 3659−3661.

King M C, Noll A M, Berry D H. 1970. A new approach to computer-generated holography. Applied Optics, 9(2): 471−475.

Liu Y Z, Dong J W, Pu Y Y, et al. 2010. High-speed full analytical holographic computations for true-life scenes. Optics Express, 18(4): 3345−3351.

Sando Y, Itoh M, Yatagai T. 2003. Holographic three-dimensional display synthesized from three-dimensional Fourier spectra of real existing objects. Optics Letters, 28(24): 2518−2520.

Tay S, Blanche P A, Voorakaranam R, et al. 2008. An updatable holographic three-dimensional display. Nature, 451(7): 694−698.

第 15 章　3D 显示的应用系统

3D 显示器能够显示出空间场景的纵深信息，向观看者提供心理和生理两方面的 3D 感知信息，为观看者理解物体之间的空间关系提供了独特的手段，使观看者能更正确地认识物体的形状和运动情形，因而具有极高的科学、社会和商业价值。随着 3D 显示技术的逐步成熟，3D 显示已广泛应用到各领域。本章将重点介绍几种 3D 显示的应用系统，主要包括立体监控、3D 游戏、3D 测量及立体鼠标。随着 3D 显示器性能的提升及相关技术的进步，3D 显示的应用系统将会有很大的发展。

15.1　立 体 监 控

传统意义上的立体监控是指采用多个定点监控系统对所要监控空间的各个角落进行监控，这其实是一个全方位监控系统，但所显示的监控画面仍然只是 2D 图像。随着 3D 显示技术的发展，真正意义上的立体监控已不再是梦想，监控者可观看到监控场景的 3D 信息，从而更好地做出判断。

立体监控系统主要由前端监视、传输、后端显示这三部分组成。其中，前端监视设备可采用第 8 章所述的立体相机；传输设备用于将从立体相机采集到的数据处理后，通过电缆、光纤或微波等多种方式传输到显示端；后端显示设备采用 3D 显示器，如较成熟的助视 3D 显示器或裸视光栅 3D 显示器。由此可见，立体监控系统就是一个实时立体拍摄实时立体显示系统，简称立体实拍实显系统。

图 15.1 和图 15.2 分别为用于立体监控的 8 视点光栅立体实拍实显系统框架图和实例。首先，由 8 个相机组成的立体相机拍摄被监控场景得到视差图像，其中，控制模块用来调节相机间距及各相机的焦距、光圈、曝光时间、白平衡和感光度等参数，并保证各相机的参数设置一致。然后，立体相机采集到的多视点视差图像被送至图像采集卡，图像采集卡将这些图像转换成数字图像并传输给计算机。接着，计算机对多视点视差图像进行实时校正、移位裁剪及合成图像的生成。最后，合成图像被输出到光栅 3D 显示器显示。

立体实拍实显系统中涉及的主要技术包括立体拍摄、视差图像的校正处理、合成图像的生成及立体显示，这些内容已在本书第 6～8 章中阐述，在这几章中，立体拍摄与立体显示是分离的。因此，实现立体实拍实显系统的关键在于如何将这两者联系起来，难点在于实时性地实现，即如何提高数据处理速度。

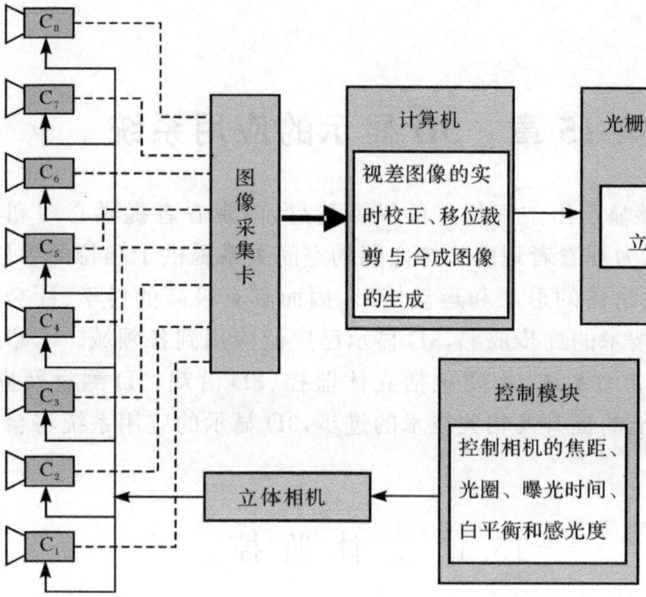

图 15.1　用于立体监控的 8 视点光栅立体实拍实显系统框架图

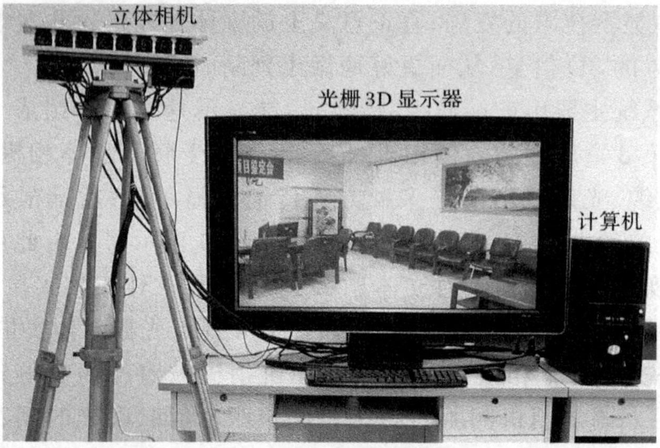

图 15.2　一个 8 视点光栅立体实拍实显系统实例

例如，生成一幅 1920×1080 的合成图像，需要处理 1920×1080×3 字节的数据，按照 25 帧/s 的视频规格，则需要 148MB/s 的处理速度。要在 1s 内对这些数据进行图像校正及生成合成图像具有相当大的难度。此外，还涉及读入和写出两个环节，即使计算机能够用 4～6 个指令周期完成一项工作，这也要求处理器主频必须大于 6GHz。为了解决处理速度这一关键问题，可采用基于寻址的合成图像生成法。

基于寻址的合成图像生成法并不单指合成图像的生成，而是将视差图像的校正、移位裁剪与合成图像的生成合为一个步骤，从而大大缩短处理时间。图 15.3 所示为基于寻址的合成图像生成法示意图。

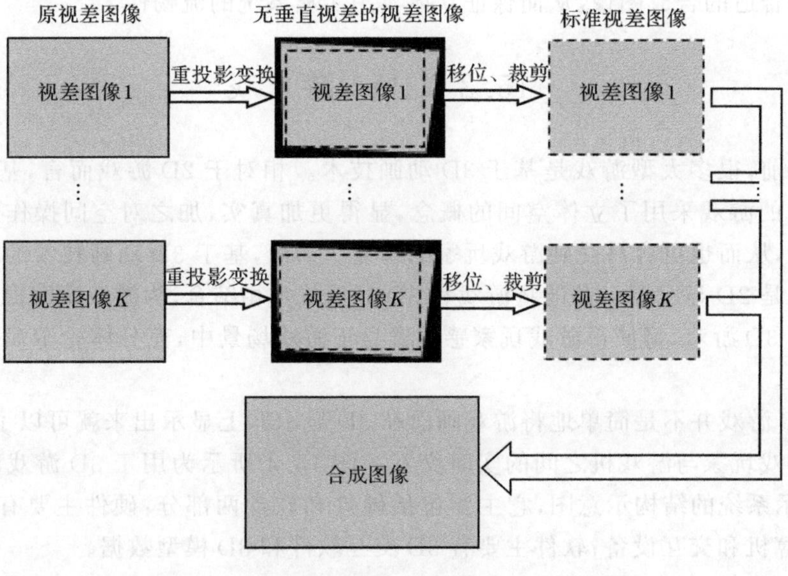

图 15.3　基于寻址的合成图像生成法示意图

第一步，生成原视差图像的地址矩阵。首先，将第一幅视差图像的第一个子像素的地址定义为 1，然后按从左到右从上到下的顺序给 K 幅视差图像的每个子像素赋予唯一一个地址值，这样，则形成视差图像地址矩阵。假设单幅视差图像以子像素为单位的分辨率为 $h\times v$，则第一幅视差图像地址矩阵的最后一个元素为 $h\times v$。以此类推，第 m 幅视差图像地址矩阵的第一个元素为$[(m-1)\times h\times v+1]$，最后一个元素为 $m\times h\times v$，其中，$m=1,2,3,\cdots,K$。

第二步，如本书第 8.4 节所述，建立重投影变换关系，并根据该变换关系得到无垂直视差的视差图像地址矩阵，该矩阵中各元素值表示图像中对应位置所填充的子像素信息来源于原视差图像中哪个地址所对应的子像素。

第三步，如本书第 8.6 节所述，将无垂直视差的视差图像通过移位法得到水平视差大小合适的视差图像，并裁剪出各视差图像的公共区域，将此时的视差图像称为校正后的标准视差图像。与第二步相似，可生成标准视差图像地址矩阵，矩阵中各元素值表示图像中对应位置所填充的子像素信息来源于原视差图像中哪个地址所对应的子像素。

第四步，如本书第 6.4 节所述，将各幅标准视差图像按规律采样生成一幅合成图像。与第二、三步相似，生成合成图像的地址矩阵，矩阵中各元素值代表图像中对应位置所填充的子像素信息来源于原视差图像中哪个地址所对应的子像素。

经过这四个步骤就建立了合成图像子像素地址与拍摄所获得的视差图像子像素地址间的映射关系，根据该地址映射关系就可快速生成无垂直视差且水平视差大小合适的合成图像，从而保证立体实拍实显系统的流畅性。

15.2 3D 游戏

目前，很多大型游戏是基于 3D 动画技术。相对于 2D 游戏而言，基于 3D 动画技术的游戏采用了立体空间的概念，显得更加真实，加之对空间操作的随意性也较强，从而也更容易受到游戏玩家的喜爱。然而，基于 3D 动画技术的游戏使用的仍然是 2D 显示器。若能将游戏和 3D 显示技术相结合，为游戏玩家提供真正意义上的 3D 游戏，将使得游戏玩家感觉置身于游戏场景中，充分体验游戏带来的紧张刺激。

3D 游戏并不是简单地将游戏画面在 3D 显示器上显示出来就可以了，还需要处理游戏玩家与游戏机之间的实时交互。图 15.4 所示为用于 3D 游戏的交互式 3D 显示系统的结构示意图，它主要包括硬件和软件两部分：硬件主要有 3D 显示器、计算机和交互设备；软件主要有 3D 交互软件和 3D 模型数据。

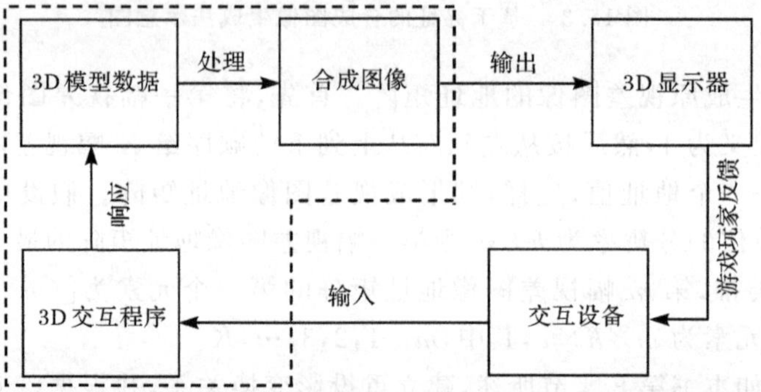

图 15.4　用于 3D 游戏的交互式 3D 显示系统的结构示意图

游戏场景以 3D 模型数据形式存储在计算机中，通过建立虚拟相机拍摄虚拟场景得到视差图像，经数字图像处理生成合成图像并输出显示在 3D 显示器上。游戏玩家观看到 3D 游戏画面后按照自己的意愿操纵交互设备，此时，交互程序接收从交互设备输入的各种命令并产生相应的响应，然后将得到新的合成图像并显示在 3D 显示器上。游戏玩家在得到新画面的 3D 显示后，又会根据新信息产生新的意愿，进而继续操纵交互设备，输入新命令，交互程序产生新的响应，又一个新的 3D 游戏画面显示在 3D 显示器上。如此循环反复，便实现了交互友好的 3D

游戏。

键盘、鼠标作为常用的输入设备，可用来进行简单的游戏控制，如左右上下方向的移动等。此外，如图 15.5 所示，带有传感器的数据手套、力反馈器及操纵杆等设备也可用在交互式 3D 显示中来获取使用者的输入命令。

(a) 数据手套　(b) 力反馈器　(c) 操纵杆

图 15.5　游戏的几种交互设备

图 15.6 所示为一个采用光栅 3D 投影机的 3D 游戏系统，该系统采用了一台光栅 3D 投影机作为 3D 显示终端，观看者在最佳观看距离上可直接用裸眼观看到游戏场景的立体画面。由于该光栅 3D 投影机采用了多视点技术，这样，观看者的头部有一定的活动范围，不必局限于一个固定的位置。观看者通过控制操纵杆，按照自己的意愿随意切换 3D 显示场景，从而在游戏世界中自由地浏览。

图 15.6　采用光栅 3D 投影机的 3D 游戏系统

15.3　3D　测　量

对物体进行非接触式的 3D 测量一直是人们研究的热点，而采用立体相机系统对物体进行 3D 面形测量是实现非接触式 3D 测量的一种重要方法，其基本原理是双目立体视觉。

双目立体视觉一般由两个相机从不同角度同时拍摄获取被测物体的两幅视差图像，两幅视差图像平面与被测物体之间构成一个三角形，利用三角法原理就可恢复出物体 3D 几何信息，重建周围景物的 3D 形状与位置。

图 15.7 所示为简单的平行式双目立体视觉成像原理图，两相机焦距都为 f，相机的投影中心间距为 B，建立左相机坐标系 $o\text{-}xyz$，左视差图像坐标系 $O_l\text{-}X_lY_l$，右视差图像坐标系 $O_r\text{-}X_rY_r$。空间中任意物点 Q，在左视差图像和右视差图像上所成像点分别为 Q_l，Q_r，它们的图像坐标分别为 $Q_l(X_l,Y_l)$，$Q_r(X_r,Y_r)$。假定两相机拍摄的图像在同一平面上，则点 Q 在左右视差图像上的 Y 坐标相同，即 $Y_l=Y_r=Y$，由透视变换三角几何关系得到

$$X_l = f\frac{x}{z} \tag{15.1}$$

$$X_r = f\frac{x-B}{z} \tag{15.2}$$

$$Y = f\frac{y}{z} \tag{15.3}$$

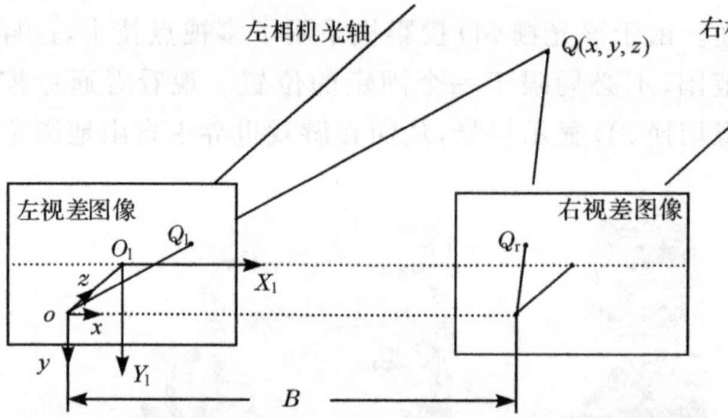

图 15.7　平行式双目立体视觉成像原理图

由此可计算出点 Q 在左相机坐标系下的三维坐标为

$$x = \frac{BX_l}{X_l - X_r} \tag{15.4}$$

$$y = \frac{BY}{X_l - X_r} \tag{15.5}$$

$$z = \frac{Bf}{X_l - X_r} \tag{15.6}$$

因此，当已知相机焦距 f 和两相机投影中心间距 B 时，左视差图像上的任意一点只要能在右视差图像上找到对应的匹配点，即空间同一点在左、右相机像面

上所成像点，就可以确定出该点的空间坐标。这种方法是点对点的运算，像面上所有点只要存在相应的匹配点，就可以参与上述运算，从而获取其对应的 3D 坐标。

在分析了最简单的平行式双目立体视觉的 3D 测量原理的基础上，可考虑一般情况，即对两个相机的摆放位置不做特别要求。如图 15.8 所示，设左相机坐标系 $o\text{-}xyz$，右相机坐标系 $o_r\text{-}x_r y_r z_r$，左视差图像坐标系 $O_l\text{-}X_l Y_l$，右视差图像坐标系 $O_r\text{-}X_r Y_r$，左右相机的有效焦距分别为 f_l 和 f_r。由透视变换三角几何关系得到

$$X_l = f_l \frac{x}{z} \tag{15.7}$$

$$Y_l = f_l \frac{y}{z} \tag{15.8}$$

$$X_r = f_r \frac{x_r}{z_r} \tag{15.9}$$

$$Y_r = f_r \frac{y_r}{z_r} \tag{15.10}$$

而左相机坐标系 $o\text{-}xyz$ 和右相机坐标系 $o_r\text{-}x_r y_r z_r$ 之间的相互位置关系可通过空间转换矩阵 $\boldsymbol{M}$ 表示。

$$\begin{bmatrix} x_r \\ y_r \\ z_r \end{bmatrix} = \boldsymbol{M} \begin{bmatrix} x \\ y \\ z \\ 1 \end{bmatrix} \tag{15.11}$$

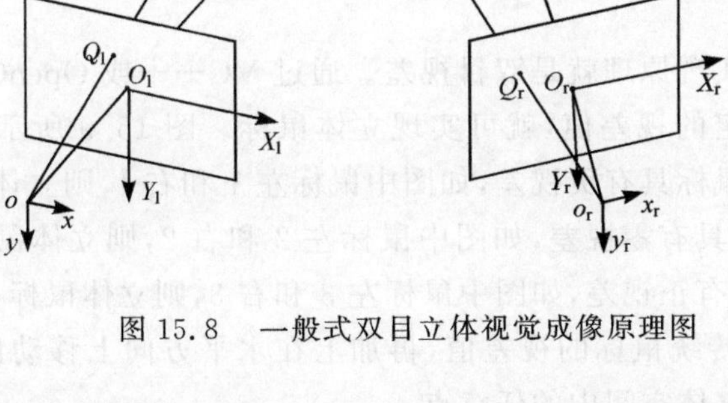

图 15.8　一般式双目立体视觉成像原理图

$$M=\begin{bmatrix} r_1 & r_2 & r_3 & t_x \\ r_4 & r_5 & r_6 & t_y \\ r_7 & r_8 & r_9 & t_z \end{bmatrix}=[\boldsymbol{R}\quad \boldsymbol{T}] \tag{15.12}$$

式中，$\boldsymbol{R}=\begin{bmatrix} r_1 & r_2 & r_3 \\ r_4 & r_5 & r_6 \\ r_7 & r_8 & r_9 \end{bmatrix}$，$\boldsymbol{T}=\begin{bmatrix} t_x \\ t_y \\ t_z \end{bmatrix}$分别为$o\text{-}xyz$坐标系与$o_r\text{-}x_r y_r z_r$坐标系之间的旋转矩阵和原点之间的平移变换矢量。

由式(15.7)～式(15.12)可推导出空间点的三维坐标为

$$x=\frac{zX_1}{f_1} \tag{15.13}$$

$$y=\frac{zY_1}{f_1} \tag{15.14}$$

$$\begin{aligned} z&=\frac{f_1(f_r t_x - X_r t_z)}{X_r(r_7 X_1 + r_8 Y_1 + r_9 f_1) - f_r(r_1 X_1 + r_2 Y_1 + r_3 f_1)} \\ &=\frac{f_1(f_r t_y - Y_r t_z)}{Y_r(r_7 X_1 + r_8 Y_l + r_9 f_1) - f_r(r_4 X_1 + r_5 Y_1 + r_6 f_1)} \end{aligned} \tag{15.15}$$

因此，若通过相机标定技术得到立体相机的焦距f及左右相机间的旋转矩阵$\boldsymbol{R}$和平移矢量$\boldsymbol{T}$，则只要通过立体匹配方法获得空间物点在左右相机成像面上所成像点的图像坐标，根据式(15.13)～式(15.15)就可以计算出被测物体点的3D空间坐标。

15.4　立体鼠标

传统的鼠标只能在2D显示屏平面上移动，若将之直接应用于3D显示器，它将不能指到立体图像的空间位置上。试想3D显示器显示的内容伸出显示屏外或凹进显示屏内，而鼠标却只能指到显示屏的平面上，则鼠标的应用价值将大打折扣，甚至鼠标的存在还会影响到立体图像质量。为此，立体鼠标的开发显得非常必要。

立体鼠标的实现原理就是双目视差。通过VC++或OpenGL等开发工具给传统鼠标赋予一定的视差值，就可实现立体鼠标。图15.9所示为立体鼠标的实现原理。若传统鼠标具有负视差，如图中鼠标左1和右1，则立体鼠标1位于显示屏外；若传统鼠标具有零视差，如图中鼠标左2和右2，则立体鼠标2位于显示屏上；若传统鼠标具有正视差，如图中鼠标左3和右3，则立体鼠标3位于显示屏内。通过不断地调整传统鼠标的视差值，再加上在水平方向上移动鼠标，就可使得立体鼠标指向再现立体空间中的任意点。

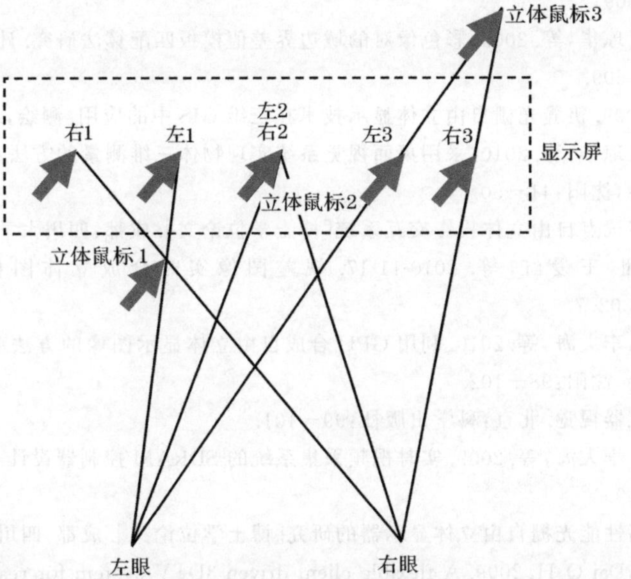

图 15.9　立体鼠标的实现原理

对于一台 3D 显示器，若想知道其显示的 3D 场景中某物体距离显示屏的距离，那我们就可以将立体鼠标指向该物体。因为显示屏子像素宽度是确定的，而立体鼠标的视差值也可以从相应的开发程序中读出，此时，只需要输入观看者的观看距离，根据立体视觉原理就可以计算出立体鼠标与显示屏间的距离，也就是其指向的物体与显示屏间的距离。

15.3 节中讲到，若已知立体相机的焦距 f 及左右相机间的旋转矩阵 $\boldsymbol{R}$ 和平移矢量 $\boldsymbol{T}$，则只需求出空间点在左右相机成像面上所成像点的坐标，就可以得到被测物点的 3D 空间坐标。在 3D 显示中，要求视差图像中没有垂直视差，因此，需要立体相机采用平行式结构，即左右相机间的旋转矩阵 $\boldsymbol{R}$ 为单位矩阵，平移交换矢量 $\boldsymbol{T}=[B,0,0]^{\mathrm{T}}$。将立体鼠标指向某物体，此时，可从其开发程序中读出对应的左鼠标和右鼠标视差图像中的坐标位置，这两个坐标位置与立体鼠标所指向的物体在左右视差图像中的坐标位置相同。结合视差图像与相机成像面间的放大率和式(15.4)～式(15.6)就可以求出被测物点的 3D 空间坐标。这样，无须立体匹配而只需通过立体鼠标的移动，就可以得到其所指向的物体的空间坐标，实现 3D 测量功能。

参 考 文 献

方恩博. 2010. 自由立体显示技术在立体视觉测量中的研究[硕士学位论文]. 成都：四川大学.
方恩博，李大海，王琼华，等. 2010. 自由立体显示器上立体鼠标的实现以及应用研究. 光子学报，

39(4):605－609.

梁柱,李大海,王琼华,等.2009.彩色像对的域边界差值模板匹配算法研究.计算机工程与应用,45(33):605－609.

刘波,王琼华.2009.狭缝光栅自由立体显示技术在三维GIS中的应用.测绘,26(3):137－139.

刘曦,李大海,王琼华,等.2010.采用桌面视觉系统实现物体三维测量的方法//立体图像技术国际学术研讨会,沈阳:41－50.

陶宇虹.2010.多视点自由立体投影交互系统[博士学位论文].成都:四川大学.

王琼华,赵悟翔,王爱红,等.2010-11-17.视差图像实时合成立体图像的方法:中国,ZL200910060302.7.

徐小清,王琼华,李大海,等.2010.利用GPU合成自由立体显示图像的方法//立体图像技术国际学术研讨会,沈阳:98－102.

张生军.2005.机器视觉.北京:科学出版社:99－101.

张文涛,王琼华,李大海,等.2009.实时视频采集系统的SDRAM控制器设计.计算机应用技术,32(20):57－59.

赵悟翔.2010.高性能光栅自由立体显示器的研究[博士学位论文].成都:四川大学.

Cao X, Liu Y B, Dai Q H. 2009. A flexible client-driven 3DTV system for real-time acquisition, transmission, and display of dynamic scenes. EURASIP Journal on Advances in Signal Processing.

Fehn C, Pastoor R S. 2006. Interactive 3-DTV-concepts and key technologies. Proceedings of the IEEE, 94(3):524－538.

Matusik W, Pfister H. 2004. 3D TV: A scalable system for real-time acquisition, transmission, and autostereoscopic display of dynamic scenes. ACM Transactions on Graphics, 23(3):814－824.

Okano F, Arai J, Hoshino H, et al. 1998. Real-time three-dimensional pickup and display system based on integral photography. Proceeding of SPIE, 3430:70－79.

Tang B, Ait-Boudaoud D, Shark L K, et al. 2007. Pseudo real-time system for visualisation of 3D scenes. Geometric Modelling and Imaging:8－13.

Zhang Z Y. 2000. A flexible new technique for camera calibration. Pattern Analysis and Machine Intelligence, 22(11):1330－1334.